管 理 学

陈泉辛　严文燕　席佳蓓　编著

东南大学出版社
SOUTHEAST UNIVERSITY PRESS
·南京·

图书在版编目(CIP)数据

管理学 / 陈泉辛，严文燕，席佳蓓编著. —南京：东南大学出版社，2023.2(2024.7 重印)

ISBN 978-7-5766-0494-8

Ⅰ. ①管… Ⅱ. ①陈… ②严… ③席… Ⅲ. ①管理学 Ⅳ. ①C93

中国版本图书馆 CIP 数据核字(2022)第 232957 号

管理学
Guanlixue

编　　著	陈泉辛　严文燕　席佳蓓
出版发行	东南大学出版社
社　　址	南京市四牌楼 2 号（邮编：210096　电话：025-83793330）
网　　址	http://www.seupress.com
责任编辑	孙松茜
责任校对	子雪莲
封面设计	王　玥
责任印制	周荣虎
经　　销	全国各地新华书店
印　　刷	广东虎彩云印刷有限公司
开　　本	700mm×1000mm　1/16
印　　张	26
字　　数	524 千字
版　　次	2023 年 2 月第 1 版
印　　次	2024 年 7 月第 2 次印刷
书　　号	ISBN 978-7-5766-0494-8
定　　价	68.00 元

(本社图书若有印装质量问题，请直接与营销部联系。电话：025-83791830)

前言
PREFACE

在这个高速发展的社会中,管理占据着无可替代的重要地位,小到家庭、企业,大到国际性组织,甚至国家,其活动中无不处处闪现着管理的智慧。所以,管理并不是只深藏于文献资料中,而是鲜活地体现在组织和社会的各项活动中。正因为如此,管理学作为这样一门与现实紧密相连的、研究人类管理活动规律及其应用的科学,越来越受到学界以及社会的关注。自管理学这门学科形成以来,人类在其指导下不断地探索着组织效率提高的有效方式,并不断获得成功与进步。

我国现代意义上的管理学教学经历了多年的发展,在提高学生综合素质和管理能力方面发挥了很好的作用,也有越来越多的学校针对其专业发展方向,甚至在全校范围内将管理学作为一门基础课进行教授。因此,一本好的教科书在此过程中就显得尤为关键。我们希望能够编著出一部既有专业的学术价值同时又生动有趣的管理学教材,能够用通俗易懂的语言表述清楚严谨深厚的专业理论知识,这对作者来说是一个很大的挑战。我们通过对管理学原理和理论尽可能深入浅出的讲解,辅之以灵活的案例,为管理学的初学者以及正在从事管理工作并希望进一步提升自身管理能力的各行业人士,提供系统的、应用性强的管理学知识。

本书体现出以下三大特色:第一,内容紧凑。为向读者打开某一领域的一扇窗,本书避免了大量的多学科重复知识的堆积,将教材内容的重点集中于管理学中的成熟的概念、原理、规律与方法,并适当吸收管理学界以及企业界在管理学方面的较新成果与经验,让读者能够清晰地对管理学进行直接的学习。第二,结构新颖。从编排来看,不同于一般教材常常采用的传统的"知识—习题"模式,本书采用了"案例中心"模式,除了每章结束设置"观察与思考"的典型案例之外,更在每章重点、难点、知识点前后增加了"温馨提示""相关链接""管理故事"等作为引导与补充，以此做到了知识点案例与综合性案例的"点一面"结合，让读者能更直观地了解现实组织中的管理活动。第三，立足本土。近几十年来，中国企业发生的深刻变化不仅受益于改革开放，更受益于百年来现代管理科学的推广与实践。因此本书在每章"观察与思考"的案例选择中，以读者熟悉的中国企业在竞争、成长中的管理经验和管理问题为抓手，为相关的管理原理和理论等提供本土化的实践解析。

一本好的教科书总是应当吸收经典的理论成果以及本领域中的最新动态的，本书除了借鉴了赫伯特·西蒙、彼得·德鲁克等大师的观点与思想之外，还参考了众多中外学者的书籍与论文。我们尽力对每一处引用都进行认真仔细的核对，并完善标注，尽管如此，可能仍然难免有所疏忽。在此我们要向每一位本书所参考的文献的作者表示由衷的感谢，更要向可能被遗漏引注的文献的作者表示歉意，也恳请读者、专家学者们向我们指出此类疏漏，以便我们在以后的重印或再版中予以补正。

本书的出版，首先要感谢作者所在单位南京晓庄学院商学院的史兹国书记、赵彤院长、谢吉晨副院长的大力支持，感谢商学院徐萌、高振杨等所有管理学任课老师的鼎力相助，更要感谢《管理学》（东南大学出版社 2013 年版）作者席佳蓓、张美文和程艳新老师的倾力指导。此外，还要感谢东南大学出版社的全力支持，特别是本书的编辑团队，对本书，从内容到结构，从字词到规范，编辑老师们都给予了专业的指导和帮助，在此深表谢意！

由于作者的能力有限，本书难免存在疏漏，敬请各位读者和专家、学者不吝赐正。

目录 CONTENTS

第一篇　导　论

第一章　管理概述 ······················· 3
　第一节　管理的基本概念 ················· 3
　第二节　管理的对象、原则和特性 ········· 13
　第三节　管理者的相关概念 ··············· 17
　第四节　现代企业与企业管理 ············· 23

第二章　管理思想的发展与演变 ··········· 42
　第一节　中外早期的管理实践与管理思想 ··· 42
　第二节　古典管理理论 ··················· 50
　第三节　人际关系学说与行为科学 ········· 68
　第四节　现代管理理论 ··················· 71

第三章　组织环境 ······················· 96
　第一节　组织的外部环境 ················· 96
　第二节　组织的内部环境 ················· 105

第二篇　计划篇

第四章　计划 ··························· 123
　第一节　计划的概念与性质 ··············· 123
　第二节　计划的体系 ····················· 127
　第三节　制订计划的原则与步骤 ··········· 135

第五章　决策 ··························· 144
　第一节　决策的概念与特点 ··············· 144

第二节 决策的类型 ·················· 149
第三节 决策过程与影响因素 ·········· 156
第四节 决策方法 ···················· 163
第五节 决策理论 ···················· 171

第六章 目标与目标管理 ················ 176
第一节 目标及目标体系 ·············· 176
第二节 目标管理的概念与特点 ········ 181
第三节 目标管理的实施 ·············· 183

第三篇 组织篇

第七章 组织结构与组织设计 ············ 197
第一节 组织的概述 ·················· 197
第二节 组织结构的类型 ·············· 201
第三节 组织设计的基本要素 ·········· 211
第四节 组织设计的原则和步骤 ········ 225

第八章 组织变革 ······················ 232
第一节 组织变革概述 ················ 232
第二节 组织变革的管理 ·············· 237
第三节 流程再造 ···················· 245

第四篇 领导篇

第九章 领导 ·························· 259
第一节 领导概述 ···················· 259
第二节 领导的权力、影响与领导方式 ·· 268
第三节 领导理论 ···················· 275

第十章 激励 ·························· 299
第一节 激励概述 ···················· 299
第二节 人性假设及有关理论 ·········· 305
第三节 激励理论 ···················· 310
第四节 激励实务 ···················· 334

第十一章	沟通	345
	第一节　沟通概述	345
	第二节　沟通的类型	349
	第三节　有效沟通的策略	357

第五篇　控制篇

第十二章	控制原理	367
	第一节　控制的概述	367
	第二节　控制的类型	370
	第三节　控制的对象	375
第十三章	控制的过程与方法	384
	第一节　控制的过程	384
	第二节　有效控制的基本原则	390
	第三节　控制的方法	395

参考文献 403

第一篇

导论

第一章 管理概述

第一节 管理的基本概念

一、管理的应用范围

人类懂得管理的作用、掌握管理的本领、享受管理的好处,可以说是由来已久。人类社会自从开始群居群猎起,就知道要组织起来抵御危险、征服自然,其目的无非是为了集结各个人的力量,发挥集体的更大的作用。可以说,有了人类社会就有了组织。组织是一群人的集合,但组织的成员必须按照一定的方式相互合作、共同努力,才能完成单独个人力量的简单总和所不能完成的各项活动,实现组织的总体目标,这就需要管理。

谈到管理,人们往往想到以营利为目的的企业管理。其实,任何一个组织都有其特定的组织目标,都有特定的资源调配利用问题,因此也就都有管理问题。管理普遍适用于任何类型的组织,包括各种营利性组织和非营利性组织。

从营利性组织来看,有大型企业的管理(如跨国公司),也有小型企业的管理(如中国一些私营加工厂);有工业企业的管理(如汽车厂、服装厂),也有商业企业的管理(如百货公司、超市);有交通运输企业的管理(如航空公司、出租车公司),也有各种服务性企业的管理(如餐馆、酒店、洗衣店、美容理发店等等)。

许多时候,人们在学习管理时读到、学到的管理案例、管理故事大多是大型企业的管理案例,事实上我们现在许多书本上的管理知识也来自这些大型的、著名的企业的管理经验的积累,这些企业之所以能够历经各种社会变迁、同行竞争而屹立不倒,并且不断发展壮大,很大程度就是来自其出色的管理效率和管理水平。这就容易给人一种误解,似乎只有在大型企业中管理才重要;其他大部分企业尤其是小微型企业的发展更依赖于资金、技术等方面的实力,管理并不十分迫切和重要。其实这是一个很大的错误认识。从某种意义上来说,小企业的有效管理比大型企业更加重要。因为大型企业实力雄厚,管理者如果决策失误导致几千美元的损失可以很快挽回,甚至数百万美元的损失也不会危及企业的长期生存(如美国通用、日本丰田等大公司)。但小企业就不同了,有时一个小小的失误都可能给它带来灭顶之灾。所以通过有效的管理尽可能避免组织出现错误也就变得格外重要了。

再从非营利性组织来看,不仅政府、军队、公安部门等组织需要管理,大、中、小学需要管理,医院、报社、图书馆、博物馆、宗教组织、基金会、国际奥委会等社会团体都需要管理。尽管这些非营利性组织的目标不是为了赚钱,但这些组织的经费或者来源于纳税人,或者来自社会捐赠,民众对于这类组织的工作效率和工作成效有很高的期待和要求。一旦这类组织工作效率低下、成本高昂,就会招致民众或支持者的激烈批评,进而失去民众(或捐赠者)的支持。

由此可见,管理遍布人类社会的方方面面,可以说时时有管理、处处有管理,所有的组织都离不开管理。当然,不同类型的组织,由于其业务作业活动的目标和内容多多少少存在一些差异,因而管理的具体内容和方法也不会完全相同,但从管理的基本职能和管理的原理、方法来看,不同类型的组织的管理依然具有相似性和共同性。

二、管理的重要性

提到意大利文艺复兴时期的米开朗基罗,想必绝大部分人都知道他是一个伟大的天才雕塑家和画家,想到他的传世作品——大卫·阿波罗雕像和西斯廷圣母等艺术大作,然而大部分人不会知道,米开朗基罗还是一个杰出的管理者。大约480年前,米开朗基罗事实上已经在从事中等规模的经营了。他雇了13个人帮他绘制西斯廷教堂的天花板,雇了20人帮助他雕刻位于佛罗伦萨梅迪契教堂中的大理石墓碑,同时在他的督导下,至少有200人参与修建了佛罗伦萨的"罗伦森图书馆"。米开朗基罗亲自挑选工人,对他们进行培训,同时将其分成多个小组,并且保留着详细的用工记录。他每个星期都会记录每个工人的姓名、工作日数以及薪水。与此同时,米开朗基罗还扮演着解决实际问题的管理者的角色。为了监督和指导工人们工作,他每天奔波于各个工区之间,及时检查工人的工作进展并处理当时出现的任何问题。正是由于米开朗基罗的出色组织、指挥、监督等管理工作,意大利给人类文明留下了不朽的艺术杰作。

资料来源:斯蒂芬·P.罗宾斯,大卫·A.德森佐.管理学原理[M].5版.毛蕴诗,主译.大连:东北财经大学出版社,2004:25.

管理是协调个人努力所必不可少的因素。管理人员之于企业,就如同乐队指挥之于乐队。没有指挥,交响乐团不可能演奏出气势磅礴、美妙动听的交响乐;同样,没有管理,任何一个组织都不可能建造出大桥、生产出大量的产品。管理(Management or Administration)是人类最重要的活动之一。任何一个由两人以上组成的、有一定目的的集体活动都离不开管理,大到国家、军队,小到企业、医院、学校等,概莫能外。

人类对于管理的需要是随着社会经济的发展和组织规模的不断壮大而日益明显的。早期人类的活动范围比较小,活动方式比较简单,组织的规模也比较小,简单的组织只需要简单的管理,因而当时管理的重要性还不是显得十分突出。时至今日,社会和经济已经获得了巨大的发展,组织的规模越来越大,组织面临的环境越来越不确定,业务作业活动越来越现代化,在这样的时代中,管理就越来越成为能够影响组织生死存亡和社会经济发展的关键因素。现在世界上许多经济学家和管理学家都非常强调管理的重要性,把管理同人力、物力、财力和信息一起称为构成组织的"五大生产要素"。

管理之所以重要,就在于管理能使组织现有的资源获得最为有效的利用。任何一个组织要想维持自己的生存发展,就必须拥有一定的资源,此外还必须能够对这些资源进行合理的配置、有效的利用,从而达到最佳的使用效果。尽管每个组织所拥有的资源在数量、质量、种类上会各不相同,但有一点是共同的,那就是它们拥有的资源一定是有限的。组织资源之所以有限,第一,是因为人类社会赖以生存发展的自然资源是有限的,其中很多自然资源还是不可再生的,用一点就会少一点。第二,组织由于认识能力的限制,它所拥有的知识文化信息等社会人文资源也是有限的。正是因为组织资源的有限性,使得一个组织要想战胜竞争对手,就必须比竞争对手更加善于配置和利用资源。只有有效的管理才能使资源利用效率最大化,才能够使自己取得竞争优势。比如日本是一个自然资源非常贫乏的国家,但由于极度重视管理,并在管理方面不断创新,从而使自己从一个资源贫乏国发展成为世界经济强国。综观世界上大部分国家,我们可以发现,大部分发达国家自然资源并不丰富(比如欧洲的一些国家),而许多发展中国家却反而拥有比较丰富的自然资源(比如中东、拉美、东南亚的一些国家)。发展中国家之所以经济落后固然有其历史、文化以及政治上的原因,但从管理的角度来讲,由于管理不善造成资源的极大浪费也是重要的原因。所以,良好的管理可以使有限的资源获得最为有效的利用,可以使一国的经济获得迅速发展,不良的管理只会造成资源利用上的极大浪费。

从微观上来说,一个企业管理得好,股东可以分红,员工职业稳定甚至能够实现人生理想,消费者需求可以得到满足,社会经济得以发展,造福的是方方面面。相反,如果一个企业管理出现问题,影响的也是方方面面。糟糕的管理会令股东亏损甚至破产,会让员工的职业生涯充满痛苦甚至失业,还会给顾客、供应商乃至社会带来各种各样的问题和损害。

组织之所以存在，就是要协同整体的力量去完成单独个人所不能完成的活动，实现组织的目标。组织的活动包括作业活动和管理活动两大部分。组织是直接通过作业活动来达成组织目标的，但为了确保作业活动顺利有效地进行，还需要开展另一项活动，即管理活动。可以说，管理是促进作业活动实现组织目标的手段和保证。

三、管理的概念

（一）管理的定义

人们对于管理活动有各种各样的认识。不同的书籍有不同的定义，不同的学者有不同的说法。中国人民大学出版社出版的由杨文士、焦叔斌等编著的《管理学》教材的定义比较简明、精要。它把管理定义为：所谓管理，就是一定组织中的管理者，通过实施计划、组织、领导和控制职能，协调他人的活动，带领人们既有效果又有效率地实现组织目标的过程。

管理的这一定义有四个方面的要点：

第一，管理是为实现组织目标服务的，管理本身不是目的，不能为管理而管理，必须使管理服务于组织目标的实现；

第二，管理是为了最大限度地释放人的能力，而不是把人管住；

第三，管理是"做正确的事"和"正确地做事"；

第四，管理工作的过程是由一系列相互关联、连续进行的活动所构成的，这些活动包括计划、组织、领导、控制等，它们构成管理的基本职能。

管理，就是实行计划、组织、指挥、协调和控制。

计划，就是探索未来，制订行动计划。

组织，就是建立企业的物质和社会的双重结构。

指挥，就是使其人员发挥作用。

协调，就是连接、联合、调和所有的活动及力量。

控制，就是注意是否一切都按已制定的规章和下达的命令进行。

因此可以理解，"管理"既不是一种独有的特权，也不是企业经理或企业领导人的个人责任。它同别的基本职能一样，是一种分配于领导人与整个组织成员之间的职能。

管理职能与其他5个基本职能显然不一样。

很重要的一点，是不要把管理同"领导"混淆起来。

"领导",就是寻求从企业拥有的所有资源中获得尽可能大的利益,引导企业达到它的目标,就是保证6项基本职能的顺利完成。

"管理",只是这6项职能中的一项,由领导保证其进行。但是,它在上层领导人的作用中占有那么重要的位置,以致有时好像这作用就纯粹只是管理了。

资料来源:亨利·法约尔.工业管理与一般管理[M].周安华,等译.北京:中国社会科学出版社,1982:4-5.

(二)管理必须注意的问题

尽管人们在学习管理学的时候,把管理的各种定义背得滚瓜烂熟,然而实际上很多人对管理的真谛存在误解,导致在实际的管理工作实践中出现严重的偏差,使得管理的结果与管理者的预期大相径庭甚至适得其反。为了避免人们对管理的认识出现误解,必须强调以下三点:

1. 管理不是目的,而是为实现组织的目标而采用的一种手段

帕金森定律

英国著名历史学家诺斯古德·帕金森通过长期的调查研究,写出一本书——《官场病:帕金森定律》。他在书中阐述了机构人员膨胀的原因及后果:一个不称职的官员,可能有三条出路,第一是申请退职,把位子留给能干的人;第二是让一位能干的人来协助自己工作;第三是任用两个水平比自己更低的人当助手。这第一条路是万万走不得的,因为那样会丧失许多权力;第二条路也不能走,因为那个能干的人会成为自己的对手;看来只有第三条路最适宜。于是,两个平庸的助手分担了他的工作,他自己则高高在上发号施令,他们不会对自己的权力构成威胁。两个助手既然无能,他们就上行下效,再为自己找两个更加无能的助手。以此类推,就形成了一个机构臃肿、人浮于事、相互扯皮、效率低下的领导体系。

资料来源:网络。作者略有改动。

从管理的定义我们可以得知,管理存在于一定的组织之中,是为有效地实现组织的目标而存在的。管理本身不是目的。如果管理不能促进组织实现目标,管理就没有意义,甚至会是负面的或是有害的。

然而现实中人们常常可以看到帕金森所指出的,在一些大型机构中,官员们热衷于给自己配备助手,大家彼此给对方找活干。人们看上去似乎都在很努力地做事,在这种境况下,做什么事情并不重要,重要的是大家手中都有事在做。但是组织的目标却无人想起,也无人关心,更无人时时刻刻在检查他们现在做的事跟组织的目标有没有关系。组织内部管理部门林立,管理人员众多,管理活动出现异化,管理本身就此成为目的,出现了越来越多"为管理而管理"的现象。实际上这样的现象并不限于大型机构,在很多中小型机构也同样存在。

曾任美国国务卿的鲍威尔写过一本回忆录——《我的美国之路》,其中有一段记录了他在 20 世纪 70 年代越战期间的经历。越南战争是美国历史上最失败的一场战争,它在美国人的心里留下了永久的伤痕。鲍威尔回忆说,他在越南战争期间带领连队驻扎在一个大山的军事基地,任务是保卫近旁的一个军用机场,而这个机场的唯一功能就是给这个军事基地的官兵运送给养!鲍威尔感叹:"我们在这里是因为我们在这里……"

鲍威尔提到的这种现象在组织机构的管理中比比皆是:没有外在的目标,事情之间互相支撑,人为地制造一些事情,最后一败涂地。所以管理有一个重要的原则就是要"聚焦于结果和创造价值"。违反了这个原则,管理活动就会舍本逐末、弄巧成拙,甚至南辕北辙。管理仅仅是实现组织目标的手段,管理本身不是目的。管理也不是越多越好,糟糕的管理比没有管理更加糟糕。

"就管理本身而言,无所谓什么职能,而且也无所谓什么存在。管理如果脱离了它所服务的机构就不是管理了。人们所理解并加以谴责的官僚主义就是那种误认为自己是目的而机构是手段的管理。这是管理层,特别是那些不受市场考验约束的管理层容易犯的一种退化性毛病。预防、制止并在可能的情况下治疗这种毛病,应该是任何一个有效的管理者以及一本有效的管理著作的首要目标。"

——德鲁克

2. 管理不是要把人管住,而是要把人激活

有一家从事高新科技研发的公司,其员工基本上都是知识型人才,其总裁也是一位高学历的技术专家。这位总裁上任后大大增加了管理方面的投入。例如,该公司的考勤手段在短短一两年内多次升级换代,刚开始是签到,后来换成了打卡,接着改成了摁指纹,后来又升级为一套瞳孔扫描装置。据说,该总裁最近又在考虑在办公楼里安装一套摄像监控装置,因为有许多人在早上 8 点到晚 5 点下班之前的中间溜出去办私事。有人戏称,接下来这个老板还需要再引入一套脑电波扫描装置,看看有没有人上班时间人坐在办公桌前,脑子里却想着个人的私事……

资料来源:网络。作者略有改动。

正如上面讲的这位老板一样,很多场合,人们一说到管理,考虑的就是如何把人管住,探讨的就是"管人的艺术"。很多书籍也是从"如何把人管住""怎样把人管好"这个角度来讨论管理问题的。这实际上是一个天大的误解。

说到把人管住,这个世界上或许只有一种机构是专门以此为目的的,那就是监狱。只有监狱里的狱警才要把人管住。管理者当然不是狱警,管理的目的也绝非把人管住。管理是要协调、带领人们去实现目标,是要最大限度地发挥人们的积极性、主动性和创造性,是要让人们承担起对工作和组织的高度责任。用管理中的一个术语来说,就是要把人激活,或者说,是要实现组织成员的活性化。

所谓激活,也称为活性化(Empowerment),是现代管理中一个非常重要的概念,它有两方面的含义:一是使人们具有做出决定和采取行动的知识、技能、职权和意愿;二是使人们对其行动的后果和组织的成败负责。

活性化意味着要激活在传统管理中被视为"木头""工具"的员工,要通过真正意义上的管理,赋予他各种各样的要素。要给员工相应的知识,让他"懂";光有知识还不行,还得给他技能,让他"会";有了知识和技能,捆住他的手脚也不行,还得赋予他做事情的职权;有知识、有技能、有职权,但却不愿意做事,那该怎么办?所以还得给他努力做事的意愿。通过赋予人们知识、技能、职权和意愿,让每个人都能独当一面,让每个人都能有本事,这是活性化的第一层含义。

活性化的第二层含义就是要赋予和培养员工高度的责任感,使他们的力量能够为组织所用。这里的责任也有两方面的含义:一是每个人要对自己的行为负责,承担做事的后果;二是每个人要对组织的成败负责,即组织成败,员工有责。

温馨提示

活性化对于现代企业管理的意义:
第一,活性化是区分现代管理与传统管理的分水岭。
在一定意义上,活性化这一概念是现代管理与传统管理在"人"这个问题上的分水岭。在泰勒时代人被看作是工具,与机器、设备、原材料并无区别。有一个很典型的例子,20世纪20年代美国福特公司的创始人亨利·福特,当他的朋友祝贺他的公司发展到几万人时,福特摆摆手说,不,我这个公司其实不需要什么人,我只不过需要些胳膊、腿而已。可见,那个年代的企业需要的不是真正意义上的人,需要的不是有头脑、精神、创造力、责任感、主动性的人。人只不过是会说话的工具而已。

但是,那样的年代一去不复返了。21世纪是知识经济的时代,是人才主权的时代。知识和人才成了价值创造的主导因素,成为一个企业乃至一个国家的竞争力的最主要源泉。如果不能把人激活,不能把人的积极性最大限度地调动起来,不能把人的能力最大限度地释放出来,企业就很难有作为,机构也很难有成就。

第二,活性化不仅仅是手段,其本身就是管理的目的之一。

活性化不仅是实现组织目标的手段,一定意义上它还是管理的目的。一个机构不仅为了利益而存在,同时还是人们寄托人生的舞台。有效的管理在创造财富、达成组织目标的同时,也在创造人们的人生,帮助每个具有理想、追求的具体的个人实现自我。不难想象,与那些把员工仅仅看作"物"的企业相比,由高度活性化的员工队伍所构成的那些企业会具有怎样的竞争优势。

今天,一个企业或机构能否取得成功,在很大程度上取决于其成员被激活的程度。要实现员工队伍的活性化,就要求管理者必须具有新的思维方式和行为方式。

凤凰卫视的案例对我们颇有启发。在创立后短短的几年时间,凤凰卫视就成了一家具有全球影响力的华文媒体,其影响力甚至不逊于强大的中央电视台。凤凰卫视的成功也造就了一支优秀的主持、主播和记者队伍。凤凰卫视行政总裁刘长乐在被问及他成功的秘诀时,回答说"找来优秀的人并让他们快乐"。凤凰卫视就是一个典型的活性化的机构。

资料来源:焦叔斌.管理的12个问题:大道至简的管理学读本[M].北京:中国人民大学出版社,2009:5-7.

3. 管理不光要"正确地做事",更要"做正确的事"

有效的管理就是"正确地去做正确的事"。"做正确的事"涉及的是效果(Effectiveness)问题,"正确地做事"涉及的则是效率(Efficiency)问题。效果和效率是管理中非常重要的两大命题。效率是做事的多、少、快、慢,是投入和产出的比较;效果则意味着方向和目标的达成情况。

任何一个组织拥有的资源都是有限的,如何以较少的资源获得尽可能多的产出,这就需要有一个正确的方法去做事,这就是效率。然而对于组织来说管理仅仅关注效率还远远不够。管理还必须关注目标的达成情况,即"效果",效果就是做正确的事,只有做的事正确,才能达成组织的既定目标。如果没有效果,那么管理者做事的效率越高,背离组织的目标就越远,管理就越是负面和有害。

效率和效果是两个不同的概念,但两者密切相关。如果不考虑做事的效率,效果就很容易达到。比如,惠普公司如果不需要考虑投入的人工和材料等成本费用,那么公司完全可以为其激光打印机制造出更高级和更耐久的墨盒。同样,有时候政府机构尽管做的工作有很好的社会效果,但由于投入过大、代价过高,效率不高,招致纳税人的激烈批评。所以,有效的管理既要关注目标的实现(效果),也要关注实现目标的效率。

从组织内部来讲,普通员工工作得好还是坏很容易判断,因为他的工作相对简单,标准相对明确,他工作得好还是坏更多地体现在工作效率上,体现在他是否正确地做事上。而管理者,尤其是高层管理者,他的工作好坏很难一眼就看出来。做得好与不好跟他的卖力程度并没有必然联系,并不是做事越多越快就越好。管理是否有效,不能简单地用工作时间和工作数量来判断,也不可以用鞠躬尽瘁的程度来判断。我们完全可以想象,一个管理者"高效率地去做错误的事"会意味着什么。

作为管理者,如果只关注"正确地做事",而不清楚去做"正确的事",就会越忙越乱、越忙越糟糕。现实中,很多管理者看起来很努力、兢兢业业,但却劳而无功,甚至常常南辕北辙。组织中许多事情他不管还好,一管更糟糕,"成事不足,败事有余"。所以做管理,尤其是做高层管理者,首先要想清楚什么是正确的事,其次才要考虑怎样采取正确的方式做事。

四、管理的职能

管理是由计划、组织、领导和控制这样一系列相互关联、连续进行的活动构成的。这些活动构成了管理的四大基本职能。

(一)计划职能

所谓计划就是"谋",即明确组织的目标和实现目标的途径。目标反映了组织活动的未来终点,指出了组织将要到哪里去。而途径则是连接当前与未来的桥梁,是由现实到理想的阶梯,计划告诉人们怎样才能到达自己的目的地。具体来说,计划要解决四个问题:我是谁(组织的定位与使命);我要到哪里去(组织的目标);我的处世原则是什么(组织的价值观);我怎样到那里去(组织的政策、规划、工作程序、工作安排等等)。计划是每个管理者做管理工作的首要活动,是管理工作的起点。

(二)组织职能

组织意味着分工和协作。想清楚了目标和实现目标的途径,就要去实施。如何实施呢?就要把组织的总任务分解成一个个子任务,分别安排最合适的员工去完成,如果不能对员工进行合理的分工,那么工作就不可能及时有效地完成,光有分工还不行,员工的工作还必须相互协调、配合,才能最终完成组织的总任务。所以,所谓组织工作,就是把组织成员合理地配置起来,让每个人都知道应该做什么,让彼此之间能够有效协作,形成一种合力去实现共同的目标。简单地说,组织必须解决两个问题:"我"应该做什么工作;"我们"应该怎样工作。

(三) 领导职能

领导意味着"引领"着人们、"指导"着人们去实现组织的目标。具体来说,就是要在所管理的机构中形成一种氛围,一个"场",让人们一旦置身其中就愿意全力以赴去努力奋斗。这就是领导的含义。组织中成员众多,背景各异,各有各的想法,各有各的追求,要让人们心往一块想,劲往一处使,管理者就必须运用各种适当的方法,对组织成员施加影响,努力营造一种使组织成员能够全心全意、士气高昂地为实现组织目标而努力的氛围。这就是管理的领导职能所要完成的任务。具体来说,领导需要回答以下三个问题:我要把人们带到哪里去(领导的指挥职能);我如何让人们都知道要到那里去(领导的沟通职能);我怎样才能让人们全力以赴到那里去(领导的激励职能)。

(四) 控制职能

控制就是使事情按计划进行。俗话说,计划赶不上变化。组织是在复杂多变的环境中生存和发展的,每时每刻都会遭遇到各种意想不到的障碍和困难,会遇到各种各样的新问题和新变化。为了确保组织的目标能够顺利实现,管理者就必须对组织的各项工作进行检查,一旦发现偏差,立即进行纠偏,这种纠偏的工作就叫控制。通过控制,使事情按计划进行,使组织成员的活动始终在正确的轨道上进行,最终实现组织的目标。

将管理工作归结为计划、组织、领导和控制四项基本职能是现代管理学的核心模型,是分析和理解管理活动的最有用的工具。尽管存在着其他各种各样的总结管理知识的方法,但运用管理四大基本职能作为组织管理知识的框架却是一种最常见、最广泛的做法。这种体系为本科学生学习和研究管理学基本知识提供了很大的方便。也是本书采用四大职能作为基本框架的主要原因。

需要指出的是,尽管在理论上四项管理职能之间存在着逻辑上的先后关系,但现实中的管理活动并不是严格地按照计划、组织、领导和控制这样的顺序来进行的。管理者并不是按部就班地1月进行计划,2月开始组织,3月主抓领导,4月考核控制。在实际工作中,管理者可能需要同时发挥这4项职能。比如在控制工作中一旦发现偏差,就要制订新的计划来进行纠偏,并且组织实施该纠偏计划。

此外,一个组织要长久地存在下去,计划、组织、领导、控制也不是一次性活动。旧的目标实现了,就要进行新一轮计划、组织、领导和控制。因此管理活动表现为一个循环往复、螺旋式上升的过程。

第二节 管理的对象、原则和特性

一、管理的对象

（一）对作业人员及其作业工作进行管理

可以说管理最初就是产生于对作业人员及其工作的管理。但随着组织规模的扩大，这类管理工作逐渐交给了基层管理人员来完成，上层管理者主要按"例外原则"介入对作业人员及其工作的管理中来。

（二）对管理人员及其工作进行管理

在任何组织中，那些负责管理他人的管理者，他们本身也受到某种程度和某种方式的管理，即管理者同时也是被管理者。无论是基层、中层还是高层管理人员，他们都必须置于某种力量的管理之下，否则他们的行为就有可能出现偏差。

（三）对整个组织进行管理

对整个组织进行管理也就是对整个组织的运行活动进行全面的管理。

二、管理的基本原则

（一）权变管理原则

尽管管理时时处处存在，然而在现实中，管理并不存在普遍适用的某种固定的模式或方法，不能将某一场合下使用成功的管理模式简单地照搬到另一种场合下。人们常常想当然地认为，昨天的成功可以复制到今天，昨天的经验可以为今天所用，这个公司成功的经验可以照搬到另一个公司。但是，权变管理原则告诉我们，世界上并不存在一个放之四海而皆准的普遍适用的管理模式。"橘生淮南则为橘，橘生淮北则为枳"，某种管理举措是否有效，很多情况取决于当时、当地所面对的具体的情境、情形。只有通过辨识某一个具体情境下的权变因素，具体问题具体分析，用对症下药的方式才能解决特定的管理问题。因此，一个成功的管理者不仅需要掌握多种管理模式或管理方法，还必须清楚每一种模式和方法究竟要在什么样的情境或条件下使用才能取得最好的效果。管理者只有首先识别出管理工作所面临的特定情境，然后才能开发或选用最合适的管理模式。任何管理模式和方法都不可能是普遍最佳的，只有最合适的，才是最有效的。管理者必须在实践中因地制宜、灵活运用。

(二) 系统管理原则

某航空公司由于航空燃油涨价等因素的影响,出现了亏损,希望通过狠抓管理来实现扭亏为盈。这家公司采取的具体做法是所谓全员成本管理。简单地说,就是制定总公司的成本目标,然后层层分解,让各部门、各岗位都分担降低成本的指标。大家立下军令状,到期完不成任务要承担责任。听上去很好理解,如果各个部门、各个岗位的局部成本都下降,公司不就盈利了吗?但在实施过程中发生的一个小插曲却令人深思。

这家公司的总部在北京,有一天下午4点,一个航班飞抵温州后发生了机械故障,但这家公司在温州机场没有驻点的维修人员。于是机组迅速联系总部派人维修。当晚,该公司还有一趟晚上7点的航班飞抵温州机场。然而,7点的航班到达之后才发现总部并没有维修人员随机抵达。维修人员第二天上午才到,出故障的飞机在温州机场已经趴了一个晚上。

维修人员为什么当天没有赶过去呢?据说原来他们本来是准备乘当晚7点抵达的航班过去的。但临出发时,维修部经理改了主意。他认为,第二天上午再派人过去还来得及当天返回,可以节省掉维修人员住酒店的费用。由于维修部门的这位经理"高瞻远瞩",他们成功地节省了3 000元的差旅费。但是,这架飞机就此在外趴了将近20小时又损失了多少呢?

资料来源:网络。作者略有改动。

这是一个非常有趣的小故事,它告诉我们一个道理:组织是一个由许多相互依赖的要素组成的有机的整体,是一个完整的系统,组织内部的各个部分是构成这个大系统的一个个子系统,任何一个子系统的变化都会对整个大系统产生影响。而且组织内部的各个部分之间(即各个子系统之间)存在着非常复杂的交互作用,并不是简单地"1+1=2""局部的优化会带来整体的优化"。人们常常想当然地认为,一个工厂由三个车间组成,如果三个车间效率都提高的话,工厂效率自然也就都提高了。但事实上,组织中各个部分的交互作用是很复杂的。很多情况下,某个局部的增加反而有可能带来另一部分的损失。上述小故事就是一个例证。

所以管理者如果仅仅从局部做文章的话,很有可能会适得其反,导致更差的结果,使整体受到更大的损失。系统管理原则强调,组织作为整个社会大系统的一个子系统,要适应环境的要求,组织内部的各个部分要适应整体的要求,管理者在管理时对外要分析环境,适应外部环境要求,对内要协调组织的每个部分以实现组织的目标,部门与部门之间、要素与要素之间要相互协调,从而实现系统的综合效应。

三、管理的特性

(一)动态性

管理工作的动态性表现在管理工作必须在变动的环境和组织本身运行过程中进行,需要消除组织运行过程中的各种不确定性。由于每个组织所处的客观环境和具体的工作环境不同,每个组织确定的目标和从事的行业也不同,这就导致了这些组织在进行资源配置时存在很大的差异性,这种差异性决定了组织在进行管理时必然是一种动态的管理,即因时制宜、因地制宜、因事制宜进行管理,不存在一个标准的处处适用的管理模式。

(二)科学性

管理具有动态性并不意味着管理工作就没有科学规律可循。事实上管理是一门科学,是一门可以通过课堂学习掌握的一门学科。管理工作的科学性表现在,管理经过一个世纪以来的研究、探索和总结,已经逐渐形成了一套比较完整的、反映管理过程客观规律的理论知识体系,为指导管理实践提供了根本的原理、原则和方法。这种指导管理实践的科学,称为管理学。管理学之于管理人员,犹如医学之于医生。管理人员如果缺乏系统化的管理学知识的指导,就不可能成为一个有效的管理者。

(三)艺术性

管理不仅具有科学性,同时还具有艺术性。管理的艺术性其实就是强调管理具有实践性。就像一个人阅读了有关游泳的书籍,并不意味着他就一定会游泳一样;一个人如果掌握了大量的管理理论、原理或知识,并不能表明他必定是一个出色的管理人员,也不能保证他的管理活动一定是有效的、成功的。管理者如果只凭书本知识来进行管理,那么他的管理工作注定要失败。从这个意义上说,管理不仅是一门知识、学问,更是一种实践;不仅是一门科学,更是一门艺术。管理工作就像其他各种技艺一样,都要利用经过整理的基本知识,根据实际情况加以创造性地、灵活地运用,才能取得预期的效果。管理工作是科学性和艺术性的有机的统一体。

(四) 创造性

创造性实际上与管理的艺术性相关。既然管理是一种动态活动,既然对于每一个具体的管理对象来说不存在一种完全现成的模式可以照搬,那么一个组织要想达成组织既定的目标,就必须具有一定的创造性。管理活动是一种创造性的活动,正因为它的创造性,管理才会有成功或者失败。试想,如果按照程序就可以管好,或者有一个统一的模式可以用来参照,那么,岂不是人人都可以成功、都可以成为有效的管理者?管理的创造性根植于动态性之中,与艺术性相关,正是由于这一特性的存在,使得管理创新成为必要。

(五) 经济性

任何一个组织要维持自身的生存与发展、并且达成组织的目标,就必须拥有一定的资源,但资源是有限的,管理者必须对资源进行合理的配置,以达到最佳的使用效果,这就有一个成本与收益的比较,有一个投入与产出的衡量。管理就是在对组织的有限资源进行整合时,选择成本最低、收益最大的资源供给和配比方法,这就是管理的经济性,管理如果没有经济性,就失去了它存在的意义和价值。

(六) 普遍性

管理具有普遍性,这是指在不同的层次、不同的机构甚至不同的国家中,管理者所从事的活动具有高度的一致性。管理的普遍性具体表现在以下几个方面:①组织中不同层次上的管理活动在本质上是相同的或类似的。无论是基层管理者还是高层管理者,他们同样都在履行着计划、组织、领导和控制的职能,只不过从事各项职能的程度和重点有所区别而已。②不同类型的组织中的管理活动基本上是一样的。不管是营利性组织还是非营利性组织,是大型组织还是小型组织,尽管存在差异,但两者之间的共性远远超过差异。③管理在不同国家和不同地区之间是可以相互学习、相互参照的。改革开放以来,我国不仅从国外引进和吸收了大量的科学技术方面的先进成就,同时也学习了大量的管理方面的好经验、好办法。

正是由于这种普遍性,我们才有可能把握管理活动的普遍规律,才有必要学习管理,从事管理活动才越来越成为一种专门的职业,不同组织之间成功的经验和失败的教训才可能进行交流。

第三节　管理者的相关概念

管理者是组织的心脏,管理者工作绩效的好坏直接关系着组织的兴衰成败。所以美国管理学大师德鲁克曾经这样说:"如果一个企业运转不动了,我们当然是要去找一个新的总经理,而不是另外雇一批工人。"管理者对组织的生存发展起着至关重要的作用。那么,究竟用什么标准来划分管理者和非管理者?管理者的职责与作业人员(一般员工)有什么不同?管理者在组织中扮演什么角色?一个人需要具备哪些技能才能成为一个有效的管理者?

一、管理者的概念

所谓管理者,就是在组织中执行计划、组织、领导和控制职能的人。尽管这些人有时也需要完成一定的具体工作,但是他们的主要职责是制定整个组织或某个部门的目标,并创造出能诱导其他人参与工作的良好环境,有效率地实现组织的目标。

管理者具有以下特点:

第一,管理者所处的具体组织层次不一样,他们的头衔也各异,但他们的工作有一个共同的特点,即都是同别人一起并通过别人使组织工作得以有效地完成。因此,管理者在相当程度上就是领导他人的人。

第二,管理者不同于作业人员。作业人员是指组织中直接从事操作工作的人。例如工厂的工人、饭店的厨师、企业推销员、政府部门办事人员、医院的医生、学校的教师等等,这些人处于组织的最底层(也称为作业层),他们不具有监督他人工作的职责。人们常称这些人是一线员工。但管理者尤其是基层管理者与作业人员之间的界限区分有时不那么截然分明。在许多情况下,管理者也可以担任一些作业职责。比如,中学校长自己也给学生讲课,医院院长亲自主刀给病人开刀,企业销售经理自己也承担不少销售任务,等等。但身为管理人员应该记住,他们的主要工作应是促进他人做好工作,而不是自己样样事情事必躬亲。哪怕是自己擅长的工作也要尽量委托他人去干,自己则要将主要精力集中在管理这些人及其工作上,并对这些人的工作好坏承担最终的责任。

第三,管理者不同于领导者。管理者是在组织中通过协调别人来完成工作,管理者一定是针对特定的组织而言,没有组织就谈不上管理者。而领导者不同,领导是指一种影响群体实现目标的能力。领导既可以产生于正式的组织中,也可以来自非正式的组织中(有关管理者与领导者、管理职能与领导职能的区别,详见本书第九章领导)。

第四,管理者不论在组织的哪一层次上承担管理职责,其工作的性质和内容都基本一致,都包括计划、组织、领导和控制四个方面。但不同层次管理者的各项管理职能履行的程度和重点不同,如图1-1所示。

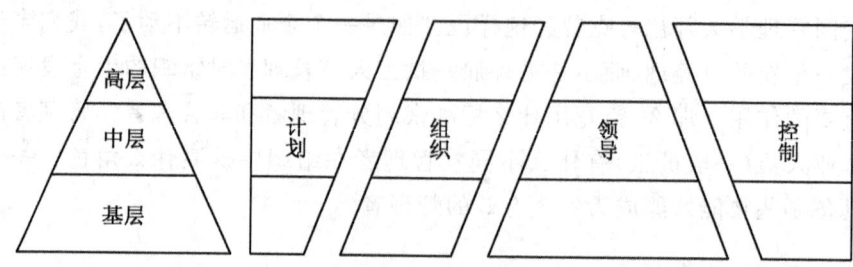

图1-1 管理者的职能构成比例

高层管理人员花在计划、组织和控制职能上的时间要比基层管理人员的多些,而基层管理人员花在领导职能上的时间要比高层管理人员的多些。即便是同一种管理职能,不同层次的管理者也并不完全相同。比如计划工作,高层管理人员主要负责组织整体的长期的战略计划,中层管理人员偏重组织内部、中期的管理计划,而基层管理人员则更侧重于短期的业务和作业计划。

二、管理者的分类

(一) 从纵向上来划分

1. 基层管理人员(First-line Managers)

基层管理人员,也称第一线管理者,他们处于作业人员之上的组织层次中,负责管理作业人员及其工作。在餐厅、宾馆,这些人被称为领班;在制造业工厂里被称为工段长、工头或班组长。

2. 中层管理人员(Middle Managers)

中层管理人员是直接负责或者协助管理基层管理人员及其工作的人。通常是部门经理、处长、项目经理、地区经理、办公室主任等。他们通常负责一个部门的日常管理工作,把高层领导的决策、指示付诸实施,中层管理者在组织中起着承上启下的作用。

3. 高层管理人员(Top Managers)

高层管理人员处于组织的最高层,主要负责组织的战略管理,如发展方向、政策制定、战略决策等等。这些高层管理者包括公司董事长、总裁、总经理,学校校长、医院院长等等。

(二) 从横向上来划分

1. 综合管理人员

综合管理人员指负责管理整个组织或组织中某个分部的全部活动的管理者。对于小型组织(比如一个小公司)来说,可能只有一个综合管理人员,那就是总经理,他要统管该公司中包括生产、营销、人事、财务等所有工作在内的全部活动。而对于大型组织(比如一个跨国公司)来说,可能就会按照产品类别设立几个分厂,如空调厂、洗衣机厂、手机厂等,或者按照地区设立几个分部,如可口可乐中国公司、欧洲公司、印度公司等,此时,该公司的综合管理人员就既包括总部的总经理,也包括各个分部的地区经理、分厂厂长。每个分部经理都要统管该分部包括生产、销售、人事、财务等各项活动在内的全部工作,因此也是综合管理者。

2. 专业管理人员

专业管理人员指仅仅负责组织中某一类活动或业务的专业管理的管理者。根据专业领域性质的不同,可以具体划分为生产部门管理者、营销部门管理者、人事部门管理者、财务部门管理者以及研究开发部门管理者等等。这些部门的管理者,可以泛称为生产经理、营销经理、人事经理、财务经理等。对于现代组织来讲,随着组织规模的不断扩大和环境的日益复杂多变,管理工作的专业分工也变得日益重要。

三、管理者的角色

管理者是从事管理工作的人员,著名管理学家亨利·明茨伯格(Henry Mintzberg)认为,管理者做什么可以通过考察管理者在工作中所扮演的角色来加以描述。他经过长期的研究,把管理者的角色分为10种,这10种角色进一步组合成3个方面,即人际关系角色、信息传递角色和决策制定角色。

(一) 人际关系角色(Interpersonal Roles)

人际关系角色通常是指所有的管理者都要在组织中履行礼仪性和象征性的义务。人际关系角色包括挂名首脑(Figure Head)、领导者(Leader)和联络员(Liaison)。

比如当学校的校长在学生毕业典礼上颁发毕业文凭时,当企业的总经理在带领其他企业的人员参观本企业生产线时,他们都在扮演着组织代表即挂名首脑的角色。这种角色对组织来说非常重要,它影响到组织的形象。

管理者在人际关系方面还要扮演领导者的角色,他们必须按照组织的目标和环境的变动去激励、培训、惩戒下属员工,否则组织的目标就不能顺利达成。

管理者在人际关系方面扮演的第三个角色是联络员,一方面他要获得各种对组织有用的信息,另一方面他要帮助组织发展关系资源。

(二)信息传递角色(Information Roles)

信息传递角色是指所有的管理者在某种程度上,既要从外部的组织或机构接收和传递信息,又要从组织内部某些部门接收和传递信息。明茨伯格把管理者的信息角色分为三种:一是监听者(Monitor),即从不同渠道用各种办法接收信息、了解信息、掌握信息;二是传播者(Disseminator),即把组织的信息以及自己收集加工的信息向组织成员宣布、传递,以便组织的成员能够共享信息、更好地工作;三是发言人(Spokesperson),即管理者必须代表组织向外界发布政策、宣布决定、进行演讲、表明态度等等。

(三)决策制定角色(Decisional Roles)

决策制定角色是指管理者帮助组织做出抉择的工作。明茨伯格把决策制定分解为4个方面的工作,这就形成了决策方面的四种角色。第一是企业家(Entrepreneur)。理论上来说,企业家是指高级的职业管理者,如总经理、总裁等,但此处企业家的含义是指能捕捉发展机会、进行战略决策并承担责任的管理者。第二是混乱驾驭者(Disturbance Handler)。即处理组织内混乱事件、调解处理各方冲突。第三是资源分配者(Resource Allocator)。管理者有权根据组织的目标分解情况来对组织的资源进行分配。第四是谈判者(Negotiator)。当管理者为了组织的利益和其他组织或人员商定合作和成交的条件时,他们就必须代表组织进行谈判,比如与工会谈判雇佣条件、与供应商谈判价格、与其他组织签订合作协议等等。

表1-1 明茨伯格的管理者角色理论

角 色	描 述	特征活动
人际关系方面		
1. 挂名首脑	象征性的首脑,必须履行许多法律性的或社会性的例行义务	迎接来访者,签署法律文件
2. 领导者	负责激励和动员下属,负责人员配备、培训和交往	实际上从事所有的有下级参与的活动
3. 联络员	维护自行发展起来的外部接触和联系网络,向人们提供恩惠和信息	发感谢信,从事外部委员会工作,从事其他有外部人员参加的活动

续表 1-1

角 色	描 述	特征活动
信息传递方面		
4. 监听者	寻求和获取各种特定的信息(其中许多是即时的),以便透彻地了解组织与环境;作为组织内部和外部信息的神经中枢	阅读期刊和报告,保持私人接触
5. 传播者	将从外部人员和下级那里获得的信息传递给组织的其他成员——有些是关于事实的信息,有些是解释和综合组织中有影响的人物的各种价值观点	举行信息交流会,用打电话的方式传达信息
6. 发言人	向外界发布有关组织的计划、政策、行动、结果等信息,作为组织所在产业方面的专家	举行董事会议,向媒体发布信息
决策制定方面		
7. 企业家	寻求组织和环境中的机会,制定"改进方案"以发起变革,监督某些方案的策划	制定战略,检查会议决议执行情况,开发新项目
8. 混乱驾驭者	当组织面临重大的、意外的动乱时,负责采取补救行动	制定战略,检查陷入混乱和危机的时期
9. 资源分配者	负责分配组织的各种资源——事实上是批准所有重要的组织决策。	高度调节、询问、授权、从事涉及预算的各种活动的安排下级的工作
10. 谈判者	在主要的谈判中作为组织的代表	参与工会进行的合同谈判

资料来源:斯蒂芬·P.罗宾斯.管理学[M].北京:中国人民大学出版社,1997:9.

四、管理者的技能要求

每位管理者都在自己的组织中从事某一方面的管理工作,都要力争使自己主管的工作达到一定的标准和要求。管理是否有效,在很大程度上取决于管理者是否真正具备了一个管理者应该具备的管理技能。根据美国管理学家罗伯特·卡茨(Robert L Katz)的研究,管理者必须具备以下三项管理技能:

(一)技术技能(Technical Skills)

所谓技术技能,就是指从事自己管理范围内的工作所需的技术和方法。如果是生产车间主任,就要熟悉各种机械的性能、使用方法、各种材料的用途、加工工序、各种成品和半成品的指标要求等等;如果是办公室管理人员,就要熟悉组织中有关的规章制度、相关法规,熟悉公文收发程序、公文种类以及写作要求等等;如果是财务科长,就要熟悉相应的财务制度、记账方法、预算和决算的编制方法等;如果是校长,就要懂得教学。技术技能对基层管理者来说尤为重要,因为他们大部分时间都是从事训练下属人员或回答下属人员有关具体工作方面的问题的工作,只有具备技术技能,才能更好地指导下属工作,更好地培养下属,由此才能成为受下级成员尊重的有效管理者。对中上层管理者来说,掌握技术技能的必要性可稍微少些。比如一个医院的院长注射技术不一定比护士好,但护士长注射技术往往比大多数护士要好。

（二）人际技能（Human Skills）

所谓人际技能就是指与组织中上下左右的人打交道的能力。管理者是通过他人的工作使组织的目标达成的。因此与他人进行沟通、交流、引导和激励员工的能力就变得格外重要。人际技能要求:

第一,管理者了解别人的信念、思维方式、感情、个性以及每个人对自己、对工作、对集体的态度,承认和接受不同的观点和信念,这样才能和别人更好地交换意见。

第二,管理者能够敏锐地觉察别人的需要和动机,并判断组织成员的可能行为及其可能后果,以便采取一定措施,使组织成员的个人目标与组织目标最大限度地一致起来。

第三,管理者掌握评价奖励员工的一些技术和方法,最大限度地调动员工的积极性和创造性。

（三）概念技能（Conceptual Skills）

所谓概念技能,就是指对事物的洞察、分析、判断、抽象和概括的能力。管理者能够快速、敏捷地从混乱而复杂的动态情况中辨别出各种因素的相互作用,抓住问题的起因与实质,预测问题发展下去会产生什么影响,需要采取什么措施解决问题,这种措施实施以后会出现什么后果。采取措施对付不利形势,使组织获利最多或损失最少。出色的概念技能,可使管理者做出更好的决策。概念技能对高层管理者来说尤其重要。

以上三种管理技能是各个层次的管理者都共同需要掌握的,区别仅仅在于各个层次的管理者所掌握的三种管理技能的比例会有所不同,如图1-2所示。

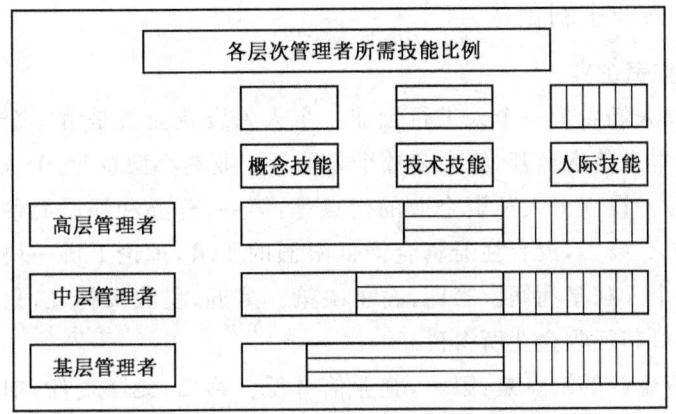

图 1-2　不同层次管理者技能构成比例

第四节　现代企业与企业管理

在现代社会中,组织的类型多种多样。就研究和学习管理来说,企业无疑是最值得我们关注的一类组织。在管理学的理论宝库中,绝大多数原理、原则的确立也是来自企业管理积累的经验。因此,了解与企业以及企业管理相关的一些知识和概念,对于我们学好管理具有非常重要的意义。

一、现代企业制度

企业制度这一术语通常指的是企业的财产组织形式或法律形式。企业作为社会基本的经济组织已有很长的历史,不同的企业往往拥有不同的组织形式。那么这些不同的组织形式在经营特点和法律地位上有什么不同?为什么不同的企业会选择不同的组织形式?下面介绍一下现代企业制度的三种基本形式:个人业主制、合伙制和公司制。

在了解企业组织形式之前,应当先了解一些法律基础知识。民法上承认的主体主要有两类:一类是自然人;一类是法人。自然人比较好理解。而民事活动的主体不光是自然人,各种类型的社会组织,包括企业、政府和社会机构也会从事各种民事活动,它们在民法上被称为法人。法人并不是指某一类或某一群人,而是对具有民事行为能力的社会组织的称谓。在民事活动过程中代表法人行使职权的自然人(通常是该组织的主要负责人)被称为法定代表人。

(一)个人业主制企业

1. 个人独资企业

很多时候人们希望一个人进行创业。个人独资企业就是由一个人拥有的企业,通常也由本人负责经营,绝大多数个人独资企业是小型企业,个人独资企业不具有法人地位。设立个人独资企业的优点是:第一,开办和注册简便,费用低,关闭也同样简单。第二,没有注册资金最低限额的要求,理论上讲一块钱也可以当老板。第三,个人独享利润。第四,自主决策。第五,税收负担轻,只对其征收个人所得税,不对其征收企业所得税。

个人独资企业的缺点是:第一,企业信誉低。第二,无限责任,如果经营发生亏损,需要用个人所有财产承担无限责任。第三,规模有限。

2. 个体工商户

个体工商户是从事工商业经营的自然人或家庭,是我国特有的公民参与生产经营活动的形式,也是我们生活中最熟悉、最常接触到的一种类型,其经营方式非常灵活。冷饮小吃摊、夫妻老婆店、批发市场和农贸市场中的经营户、自行车摊、书报亭等遍及城乡各个角落的各种摊贩往往都是个体工商户。个体工商户的优点和缺点与个人独资企业类似,只不过申办个体工商户手续更加简便,它是进入门槛最低的一种经营组织形式,突出体现了中国政府从实际出发鼓励公民自主创业、解决就业问题的政策。

3. 两者的区别

个人独资企业是由专门法律规定的一种企业形式;而个体工商户则不属于企业,政府主要依据《城乡个体工商户管理暂行条例》对它进行管理。个体工商户经营权可以由个人拥有,也可以由家庭拥有;但个人独资企业只能由一个自然人拥有。在注册登记的手续方面,个体工商户更为方便。另外,有时候政府也会对雇佣员工的数量进行专门的规定。例如规定雇员7人以下为个体工商户,超过7人则为个人独资企业。

(二)合伙制企业

合伙制企业是指合伙人之间以合同关系为基础的企业组织形式。合伙是一种复杂得多的企业组织形式,合伙人既可以是自然人,也可以是法人。合伙是创业的另一个重要选择,它的主要优点是:(1)注册简便,费用低。(2)没有最低注册资金限额。(3)资金和管理人员来源丰富,为企业增加了成功的机会。(4)税收负担轻,只征收个人所得税,不征收企业所得税。

合伙制企业的主要缺点是:(1)合伙人承担无限责任,而且还有连带责任。

也就是说,如果其中一个或多个合伙人的个人财产不足以承担责任,其他的合伙人还要拿出自己的财产进行清偿债务。(2)决策权不统一,合伙人不论出资多少,在企业内都是平等的。(3)退出困难,与前面所说的一人创业的形式不同,合伙企业关闭、退出或转让都要麻烦得多。

(三)公司制企业

公司(Company)是依法成立的具有法人地位的企业组织形式。公司是现代市场经济中最常见的、最基本的、最有代表性的企业组织形式之一,许多人都将在公司里度过自己的职业生涯。公司是市场经济中声音最响亮的组织,像联想、海尔、华为、招商银行、茅台、蒙牛等,这些我们耳熟能详的企业都是公司,而微软、谷歌、英特尔、宝洁、可口可乐等则是我们十分熟悉的跨国公司。当然,公司中的大企业毕竟是少数,大多数公司还是中小企业。

根据《中华人民共和国公司法》,公司分为有限责任公司(Limited Company)和股份有限公司(Joint Stock Company)。公司是企业法人,有独立的法人财产,以其全部财产对公司的债务承担责任。有限责任公司的股东以其认缴的出资额为限对公司承担责任,股份有限公司的股东以其认购的股份为限对公司承担责任。两者最主要的区别是股份有限公司将全部资本分为等额股份,也就是股票;而有限责任公司没有这一特点。有限责任公司的资本由发起人认缴,而股份有限公司则可以向社会发行股票募集资金。如果股份有限公司的股票在股票交易所交易,则称其为上市公司。

1. 有限责任公司

有限责任公司设立的基本要求是:(1)股东符合法定人数。有限责任公司由五十个以下股东出资设立。(2)有符合公司章程规定的全体股东认缴的出资额。(3)股东共同制定公司章程。(4)有公司名称,建立符合有限责任公司要求的组织机构。(5)有公司住所。

2. 股份有限公司

股份有限公司设立的基本要求是:(1)发起人符合法定人数。设立股份有限公司,应当有二人以上二百人以下为发起人,其中须有半数以上的发起人在中国境内有住所。(2)有符合公司章程规定的全体发起人认购的股本总额或者募集的实收股本总额。(3)股份发行、筹办事项符合法律规定。(4)发起人制定公司章程,采用募集方式设立的经创立大会通过。(5)有公司名称,建立符合股份有限公司要求的组织机构。(6)有公司住所。

由于可以向全社会发行股票,股份有限公司能够更方便地满足规模经营的要求。事实上,现代工业革命在很大程度上就是得益于股份有限公司面向全社会迅速筹集资金的能力。由于股份有限公司规模相对较大、涉及的投资主体较多、对社会的影响力较大,所以各国对股份有限公司的监管往往更加严格,例如要求股份有限公司尽更多的公开义务。需要说明的是,股份有限公司只是方便企业筹集资金,并不意味着股份有限公司一定是大企业,有限责任公司一定是小企业。像中国企业的骄傲——华为(华为技术有限公司)就是实力雄厚、规模庞大的有限责任公司。

3. 现代公司制的优点及职业管理者的形成

现代公司制度是英国在1855年和1856年分别颁布的《有限责任公司法案》和《股份公司法案》确立的。"有限责任公司"和"股份有限公司"的名称也一直沿用到现在。现代公司制度的确立是人类社会最重要的进步之一,而其中所体现的有限责任的观念则更是现代公司制度的灵魂,是一个创造性的发明。美国法学家、哥伦比亚大学教授巴特勒对此给予了极高的评价:"有限责任制度是现代社会最伟大的独一无二的发明。就连蒸汽和电都无法与之媲美,而且假如没有有限责任公司,蒸汽和电的重要性也会相应地萎缩。"

企业采用公司制组织形式的主要优点是:第一,公司具有法律赋予的独立的法人地位,享有财产权。公司独立于其他社会组织,也独立于政府,是在政府之外掌握社会资源最多的组织。公司的行为受《公司章程》的约束,《公司章程》是公司股东意志的自由表示,不受任何社会组织的制约。第二,有限责任有效地控制了投资风险,鼓励社会上的投资主体参与投资。第三,公司筹资能力强大,形式方便、灵活。在股份公司筹资的过程中,资本加速流动,市场决定价格,减少了交易的费用。第四,所有权与经营权分离。在有限责任公司和股份有限公司中,股东的个人财产和公司财产相分离,股东只能处理股权而不能处理公司财产,公司享有独立于股东的财产权。也就是说,公司的各个出资者,不论在什么时候、什么情况下,都不能以个人身份去支配公司财产。这就犹如几个人各打一桶水倒进了一个水缸里,谁也不能说这缸水属于自己,也说不清其中哪一部分属于自己,而只能说这缸水里有自己倒进去的一桶水。由于出资者个人无权支配集体的共同财产,从而实现了公司制企业的法人财产与股东的个人财产在法律上和事实上的分离。正是因为公司法人财产与股东个人财产的分离,公司由此实现了所有权与经营权的分离。职业经理人制度由此得以发展起来,掀起了企业的管理革命。职业管理者的产生也就成为可能。

职业管理者为什么会产生?管理工作是否谁都能干?管理者是否需要像医生、律师或教师一样成为职业工作者?西方国家在19世纪中期以前,在经济组织(即企业)中,所有权与经营权并没有分离,管理职能没有完全独立出来,因此没有职业化的管理阶层(或称经理阶层)。后来,随着企业规模的扩大,管理工作的难度加大,使得许多有"财"但无"才"的企业主感到力不从心,因而开始聘请有专门经营管理知识和技能、靠领取薪水作为主要收入来源的管理人才来代行管理之职。这样就出现了一种新的职业——职业经理人,人们戏称其为"金领"。随着各行各业管理工作的专业化,逐步形成了职业化的管理人才队伍。据调查,美国500家大企业的高级经理人员有近72%是专业管理人员。现在杰出的管理人才,就像职业体育运动的超级体育明星一样,成为企业不惜重金、争相竞聘的人才。

4. 现代公司制企业的缺点

企业采用公司制组织形式的主要不足之处是:(1)公司的设立和注册成本较高。(2)公司管理成本较高,通常需要设立多个职能部门进行管理,既增加了管理费用,又有可能滋生官僚主义,导致企业运行效率下降。(3)公司需要接受较多的监管,向政府申报大量材料,包括会计信息。有时候公司按规定公开经营信息,会对竞争产生不利影响。(4)双重征税负担较重。公司本身要缴纳企业所得税,股东还要缴纳个人所得税。

二、企业家与企业家精神

(一)企业家的概念

在现代社会中,企业家日益受到社会追捧和重视,像在美国,成功的企业家如微软公司的比尔·盖茨、苹果公司的乔布斯、通用电气公司的杰克·韦尔奇远比美国总统要风光、受人尊敬得多,甚至被人视为民族英雄,被人崇拜。

什么是企业家?需要强调的是,我们这里所说的企业家,并不等同于一般意义上的老板或总经理。从严格意义上讲,企业家(Entrepreneur)更多的是指那些善于把握机会,勇于创新、尝试和冒险的创业者、开拓者。因此,将这类人称为创业者或"起业家"更恰当。这些人在创业之初未必拥有很多资源,他们更擅长的是发现机会,并调动和整合资源去开发这些机会。比尔·盖茨、马云(阿里巴巴)、俞敏洪(新东方)、江南春(分众传媒)、李开复等人可以看作是典型的具有企业家特征的人士。

(二)企业家精神

1. 企业家精神的内涵

企业家精神(Entrepreneurship)是指个人或群体通过有组织的努力,以创新和独特的方式去追求机会、创造价值和谋求增长的欲望和能力。企业家精神这一概念有三方面的重要内涵:

一是对机会的追求和把握。那些典型的具有企业家精神的人士都善于把握环境的趋势和变化,而且往往是那些尚未被人们注意的趋势和变化。

二是创新。创新意味着变革、革新、转换和引入新方法,即新产品、新服务或是做生意的新方式。

三是增长。创业者不满足于小规模或现有的规模,希望其事业尽可能地增长,致力于不断寻找新的趋势和机会,不断地创新,推出新产品和新的经营方式。

美国著名管理学家德鲁克曾经讲过一个小故事。在一个社交晚会上,几位女士正在讨论养宠物的话题。当其中一个提及她很想养一条京巴狗却没能买到时,旁边过来一个年轻人搭话说:"夫人,我想我能帮您的忙,如果价钱合适的话。"经过一番讨论,双方达成了共识。几分钟后,只听刚才的年轻人在门厅处跟人通电话说:"请帮我查一下,什么是京巴狗?哪里能够搞到?"按照德鲁克的说法,这位年轻人身上所体现出的就是典型的企业家精神——首先把握机会,然后寻求资源设法使它实现。

资料来源:网络。作者略有改动。

2. 企业家精神的特性

(1) 企业家精神强调对市场资源的组合

奥地利经济学家熊彼特在《经济发展理论》中率先提出:企业家对于社会的重要意义,在于对资源进行新的组合来实现创新。因为市场需求本身并不会带来经济活动,新技术和新发明也不会自动变成产品,无论多么了不起的创意、思想,如果没有投入市场进行检验,就不会创造出任何新的价值,只有将发现、思考和机会在现实的市场中结合起来,市场经济才会得以发展,企业家精神就是强调对市场资源的组合,企业家是否成功也取决于市场的竞争。

(2) 企业家精神同创新联系在一起

许多人提到创新就认为是发明创造,比如发明电话、电报,发明蒸汽机。其实企业家精神强调的创新并不局限于发明创造。管理学大师德鲁克在《创新与企业家精神》一书中指出:"创新是赋予人力和物质资源以更强创造财富的能力的活动。"例如,麦当劳并没有发明快餐业,因为在麦当劳创始人克罗克开始经营之前,所有今天快餐业具有的产品和服务方式都已经出现了。但是,麦当劳建立了产品和服务流程的标准化,在消费者心目中开创了一个新的产业。同样,在超级市场出现之前,超市所销售的产品在百货商店、街头小店中早已司空见惯了,但超级市场通过自助服务、标准化和低价格创造了一个新的商业模式。

（3）企业家精神需要培养

一个社会，无论制度多么合理、资源多么丰富、劳动力供应多么充分，如果没有一个良好的、鼓励和培育企业家精神的社会氛围，企业家精神也不会产生出来。企业家精神的培养首先需要社会对企业家的鼓励，这种鼓励体现为对产权的尊重以及对市场制度和法律制度的保障。例如，通过法律建立尊重合同的经营环境，减少腐败，保持税收和政府机构最小化。

（4）企业家精神在生产要素中占有特别重要的地位

生产要素是用于生产产品和服务的资源。一个社会创造财富的能力取决于它的生产要素。传统经济学把土地和自然资源、劳动力和资本列为生产要素，后来人们又把知识和技术列入生产要素，近年来研究人员把企业家精神也加入生产要素的行列中，而且认为企业家精神在生产要素中占有特别重要的地位。理由是许多贫穷的国家并不缺少土地和自然资源，也不缺少劳动力；随着经济和金融的全球化，资本比以往任何时候都更容易获得，所以再用传统的生产要素概念无法解释这些国家为什么没有创造出惠及全体国民的社会财富。拥有企业家精神的企业家，他们愿意承担资源组合的风险，并且不断地追求创新和成长，否则即使有再多的资源也不能创造出社会财富。

企业家精神对于营利性组织和非营利性组织的成功至关重要。这些组织要想获得成功，就必须追求机会、创新和成长。

三、企业的社会责任

管理案例

日益全球化的经济向跨国企业的管理者们提出了严峻的挑战，公平贸易就是其中的一项。"公平贸易"是一个系列的名称，旨在为发展中国家的农民对发达国家的农产品出口提供一个公平的价格。

公平贸易可以缓解外国农场工人的恶劣工作条件。例如，巧克力的原料可可豆主要产于西部非洲。2000年的一项调查指出，有数十万年龄不到14岁的孩子们参与了可可豆的收割。他们在劳作中使用弯刀，受到杀虫剂的污染，而他们的所得通常只有食品，而没有工资。数以万计的孩子被养活不起他们的贫穷的父母卖去做苦力。这些孩子实际上就是奴隶劳工，他们没有法律权利，每天工作12小时，每周工作7天。他们缺少健康保障，没有充足的营养，更无法接受能够改善他们生活条件的教育。富于讽刺意味的是，他们一辈子也没有吃过，甚至没有见过巧克力，因为他们买不起。

农场主声称他们是被迫使用童工的,因为可可供过于求,价格波动很厉害。Cargill和ADM公司是两家美国食品大企业,它们的购买量占全球可可供应量的25%,然后它们再将其出售给生产商。美国的巧克力生产商好时公司和玛氏公司消耗了世界可可供应的很大部分。这些企业声称他们不能对可可种植的条件负责,因为他们对可可种植园没有所有权。各方推脱的结果就是无知、饥饿和贫困的循环,西非的苦难看不到尽头。

公平交易项目呼吁为可可制定最低价,保证可可种植主们获得足够的回报。尽管公平交易项目种类繁多,但几乎都会要求工资监督、反对使用童工、实行环保的政策以及向工人提供教育和医疗服务。这些项目的成本由购买可可的生产商承担。作为回报,这些生产商可以将自己的产品包装为公平交易产品,可以定价较高。消费者支出增加很少。负责认证公平交易产品的"美国公平交易"组织的切特罗说:"公平交易产品的价格没有任何理由特别高于传统产品。"

巧克力产业还没有实现行业统一的公平交易政策,咖啡销售商在这方面已经做到了领先。许多大型企业,包括邓肯甜甜圈和麦当劳,已经在一些店面中开始销售公平交易咖啡。另一些咖啡销售商,包括星巴克,则按自己的方式实行与前者略有差异的公平交易政策。公平交易咖啡每磅只不过多付18美分,但却足以向80万小农场主支付生活所需,受惠者主要在中美洲和南美洲。还有数十种其他农产品,从香蕉到糖,也都受惠于公平交易政策。

公平交易项目也受到一些批评,它们增加了消费者的成本,项目的执行缺乏有效的监督,而项目之间千差万别,难以掌握。不过这些项目的确有助于平衡第三世界农场主和大型跨国公司之间的力量对比。公平程度的增加符合正义的规范。公平交易大幅度提高了小农场主的生活品质,同时也将生产商和消费的价格控制在可承受的范围内。这说明公平贸易符合效用规范。公平贸易也符合权利规范,因为它引起人们关注小农场主和劳工的权益,包括有权获得足以维持生活的工资、安全的工作条件、健康保障和受教育的权利。最后,公平交易与关怀伦理规范相一致,因为它表现出生活条件好的人群向需要关怀的人群所抱有的同情心。作家霍洛维茨在听了象牙海岸奴隶童工的故事后购买了公平交易巧克力,他说:"我不是为了表现,只是试图减少我的消费主义行为对没有消费能力的人群的影响。"

资料来源:里基·W.格里芬.管理学[M].刘伟,译.北京:中国市场出版社,2008:79-80.

（一）社会责任的含义

所谓社会责任，是指企业在创造利润、对股东负责的同时，还要承担对员工、消费者、社会和环境的责任。社会责任要求企业必须超越过去传统的理念——把利润作为唯一目标，强调在经营过程中关注人的价值，强调对消费者、环境和社会的贡献。

（二）两种对立的社会责任观

企业的社会责任问题在过去很长一段时期并未引起人们的关注。到了20世纪60年代，随着西方社会运动的广泛开展，社会责任问题才渐渐引起学者们的兴趣。从一开始，学者们在企业履行社会责任的问题上就存在着较为严重的分歧，形成了观点截然对立的两派。一派学者主张，企业只应对股东负责，企业只要使股东的利益得到满足，就是具有社会责任的表现，至于其他人的利益，则不是企业所要管的和所能管的，这种观点称为"古典观"或"纯经济观"。另一派学者则不同意上述主张，他们主张企业不仅应该对包括股东在内的所有利益相关者（如消费者、供应商、债权人、员工、所在社区乃至政府）负责，还应该对自然环境负责；不仅如此，企业还应当增进一般社会的福利，包括慈善捐款、资助慈善组织和社会公益性机构，资助文化、教育、体育事业。有的人甚至认为企业应当承担起更加广泛的责任，包括在世界范围内纠正政治不平等，譬如，有的人就认为企业不应当在有侵犯人权记录的国家中开展业务。事实上，全球企业巨头如阿迪达斯、迪士尼、雅芳、通用电气、沃尔玛、家乐福等在选择供应商时，不仅对产品的质量、服务进行评估，还对供应商是否雇佣童工、使用犯人生产，是否存在性别和种族歧视等社会责任内容进行考察与评价。沃尔玛更是宣称一旦发现某个供应商有行贿记录，将永远从沃尔玛的供应商名单中剔除。

1. 古典观（纯经济观）（Classical View）

古典观的代表人物首推诺贝尔经济学奖得主米尔顿·弗里德曼（Milton Friedman）。他认为当今的大多数管理者是职业管理者，这意味着他们并不拥有它们所经营的企业。他们只是员工，仅向股东负责，他们的主要责任就是最大限度地满足股东的利益。如果一个企业从事社会活动，或者打着社会利益的名号把资源从企业中转移出去，实际上损害了股东的利益，管理者这样做是在慷他人之慨，而且更为严重的是还损害了其他社会群体的利益。具体来说，如果社会责任行动使企业利润和股利下降，它就损害了股东的利益；如果社会行动使工资和福利下降,它就损害了员工的利益;如果社会行动使价格上升,它就损害了顾客的利益;如果顾客不愿支付或支付不起较高的价格,销售额就会下降,企业就会难以为继。在这种情况下,企业所有的利益相关者或多或少都会受到损失。所以古典观认为,企业的社会责任就是利润取向,企业最大限度地满足股东的利益,就是尽了最大的社会责任,这是来源于亚当·斯密的"看不见的手"经济学原理:每个经济主体在追逐或实现自身利益的过程中就在增进着社会利益,并且这种增进的效果要好于他们刻意去增进的效果。

此外,弗里德曼认为,当职业管理者追求利润以外的其他目标时,他们其实是在扮演政策制定者的角色,然而企业管理者并不一定具有决定"社会应该怎样"的专业能力,"社会应该怎样"的问题,应该交给由选民选举出来的政治家来决定。比如,某一个企业经理决定出资捐助一个体育项目(这带有他个人的偏好),该体育项目就得到了很大的财力支持,而也许某个慈善组织或教育机构更需要资助。

古典观(纯经济观)对待企业社会责任的主要观点是:第一,企业参与社会目标会冲击工商企业的根本使命。第二,企业已经拥有较大的权力,不应再加大。第三,并没有广泛的社会授权要求工商企业参与社会问题。第四,企业无法承担大量的社会责任。第五,企业的社会行为会降低企业的国际竞争力。第六,缺乏对企业参与社会活动的全力支持。第七,企业的社会参与可能使企业负担过量增长。

2. 社会经济观(Socioeconomic View)

支持强化企业社会责任的学者主张,许多问题本身就是由企业引起的,例如空气和水污染、资源消耗等,企业应该在解决这些问题方面发挥重要作用,而且企业作为依法成立的法人单位,具有像私人公民一样的权利,当然也就应当像私人公民一样承担对社会的义务和责任。很多学者还主张,有许多社会问题由于政府预算有限而无力解决,许多大型企业却有超额的利润,这些超额的利润理应拿出来解决社会问题。

这些学者还指出,承担社会责任虽然从短期内看好像牺牲了企业的经济利益,但从长期看,承担社会责任改善了企业的社会形象和生存环境,提高了知名度和美誉度,吸引了大量的优秀人才,减少了政府的管制,甚至在某些业务经营上还会得到政府特别的政策支持,这些收益足以抵消企业为承担社会责任而支付的成本,从这个意义上讲,企业的社会责任活动相当于投资,企业在利他的同时也在利己。

社会经济观对待企业社会责任的主要观点是:第一,社会大众期待企业承担社会责任。第二,企业承担社会责任是一种长期的自利。第三,企业拥有解决社会问题的资源和能力。第四,企业拥有大量的权利,根据推理,企业也相应承担同等程度的社会责任。第五,现代社会是一个相互依存的系统,企事业单位的内部活动对外部环境有影响。第六,通过企业的参与来防止社会问题的发生。第七,企业参与社会抑制了额外的政府法规管理和干预,其结果是使企业决策有了更大的自由和灵活权。

总之,目前中国学界主流的观点还是支持企业承担社会责任,但认为这种社会责任的承担应有范围限制,并且要有所选择,即企业在日常的经营过程中,应关注那些对企业长期发展有利的活动并给予适当的支持,切不可把一些本不应该由企业来做的事都包揽下来,又回到改革开放前企业大包大揽、政企不分、企业办社会的老路上去。

(三) 社会责任国际标准 SA8000(Social Accountability 8000 International Standard)

进入 21 世纪,随着全球化经济的发展,人们越来越重视企业的社会责任。全球企业巨头如阿迪达斯、迪士尼、雅芳、通用电气、沃尔玛、家乐福等在选择供应商时,不仅对产品的质量、服务进行评估,还对供应商是否履行社会责任进行考察与评价。这些跨国公司在进行社会责任方面的审核和评价时,依据最多的是 SA8000。

所谓 SA8000,其全称是"社会责任国际标准"(Social Accountability 8000 International Standard),是由总部设在美国的社会责任国际组织(SAI)牵头制定的第三方认证标准。该标准自 1997 年问世以来,得到了国际社会消费者、媒体、行业协会、跨国公司的普遍认可,产生了广泛的国际影响。其宗旨是通过对劳工权利保护的合格评定来推进企业的人权保障,它要求制造商、供应商和经销商的制造、供应和经销行为符合国际社会对它的社会责任要求,并且拒绝进口那些没有达到 SA8000 要求的制造商和供应商的产品。

SA8000 主要侧重于劳工权益的保护,内容依据《国际劳工组织宪章》《联合国儿童权利公约》和《世界人权宣言》等国际条约制定,主要涉及 9 大领域,如表 1-2 所示。

表 1-2　SA8000 的主要内容

涉及领域	具体内容
童工	企业不得招用童工或支持招用童工的行为
强迫性劳动	企业不得进行或支持使用强制劳工,或在雇佣中使用诱饵或要求抵押金,企业必须允许员工轮班后离开并允许员工辞职
健康与安全	企业必须提供安全健康的工作环境、对事故伤害的防护、健康安全教育、卫生清洁维持设备和常备饮用水
组织工会的自由和集体谈判的权利	企业应尊重所有员工自由成立和参加工会,以及集体谈判的权利
歧视	不允许因种族、阶级、国籍、宗教、残障、性别、加入工会或政治倾向等产生歧视
惩罚性措施	企业不得从事或支持肉体上的惩罚、心理或生理上的压制和语言上的凌辱
工作时间	企业必须遵循适用法律;员工每周工作不得超过 60 小时;加班必须自愿;员工每 7 天中必须休息 1 天
工资报酬	员工工资不得低于法定或行业最低报酬,必须足以支付基本需求;员工能自由处置收入。雇主必须发给津贴、代扣保险等费用,不得弄虚作假规避法律
管理体系	企业管理高层应制定有关社会责任和劳动条件的企业政策,以确保履行社会责任。企业应对供货商进行管制,确保供货商履行其社会责任

资料来源:焦叔斌.管理的 12 个问题:大道至简的管理学读本[M].北京:中国人民大学出版社,2009:26.

中国作为全球制造业的中心,受到的跨国公司社会责任审核也最多。据不完全统计,1995 年以来,我国沿海地区已经有近 9 000 家企业接受过社会责任审核,有些企业因为表现良好而获得了更多的订单,有的则因为不符合要求而被取消了供应商资格。由于 SA8000 被许多跨国公司用作选择合作伙伴的依据,因此它对于我国企业的社会责任意识起到了积极的启蒙和促进作用。它使许多企业认识到,要在生意上取得成功,仅仅满足产品质量、成本、交货期等方面的条件还不够,还必须符合道德方面的要求。一个道德上有缺陷的企业是走不远的。

四、企业的核心价值观

企业经营是一种追求利润的活动，创造利润是企业生存的前提，长期无法获得盈利的企业将不得不退出市场。因此，在企业的经营活动中，盈利最大化是一个理性的追求。企业的利润是对企业所有者承担的创办和经营企业的风险的奖励。

可见，企业追求利润天经地义，无可置疑，问题是企业除了利润之外，是否还应该有别的价值的追求？答案是显而易见的。利润对于一个企业来说，就像血液对于人一样重要。人没有血会死，企业没有利润会倒闭。但没有哪一个人说自己之所以活着就是为了有血。同样，企业要想生存必须追求利润，但利润不是企业存在的目的或理由。企业除了利润之外，有更重要的价值追求，这才是企业真正的使命和灵魂所在。

20世纪60年代，惠普公司创始人之一、董事长戴维·帕卡德说："很多人都以为，公司的存在仅仅是为了赚钱，这是错误的。尽管这确实是公司存在的一个重要结果，但我们要深入下去，去发现我们存在的真实理由。通过调查，我们最终得出这样的结论，那就是，一群人联合起来，并以一种机构的形式存在，我们称之为公司，从而完成一些单独的个人完成不了的事情（为社会作出贡献），这种说法听起来虽然陈腐过时，但它却是根本……你可以环顾周围（整个经营世界），发现人们好像都对赚钱感兴趣，而没有其他兴趣，但其深层的驱动力来自要做一些事情的渴望：创造一种产品，提供一种服务。概括而言，是要做一些有价值的事情。"

（一）核心价值观的含义

企业的核心价值观也称为经营理念或经营哲学，它为企业经营规定出价值观、信念和指导原则。企业经营哲学的确定，一方面取决于企业创办者的意图，另一方面也与整个社会的商业伦理有关。比如，英国美体小铺的经营理念是"热爱生命、尊重自然"，日本松下是"产业报国"，三星是"变革与创新"，IBM是"追求卓越"，联想是"专业"，同仁堂是"诚信"等等。

核心价值观是组织所拥护和信奉的东西，是组织最重要的和永恒的信条，是不随时间而改变的原则，是人们判断好坏、对错、美丑、善恶的依据，是人们共事的基础，是人们最珍惜、最在乎的东西。道不同不相与谋，从一定意义上讲，组织就是一群具有相同的价值观的人的集合。

一个企业的核心价值观应当包括哪些内容并没有定规。一般来说,绝大多数组织在核心价值观中都会表达该组织对于人、诚信等根本性问题的看法。此外,顾客、社会责任、创新、团队精神等也常常会成为主题。一般来说,一个组织的核心价值观不会太多,3～5条足矣。如果超过5～6条,则很有可能就是把核心价值观与其他一些东西混为一谈了。

核心价值观是一种深入骨髓的东西。有一家大企业的老总在被问及该公司的核心价值观时,这位老总很尴尬地让他的办公室主任赶快去查公司手册。核心价值观还用得着翻手册?核心价值观是你的信条,是融在你血液里的东西。比如,我的一个价值观是"我决不偷东西",当我看到宿舍同学的钱包放在床铺上,我要不要先回想一下我的价值观里有没有禁止偷东西这一条,然后再决定是否下手?那还叫核心价值观吗?

某家公司是一家有着非常深厚的企业文化积淀的老企业,但在提炼其核心价值观时,有点走火入魔,搞了一大堆东西,比如市场观、经营观、人才观、质量观、发展观、创新观,等等。如此烦琐的东西不叫核心价值观。真正有用的核心价值观就是那么三五条,是不需要背诵的。

核心价值观不是唱高调,不是那些正确的废话和无用的大话。更多的时候,它表达的是一种底线。例如,著名的老字号同仁堂有两条传承了300多年的堂训:"品味虽贵必不敢减物力,炮制虽繁必不敢省人工",它无非就是强调"决不偷工减料"。这才是真正的核心价值观,它铸就了同仁堂几百年来的金字招牌。

(二)核心价值观的意义

1. 核心价值观与管理

孔子曾经精辟地论述了价值观在管理中的意义:"道之以政,齐之以刑,民免而无耻;道之以德,齐之以礼,有耻且格。"这里的"道"和"齐"可以理解为管理、治理的意思。这句话是说,依靠政令、法规、惩罚之类的东西来管理,人们就会想方设法地逃避、对付而没有自尊和自律;而依靠德和礼来进行管理,人们会自觉、自律,从而形成秩序与和谐。

孔子的教诲对于管理者做好管理工作很有启迪。一个组织的管理如果只是一味地重视监督、惩罚,一味地强调制度、考评,实际上是一种自外于人们的做法,不可避免地就会出现"上有政策,下有对策"、钻空子、找漏洞的现象,管理者最后得到的只不过是组织成员消极的服从、遵守、循规蹈矩。而通过人们所共享的核心价值观来进行管理,人们就会自律、自尊,才有可能发挥主动性、积极性和创造性。

上述认识对于国家的宏观管理也同样具有意义。这几年,"质量"成为大众传媒的焦点,电视、广播、报纸天天在讲,然而玩具含铅、馒头染色、饺子有毒、牛奶添加三聚氰胺,等等,问题层出不穷。政府对于质量问题不能说不重视,专项整治、监督检查、入门许可、强制认证、严格执法、加重罚款,等等,搞得轰轰烈烈,没少下功夫。不能说这些做法一点作用也没有,但仅仅靠"政策"和"刑罚"并不能从根本上解决问题。如果诚信、优质这些品质不能成为企业真心推崇的价值观,那么质量就将永远成为企业的一个问题。

2. 核心价值观与竞争优势

有了核心价值观就一定能给企业带来竞争优势吗?答案是否定的。核心价值观与竞争优势没有必然的联系。核心价值观是企业必须坚持的原则,坚持某个核心价值观未必会带来优势,也许还会带来劣势。例如,美国发电企业有一次失去了中东某个国家价值3.2亿美元的一个合同,原因是该公司拒绝向当地政府官员支付3美元的贿赂,而一家日本企业支付了这笔钱,因而赢得了这个大工程的合约。可见,核心价值观不是一种功利性的选择,而是一个组织的信仰。强生公司的首席执行官拉尔夫·劳伦曾经说过:"体现在我们经营宗旨中的核心价值观可能是竞争优势,但这并不是我们拥有它的原因。我们之所以拥有它,是因为它界定了我们的支持和主张。即使当它成为竞争劣势时,我们也会坚守。"

核心价值观还必须以管理层的行动和行为作为支持。言行一致,行胜于言。组织的方针政策必须符合核心价值观的要求。任何华丽的辞藻都抵不过管理者实际行动产生的说服力。管理者如果平时高喊"质量第一",但只要有那么一次为赶工期而马马虎虎,人们就会知道管理者平时所强调的质量只不过是随便说说而已。所以,确立组织的核心价值观不容易,只要管理者有一次轻率的行动,就足以使它颠覆、付之东流。

观察与思考 争议归真堂:IPO造富诱惑下的商业与道德对抗

张小海这几天忙坏了。

"刚接你电话这几分钟,手机就显示三个未接电话。"张小海说,最近一段时间,他每天接到的电话超过600个,几乎都是媒体打来的。

之所以会如此"炙手可热",是因为这个文质彬彬的中年男人和他所供职的机构——亚洲动物基金,最近被卷入了一场吸引了无数眼球的争论中。2012年2月1日,在证监会公布的创业板 IPO 申报企业基本信息表中,从事活熊取胆的福建企业归真堂赫然名列其中,而且上市备注为"落实反馈意见中",这意味着归真堂上市已进入倒计时。

消息一出,舆论大哗。

事实上,关于归真堂上市的新闻,这已经是第二季了。活熊取胆本身是个老话题。中国最早报道活熊取胆的记者之一、《新民周刊》主笔胡展奋说:"我当年采访是在20年前,到现在活熊取胆仍然存在。"早在2011年初,归真堂就曾递交过上市申请,但在一片反对声中,未见回音,归真堂董事长邱淑花那句著名的"反对我们就是反对国家"就是那时候说的。

作为四川龙桥黑熊救护中心的主办方,亚洲动物基金与中国有关部门签订过一纸协议,在10年内解救5000只黑熊,有关部门承诺不再发放养熊牌照。取缔整个活熊取胆行业,是亚洲动物基金的最终目标之一。虽然张小海称亚洲动物基金并不具体针对个别企业,但双方交火在所难免。2011年初,亚洲动物基金曾致函福建省证监会,反对归真堂上市。

今年64岁的归真堂创始人邱淑花迅速陷入舆论围攻,她在2000年成立的这个家族企业目前仅熊胆粉年收入就接近2亿元,而这主要依靠对其养殖的400多头黑熊用人工方式反复抽取胆汁。这种粗暴残忍且落后的盈利模式成为争议的焦点。

这一次,归真堂显然有备而来。邱淑花闭上了嘴,打出了"透明"牌。2012年2月18日,归真堂在其公司官网上发布公告,宣布将向"各界人士"开放养熊基地。2月22日,归真堂兑现了诺言,一百多名媒体记者获准进入其位于惠安的养熊场,现场观摩了一次活熊取胆。

不过,亚洲动物基金遭到区别对待,张小海和8位同事星夜兼程从北京赶往惠安,却被归真堂以"没有事先报名"为由拒之门外。尽管如此,这仍然没有消除媒体、公益组织以及知名人士对归真堂的质疑。

一方是能吃苦、经历过创业艰辛的民营企业家及其朴素的商业冲动;另一方是站在动物福利、道德伦理制高点的反对者们,这场罕见的商业与道德的对抗在"IPO造富诱惑"中被充分放大。

尽管如此,争议的结局仍然难料,无论证监会还是其他主管部门,都没有对这一事件给出权威的说法与定性。

谁将是宣判者？
支持者

目前，归真堂上市，并没有致命的法律障碍，是否获得行政主管部门的支持以及证监会的批准是其核心。

在力挺归真堂上市的机构与个人中，中国中药协会扮演了主要角色，而归真堂是其会员之一。该协会由国家中医药管理局主管，近期为归真堂频频抛头露面发声的副会长房书亭，曾任中医药管理局副局长。支持方的主要依据是，黑熊养殖及活熊取胆并未遭到法律禁止，而抽取胆汁的过程更不像外界想象般残忍与痛苦。

2012年2月16日，中药协会还特意举办了"媒体沟通会"，对活熊取胆的一些关键和敏感问题进行解释。"取胆汁过程就像开自来水管一样简单，自然、无痛，完了之后，熊就痛痛快快地出去玩了。我感觉没什么异样！甚至还很舒服很享受。"房书亭在这次沟通会上的发言经媒体披露后，遭到了社会各界的强烈抨击。

这加剧了支持者与反对者争论的火药味。沟通会之前，中药协会曾经发函，声称"受西方利益集团资助的、由英国人创办的亚洲动物基金会，假借动物保护名义，长期从事反对我国黑熊养殖及名贵中药企业的宣传"。亚洲动物基金则毫不示弱，迅速向中药协会发出律师函，要求对方收回言论及道歉。

除了房书亭，归真堂阵营中的前官员还包括原卫生部药政局副局长、原国家药监局药品注册司司长张世臣。在归真堂2012年2月22日召开的"养熊基地开放日"专家座谈会上，张世臣称："目前的法律法规框架下，养熊取胆是合法允许的。"

实际上，黑熊养殖与熊胆提取在中国一直是一个灰色地带，在几十家大型的黑熊养殖场中，归真堂的规模也不是最大的。熊胆提取所蕴含的高利润造就了许多地方富豪，并促使这些企业不断寻求扩大养殖规模。

在国外，由于黑熊是一级保护动物，活熊取胆是被严格禁止的，国外公司由此研发出了与熊胆效用类似的诸多替代品，但售价不菲。而在中国，由于人工熊胆新药迟迟得不到批准，归真堂和类似的黑熊养殖公司成为唯一的熊胆来源，产生了巨大的经济利益。

沈阳药科大学原副校长姜琦表示，目前天然熊胆已非必需。相应的人工熊胆项目从1983年立题到2007年最终完成最后一批上报材料，其间3家研发单位，近20家临床医院，百多名专家教授和研究人员参与其中，花费巨额资金，研究出了可以等量、等效替代天然熊胆的人工熊胆,并且在2006年申请了专利。但令姜琦失望的是,国家药品审批中心就是不予批复,致使人工熊胆始终难以作为一种新药投入生产。

与此相对应,黑熊在中国属于二级保护动物,允许合理的经济利用。国内相关动物保护法的落后以及替代品研究的停滞使得这种原始的熊胆利用方式大行其道。目前,归真堂的熊胆产品已经成为中国富裕阶层和官员的送礼佳品。

阻击者

在抵制归真堂上市的行动中,张小海和亚洲动物基金并非孤军作战。反对归真堂上市拥有雄厚的民意基础。事实上,舆论几乎是一边倒地反对归真堂。许多公众人物和机构纷纷公开发出支持保护黑熊的声音。

"有人告诉我,假如听过黑熊被活取胆汁时的惨叫声,那会是这辈子最折磨心灵的声音。"阿里巴巴集团董事局主席马云说,宠物和野兽都有权利享受自由的生活,不应被虐待!如果我们曾经因为恐惧或贪婪过度伤害黑熊,而那些致残的黑熊只能被拯救,再难被温暖,那么,请从现在开始停止伤害,拒绝活取熊胆,拒绝熊胆制品。早在2010年,阿里巴巴及淘宝网就已经拒售熊胆制品。

百度企业社会责任部负责人贝晓超则在接受记者采访时表示,百度拒绝所有和活熊取胆制品相关的推广广告。2012年2月22日,姚明专程赶赴位于成都市新都区的四川龙桥黑熊救护中心,看望从活熊取胆现场被解救出来的黑熊。同一天,姚明在它基金联署签名活动中,郑重签上了自己的名字。

在姚明之前,已经有将近100位各界名人在它基金组织的联署活动中签名。这支2011年刚刚正式在北京市民政局注册成立的NGO组织在这次反对归真堂上市事件中表现得分外活跃。它基金是由著名主持人和晶、崔永元、赵忠祥、张越等人发起的,其前身是"保护动物记者沙龙"。归真堂上市事件被披露后,它基金连夜起草了一封致证监会的"吁请函",陈述了归真堂不应当获准上市的三点理由,并且征集了韩红、羽泉、赵忠祥、李东生等70多位各界名人的联署签名,送到了证监会。

在它基金组织的一场名为"人造熊胆,路在何方?"的研讨会上,"天然熊胆不可替代""活熊取胆新技术无痛苦""虐待黑熊反而保护了野生黑熊"等观点遭到了批驳,进一步系统性回应了归真堂的辩解。

实际上,在经过了新一轮发酵、围观和狂热后,抵制归真堂上市已经从纯粹的道德底线批判,过渡到对商业价值的追问与审视。相关人士表示,国家正在限制黑熊养殖，中国对动物保护的法律也将日益完善，归真堂的利润与盈利并不具有可持续性。"如果归真堂上市，其野蛮落后的盈利模式，对创业板和中国商业来说，究竟是进步还是退步？"一位观察家告诉本刊记者，归真堂IPO，就如同让罪犯去上市。

但法律之外，市场的问题终须交由市场解决。归真堂上市与否正在等待主管部门的一锤定音，在强大反对声音的干预下，其成功登陆创业板的可能性正在降低。而无论结果如何，在活熊取胆存废的问题上，政府已经不能再继续保持沉默。

资料来源：2012年02月28日《中国企业家》杂志。

从企业社会责任和商业伦理的角度，谈谈你对归真堂上市问题争议的看法。

第二章 管理思想的发展与演变

在人类历史上,自从有了有组织的活动,就有了管理活动。人类的很多活动离不开管理,因此,管理活动的历史可被视为同人类历史一样悠久。管理活动的出现促使人们对这种活动加以研究和探索。经过长期的积累和总结,人们对管理活动有了初步的认识和见解,从而开始形成一些朴素、零散的管理思想。随着社会的发展,科学技术的进步,人们又对管理思想加以提炼和概括,找出其中带有规律性的东西,并将其作为假设,在管理活动中进行检验,继而对检验结果加以分析研究,从中找出属于管理活动普遍规律的东西。这些规律经过抽象和综合就形成了管理理论。这些理论被应用于管理活动、指导管理活动的进行,同时管理活动对这些理论进行实践检验。由此我们可以看出管理活动(或管理实践)、管理思想和管理理论这三者之间的关系:管理活动是管理思想的根基,管理思想来自管理活动中的经验;管理理论是管理思想的提炼、概括和升华,管理理论本身是管理思想,只不过是较成熟、系统化程度较高的管理思想,但并非所有管理思想都是管理理论;管理理论对管理活动有指导意义,同时又要经受得住管理活动的检验。

中国早期管理思想虽然博大精深,但管理理论的系统思想却形成于西方。本章主要介绍中国传统管理思想、西方管理理论的产生和发展、现代管理理论的新发展等。

第一节 中外早期的管理实践与管理思想

人类的管理活动源远流长。在漫长的历史发展过程中,世界各国都有着大量的令人称绝的管理实践,积累了丰富的管理智慧和思想。但形成一套比较完整的理论则经历了一个漫长的历史时期。

一、中国早期的管理实践与管理思想[①]

管理作为一种文化现象,无论何种层次、何种规模的管理活动都离不开特定的历史条件和民族文化背景,而管理思想也无不深深镌刻着民族文化的印迹。

---

① 此部分内容参考了:葛红光,刘晓鹰.管理学[M].长春:东北师范大学出版社,2011.

中国有着数千年的文明史,有着光辉灿烂的民族文化,并在长期的社会实践中,形成了许多优秀的管理思想和管理实践。《论语》《道德经》《韩非子》《孙子兵法》等著作中的管理思想,备受世界各国管理学界的重视。中国万里长城、京杭大运河、都江堰等伟大工程,是中国古代管理实践的典范。

中国古代管理思想之大成集中于三个领域:一是出于治国需要而建立的,传统但完整的社会分工、典章制度和伦理规范体系及贯穿其中的行为理念和人文精神;二是与人的自身修养密不可分的用人思想;三是对管理哲学的思考,如战略管理的思想、系统的全局性管理的思想、权变与弹性管理的思想等等。其中对中国传统社会具有深远影响力的主要有儒家思想、道家思想、法家思想和兵家思想。一般认为,历代的统治者表面上采用儒家思想,实际上则是实施法家的主张,此所谓"阳儒阴法"的方法。即,儒法两家的政治思想一直是中国传统政治的主流。

(一) 儒家管理思想

儒家管理哲学的基本精神以"仁"为中心,讲"为政以德",讲"正己正人",在管理的载体、手段、途径方面提出了独到的见解。

1. 关于管理的载体

儒家管理哲学的中心概念是"仁"。孔子说:"为政在人,取人以身,修身以道,修道以仁。仁者人也,亲亲为大。"(《礼记·中庸》)这就表明,儒家管理哲学是把"人"作为管理的载体(包括管理的主体和管理的客体,即管理者和被管理者),把人以及人际关系作为自己的理论出发点。在儒家那里,管理的本质是"治人",管理的前提是人性(善恶),管理的方式是"人治",管理的关键是"择人"("得人"),管理的组织原则是"人伦",管理的最终目标是"安人"……总之,一切都离不开"人"。

2. 关于管理的手段

儒家强调"为政以德",主张用道德教化的手段感化百姓,从而达到治理的目的。孔子说:"道之以政,齐之以德,民免而无耻;道之以德,齐之以礼,有耻且格。"(《论语·为政》)在他看来,用道德感化人心,要比一味惩罚会收到更好的效果。与此同时,儒家并不否认法治的作用。所谓"政宽则民慢,慢则纠之以猛;猛则民残,残则施之以宽。宽以济猛,猛以济宽,政是以和"(《左传·昭公二十年》),即是主张使用软硬两手来安定社会秩序。当然,以儒家的主旨来讲,即使是在施行法律手段的同时,也应念念不忘配合使用道德手段。

3. 关于管理的途径

儒家讲"为政以德",也就包含着管理者自身的德行。"为政以德,譬如北辰,居其所而众星共之。"(《论语·为政》)。管理者要想取得"众星共之"的效果,就要从自己做起,注意个人的道德修养。所谓"修身,齐家,治国,平天下"(《礼记·大学》),从管理者的自我管理,再到家庭管理、国家管理和社会管理,层层推进,不可或缺,不能跨越。

(二)道家管理思想

道家管理哲学的基本精神是以"道"为中心,讲"道法自然",讲"无为而治",讲"弱者道之用",在管理的规律和方式方面提出了独特的见解。

1. 关于管理的规律

老子提出"人法地,地法天,天法道,道法自然"(《道德经·第二十五章》),这里的道是指人类社会运行的规律。"人—地—天—自然"的循序渐进的公式,就是说,人们必须按照自然规律办事,以自然为法,而不要把自己的意志强加给自然界。从管理的角度讲,就要求管理者必须遵循社会管理的客观规律,一切顺其自然,才能取得良好的效果。

2. 关于管理的方式

管理既然要按照"道"即客观规律办事,而"道常无为"(《道德经·第三十七章》),所以,管理者就要"处无为之事,行不言之教"(《道德经·第二章》)。"无"字的原意是"实有似无",是一种不为人注意却在实际发挥作用的行为方式。比如城市交通拥堵,建环路、高架桥就相当于无为而治,环路、高架桥对个体的控制实有似无,一方面非常有效地维持了交通秩序,另一方面又使车辆的行驶方便自如,既从总体上维持了平衡和稳定,又给个体提供了更多自主选择的机会。这就是总体的自然有序和个体的自由自主达到了统一。无为而治的管理方式,具体来说,就是通过最少的、必要的、有效的制度把社会干涉行为减少到最低限度,从而实现组织的自然和谐与个人自由的协调发展。

(三)法家管理思想

法家管理哲学以"法"为中心,讲"法、术、势"相结合,在管理的制度、技巧和权威方面提出了独特的见解。

1. 关于管理的制度

就执法而言,法家主张"法治",反对"人治"。韩非提出"上法而不上贤"(《韩非子·忠孝》)。他认为,历史上的贤君和暴君都是很少的,绝大多数君主都属于"中人",即只是具有中等管理水平的统治者。如果实行法治,靠这些"中人"就可以把国家管理好;如果实行"人治",则非要等"千世一出"的圣贤不可,那是不现实的。退一步说,即使是由圣贤来管理国家,也不能离开法律制度。当然,就立法而言,法家以君主为中心,说到底也是"人治"。

2. 关于管理的技巧

法家所谓的"术"相当复杂,韩非提出统治者必须采用的"七术"有:"一曰众端参观,二曰必罚明威,三曰信赏尽能,四曰一听责下,五曰疑诏诡使,六曰挟知而问,七曰倒言反事。"(《韩非子·内储说上》)。这里涉及的都是君主驾驭臣下的技巧,既有管理的技术,又有管理的艺术,更有管理的权术。其中的管理权术,在道德上虽不可取,但在实际的管理活动中,都为中国历代封建帝王使用。

3. 关于管理的权威

韩非认为,帝王之所以为帝王,关键在于有"势"。他指出:"势者,胜众之资也。"(《韩非子·八经》)。"势"可区分为"自然之势"和"人为之势"。"自然之势"指在既成条件下管理者对权力的运用,"人为之势"则指管理者创造条件强化自己的权威。韩非更重视"人为之势",特别强调管理者充分发挥自己的主体能动作用,以保证管理措施的积极推行。

(四)兵家管理思想

兵家的管理思想主要用于军事。军事管理也是人类社会管理的一个组成部分。它们的基本原则对于任何类型的社会组织和任何类型的社会管理活动都普遍适用。以孙子为代表的中国兵家思想十分丰富,它以"谋略"为中心,讲"谋攻庙算",讲"因变制胜",讲"令文齐武",对于管理的战略、策略、方略均有一定的启发作用。

1. 对于管理的战略

孙子强调,优秀的战争指挥员应该依靠计谋取胜,"故上兵伐谋,其次伐交,其次伐兵,其下攻城";"故曰:知己知彼,百战不殆;不知彼而知己,一胜一负;不知彼,不知己,每战必殆"(《孙子·谋攻篇》)。这些重视战略筹划的思想,对于管理人员具有重要的启迪作用。

2. 对于管理的策略

孙子指出:"水因地而制流,兵因敌而制胜。故兵无常势,水无常形;能因敌变化而取胜者,谓之神。"(《孙子·虚实篇》)。这种"因变制胜"的策略思想,对于管理,特别是经济管理和组织管理,是有参考价值的。

3. 对于管理的方略

孙子提出了分级管理的原则,即:"治众如治寡,分数是也。"(《孙子·势篇》)要使管理多数人像管理少数人一样,就要发挥组织和编制的作用。如何形成富有战斗力的组织呢?孙子又提出"令文齐武"的原则,就是要用思想教育的手段,对部属晓之以理,动之以情。同时要用制度控制的方法,严明纪律,严肃法度。这一套方略,对于任何管理都是适用的。

上述中国传统管理思想的精华深植于中华民族的文化中,无论在日常行为规范,还是在管理哲学的实践中,传统文化常以"无形"与"有形"的方式深深地影响着人们。在现实社会中,要以综合的观点来统观中国传统管理思想,而不拘泥于某单一学说。

人类的管理活动源远流长。在漫长的历史发展过程中,世界各国都有着大量的令人称绝的管理实践,积累了丰富的管理智慧和思想。但形成一套比较完整的理论则经历了一个漫长的历史时期。

二、国外早期的管理实践和管理思想

国外的管理实践和思想也有着悠久的历史。在奴隶社会,管理实践和思想主要体现在指挥军队作战、治国施政和管理教会等活动之中。古巴比伦、古埃及、古希腊以及古罗马在这些方面都有过重要贡献,对我们今天的管理活动有指导意义。

古巴比伦在汉谟拉比(Hammurabi)的统治下,建立了强大的中央集权国家。为了治理国家,从中央到地方设立一系列法庭,设置官吏管辖行政、税收和水利灌溉,国王总揽国家的全部司法、行政和军事权力。

在汉谟拉比统治时期,《汉谟拉比法典》的编纂是一件大事。这部法典共282条,较全面地反映了当时的社会情况,并以法律形式来调节全社会的商业交往、个人行为、人际关系、工薪、惩罚以及其他社会问题。

在古埃及,人们建立了以法老为最高统治者的金字塔式的管理机构来管理国家。为了加强国家的行政管理,法老设立了宰相,由法老掌管宗教,社会事务交给宰相管理,这明显具有分权的含义。宰相是当时社会的指导者、组织者、协调者和决策者。在宰相下设有复杂的官僚机构,由它来衡量尼罗河水位上涨的情况;由它来预测农业收成和国家总收入,将这些收入分配给各政府部门,管理全国的工商业。从古埃及被挖掘的陪葬品中也可了解到,每一个监督者大约管理十名奴仆,实行了管理跨度"以十为限"的做法。监督者和奴仆的衣着,依据其身份和职业的不同,也有明显的差异。这体现的就是等级的概念。古埃及人凭借先进的国家行政管理体系、卓越的管理才能创造了金字塔、尼罗河水利工程等人间奇迹。

在古希腊,当时的思想家们对管理有许多精辟的见解。苏格拉底(Socrates)曾提出管理的普遍性,认为管理技能在公共事务和私人事务之间是相通的。亚里士多德(Aristotle)不仅指出了管理一个家庭和管理一个国家的相似之处,而且研究了国家制度的问题,提出了国家制度的各种形式以及采取各种形式国家制度的原则,描绘了以奴隶制为基础的"理想城邦"的轮廓。

另一著名希腊哲学家色诺芬(Xenophon),还专门写了一本《家庭经济》,主要研究家务管理和农业。他对劳动分工也有精辟的论述,认为一个人只做一种最简单的工作就会把工作做得更好。继色诺芬之后,柏拉图(Plato)对劳动分工原理做了进一步阐述。他认为,分工的产生是由于人的需要是多方面的,而人的天赋却是单方面的。他指出,如果一个人不做其他任何工作,只做适合其天才的一种工作,而且在恰当的时机去做,他就能做得更多、更好且更容易。

古罗马从一个小城市发展成为一个世界帝国,其统治延续了几个世纪。而罗马帝国的巩固主要依靠的是严格的体制与权力层次以及与各军政机构之间的具体分工。罗马共和时期,在管理体制上,已体现了行政、立法和司法的分离。在法律方面,罗马人大约在公元前 450 年,制定了有名的《十二铜表法》。该法在私有财产的保护、债务、奴隶制度、财产继承、刑法和诉讼等方面都做了规定。

古罗马人最有效的管理实例,是当时统治者戴克里先(公元 284 年)对罗马帝国的重组。他上台以后,看到帝国组织庞大,事务繁杂,但又人浮于事。针对这一情况,他重新设计了帝国的组织结构,把军队和政府分为不同的权力层次,对每一层次规定了严明的纪律以保证组织职能的发挥。他把帝国分为 100 个"郡",归为 13 个"省",进一步把"省"组成 4 个"道",从而建立起专制的组织结构。

在欧洲文艺复兴时期,也有许多管理思想的出现,如 16 世纪托马斯·莫尔(Thomas More)的《乌托邦》和尼科洛·马基雅维利(Niccolo Machiavelli)的《君主论》。新的宗教伦理观、市场伦理观和个人自由伦理观的建立有助于管理思想的发展。

可以说,管理活动是伴随着人类社会的产生和发展而存在的。但在尚未工业化的时代,人们可以依靠神赐君权、教义对虔诚教徒的号召力、军队的严格纪律以及家庭内部的亲情来进行管理,所以,还没有创立正式的管理思想体系或专门进行管理规律的研究。

三、西方近代的管理思想及其管理思想家

18 世纪 60 年代的工业革命时期是西方管理实践和思想产生革命性发展的时期。小手工业受到大机器生产的排挤,社会的基本生产组织形式迅速从以家庭为单位转向以工厂为单位。新的社会生产组织形式,产生了一系列新的问题,如效率和效益问题,协作劳动之间的组织和配合问题,在机器生产条件下人和机器、机器和机器之间的协调运转问题等等。新兴的工厂制度所提出的管理问题完全不同于以前所碰到的管理问题。新制度下的管理人员不能用以前的任何一种办法来确保各种资源的合理使用。这些前所未有的管理问题需要人们去研究解决。

在这种情况下,随着工厂制度的建立和发展,不少对管理理论的建立和发展具有重大影响的管理实践和管理思想应运而生。其中对后期的管理思想有较大

影响的代表人物有亚当·斯密、罗伯特·欧文和查尔斯·巴贝奇等。

(一)亚当·斯密的劳动分工和"经济人"假设

亚当·斯密(Adam Smith,1723—1790)是英国古典经济学的杰出代表和理论体系的建立者。1776年他发表了代表作《国民财富的性质和原因的研究》(即《国富论》)。这本书的出版正值英国从工场手工业向机器大工业过渡时期。亚当·斯密在著作中系统地阐述了劳动价值论和劳动分工论,并以制针业为例说明了劳动分工给制造业带来的变化。他写道:如果一名工人没有受过专门的训练,恐怕工作一天也难以制造出一枚针来。如果希望他每天制造20枚针那就更不可能了。如果把制针程序分为若干项目,每一项就都变成一门特殊的工作了。这样一来,生产效率提高的幅度是相当惊人的。亚当·斯密认为,劳动分工之所以能大大提高生产效率,可归结为下面三个原因:第一,分工可以使劳动者专门从事一种单纯的操作,从而提高劳动熟练程度,增进技能;第二,分工可以减少劳动者的工作转换时间,减少由一种工作转到另一种工作所损失的时间;第三,分工可以使劳动简化,使劳动者的注意力集中在一种特定的对象上,有利于发现比较有效的工作方法,促进工具的改良和机器的发明。亚当·斯密的分工观点适应了当时社会对迅速扩大劳动分工以促进工业革命发展的要求,成为资本主义管理的一条基本原理。

亚当·斯密的另一个贡献是他的"经济人"的假设。他认为,经济现象是由具有利己主义的人的活动产生的。人是天生自私的,人们在经济行为中,追求的完全是私人利益。"……人类几乎随时随地都需要同胞的协助,要想仅仅依赖他人的恩惠,那是一定不行的。他如果能够刺激他们的利己心,使有利于他,并告诉他们,给他做事,是对他们自己有利的,他要达到目的就容易得多了。不论是谁,如果他要与旁人做买卖,他首先就要这样提议。请给我以我所要的东西吧,同时,你也可以获得你所要的东西:这句话是交易的通义。我们所需要的相互帮忙,大部分是按照这个方法取得的。"[①]斯密的"经济人"观点是资本主义生产关系的反映,对早期古典管理论的发展有着突出的意义。

(二)罗伯特·欧文的人事管理实践和思想

罗伯特·欧文(Robert Owen,1771—1858)是19世纪初英国著名的空想社会主义者,也是一名企业的管理改革家,现代人力资源管理的先驱。

---

① 亚当·斯密.国民财富的性质和原因的研究—上卷[M].郭大力,王亚南,译.北京:商务印书馆,1972:13-14.

欧文的管理思想主要体现在人事管理方面的实践与理论上。1800—1828年，他在英格兰的新拉那克工厂任经理一职期间，致力于改进工作条件以及改革以工厂为中心的社区，希望以此来改善工人生活状况并使工厂获得很高的利润，探索一种对工人和工厂所有者双方都有利的方法和制度。他认为，只要对工人加以训练与指挥，就可以取得50%～100%的报酬，从而使工厂主的收入大大增加；同样的支出用在机器上，只能赚到15%的报酬。所以，在工厂生产中要重视人的因素，要缩短工人的工作时间，提高工资，改善工人住宅，应善待工人，并给他们以培训，使他们精神上不至于受到太多的挫折与刺激。

欧文在人事管理方面的见解与实践，对以后的行为科学理论产生了很大的影响，有人因此称他为人事管理之父。

（三）查尔斯·巴贝奇的工作方法和报酬制度研究

查尔斯·巴贝奇（Charles Babbage,1791—1871）是英国的数学家、机械学家、科学管理的先驱者，他的代表作是1832年出版的《论机器和制造业的经济》。

在产业革命后期，查尔斯·巴贝奇应该算是对管理思想贡献最大的人物了。他在进行管理研究时曾走遍英国和欧洲大陆，了解有关制造业方面的各种问题，并研究了经理人员解决这类问题的办法，提出了企业管理一般原则的设想，认为在科学分析的基础上，探索出某些管理规律或规则是可行的。

巴贝奇的主要贡献表现在：第一，对工作方法的研究。认为，一个体质较弱的人如果所使用的铲在形状、重量、大小等方面都比较适宜，那么他一定能胜过体质较强的人。因此，要提高工作效率，必须仔细研究工作方法。他提出了劳动分工、用科学方法有效地使用设备和原料等观点。第二，对报酬制度的研究。他强调劳资协作，提出了固定工资加利润分享的分配制度以及以技术水平和劳动强度为依据的付酬制度。

巴贝奇的这些思想无论在深度上还是广度上都较前人甚至同代人有较大进步。他几乎研究了制造业的各个方面，他提出的许多原则不但适用于企业，也适用于其他类型的组织。巴贝奇对管理思想所作出的重大贡献，为以后古典管理理论的形成奠定了重要思想基础。

以上这些有代表性的管理实践和管理思想，虽然主要反映在某一个人、某一个企业的单一的管理实践和个别论述之中，同时这些管理思想也不系统、不全面，没有形成系统化的理论体系，但却是管理理论的萌芽，对于促进生产的发展及以后科学管理理论的形成和发展都具有积极的影响，可以说为19世纪末20世纪初管理学的形成提供了前提条件，奠定了坚实基础。

第二节　古典管理理论

早期管理思想实际上是管理理论的萌芽。管理理论比较系统的建立是在19世纪末20世纪初。随着生产力的发展，自由资本主义逐渐过渡到垄断资本主义，企业规模不断扩大，管理工作日趋复杂。此时，企业的所有者与经营者逐渐分离，企业由各方面管理人员进行管理。从此，出现了专门的管理阶层。同时，管理工作也成了有人专门研究的一门学问，管理理论正是在这种情况下建立起来的。人们称19世纪末20世纪初创建的管理理论为"古典管理理论"或"科学管理理论"，它主要由泰勒的科学管理理论、法约尔的一般管理理论和韦伯的行政组织体系理论构成。

一、美国出现"管理运动"的必然性及其意义

在管理思想和理论发展的历史上，美国"管理运动"具有里程碑式的意义。19世纪中叶以后，现代公司制度在美国确立，企业的规模不断扩大，数量不断增多，管理人员碰到了许多以前没有碰到过的问题，于是研究新的管理理论、规则和方法形成一个社会性潮流，直接导致以泰勒为代表的现代管理理论的出现。因此，"管理运动"是现代管理的前奏，是古典管理走向现代管理的标志。回顾现代管理100多年的历史，不能不从美国的"管理运动"开始。

美国的"管理运动"发生于19世纪末到20世纪30年代，大体上经历了四五十年的时间。通过这项运动人们对管理的重要性及其对经济发展的重大影响有了更加深刻的认识。"管理运动"的主要组成部分是"科学管理"，它对提高劳动生产率提供了一种思路和解决问题的框架。"管理运动"发生在美国是有其历史必然性的，可以从以下4个方面来理解。

（一）大势所趋

19世纪末，美国南北战争结束，废除奴隶制，开发西部，提供了大量劳动力和广阔的市场。社会、经济的发展促使了"管理运动"的发生。1862年出现了一种新的筹资形式，即有限责任联合股份公司。1890年美国封闭边境，国内人口趋于稳定，资本主义处于蓬勃发展时期。工业革命的各种成果由欧洲移民带到美洲大陆，使得美国的商品经济、劳动分配、工厂制度得到了发展，从而使人们认识到需要有专业的管理人员和行政人员。工会运动的兴起，促使人们去研究新的管理课题，即劳资关系。企业、公司产品的多样化和生产经营的分散化，小规模条件下独裁类型的管理，逐渐被专业类型的管理所代替；技术的进步则引起了管理思想与

哲学的巨大变化，即寻求借助技术之力增强人类活动力的适当方法，这就是管理。

但是，当时美国的企业管理非常落后，工厂工作时间长、效率低、工资也低，工人缺乏训练，雇主也不懂得如何刺激工人提高劳动生产率。总之，当时的经营管理仍然没有摆脱传统的手工业方式的特点，这就使得美国的经济发展和企业劳动生产率远远低于当时的科技成就和国内外经济条件所提供的可能性。据文献记载，许多工厂的产量都远远低于其额定生产能力，能达到60%的都很少。因此，如何有效地利用技术进步的成果来适应逐渐扩大的工厂规模，已成为人们关注的焦点，从而促使人们增强了对管理的重视，并在实践基础上对管理问题作了一定阐述。

（二）铁路先行

当时美国规模最大的公司是铁路公司。由于开发西部的客观需要，铁路发展非常迅速。但是由于缺乏管理，问题很多，事故不断，效率极低。19世纪下半叶，《美国铁路杂志》的编辑亨利·普尔（Henry Pool）在分析了美国铁路系统从初创到成熟这一过程中，由于管理不善而造成许多误点和事故的原因后，指出铁路必须进行有效管理。他提出，应该通过明确的组织机构来进行管理，即设置一套组织分工系统、汇报通信系统，并制定严格的规章制度，以便使管理者能及时了解铁路运行情况，采取各种措施来避免事故发生。此外，他还提出在管理中要重视人的因素，要使组织协调，充满团结精神，要采取新的领导方式，以克服旧领导方式中墨守成规与单调刻板的毛病等。普尔作为一位先驱者为后来的"科学管理""行为科学""系统管理"等管理理论的形成打下了一定的基础，对早期管理思想作出了很大贡献。

（三）"三次高潮"

工业中存在的问题类似于铁路。企业和公司规模扩大以后也带来一系列问题，如效率、刺激、行政管理、教育等。美国机械工程师学会（ASME）为解决这些问题发挥了一定的积极作用，其会员亨利·唐纳（Henry Downe）1886年发表论文《作为经济学家的工程师》，倡议把管理从工程学独立出来发展为一门学科。刚入会不久的年轻人泰勒听了唐纳的发言，随后就和他的同代人提出了一套实际做法、观点和思想方法。这些被后人称为"科学管理"。

但是，仅有少数有见识的企业家和工程师认识到科学管理对经济发展的意义，还不足以成为一个管理运动，还必须通过一定的手段和方式向社会、公众广泛宣传科学管理，这样就有了管理运动的"三次高潮"。

第一次高潮是1911年东方铁路公司提高票价的意见听证会和1912年美国

国会为泰勒举行的听证会。当时东方铁路公司要提高客货运价,但遭到货主和公众反对。马萨诸塞州州际商业委员会为此举行了一次听证会,公众方的律师布兰戴维斯邀请泰勒等 11 位工程师作证:只要采用科学管理的技术和方法,铁路公司不必提高票价同样可以赢利。结果公众方胜诉,同时也将科学管理引入了社会。

第二次高潮是 1920 年美国通用汽车公司的改组。当时通用公司濒临倒闭,小斯隆(Alfred P. Sloan Jr.)就任总经理,对公司进行了大刀阔斧的改组——实行"集中政策控制下的分权制",建立多个利润中心。公司很快恢复元气。他们依靠的不是技术,而是管理与组织,因而也促使人们认识到管理的范围不仅仅是生产管理。

第三次高潮是 1924—1932 年梅奥在美国西方电气公司霍桑工厂进行的实验,实验结论引起了轰动。梅奥提出了"社会人"的人性假设及"士气""非正式组织"等概念,强调在管理中要注意"人"的因素。这可以看作是管理科学的里程碑之一,是一个重要的转折点。

(四)"四个观点"

管理运动所提倡的观点——"保存、调研、合作、渐进"逐渐被社会普遍接受。在管理运动中,管理终于成为一个独立的领域,管理思想逐渐从偶然、片段和不完备的分析,发展到一种影响人们经济工作的较完整的思想和理论。管理思想和理论的探讨、传播,通过独立的管理学术团体——协会、出版物和会议进行,并形成了较成熟的学术规范。管理成为一种职业,管理教育也发展起来,管理人员不仅可以从实践中成长,而且可以通过大学教育来培养。这些都对以后的管理发展产生了深远的影响。

管理运动凯歌行进式的迅速发展及其丰硕成果再一次证实了恩格斯的伟大名言:"社会一旦有技术上的需要,则这种需要就会比十所大学更能把科学推向前进。"100 多年以来,管理运动时期所确立的现代企业制度、组织结构及一系列管理规则在经历沧桑巨变后仍然充满生机与活力,管理运动中所研究的问题已经遍及现代管理的各个方面。

到 20 世纪 30 年代,资本主义世界爆发了普遍的经济危机,管理运动受到了影响。但是管理运动已经改变了人们的观念,引起了人们思想上、观念上的转变,对经济的发展起了重要作用。管理运动为管理学的形成和发展奠定了基础。

二、泰勒及其科学管理理论

泰勒
(Frederick Winslow Taylor)

弗雷德里克·温斯洛·泰勒(Frederick Winslow Taylor, 1856—1915),1856年出生于宾夕法尼亚杰曼顿的一个富裕律师家庭,中学毕业后考上哈佛大学法律系,但不幸因眼疾而被迫辍学。1875年,泰勒去费城的恩特普利斯液压机厂做学徒,学徒期满以后,22岁的泰勒来到米德维尔钢铁公司做一名机械工。由于泰勒工作努力,仅用了6年的时间就从一个普通的技工逐步提升为总技师,并在1884年提升为总工程师。他在米德维尔工作了12年,不断地从事关于管理和技术的实验,系统地研究和分析了工人的操作方法和劳动所花费的时间。1898—1901年,泰勒受雇于宾夕法尼亚的伯利恒钢铁公司。1901年以后,他开始无偿地做咨询工作,并不断地进行咨询、演讲和撰写管理文章,宣传他的管理主张。1906年,泰勒担任了声誉很高的美国机械工程师协会主席,1915年病逝,终年59岁。在他的墓碑上刻着"科学管理之父:弗雷德里克·温斯洛·泰勒"。他的著作较多,其中最著名的是1895年发表的《计件工资》和1903年发表的《工厂管理》以及1911年发表的《科学管理原理》。

泰勒在米德维尔工厂工作期间,发现许多工人在干活时磨洋工、工作效率低下。于是他从1898年起,着手进行了一系列著名的科学实验,并提出了一些有效的科学管理原理。

(一)泰勒的科学管理理论

1. 泰勒的科学实验

(1)搬运铁块实验

这个实验是泰勒于1898年在伯利恒钢铁厂进行的。泰勒认为应该科学地挑选工人,这样才能用科学的方法对工人进行训练。泰勒通过不断的实验确定最佳的行走速度、持握位置以及其他变量,然后采用科学的方法对工人进行训练,从而提高了整个钢铁厂搬运队工人的劳动生产率。泰勒把这项实验归结为四点核心内容:第一,精心挑选工人;第二,诱导工人使之了解这样做对他们没有损害,还可以得到利益;第三,对他们进行训练和帮助,使之获得完成既定工作量的技能;第四,按科学的方法干活节省体力。

(2) 铁砂和煤炭的铲掘实验

早先铲掘工人是自备铁锹到料厂干活的，泰勒研究发现，当一个工人在操作中的平均负荷量大致是每铲 21 磅时，就能达到最大的工作量。因此，他在进行实验时不让工人自己带铲，而是准备了 8~10 个不同的铁锹，每种铁锹只适合于铲某种特定的物料，这不仅是为了使工人平均铲掘达到 21 磅，也是为了使这些铁锹能适用于不同的条件。泰勒这项实验主要是要表明"每一项简单的动作都隐含一种科学的成分"。这一实验的结果是非常出色的，料厂的工人从 400~600 人，减少为 140 人，平均每人每天的操作量从 16 吨提高到 59 吨，每个工人的日工资从 1.15 美元提高到 1.88 美元。

(3) 金属切削实验

在米德维尔公司时，泰勒为了解决工人怠工问题，对金属切削进行了研究。然而，要确定这些要素需要多达 12 种变量，如金属的成分、工件的直径、切削的深度、进刀量等。这项实验非常复杂和困难，原来预定的 6 个月实际上用了 26 年，并花费了巨额的资金，耗用了 80 万吨钢材。最后，在巴思和怀特等 10 多名专家的帮助下，实验取得了重大进展。这项实验得到了一个重要的副产品——高速钢的发明，并取得了专利。另一项实验成果是形成了金属加工方面的工作规范。

泰勒的三项实验可以说都取得了成功，但也付出了巨大的代价。这些实验将他的科学管理思想深深地扎根在科学实验的基础上，使之成为一门真正的科学。这也正是其理论能对当时社会起到巨大推动作用的原因。

2. 泰勒科学管理理论的主要内容

1911 年泰勒在实验的基础上出版了著名的《科学管理原理》一书，其主要内容有以下几个方面。

(1) 科学管理的中心问题是提高劳动生产率

泰勒认为，要制定出有科学依据的工人的工作量定额，即"合理的日工作量"。为此，他进行了时间和动作研究。时间研究的方法是选择合适且技术熟练的工人，把他们的每一项动作、每一道工序所使用的时间记录下来，加上必要的休息时间和其他延误时间，就得出完成该项工作所需要的总时间；动作研究就是研究工人干活时动作的合理性。据此定出一个工人"合理的日工作量"，这就是所谓工作定额原理。泰勒认为，这个"合理的日工作量"是以科学的事实和法则为依据的，劳资双方都必须遵守这个标准。

(2) 必须为每项工作挑选"第一流的工人"

所谓第一流的工人，泰勒认为："每一种类型的工人都能找到某些工作使他成为第一流的,除了那些完全能做好这些工作而不愿做的人。"在制定工作定额时,泰勒是以"第一流的工人在不损害其健康的情况下维持较长年限的速度"为标准的。这种速度不是以突击活动或持续紧张为基础,而是以工人能长期维持正常速度为基础。泰勒认为,健全的人事管理的基本原则是:使工人的能力同工作相配合,管理当局的责任在于为雇员找到最合适的工作,培训他成为第一流的工人,激励他尽最大的努力来工作。

(3) 标准化原理

要使工人能确实达到一定的作业标准,就要考虑使用标准化的工具、机器和材料,并使作业环境标准化,这就是所谓的标准化原理。泰勒认为,必须用科学的方法对工人的操作方法、工具、劳动和休息时间的搭配、机器的安排和作业环境的布置等进行分析,消除各种不合理的因素,把各种最好的因素结合起来,形成一种最好的作业方式。

(4) 实行差别计件工资制

泰勒在分析了原有的付酬制度后认为,要在科学地制定劳动定额的前提下,鼓励工人努力工作、完成定额,于是提出了这一付酬制度。首先通过工时研究和分析,制定出一个有科学依据的定额或标准,采用一种叫"差别计件制"的刺激性付酬制度,即计件工资率按完成定额的程度而浮动。例如,如果工人只完成定额的80%,就按80%工资率付酬;如果超过了定额的120%,则按120%工资率付酬。根据工人的实际工作表现而不是根据工作类别来支付工资。泰勒认为这样做,既能克服消极怠工和故意磨洋工的现象,更重要的是能调动工人的积极性,使得生产效率的提高大大高于工资增长的幅度,从而促使工人大大提高劳动生产率,对工厂主是有利的。

(5) 实行"职能工长制"

为了事先规定好工人的全部作业过程,指导工人干活的工长必须具有特殊的素质。泰勒认为一位"全面"的工长应具备10种品质:智能,教育,专门的或技术的知识,手脚灵活并有力气,机智老练,有干劲,刚毅不屈,忠诚老实,判断力和一般常识,身体健康。但每个工长不可能具备所有能力。为使工长职能有效发挥,就要进一步细分,使每个工长只承担一种管理职能。为此,泰勒设计出8种职能工长来代替原来的一个工长,其中四个在计划部门、四个在车间。每个职能工长负责某一方面的工作,在其职能范围内,可以直接向工人发出命令。但此时,一个工人须接受多头领导。泰勒的职能组织如图2-1所示。

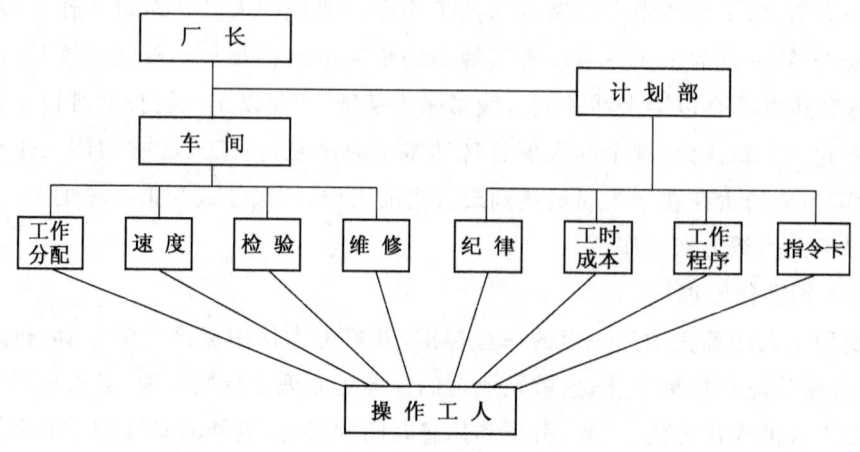

图 2-1 职能组织示意图

(6) 主张计划同执行分离

泰勒认为应该用科学的工作方法取代经验工作法。所谓经验工作法是指每个工人用什么方法操作,使用什么工具等,都由他根据自己的或师傅等人的经验来决定。泰勒主张明确划分计划职能与执行职能,由管理当局(计划部门)来从事调查研究,为定额和操作方法提供科学依据;制定科学的定额和标准化的操作方法及工具;拟订计划并发布指示和命令;比较"标准"和"实际情况",进行有效的控制等工作。至于现场的工人,则从事执行的职能,即按照计划部门制定的操作方法和指示,使用规定的标准工具,从事实际的操作,不得自行改变。

(7) 强调工人与雇主之间应开展一场"精神革命"

泰勒认为,科学管理的核心是工人和雇主两方面都必须认识到提高效率对双方都有利,都要来一次"精神革命",以便相互协作,为共同提高劳动生产率而努力。泰勒在美国听证会上声明:"在科学管理下,双方心理态度上发生的这场伟大的革命就是,双方把注意力从被视为最重要的分配利润的问题上移开,而共同把注意力转向增加利润上,一直到利润大大增加,以致没有必要就如何分配利润的问题进行争吵为止。他们会看到,当他们双方不再相互敌视,而是肩并肩地向同一方向迈进时,通过他们共同的努力所创造的利润额将多得简直令人目瞪口呆。"这就是泰勒所说的"精神革命"。

(8) 在组织机构的管理控制上实行例外原则

所谓例外原则,就是指企业的经理人员把一般日常事务授权给下属管理人员负责处理,而自己保留对例外事项(一般也是重要事项)的决策权和控制权。泰勒强调经理人员应避免管理中的细小问题,而应把这些日常例行事务留给专门人员去处理,本人只需关心"例外的问题"。这个"例外原则"能够检查究竟谁履行了他承担的责任以及谁没有做到这一点。"例外原则"对于帮助经理人员摆脱日常具体事务,以集中精力对重大问题进行决策监督,是必要而且有利的。执行这一原则不仅要授权给下级,而且应当使日常业务工作标准化、制度化,使下级人员有章可循。

泰勒的著作,总结了几十年实验研究的成果,归纳了自己长期管理实践的经验,概括出一些管理原理和方法,经过系统化整理,形成了"科学管理"的理论。泰勒在管理理论方面做了许多重要的开拓性工作,为现代管理理论奠定了基础。由于他的杰出贡献,他被后人尊为"科学管理之父"。

(二)对科学管理理论的评价

尽管科学管理理论在生产现场管理中取得了显著效果,但推广得并不顺利,也遭到工人和国会对其的批评。工人们认为科学管理法只是为了向工人索取更多的工作,国会认为泰勒的某些数据是伪造的。一方面是因为社会传统意识的影响,另一方面是由于它本身也存在着缺点。我们要充分认识到泰勒的工作对企业管理带来的长期的影响,同时也要认识到他的不足,用历史的观点客观地加以评价。

1. 科学管理的成就

(1) 促进了当时工厂管理的普遍改革

在当时凡是应用科学管理原理的工厂中,生产率成倍地增长,工人工资大幅度提高,工作时间缩短了,工人在体力和脑力上的紧张程度减轻了。同时,企业的销售额和利润上升了,产品价格下降了。这些都是科学管理理论推动的结果。

(2) 把科学引进了管理领域,开创了管理实践的新局面

泰勒提出的科学管理理论,冲破了多年沿袭下来的落后的经验管理办法,把科学引进了管理领域,并创立了一套具体的科学管理办法来代替单凭个人经验进行作业和管理的旧办法,这是管理理论上的进步,也为管理实践开创了新局面。同时,由于管理职能与执行职能的分离,企业中开始有一些人专门从事管理工作,这就使管理理论的创立和发展有了实践基础。由科学管理形成的一整套管理制度,使美国一些主要企业长期得以稳定发展,科学管理为美国创造了大量物质财富,使人们的生活水平大幅度提高。而且科学管理除了能提高体力劳动的工作效率外,同样能适应于脑力劳动,它被用于机关办公室管理、公共管理和城市管理,同样是成功的。

2. 科学管理的局限性

(1) 对人的认识是片面的,把工人看作是单纯追求利益的"经济人"

泰勒认为,企业家的目的是获得最大限度的利润,工人的目的是获得最大限

度的工资收入,这都是从把经济动机作为唯一动机这种"经济人"假设的观点出发的,他忽视了企业成员之间的交往及工人的感情、态度等社会因素对生产效率的影响。在人际关系学派兴起后,对泰勒的这方面的观点指责更多。

(2) 过分强调技术因素,忽视人的主动性

泰勒把管理职能与执行职能分开后,工人就像机器那样,被当作时间和动作研究的对象,只能按照管理人员的决定、指示、命令进行劳动,使工人在体力和技能上受到最大限度的压榨;他提出的"标准作业方法""标准工作量",都是以身体强壮、技术熟练的工人进行的紧张的劳动时所测定的时间定额为基础的,是大多数工人无法忍受和坚持的。

(3) 着重对具体问题的解决,缺乏整体性

科学管理理论局限于解决个别具体工作的作业效率问题,而没有解决企业作为一个整体如何经营和管理的问题。

尽管泰勒的科学管理理论有其自身的局限性和弊端,然而,泰勒毕竟开创了对管理的科学研究,他对现代管理科学的形成以及社会进步和发展作出了巨大的贡献。

科学管理是一次心理革命

——泰勒在1912年国会听证会上的演说

1912年1月25日,泰勒在调查科学管理委员会的众议院特别委员会上作证时,发表了如下的演说。

科学管理不是什么取得效率的解决手段,也不是一种保证效率的手段,甚至不是一套或一组取得效率的手段。科学管理不是一种核算成本的新制度,也不是一种支付工资的新办法;它不是计件工资制,不是奖金制度,不是津贴制度,不是支付工资的规划,不是用马表监视工人并记录下他们的行动;它不是工时研究,也不是动作研究,更不是人的活动分析;不是印刷、划线和卸下一两吨空白表格给一批人,然后对他们说:"这就是你们的制度,拿去使用吧!"科学管理不是划分工长制或职能工长制;不是一般人每当说到科学管理时所想起的任何手段。一般人听到"科学管理"一词时,总认为是指上述一种或几种东西,然而科学管理并不就是这些手段中的任何一种。我不是在嘲笑成本核算制度、工时研究、职能工长制,也不是轻视任何新的和改进了的工资办法,更不是在轻视任何提高效率的手段。如果它们确实是一些可以取得效率的手段,我信任这些手段,但是我要强调指出的是,这些手段无论是整个地或部分地说来都不全是科学管理,它们是科学管理有

用的附属物,同样地,也是其他管理制度有用的附属物。

就其实质而言,科学管理包含着一次全面的心理革命。一方面在于任何特定企业中劳动的人,就他们对于他们的工作、伙伴和雇主的责任而言,这是一次全面的心理革命;而在管理这一方面,工长、厂主、企业主、董事会,就他们对于企业中的同事、劳动者及一切日常事务的责任而言,同样是一次全面的心理革命。如果没有这两方面的全面的心理革命,那么科学管理就不存在。

这两方面的人在科学管理条件下,心理态度发生的伟大革命表现在:双方的眼光都从把分摊盈余作为一件最重要的事情上转移到共同注意增加盈余的数额,直到盈余额大得没有必要再为如何分摊而争吵为止。他们开始看到,如果他们不再互相倾轧,并转而往同一方向并肩前进,由他们共同努力创造出来的盈余的数额就会多得惊人。他们双方都认识到,当他们用友好合作和相互帮助代替彼此敌对和冲突的时候,他们就能够使这盈余比过去有巨额的增长,从而有充足的盈余来大大提高劳动者的工资,同时也大大地增加了制造商的利润。先生们,这就是伟大心理革命的开端,它是走向科学管理的第一步。科学管理就是沿着完全改变双方的心理态度的路线,用和平代替战争,用真诚的兄弟般合作代替斗争和冲突,用齐心协力走同一方向代替彼此背离,用相互信任代替猜疑戒备,由敌人渐渐变成朋友。我认为,科学管理必须顺着这条路线去发展。

这种新看法或新观点的替代是科学管理的实质所在。在新观点成为双方的主导思想之前,在用合作和和平的新思想代替倾轧和斗争的旧思想之前,任何地方都不会出现科学管理。

双方对待"盈余"的心理态度的这种变化,只是在科学管理条件下发生的伟大心理革命的一个部分,以后我将要指出这一革命的其他成分。不过,还有一个观点的改变,对于科学管理的存在也是绝对不可缺少的。这就是双方都必须从本质上认识到:老板也好,劳动者也好,都要用严密的科学调查和知识代替老的、个别人的判断或意见去处理有关企业各项工作中的所有事务。这既适用于开展工作所使用的方法,也适用于完成每项具体任务所需要的时间。

因此,在管理者和劳动者双方的心理态度都发生这样的变化之前,也就是说,在双方都尽他们的责任合作生产尽可能多的盈余,并且都认为有必要用严密的科学知识办事之前,在任何企业中都不能说有了科学管理。

这就是科学管理两个绝对不可缺少的要素。

资料来源:黄雁芳,宋克勤.管理学教程案例集[M].上海:上海财经大学出版社,2001。

【分析与思考】

1. 在上述证词发表以后的一个世纪,企业界是否已经实现了泰勒所说的全面心理革命?

2. 泰勒关于心理革命的思想在现代工业环境中是不是过时了?

(三) "科学管理"理论的其他代表人物

泰勒作为科学管理之父是众所公认的,但其科学管理理论的创立、传播和发展是与他的一大批合作者和追随者的共同努力、支持难以分开的。其中,特别是卡尔·乔治·巴思、亨利·甘特、弗兰克·吉尔布雷斯夫妇等人,他们在不同的领域进行了孜孜不倦、锲而不舍的研究,对科学管理运动作出了重大贡献。

1. 卡尔·乔治·巴思(Carl George Barth,1860—1939)

卡尔·乔治·巴思是出生于挪威的美国工程师,是泰勒最早、最能干和最亲密的助手。巴思在数学方面有很深的造诣,他协助泰勒进行金属切削实验以及工时研究、疲劳研究,并且在工厂中实行泰勒制。珀森博士在《先进管理》一书中曾对巴思做了如下的评价:"巴思是美国所曾产生过的两个最伟大的管理工程师中的一个(另一个是泰勒)。……泰勒具有远见。……但他不愿意过问细节。他在这方面需要一些能干的助手。巴思是这些助手中最能干的。……这样说似乎是公正的,这两种类型的天才的结合,使得每个人都能发挥出更多的创造性。"

2. 亨利·甘特(Henry L. Gantt,1861—1919)

美国管理学家、机械工程师亨利·甘特是泰勒在创建和推广科学管理时的亲密合作者,他与泰勒密切配合,使科学管理理论得到了进一步的发展。特别是他的"甘特图",是当时计划和控制生产的有效工具,并演化为后来的网络计划法。他还提出了"计件奖励工资制",即除了按日支付有保证的工资外,超额部分给予奖励;完不成定额的,可以得到原定日工资,这种制度补充了泰勒的差别计件工资制的不足。此外,甘特还很重视管理中人的因素,强调"工业民主"和更重视人的领导方式,这对后来的人际关系理论有很大的影响。

3. 吉尔布雷斯夫妇(Frank B. Gilbreth and Lillian M. Gilbreth)

美国工程师弗兰克·吉尔布雷斯与夫人(心理学博士)莉莲·吉尔布雷斯在动作研究和工作简化方面作出了特殊贡献。他们纠正了工人操作时某些不必要的多余动作,形成了快速准确的工作方法。与泰勒不同的是,吉尔布雷斯夫妇在工作中开始注意到人的因素,在一定程度上试图把效率和人的关系结合起来。吉尔布雷斯毕生致力于提高效率,即通过减少劳动中的动作浪费来提高效率,被人们称之为"动作专家"。

4. 亨利·福特（Henry Ford，1863—1947）

美国的亨利·福特在泰勒的单工序动作研究的基础上，对如何提高整个生产过程的生产效率进行研究。他充分考虑了大量生产的优点，规定了各个工序的标准时间，使整个生产过程在时间上协调起来，创造了第一条流水生产线——汽车流水生产线，提高了企业的生产效率，降低了成本。福特为了有利于企业向大量生产发展，进行了多方面的标准化工作，包括：第一，产品系列化——减少产品类型，以便实行大量生产；第二，零件规格化——以利提高零件的互换性；第三，工厂专业化——不同的零件分别由专门的工厂或车间制造；第四，机器及工具专用化——以提高工作效率，为自动化打下基础；第五，作业专门化——使各工种工人反复地进行同一简单作业。

泰勒的合作者和追随者在许多方面不同程度地各自发展了泰勒的思想和技术，这是对泰勒科学管理理论的进一步补充、发展和完善，从而使得科学管理理论更具有推广和应用价值。

三、法约尔及其一般管理理论

当泰勒的科学管理正被传播之时，欧洲也出现了一批古典管理的代表人物及其理论，其中影响最大的当属法约尔及其一般管理理论。

亨利·法约尔（Henri Fayol，1841—1925），出生于法国的一个资产阶级家庭，1860年毕业于圣艾蒂安国立矿业学院。同年进入科芒里-富香博公司，在这个公司他度过了整个职业生涯。1888年，当公司处于破产边缘时，他被任命为总经理，他按照自己的管理思想和理论，把公司治理得欣欣向荣。到他退休时，公司的规模和实力已经非常强大了。至今，这家公司仍然是法国著名的冶金工业公司之一。法约尔从1918年退休直到他去世前，都致力于宣传他的管理理论。

于1916年问世的名著《工业管理与一般管理》，是法约尔一生管理经验和管理思想的总结。他认为他的管理理论虽然是以大企业为研究对象，但除了可应用于工商企业之外，还适用于政府、教会、慈善团体、军事组织以及其他各种事业。因此，人们一般认为法约尔是第一个概括和阐述一般管理理论的管理学家。亨利·法约尔是古典管理理论在法国的杰出代表。他提出的一般管理理论对西方管理理论的发展具有重大影响，成为所谓管理过程学派的理论基础，也是以后各种管理理论和管理实践的重要依据之一。

（一）法约尔一般管理理论的主要内容

1. 从企业经营活动中提炼出管理活动

法约尔认为，过去有关管理的解释是非常含糊的，和企业其他方面的经营活动没有明确的界限。要建立管理理论,首先必须明确管理的概念,使管理能够独立出来加以研究。他认为,经营比管理内容更广泛,企业的经营活动都可以概括为六大类,管理只是经营活动中的一种。在此基础上他提出了企业经营的六种活动:

(1) 技术活动:指生产、制造和加工。
(2) 商业活动:指采购、销售和交换。
(3) 财务活动:指资金的筹措、使用和控制。
(4) 安全活动:指机器设备和人员的防护。
(5) 会计活动:指财产清点、资产负债表制作、成本核算和统计。
(6) 管理活动:指计划、组织、指挥、协调和控制。

这六种职能并不是相互割裂的,而是相互联系、相互配合的,共同组成一个有机系统,完成企业生存与发展的目的,如图2-2所示。

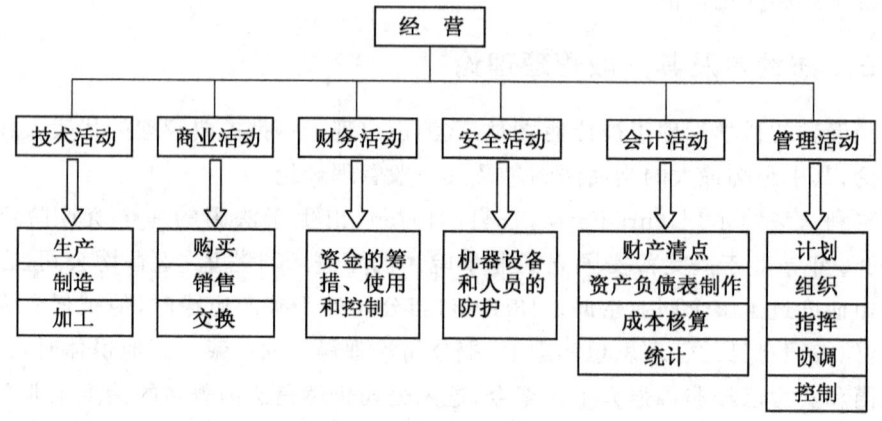

图 2-2 企业经营活动示意图

法约尔对这六大类的活动做了分析之后发现,在各类企业里,无论是管理者或执行者,都需要培养完成六种工作的能力,特别是管理能力和技术能力。对于基层的工人,主要要求其具备技术能力。对于管理者,管理能力显得更加重要;随着其在组织中职位的提高,对管理能力的要求也逐步加大,而其他诸如技术、商业、财务、核算、安全等能力的重要性则会相对下降。将管理活动从企业经营活动中分离出来,是法约尔的管理过程理论的出发点。

2. 全面、系统地论述了管理的职能

法约尔管理思想的另一内容是他首先指出了管理的组成要素,即管理的五项职能,并对这五项职能进行了较为详细的论述。法约尔认为,管理的基本职能包括:

(1) 计划：对有关事件的预测，并且以预测的结果为根据，拟订出一项工作方案。

(2) 组织：为组织中各项劳动、材料、人员等资源提供一种结构。

(3) 指挥：有关促使组织为达到目标而行动的领导艺术。

(4) 协调：为达成组织目标而进行的维持必要的统一的工作。

(5) 控制：保证各项工作按既定计划进行。

法约尔不但阐述了管理各项职能的作用和相互关系，而且还特别强调管理的五项职能是组织的管理者与全体成员共同的职责。他对管理的五大职能的分析为管理科学提供了一套科学的理论框架，后来成为管理过程学派理论的基础。后人根据这一框架，建立了管理学并把它引入课堂。

3. 总结、归纳了管理的 14 条原则

对于如何履行管理职能，法约尔根据自己的工作经验，归纳出简明的 14 条管理原则：

(1) 分工。即强调劳动专业化，劳动专业化是各个组织机构发展的必要手段。分工不仅适用于技术性劳动，同样适用于管理方面的工作，适用于职能的专业化和权限的划分。

(2) 职权与职责。权力就是指挥和要求别人服从的能力，权力和责任是相互依存、互为因果关系的。法约尔强调权力与责任的统一。有责任必须有权力，有权力就必然产生责任。

(3) 纪律。全体员工服从和遵守组织运作中的规则，组织内所有成员通过各方所达成的协议对自己在组织内的行为进行控制。

(4) 统一指挥。强调一个员工在任何活动中只应接受一位上级的命令，这是一条普遍的永久性原则。法约尔认为，双重命令对于权威、纪律和稳定性都是一种威胁，是组织发生冲突的根源。统一指挥源自健全的组织，它是统一行动、协调力量和集中努力的必要条件。法约尔虽然佩服泰勒在时间和动作研究方面的卓越贡献，但对泰勒提出的职能工长制提出了反对意见，他认为职能工长制否定了统一指挥原则。

(5) 统一领导。一个组织，对于目标相同的活动，只能有一个领导、一个计划。统一指挥和统一领导是不同的，人们通过建立完善的组织来实现一个社会团体的统一领导，而统一指挥取决于人员如何发挥作用。

(6) 个人利益服从整体利益。组织目标应包含员工的个人目标，但个人和小集体的利益不能超越组织的利益。当二者不一致时，管理人员必须想办法使他们一致起来。

(7) 报酬合理。报酬必须公平合理,尽可能使职工和公司双方满意。

(8) 集权与分权。即权力的集中或分散的程度问题。在法约尔看来,强调统一指挥原则就意味着集中领导。他认为集权和分权作为一种管理制度并没有好坏之分,问题是集权到何种程度,应当视企业规模、企业环境、企业人员素质等情况而定。而这类因素是经常变化的。因此,一个机构的最优集权化程度也是变化的,领导人要根据本组织的实际情况,适当改变集权与分权的程度。

(9) 等级链与跳板原则。等级链是从组织的最高权力机构直至最低层管理人员的等级系列,它显示出执行权力的路线和信息传递的渠道。从理论上讲,为了保证命令的统一,各种沟通都应按层次逐渐进行,但这样可能产生信息延误现象。为了解决这个问题,法约尔设计了一种"跳板",利用这种"法约尔跳板",可以横跨执行权力的路线而直接联系。这种方法便于同级之间的横向沟通,但在沟通前要征求各自上级的意见,并在事后要立即向各自的上级汇报。

如图 2-3 所示,在一个等级制度表现为 F—A—K 形式的企业中,假设 D 部门与 I 部门之间要发生工作联系,按照等级原则需要由 D 沿着等级路线攀登到 A,再从 A 沿等级路线下降到 I;然后,再反向从 I 上升到 A,从 A 下降到 D 回到原出发点。在这个过程中,每一级都要停顿,信息在传递的过程中经过了很长的路线,不仅信息传递速度慢,而且可能出现信息在传递过程中失真的现象。如果利用 D—I 这一跳板,双方直接横向沟通,就简单快速地解决了问题。条件是所有当事人同意和通知各自的上级。他们的协作一旦中止,或他们的直接领导人不再同意了,这种直接关系就中断,而等级路线又恢复了原样。可见,这一跳板原则对提高组织运行的效率是有重大意义的。法约尔的跳板原则简单、迅速、可靠,它减少了许多"文件旅行",既维护了统一指挥原则,又大大提高了组织的工作效率。"跳板原则"同泰勒的"例外原则"一样,主张把常规事项让下级管理层直接协商解决,而不能协议的重要事项再向上级管理层报告,由上级管理层作出决策。从而使高级管理层摆脱了日常琐事,从事更重要的事情。

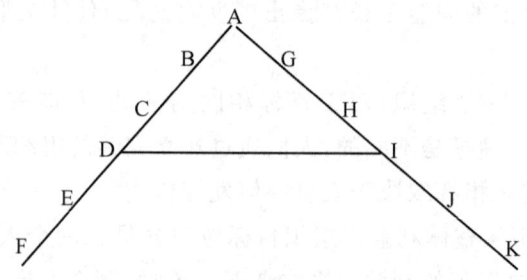

图 2-3 法约尔的"跳板"示意图

(10) 秩序。所谓秩序是指"凡事各有其位",实质上是一项关于安排事物和人的组织原则。要做到人尽其才,物尽其用,保证一切工作都能按部就班地进行。

(11) 公平。管理人员应该善意、公平地对待下属。

(12) 人员的稳定。即采取措施,鼓励职工及管理人员长期为公司服务。如果人员不断变动,工作将得不到良好的效果。

(13) 首创精神。要提倡主动、首先创造的精神。一个成功的企业,不仅领导者要有首创精神,全体成员都应具有首创精神,这是提高组织内各级人员工作热情的主要源泉。因此,管理者要在不违背职权和纪律的情况下,鼓励和发挥下级的首创精神。

(14) 团结精神。团结精神指必须注意保持和维护每一集体中团结、协作、融洽的关系,特别是人与人之间的相互关系。

4. 倡导管理教育

法约尔认为管理能力可以通过教育来获得,"缺少管理教育"是由于"没有管理理论",每一个管理者都按照他自己的方法、原则和个人的经验行事,但是谁也不曾设法使那些被人们接受的规则和经验变成普遍的管理理论。在今天,如果组织领导人仍然信奉"经验至上主义",推崇经验管理,墨守管理陈规,轻视管理培训的话,最终将因为组织中的管理能力不足和管理人才匮乏而限制组织的快速发展。通过管理教育,可以迅速提升管理层的管理能力,也可以迅速造就急需的管理人才,这是世界级大企业的公认准则。企业的所有管理人员均应该接受必要的管理培训,这也是企业得以良性发展的重要基准。

(二) 对法约尔的一般管理理论的评价

法约尔的管理理论是西方古典管理思想的重要代表,后来成为管理过程学派的理论基础,也是以后各种管理理论和管理实践的重要依据,对管理理论的发展和企业管理的历程均有着深刻的影响。他对组织管理进行了系统的、独立的研究,特别是他对管理的五大职能的分析为管理科学提供了一套科学的理论构架。来源于长期实践经验的管理原则给实际管理人员提供了巨大的帮助,现在仍然为许多人所推崇,其中某些原则甚至以"公理"的形式为人们所接受和使用。法约尔跳出了泰勒以实践为基础研究管理原理的局限,在理论上第一次努力将管理的要素和管理的原则系统地加以概括,为以后推广管理学教育奠定了基础,使管理具有一般的科学性。管理之所以能够走进大学讲堂,全赖于法约尔的卓越贡献。他强调管理的一般性,就使得他的理论在许多方面也适用于政治、军事及其他部门。因此,继泰勒的科学管理理论之后,过程管理理论也被誉为管理史上的第二座丰碑。法约尔被后人称为"管理过程理论之父"和"现代经营管理理论之父"。

但也应该认识到法约尔的管理过程理论也有他的不足之处,如他的管理原则过于僵硬,以至于有时实际管理工作者无法遵守;只考察了组织的内在因素,没有考察组织同周围环境的关系,缺乏具体性;在组织与管理的论述中也有不充分、不科学之处。正如他自己所强调的,这些原则并不完整,也不是一成不变的,它不能回答特殊的问题。他不主张在实际工作中盲目地、刻板地套用这些原则,而应结合具体管理情况灵活应用它们。

四、马克斯·韦伯的行政组织理论

马克斯·韦伯(Max Weber,1864—1920)德国社会学家,曾担任过教授、政府顾问、编辑,对社会学、宗教学、经济学与政治学都有相当的造诣。韦伯的主要著作有《新教伦理与资本主义精神》《一般经济史》《社会和经济组织的理论》等,其中官僚组织模式(Bureaucratic Model)的理论(即行政组织理论),对后世产生了最为深远的影响。有人甚至将他与杜克海姆、马克思奉为社会学的三位"现世神明"。韦伯行政组织理论产生的历史背景,正是德国企业从小规模世袭管理,到大规模专业管理转变的关键时期,因此,了解韦伯的思想更具有重要的现实意义。在管理思想史上,马克斯·韦伯被誉为是"组织理论之父",与泰勒、法约尔并称为西方古典管理理论的三位先驱。

马克斯·韦伯
(Max Weber)

(一) 行政组织理论的基本内容

1. 权力论

韦伯认为,任何组织都必须以某种形式的权力作为基础,没有某种形式的权力,任何组织都不能达到自己的目标。因此,权力是组织规范发挥作用的保证。他主张权力有三种被社会所接受的纯粹的形式,与之相对应的有三种组织形态。

(1) 传统权力(Traditional Authority):传统惯例或世袭得来。

(2) 超凡权力(Charisma Authority):来源于别人的崇拜与追随。

(3) 法定权力(Legal Authority):理性——法律规定的权力。

韦伯认为,传统的权力效率较差,因为领导人不是按能力挑选的,超凡的权力则带有感情色彩并且是非理性的。只有法定的权力才适宜作为理想组织体系的基础,才是最符合理性、高效率的组织结构形式。原因在于:第一,管理的连续性使管理活动必须有秩序地进行。第二,以"能"为本的择人方式提供了理性基础。第三,领导者的权力并非无限,应受到约束。

2. 理想的行政组织体系

所谓理想的行政组织体系理论,是指通过职务或职位而不是通过个人或世袭地位来管理。韦伯认为理想的行政组织体系,并不是指最合乎需要的,而是指现代社会最有效和合理的组织形式,它在精确性、稳定性、纪律性和可靠性方面都优于其他组织形式。理想的行政组织模式应具有以下一些特点:

(1) 明确的分工。把组织的全部活动划分为各项基本任务,系统地分配给组织中各个成员负担。每个职位的权利和义务都有明文规定。

(2) 等级严密。各个职位是按照职权的等级原则组织起来的,形成一个指挥体系。这是一种按照职位高低层层控制、井然有序、权责分明的组织体系。各级领导不仅要对自己的行为负责,而且要对自己下级的行为负责。

(3) 正规化的人员任用。人员任用完全根据职务要求,通过正式考试和教育训练来实行。

(4) 职业管理人员。管理人员有固定的薪金和明文规定的升迁制度,是一种职业管理人员。

(5) 遵守规则和纪律。管理人员必须严格遵守组织中制定的规则和纪律以及办事程序。

(6) 非个人的人员关系。组织中人员之间的关系完全以理性准则为指导,只受职位关系而不受个人情感的影响。

(二) 对行政组织理论的评价

韦伯的理想行政组织理论,总结了在大型组织中的实践经验,为社会发展提供了一种稳定、严密、高效、合理性的管理体系模式,为管理理论的创新作出了贡献。韦伯认为,这种高度结构化的、正式的、非人格化的理想行政组织体系是强制控制的合理手段,是达到目标、提高效率的最有效形式。这种组织形式在精确性、稳定性、纪律性和可靠性等方面都优于其他形式,能适用于各种行政管理工作及当时日益增多的各种大型组织,如教会、国家机构、军队、政党、经济组织和社会团体等。韦伯的这一理论,对泰勒、法约尔的理论是一种很有价值的补充,对后来的管理学家,特别是组织理论家产生了很大影响。

泰勒、法约尔和韦伯处在同一历史时期,他们从不同的视角对管理进行了考察。泰勒主要关注工厂现场的管理问题;法约尔则更多的是从组织整体的角度来进行思考的;而韦伯则集中研究了管理中的组织问题。强调管理要用事实、理性、思考和规则来代替随心所欲和个人习惯,是管理的古典理论所具有的共同的精神实质。

第三节　人际关系学说与行为科学

古典管理理论的广泛流传和实际运用对提升社会生产的效率起到了巨大的推动作用。但古典管理理论未对管理中人的因素和作用加以足够重视，对人的心理因素考虑很少或根本不去考虑。从20世纪20年代美国推行科学管理的实践来看，泰勒制在使生产率大幅度提高的同时，也导致工人的怠工、罢工以及劳资关系日益紧张等事件的出现。单纯用古典管理理论和方法已不能有效控制工人以达到提高生产率和利润的目的。

在这种背景下，一些管理学家和企业家开始从生理学、心理学、社会学等方面出发研究企业中有关人的问题，如人的工作动机、情绪、行为与工作之间的关系等，以及研究如何按照人的心理发展规律去激发其积极性和创造性，由此产生了所谓的行为科学。行为科学研究的前期叫作人际关系学说，第二次世界大战后正式定名为行为科学。人际关系学说的诞生是从学者梅奥的著名的霍桑实验开始的。

一、霍桑实验与人际关系学说

（一）梅奥及霍桑实验

乔治·埃尔顿·梅奥（George Elton Mayo，1880—1949）原籍澳大利亚，1922年移居美国，行为科学家。在第一次世界大战期间，他利用业余时间用心理疗法给受战争创伤的士兵治病。1926年任哈佛大学工商管理研究院副教授，1927年，在哈佛大学主持心理病理学研究小组时，与其助手参加了"霍桑实验"。

乔治·埃尔顿·梅奥
(George Elton Mayo)

霍桑实验（Hawthorne Studies），也称为霍桑研究，是指在1924—1932年间，美国国家研究委员会和西方电气公司（Western Electric Company）合作，在西方电气公司所属的霍桑工厂为测定各种因素对生产效率的影响而进行的一系列研究。霍桑实验在一定程度上标志着人际关系学说的确立。该实验分为四个阶段：

第一阶段：工场照明实验（1924—1927年）。做这个实验的目的是为了弄清照明对生产效率所产生的影响。研究人员希望通过实验得出照明强度对生产率的影响，但实验结果却发现，照明强度的变化对生产率几乎没有影响。研究者对此结果感到迷惑不解，照明实验被放弃了。转而继续进行改变其他条件的实验。

第二阶段:继电器装配室实验(1927年8月—1928年4月)。从这一阶段起,梅奥参加并领导了实验。研究人员选择了5名女装配工和1名女画线工在单独的一间工作室内工作,1名观察员被指派加入这个小组,记录室内发生的一切,以便对影响工作效果的因素进行控制。这些女工们在工作时间可以自由交谈,观察员对她们的态度也很和蔼。经过研究,发现监督和指导方式的改善能促使工人改变工作态度并增加产量,于是进一步研究工人的工作态度和可能影响工人工作态度的其他因素成为霍桑实验的一个转折点。

第三阶段:大规模的访谈与调查(1928—1931年)。研究人员在上述实验的基础上进一步在全公司范围内进行访问和调查,参与此次访问和调查的员工达2万多人次。结果发现,影响生产力的最重要因素是工作中发展起来的人际关系,而不是待遇和工作环境。每个工人的工作效率不仅取决于他们自身的情况,还与其所在小组中的同事有关。任何一个人工作效率都要受同事们的影响。

第四阶段:接线板接线实验(1931—1932年)。研究小组决定选择接线板接线工作室作为研究对象,以研究职工在工作中的群体行为。在这一阶段有许多重要发现,如工作室大部分成员都自行限制产量;工人对不同级别的上级持不同态度;成员中存在小派系等。经过这一阶段的实验,还发现了霍桑效应,即对于新环境的好奇和兴趣能够带来较佳的成绩,至少在初始阶段如此。

在霍桑工厂进行的实验经历了8年时间,获得了大量的第一手资料。实验的结果大大出乎人们的意料,影响劳动生产率的并不是物质因素,而是在工作中发展起来的人际关系。这个结果推动了管理理论发展的进程,为人际关系理论的形成以及后来行为科学的发展打下了基础。梅奥在霍桑实验后,利用获得的大量的宝贵资料继续进行研究,最终提出了人际关系理论。

(二) 梅奥人际关系学说的主要内容

在总结霍桑实验研究成果的基础上,梅奥于1933年出版了《工业文明中人的问题》一书,创立了人际关系学说,1945年出版了《工业文明的社会问题》,进一步阐明他的观点。人际关系学说的主要观点包括有:

(1) 工人是"社会人",而不是单纯追求金钱收入的"经济人"。作为复杂社会系统成员,金钱并非刺激积极性的唯一动力,他们还有社会、心理等方面的需要,社会和心理因素等方面所形成的动力对效率有更大的影响。

(2) 企业中除了"正式组织"之外,还存在着"非正式组织"。企业成员在共同工作的过程中,相互间必然产生共同的感情、态度和倾向,形成共同的行为准则和惯例。这就构成一个体系,称为"非正式组织"。非正式组织以它独特的感情、规范和倾向,左右着成员的行为。古典管理理论仅注重正式组织的作用是有欠缺的;非正式组织不仅存在,而且与正式组织相互依存,对生产率有重大影响。

(3)新型的领导通过增加职工的满足度来提高工人的士气,从而达到提高效率的目的。生产率的升降,主要取决于工人的士气,即工作的积极性、主动性与协作精神。而士气的高低,取决于人们在社会因素方面特别是人际关系方面的满足程度。所以,领导者要善于倾听下属的意见,善于与下属沟通,使正式组织的经济需求和工人非正式组织的社会需求之间保持平衡。这样就可以解决劳资之间的矛盾和冲突,提高效率。

梅奥等人的人际关系学说的问世,开辟了管理和管理理论的一个新领域,弥补了古典管理理论的不足,更为以后行为科学的发展奠定了基础。

二、行为科学

霍桑实验以后,大批的研究者和实践者们继续从人类学、社会学、心理学等角度对人际关系进行综合研究,从而建立了关于人的行为及其调控的一般理论。1949年在美国芝加哥召开的一次跨学科的会议上,来自各个不同领域的与会者一致认为,围绕行为研究所取得的现有成果已足以证明该类研究具有独立学科的地位,于是正式将之定名为"行为科学"。

行为科学的含义有广义和狭义两种。广义的行为科学是指包括类似运用自然科学的实验和观察方法,是研究在自然和社会环境中人的行为的科学,包括心理学、社会学、社会人类学等。狭义的行为科学是指有关对工作环境中个人的行为的研究的一门综合性学科。进入20世纪60年代,为了避免同广义的行为科学相混淆,出现了组织行为学这一名称,专指管理学中的行为科学。组织行为学实质上是包括早期行为科学——人际关系学说在内的狭义的行为科学。

20世纪50年代以后,行为科学才真正发展起来。行为科学理论在第二次世界大战以后的发展主要集中在以下四个方面:第一,关于人的需要和动机的理论。第二,关于管理中的"人性"的理论。第三,关于领导方式的理论。第四,关于企业中非正式组织以及人与人的关系的理论。其中著名的成果有马斯洛的"需要层次论"、麦格雷戈的"X理论和Y理论"、赫兹伯格的"双因素理论"、菲德勒的"领导权变理论"等。

第四节 现代管理理论

现代管理理论是指第二次世界大战以后出现的一系列管理学派,是继科学管理理论、行为科学管理理论、行为科学之后,西方管理理论和思想发展的第三阶段。与前两个阶段相比,这一阶段最大的特点就是学派林立,新的管理理论、思想、方法不断涌现。

一、现代管理理论丛林

20世纪40年代以来,特别是第二次世界大战结束后,随着现代科学技术的飞速发展,社会生产力的迅速提高,生产的社会化程度日益增强,西方发达国家的经济组织规模不断扩大,涌现出大批的跨国公司和新兴工业。经济组织中的竞争,尤其是国际市场竞争更加剧烈,原来的经营管理理论和方法已不能完全适应新的形势,因而又出现了许多新的管理学派。这些学派在历史渊源和内容上又相互影响,盘根错节,呈现出管理学派林立的局面,美国管理学家哈罗德·孔茨(Harold Koontz)形象地称之为管理理论丛林。孔茨曾写过两篇著名的论文《论管理理论的丛林》(1961)和《再论管理理论的丛林》(1980),对1980年前的管理学领域内精彩纷呈的理论、主张等做了一个精辟的归纳与分析。他认为到1980年为止,管理学至少发展到11个学派。下面介绍其中主要的几个学派。

(一)管理过程学派(The Operational Theory Approach)

管理过程学派又称管理职能学派,是美国加利福尼亚大学的教授哈罗德·孔茨(Harold Koontz)和西里尔·奥·唐奈(Cyril O. Donnell)提出的,其代表作是《管理学》。这一理论是在法约尔一般管理理论的基础上发展而来的。在法约尔之后,哈罗德·孔茨和西里尔·奥·唐奈在仔细研究这些管理职能的基础上,将管理职能分为计划、组织、人事、领导和控制,而把协调作为管理的本质。孔茨利用这些管理职能对管理理论进行分析、研究和阐述,最终得以建立起管理过程学派。孔茨是管理过程学派的集大成者,他继承了法约尔的理论,并把法约尔的理论更加系统化、条理化,使管理过程学派成为管理各学派中最具有影响力的学派。

哈罗德·孔茨(Harold Koontz,1908—1984),美国管理学家,管理过程学派的主要代表人物之一

管理过程学派的主要特点是将管理理论同管理人员所执行的管理职能,也就

是管理人员所从事的工作联系起来。他们认为,无论组织的性质多么不同(如经济组织、政府组织、宗教组织和军事组织等),组织所处的环境有多么不同,但管理人员所从事的管理职能却是相同的,管理活动的过程就是管理的职能逐步展开和实现的过程。因此,管理过程学派把管理的职能作为研究的对象,他们先把管理的工作划分为若干职能,然后对这些职能进行研究,阐明每项职能的性质、特点和重要性,论述实现这些职能的原则和方法。管理过程学派认为,应用这种方法就可以把管理工作的主要方面加以理论概括,并有助于建立起系统的管理理论,用以指导管理的实践。

1. 管理过程学派的基本观点

(1) 管理是一个过程,即让别人同自己一起去实现既定目标的过程。

(2) 管理过程的职能有 5 个,即计划工作、组织工作、人员配备、领导、控制。

(3) 管理职能具有普遍性,即各级管理人员都执行着管理职能,但侧重点则因管理级别的不同而不同。

(4) 管理应具有灵活性,要因地制宜,灵活应用。

2. 管理过程学派的主要贡献

(1) 相对于其他学派而言,管理过程学派是最为系统的学派。该学派首先从确定管理人员的管理职能入手,并将此作为理论的核心结构。孔茨认为,管理学这样分类具有内容广泛、篇章众多、有利于进行逻辑性分析等优点。该学派对后世影响很大,许多管理学原理教科书都是按照管理的职能写的。

(2) 管理过程学派确定的管理职能和管理原则,为训练管理人员提供了基础。管理过程学派认为,管理存在着一些普通运用的原则,这些原则是可以运用科学方法发现的。管理的原则如同灯塔一样,能使人们在管理活动中辨明方向。

(二) 管理科学学派(The Scientific Management Approach)

管理科学学派,也称计量管理学派、数量学派。第二次世界大战时期,英国为解决防空需要而产生运筹学,发展了新的数学分析和计算技术。例如,线性规划、排队论、存储论、博弈论、统筹法、系统分析等,这些成果应用于管理工作中就形成了"管理科学理论"。提出这一理论的代表人物是美国研究管理学和现代生产管理方法的著名学者埃尔伍德·斯潘塞·伯法(Elwood Spencer Buffa)等人。他们开拓了管理学另一个广阔的研究领域,使管理从以往定性的描述走向了定量的预测阶段。

埃尔伍德·斯潘塞·伯法(Elwood Spencer Buffa,1923—2005),管理科学学派的代表人物之一

管理科学的实质,是泰勒的科学管理的继续与发展,因为他们都力图抛弃凭经验、凭主观判断来进行管理,而提倡采用科学的方法,探求最有效的工作方法或最优方案,以达到最高的工作效率,以最短的时间、最小的支出,得到最大的效果。不同的是,管理科学的研究,已经突破了操作方法、作业研究的范围,而向整个组织的所有活动方面扩展,要求进行整体性的管理。由于现代科学技术的发展,一系列的科学理论和方法被引进到管理领域。因此,管理科学可以说是现代的科学管理。其基本特征是:以系统的观点,运用数学、统计学的方法和电子计算机技术,为现代管理决策提供科学的依据,解决各项生产、经营问题。

1. 管理科学学派的主要观点

(1) 采用量化方法进行决策。管理科学学派特别强调使用先进的科学理论和管理方法,如系统论、信息论和控制论。力求依靠运筹学、概率论等方法,建立一套决策程序和数学模型以增加决策的科学性。他们认为,决策的过程就是建立和运用数学模型的过程。这种做法的目的是减少决策的个人艺术成分,摒弃单凭经验和直觉确定经营目标和方针的做法,增加决策的科学性。

(2) 生产和经营管理各个领域的各项活动的可行方案以经济效果作为评价标准,如总收入、投资利润率等,要求以最少的消耗获得总体的最大经济效益。

(3) 广泛地使用电子计算机。现代企业管理中影响某一事务的因素错综复杂,建立模型后,计算任务极为繁重,依靠传统的计算方法获得结果往往需要若干年时间,致使计算结果无法用于企业管理。电子计算机的出现大大提高了运算的速度,使数学模型应用于企业和组织成为可能。

2. 对管理科学理论的评价

管理科学理论把数学和现代科学技术运用到管理领域,为管理和决策的科学化提供了更加先进的方法。一方面,它使管理理论从定性到定量,在科学的轨道上前进了一大步;另一方面,它的应用对企业管理水平和效率的提高也起到了很大作用。但是,同前述的其他理论一样,它也有自己的局限性和缺陷。

(1) 管理科学理论本身是一门运用数学方法进行计算分析的科学,而要把管理中与决策有关的各种复杂因素全部数量化,是不可能也是不现实的。因此,管理科学理论的运用也只是决策过程的一个方面,它还必须与其他方面结合才能提供完整的资料,做出比较正确的判断,从而进行管理中的科学决策。

(2) 管理科学理论忽略了人的因素,这是它的一大缺陷。

(3) 现实中的管理问题与决策问题,不可能也不应该全部定量化,必须定性分析与定量分析相结合。

尽管如此,在当时的历史条件下,管理科学理论的出现仍然是管理发展史上的重要跨越和进步,它的科学性至今仍然被人们普遍承认。

(三)系统学派(The Systems Approach)

系统学派可分为社会系统学派和系统管理学派。社会系统学派的代表人物是切斯特·巴纳德(Chester Barnard),其代表著作是出版于1938年的《经理人员的职能》。

系统管理理论学派盛行于20世纪60年代,该理论侧重于用系统的观念来考察组织结构及管理的基本职能,它来源于一般系统理论和控制论。该学派的代表人物是理查德·约翰逊(Richard A. Johnson)、弗里蒙特·卡斯特(F. E. Kast)、詹姆斯·罗森茨韦克(J. E. Rosenzweig)等人。1963年约翰逊、卡斯特和罗森茨韦克三人合写的《系统理论和管理》比较全面地论述了系统管理理论。

所谓系统是由相互联系、相互作用的若干部分结合而成的有机整体,这个整体具有其各个部分所没有的新的性质和功能。组织系统的各部分,被称为要素或子系统。系统管理理论学派认为,组织是一个开放的系统,它是由相互联系、相互依存的要素或子系统构成的。系统管理就是把组织作为系统来安排和经营,即将组织拥有的全部资源结合成为能够达到一个目标的系统,它并不消除管理的各项职能,而是让它们围绕组织目标发挥作用。

1. 系统管理理论的主要观点

(1)企业是由人、物资、机器和其他资源在一定的目标下组成的一体化系统,它的成长和发展同时受到这些组成要素的影响;在这些要素的相互关系中,人是主体,其他要素则是被动的。

(2)企业系统是由许多子系统构成的开放的社会技术系统。子系统的划分可从多个角度来进行。如按子系统的作用可分为:传感系统、信息处理系统、决策系统、加工子系统、控制子系统等;如按内容可分为:目标子系统、技术子系统、工作子系统、结构子系统、人际关系社会子系统和外界因素子系统等。

(3)运用系统观点来考察管理的基本职能,可以把企业看成是一个投入——产出系统,投入的是物资、劳动力和各种信息,产出的是各种产品或服务。用系统的观点来指导,就要求管理人员牢固树立全局观念、协作观念和动态适应(外部环境)观念,既不局限于特定领域的专门职能,又不忽视各自在系统中的地位和作用。可以提高组织的整体效率,使管理人员避免只重视某些与自己有关的特殊职能而忽视了大目标,也不至于忽视自己在组织中的地位与作用。

组织的系统观点结构如图2-4所示。

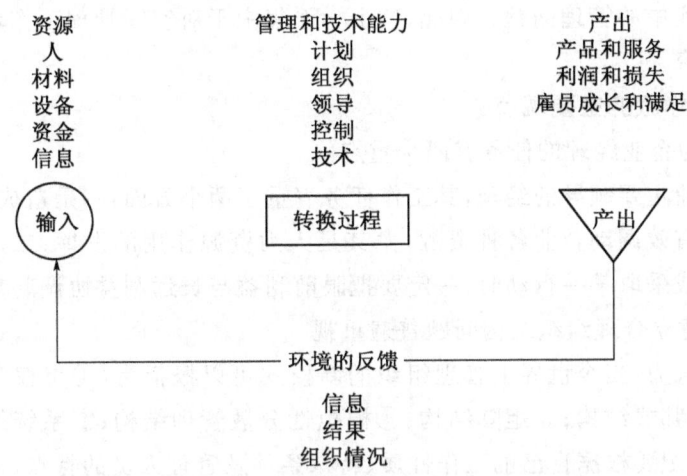

图 2-4　组织的系统观点结构示意图

2. 对系统管理理论的评价

卡斯特等人强调,管理必须着眼于整体以及系统各部分之间的相互作用,重视组织与环境的关系,重视从整体角度研究组织。和以前的管理理论相比,古典管理理论较为强调结构分系统和管理分系统,从而重视制定管理原则;行为科学管理理论较为强调社会心理分系统,把注意力集中在激励、群体动力学和其他相关因素上;管理科学理论强调技术分系统以及在决策和控制过程中使用定量的方法。每个学派都各自侧重于特定的分系统,而忽视其他分系统的重要性。因此,各种学派的管理学理论都有着"盲人摸象"式的偏失,无法适应经济与社会发展的新要求。系统管理理论则试图运用系统论的整体研究方式来统一各派,在对传统管理理论深刻反思的基础上,实现对组织与管理理论的新的综合。但是,系统管理理论过于抽象,未能提出具体的管理行为和明晰的管理职能,只是笼统地提出一些原理和观点,让实践中的管理人员难以把握和付诸实施。

(四) 经验或案例学派(The Empirical or Cases Approach)

经验学派是很庞杂的学派,可归入这一学派的人很多,其中有经济学家、管理学家、社会学家、统计学家、心理学家、大企业的董事长、总经理等。他们之间有些具体看法不尽相同,但都是以企业的管理经验(案例)为主要研究对象。其代表人物有美国的彼得·德鲁克(Peter F. Drucker)、斯隆(A. P. Sloan)和戴尔(E. Dale)等。

经验主义学派又称经理主义,以向大企业的经理提供管理企业的成功经验和科学方法为目标。该学派开展研究的理论前提是:通过对管理者的个别情况下成功和失败的经验教训的研究,使人们懂得在将来相应的情况下如何运用有效的方法来解决现实中的管理问题。因此,这个学派集中于对实际管理工作者的管理实践活动的研究。

1. 经验学派的主要观点

(1) 认为企业经理的任务有两个重点

作为企业主要领导的经理,其工作任务着重于两个方面:一是造成一个"生产的统一体",有效调动企业各种资源,尤其是人力资源作用的发挥;二是经理做出每一项决策或采取某一行动时,一定要把眼前利益与长远利益协调起来。

(2) 对建立合理组织结构问题普遍重视

德鲁克认为,当今世界上管理组织的新模式可以概括为:①集权的职能性结构;②分权联邦式结构;③矩阵结构;④模拟性分散管理结构;⑤系统结构。他还强调,各类组织要根据自己的工作性质、特殊条件及管理人员的特点,来确定本组织的管理结构,切忌照搬别人的模式。

(3) 对科学管理和行为科学理论重新评价

这一学派中的许多人提出,科学管理和行为科学理论都不能完全适应企业实际需要,只有经验学派将这两者结合起来,才真正实用。

(4) 提倡实行目标管理

德鲁克首先提出目标管理的建议,其后又有许多学者共同参与了研究。经验主义认为,由于科学技术的迅速发展,在生产过程中重复的例行工作都由自动工具和半自动工具来做,工人的活动有了很大的变化,要求扩大管理的范围,把工人吸引进来参加管理。因此,经验主义提出了"目标管理",即一个组织中的上级和下级管理人员共同制定共同的目标同每一个人的应有成果相联系,规定他的主要职责范围,并用这些措施来作为经营一个单位和评价每一成员贡献的指导。

2. 对经验学派的评价

经验主义学派认为,泰勒的科学管理偏重以工作为中心,忽视人的一面;而行为科学又偏重以人为中心,忽视了同工作相结合。目标管理则是综合以工作为中心和以人为中心的管理方法,能使职工发现工作的兴趣和价值,从工作中满足其自我实现的需要。经验主义学派把工作和人两者统一起来了。

许多学者认为,该学派的主张实质上是传授管理学知识的一种方法,称为案例教学。实践证明,这是培养学生分析问题和解决问题的能力的一种有效途径。但由于该学派并未形成完整的理论体系,其内容也比较庞杂,因此长期以来,该学派的价值始终未被主流学界完全承认。

相关链接

管理大师——德鲁克

彼得·德鲁克(Peter F. Drucker)对世人有卓越贡献及深远影响,被尊为"大师中的大师"。德鲁克以他建立于广泛实践基础之上的30余部著作,奠定了其现代管理学开创者的地位,被誉为"现代管理学之父"。

1909年11月19日,彼得·德鲁克出生于奥匈帝国统治下的维也纳。他祖籍荷兰,其家族在17世纪时就从事书籍出版工作。父亲是奥地利负责文化事务的官员,曾创办萨尔斯堡音乐节;他的母亲是奥地利率先学习医科的妇女之一。德鲁克从小生长在富于文化的环境之中。

彼得·德鲁克(Peter F. Drucker,1909—2005),现代管理学之父

德鲁克先后在奥地利和德国受教育,1929年后在伦敦任新闻记者和国际银行的经济学家。他于1931年获法兰克福大学法学博士学位。

1937年德鲁克移民美国,曾在一些银行、保险公司和跨国公司任经济学家与管理顾问,1943年加入美国籍。德鲁克曾在贝灵顿学院任哲学教授和政治学教授,并在纽约大学研究生院担任了20多年的管理学教授。尽管被称为"现代管理学之父",但德鲁克一直认为自己首先是一名作家和教师。

1942年,德鲁克受聘为当时世界最大企业——通用汽车公司的顾问,对公司的内部管理结构进行研究。1946年,他将心得写成《公司概念》,"讲述拥有不同技能和知识的人在一个大型组织里怎样分工合作"。该书的重要贡献还在于,德鲁克首次提出"组织"的概念,并且奠定了组织学的基础。

1954年,德鲁克出版《管理实践》,提出了一个具有划时代意义的概念——目标管理。从此将管理学开创成为一门学科,从而奠定管理大师的地位。

1966年,德鲁克出版《卓有成效的管理者》,告知读者:不是只有管理别人的人才称得上是管理者,在当今知识社会中,知识工作者即为管理者,管理者的工作必须卓有成效。该书成为高级管理者必读的经典之作。

1973年,德鲁克出版巨著《管理:任务、责任、实践》,该书是一本给企业经营者的系统化管理手册,为学习管理学的学生提供的系统化教科书,告诉管理人员付诸实践的是管理学而不是经济学,不是计量方法,不是行为科学。该书被誉为管理学的"圣经"。

1982年,德鲁克出版《巨变时代的管理》,探讨了有关管理者的一些问题,管理者角色内涵的变化,他们的任务和使命、面临的问题和机遇以及他们的发展趋势。

1985年,德鲁克出版《创新与企业家精神》,被誉为《管理实践》推出后德鲁克最重要的著作之一,全书强调目前的经济已由"管理的经济"转变为"创新的经济"。

1999年,德鲁克出版《21世纪的管理挑战》,德鲁克将"新经济"的挑战清楚地定义为:提高知识工作的生产力。

作为第一个提出"管理学"概念的人,当今世界,很难找到一个比德鲁克更能引领时代的思考者:1950年初,指出计算机终将彻底改变商业;1961年,提醒美国应关注日本工业的崛起;20年后,又是他首先警告这个东亚国家可能陷入经济滞胀;1990年,率先对"知识经济"进行了阐释。

德鲁克至今已出版超过30本书籍,被翻译成30多种文字,传播到130多个国家。其中最受推崇的是他的原则概念及发明,包括"将管理学开创成为一门学科""目标管理与自我控制是管理哲学""组织的目的是为了创造和满足顾客""企业的基本功能是行销与创新""高层管理者在企业策略中的角色、成效比效率更重要""分权化""民营化""知识工作者的兴起""以知识和资讯为基础的社会"等。直至2004年,德鲁克还有新书问世。

2002年6月20日,美国总统乔治·W.布什宣布彼得·德鲁克成为当年的"总统自由勋章"的获得者,这是美国公民所能获得的最高荣誉。

"假如世界上果真有所谓'大师中的大师',那个人的名字,必定是彼得·德鲁克。"这是著名财经杂志《经济学人》对彼得·德鲁克的评价。

2005年11月11日,德鲁克在美国加州克莱蒙特家中逝世,享年95岁。

资料来源:胡伟.管理学[M].北京:化学工业出版社,2009:37-38.

(五)权变理论学派(The Contingency or Situational Approach)

权变理论学派是20世纪60年代末70年代初在美国经验主义学派基础上进一步发展起来的管理理论。它的代表人物是英国的琼·伍德沃德(Joan Woodward)、弗雷德·菲德勒(Fred Fiedler)等人。权变理论认为,在组织管理中要根据组织所处的环境和内部条件的发展变化随机应变,没有什么一成不变的、普遍适用的、"最好的"管理理论和方法。权变理论学派是从系统观点来考

琼·伍德沃德
(Joan Woodward)

察问题的,它的理论核心就是通过组织的各子系统内部和各子系统之间的相互联系以及组织和它所处的环境之间的联系,来确定各种变数的关系类型和结构类型。它强调在管理中要根据组织所处的内外部条件随机应变,针对不同的具体条件寻求不同的最合适的管理模式、方案或方法。权变管理的观点结构如图2-5所示。

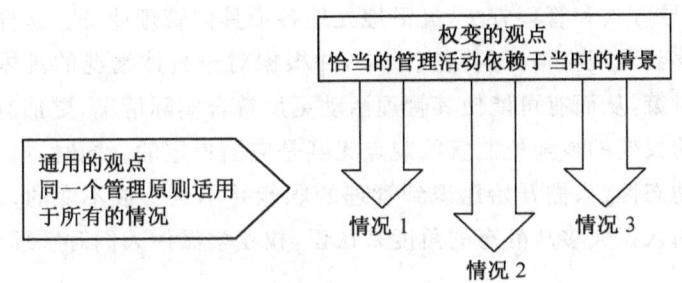

图2-5 权变管理的观点结构示意图

1. 权变理论的基本观点

美国学者弗雷德·卢桑斯(Fred Luthans)在1976年出版的《管理导论:一种权变学》一书中系统地概括了权变管理理论。他认为:

(1) 权变理论就是要把环境对管理的作用具体化,并使管理理论与管理实践紧密地联系起来。

(2) 环境是自变量,而管理的观念和技术是因变量。这就是说,如果存在某种环境条件,对于更快地达到目标来说,就要采用某种管理原理、方法和技术。比如,如果在经济衰

弗雷德·卢桑斯
(Fred Luthans)

退时期,企业在供过于求的市场中经营,采用集权的组织结构,就更适于达到组织目标;如果在经济繁荣时期,在供不应求的市场中经营,那么采用分权的组织结构可能会更好一些。

(3) 环境变量与管理变量之间的函数关系就是权变关系。环境可分为外部环境和内部环境。内部环境基本上是正式组织系统,它的各个变量与外部环境各变量之间是相互关联的。

权变理论学派同经验主义学派有密切的关系,但又有所不同。经验主义学派的研究重点是各个企业的实际管理经验,是个别事例的具体解决办法,然后才在比较研究的基础上做些概括;而权变理论学派的重点则在通过大量事例的研究和概括,把各种各样的情况归纳为几个基本类型,并给每一类型找出一种模型。因此它强调权变关系是两个或更多可变因数之间的函数关系,权变管理是一种依据

环境自变数和管理思想及管理技术因变数之间的函数关系,来确定的对当时当地最有效的管理方法。

2. 对权变理论的评价

应当肯定地说,权变理论为人们分析和处理各种管理问题提供了一种十分有用的方法。它要求管理者根据组织的具体条件及其面临的外部环境,采取相应的组织结构、领导方式和管理方法,灵活地处理各项具体管理业务。这样,就使管理者把精力转移到对现实情况的研究上来,并根据对于具体情况的具体分析,提出相应的管理对策,从而有可能使其管理活动更加符合实际情况,更加有效。因此,管理理论中的权变的或随机制宜的观点无疑是应当肯定的。同时,权变学派首先提出管理的动态性,人们开始意识到管理的职能并不是一成不变的,以往人们对管理的行为的认识大多从静态的角度来认识,权变学派使人们对管理的动态性有了新的认识。

但权变学派存在一个根本性的缺陷,即没有统一的概念和标准。虽然权变学派的管理学者采取案例研究的方法,通过对大量案例的分析,从中概括出若干基本类型,试图为各种类型确认一种理想的管理模式,但却始终提不出统一的概念和标准。权变理论强调变化,却既否定管理的一般原理、原则对管理实践的指导作用,又始终无法提出统一的概念和标准,每个管理学者都根据自己的标准来确定自己的理想模式,未能形成普遍的管理职能,权变理论使实际从事管理的人员感到缺乏解决管理问题的能力,初学者也无法适从。

二、现代管理理论的新发展

进入 20 世纪 80 年代特别是 90 年代以后,随着社会、经济、文化的迅速发展,特别是信息技术的发展与知识经济的出现,世界形势发生了极为深刻的变化。面对信息化、全球化、经济一体化等新的形势,企业之间竞争加剧,联系增强,管理出现了深刻的变化与全新的格局。正是在这样的形势下,管理理论呈现出全新的发展趋势。

(一) 全面质量管理

20 世纪 80 年代前后,日本的经济和日本企业的竞争力达到了巅峰。伴随着日本产品向各国的渗透,全面质量管理的理念几乎传播到了世界上的每个地方。

全面质量管理的源头可以追溯到 20 世纪 50 年代的美国,日本在战后迅速接受了这一理念并积极地付诸实践。日本企业是全面质量管理的最优秀的实践者,成功的质量管理使得日本产品在全球成为高质量的代名词,也为日本经济在战后的全面复兴起到了不可替代的作用。日本依靠这套思路,用了 20 年左右的时间,从战后的一片废墟一跃成为世界第二大经济强国。

全面质量管理是一种综合的、全面的经营管理方式和理念，其根本目的是通过顾客满意来实现组织的长期成功，增进组织全体成员及全社会的利益。全面质量管理的基本特征包括关注顾客，持续改进，一切用数据说话，向组织成员充分授权，广泛采用团队的形式来发现问题和解决问题，重视组织中的每个成员的主动性和创造性，重视与供应商和顾客的合作共赢等。美国的爱德华兹·戴明是全面质量管理的最著名的代表人物。

爱德华兹·戴明（W. Edwards Deming, 1900—1993）博士是一位美国人，他被公认为是全面质量管理的总设计师。20世纪50年代初，戴明将其全面质量管理的思想传授给了日本人，对于日本的战后复兴发挥了积极的作用。其重要观点"全面质量管理的14要点"，成为20世纪全面质量管理（TQM）的重要理论基础。关于质量控制体系的PDCA循环（又称"戴明环"），更是作为全面质量管理的至宝，受到业内人士一致的欢迎。

管理人物：戴明

戴明是全面质量管理的总设计师。在攻读博士学位期间，曾利用暑假到美国西方电器公司的霍桑工厂做过研究。在这里，他受到了包括后来被称为"统计质量管理之父"的休哈特在内的许多科学家的影响。20世纪30年代末，戴明担任美国人口普查局的首席学术和抽样顾问。这一阶段，他开始探索将统计质量控制方法应用于非制造领域。从1946年开始，他担任纽约大学管理学院教授达46年之久。

戴明（W. Edwards Deming, 1900—1993），全面质量管理的总设计师

1950年，在日本科学技术联盟（JUSE）举办的讲习班上，戴明应邀向日本工商界人士讲授统计质量管理。此后，他多次赴日从事讲学和咨询活动，对于质量管理在日本的普及和深化发挥了巨大的作用。

1951年，日本科学技术联盟设立了以戴明的名字命名的著名奖项——戴明奖，用于表彰在质量管理方面成绩卓越的个人及企业。

1980年，为了促进美国人对质量的重视，美国广播公司推出了一个名为"日本人能够做到，为什么我们不行？"的专题节目。节目对于戴明在日本所发挥的传奇般的作用进行了披露。此后，戴明的理论在美国受到了广泛的关注和认可，他本人也被聘为多家大公司的顾问。

戴明主张的是一种系统的观念。他主张采用科学方法来优化系统,从而实现质量的改进。他强调统计思考和统计方法的应用,主张管理者必须掌握一套基本的知识体系,如关于系统的理论、关于变异的理论等,才能采取正确的行动。

戴明的"14 点"即戴明提出的为了向以顾客满意为宗旨的组织转变,组织的管理者必须关注的要点或必须承担的义务。接受这 14 点并采取具体的行动,是管理者对于组织的生存及投资者和成员的利益负责的标志。14 点的具体内容如下:

1. 建立长期提高产品和服务质量的义务,以培养竞争力。
2. 以新的思路关注质量。我们处在新经济时代。管理者要清醒地面对挑战,知道其责任,改变领导关系。
3. 取消依赖于大样本检查的质检方法,第一步建立产品质量观。
4. 结束以价格为基础的采购习惯,使成本最小化。关注每一个零件的供应商,建立长期的忠诚和信任关系。
5. 不断地改善生产和服务系统,这样质量和产量就能提高,成本下降。
6. 开始在职培训。
7. 建立领导能力。
8. 去除担心,每个人都能为公司高效的工作。
9. 打破部门间的障碍,加强团队协作。
10. 取消号召工人为了零缺陷和新的产量水平的口号、劝说和目标。这会造成对抗的关系,因为所有的低质量和低产量都可以追溯到生产系统,超出了工人的能力。
11. 取消工作标准(配额)和使用量化的公司目标。取而代之以领导力。
12. 去除那些阻碍了工人对自己的工作拥有自豪感的障碍,从重视数量转为重视质量。
13. 开始积极的教育和自我完善。
14. 让组织中的每个人工作去实现改革。改革是每个人的工作。

资料来源:网络。作者略有改动。

(二)战略管理思想

20 世纪 60、70 年代前后,科技、信息、经济飞速发展,竞争也随之剧烈,企业所处的宏观环境及微观环境都发生了巨大的变化。企业要想在激烈的竞争中处于不败之地,就必须充分地分析总体环境、行业环境和内部环境,确定企业的竞争态势，构建企业的竞争优势，摆脱危机，谋求企业的生存与发展。在经历了长期规划、战略规划等阶段后，形成了较为系统的战略管理理论。

钱德勒（Chandler）在 1962 年出版的《战略与结构：工业企业的历史篇章》一书对于战略概念的探讨具有划时代的意义。他通过研究美国大型企业深入阐述了环境、战略和结构之间的关系，提出企业要在对环境进行分析的基础上制定相应的战略，战略决定结构，结构必须适应战略并随战略的变化而变化。

安索夫（Ansoff）的《公司战略》（1965 年）一书的问世，开创了战略规划的先河。到 1976 年，安索夫的《从战略规则到战略管理》出版，标志着现代战略管理理论体系的形成。正是在这部书中第一次提出"战略管理"一词。安索夫认为战略是"企业高层管理者为保证企业的持续生存和发展，通过对企业外部环境与内部条件的分析，对企业全部经营活动所进行的根本性和长远性的规划与指导"。他认为，战略管理注重的是动态的管理，是对决策与实施并重的管理。

艾尔弗雷德·D.钱德勒（Alfred D. Chandler，1918—2007），企业史学家，战略管理的先驱者之一

伊戈尔·安索夫(H. Igor Ansoff，1918—2002)，战略管理的先驱者之一

迈克尔·波特(Michael E. Porter，1947—)，当代最有影响的战略学者之一

进入 20 世纪 70 年代以后，有关战略管理的研究进入了一个系统化的时期，人们力图从系统论的观点出发来进行战略规划，通过详尽的系统分析来提出系统化的解决方案。

1980 年，美国哈佛大学商学院教授迈克尔·波特（Michael E. Porter）的著作《竞争战略》，把战略管理的理论推向了顶峰，该书被美国《幸福》杂志标列的全美 500 家最大企业的经历、咨询顾问及证券分析家们奉为必读的"圣经"。该书的重要贡献在于：①提出对产业结构和竞争对手进行分析的一般模型，即五种竞争力（新进入者的威胁、替代品威胁、买方砍价能力、供方砍价能力和现有竞争对手的竞争）分析模型。②提出企业构建竞争优势的三种基本战略，即寻求降低成本的成本领先战略；使产品区别竞争对手的差异化战略；集中优势占领少量市场的集中化战略。③价值链的分析。波特认为企业的生产是一个创造价值的过程，企业的价值链就是企业所从事的各种活动——设计、生产、销售、发运以及支持性活动的集合体。价值链能为顾客生产价值,同时能为企业创造利润。

对于战略的含义,加拿大麦吉尔大学教授明茨伯格(H. Mintzberg)指出,人们在生产经营活动中不同的场合以不同的方式赋予企业战略不同的内涵,说明人们可以根据需要接受多样化的战略定义。在这种观点的基础上,明兹伯格借鉴市场营销学中的四要素(4P)的提法,提出企业战略是由五种规范的定义阐述的,即计划(Plan)、计策(Ploy)、模式(Pattern)、定位(Position)和观念(Perspective),这构成了企业战略的"5P"。这五个定义从不同角度对企业战略这一概念进行了阐述。

对于战略管理的看法有两大学派:行业结构资源学派和内部资源学派。管理大师明茨伯格将战略管理划分为十个学派:设计学派、计划学派、定位学派、企业家学派、认识学派、学习学派、权力学派、文化学派、环境学派、结构学派。

这十个学派可以分成三类。从性质上看,最前面的三个学派属于说明性的学派,它们关注的是战略应如何明确地表述。其后的六个学派对战略形成过程中的具体方面进行了思考,它们侧重于描述战略的实际制定和执行过程,而不是侧重于描述理想的战略行为。最后一个学派是其他学派的综合。但各个学派都是从某个角度定义和论述企业战略。

一般认为,战略管理是由环境分析、战略制定、战略实施、战略控制等四个不同阶段组成的动态过程。这一过程是不断重复、不断更新的。理论上通常都是按上述顺序对企业的战略管理进行分步研究。但是,在实践中,这些步骤往往同时发生,或者是按照不同于上述步骤的顺序进行的。因此,管理者必须创造性地进行战略思考,以适应不断变化的外部环境。

(三) 学习型组织理论

学习型组织理论是 20 世纪 90 年代以来,在管理理论与实践中发展起来的全新的管理理论。学习型组织最早是由美国麻省理工学院教授彼得·圣吉(Peter Senge)1990 年在其著作《第五项修炼:学习型组织的艺术与实务》中提出来的。学习型组织的提出源于对管理的整体性和系统性的重视。该理论认为,在新的经济背景下,组织要持续发展,必须增强其整体实力,提高整体素质。为此,需要突破线性思考的方式,排除个人及群体的学习障碍,重新就管理的价值观念、管理的方式方法进行革新。未来真正成功的组织将是能够设法使组织全体成员全身心投入并有能力不断学习的组织——学习型组织(Learning Organization)。

彼得·圣吉
(Peter Senge)

所谓学习型组织，是一个能够熟练地创造、获取和传递知识的组织，具体来讲是一个通过培养弥漫于整个组织的学习气氛，使得人们在其中能够不断增强创造未来的能量、具有开阔系统的思考方式、为共同的愿景而努力、不断学习进取的组织。这样的组织一定是一种有机的、高度柔性的、扁平的、符合人性的、能持续发展的组织。

学习型组织理论是以"五项修炼"为基础的。"五项修炼"基本内容如下：

第一项修炼：自我超越。自我超越就是不断认识自己，认识外界的变化，不断理清并加深个人的真正愿望，突破过去，超越自己。自我超越是学习型组织的精神基础。

第二项修炼：改善心智模式。"心智模式"是一种根深蒂固于个人或组织之中的思维方式和行为模式，它影响我们对于世界的了解和认识。改善心智模式，就是要改变认知模式，改变传统的一成不变的思维和做法，随着外部环境的变化适时调整甚至变革组织内部的一些习惯和做法，用新的眼光看待世界，以新的思考对待世界。

第三项修炼：建立共同愿景。愿景是期望的未来远景和愿望。其关键任务是要将组织中个人的愿景整合为组织成员主动而真诚地奉献和投入的共同愿景。建立共同愿景就是建立组织全体成员共同的远景和愿望，以此作为力量的凝聚，组织成员势必会努力学习、追求卓越，为这个愿景而奋斗。共同愿景是组织产生力量的源泉。

第四项修炼：团队学习。团队学习的目的在于激发群体的智慧。彼得·圣吉将学习型组织的交谈称为"深度会谈"。通过深度会谈，组织内的成员可以互相帮助，进行沟通，建立共识，使集体思维变得越来越默契，达到团队智商远远大于个人智商的目的。团队的修炼从深度会谈开始。

第五项修炼：系统思考。这项修炼就是要培养人与组织进行系统观察、系统思考的能力，以系统的观点、动态的观点观察世界，从而决定其正确的行动，即考虑问题时既要看到局部，又要看到整体；既要看到当前，又要看到长远。

学习型组织的理念，不仅有助于企业的改革与发展，而且对其他组织的创新与发展也有启示。人们可以运用学习型组织的基本理念，去开发各自的组织，创造未来的潜能，反省当前存在于整个社会的种种学习障碍，思考如何使整个社会早日向学习型社会迈进，这才是学习型组织所产生的更深远的影响。

（四）企业再造理论

20世纪80年代，市场竞争的日益激烈，"大企业病"普遍存在。复杂的业务流程越来越不能适应不断变化的消费者的需要，企业必须以为顾客创造价值的流程的视角来重新设计组织的结构,以实现企业对外界市场环境的快速反应,提高企业竞争力。美国企业从80年代起开始了大规模的企业重组和再造革命。企业管理经历着前所未有的,类似脱胎换骨的变革。

1993年,美国麻省理工学院教授迈克尔·哈默(Michael Hammer)和詹姆斯·钱皮(James Champy)合作出版了一本名为《企业再造:管理革命的宣言书》(*Reengineering the Corporation—A Manifesto for Business Revolution*)的著作,提出了企业再造理论(Reengineering Theory)。

迈克尔·哈默
(Michael Hammer)

詹姆斯·钱皮
(James A. Champy)

企业再造也被译为"公司再造""再造工程"(Reengineering)。所谓"企业再造"就是指:"为了飞越性地改善成本、质量、服务、速度等重大的现代企业的运营基准,对工作流程(Business Process)进行根本性重新思考并彻底改革",也就是说,"从头改变,重新设计"。为了能够适应新的世界竞争环境,企业必须摒弃已成惯例的运营模式和工作方法,以工作流程为中心,重新设计企业的经营、管理及运营方式。企业再造流程的过程如图2-6所示。

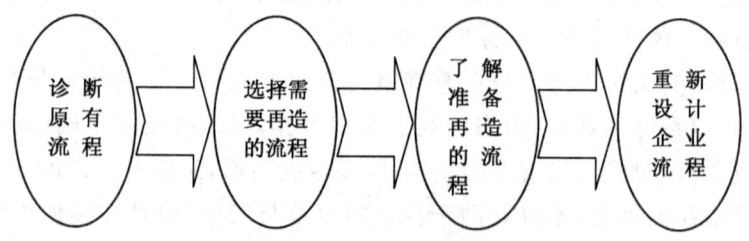

图2-6 企业再造流程的过程

迈克尔·哈默认为,企业再造工程必须组成团队来进行,要使信息在各个部门得到充分运用。再造工程一旦推行,就会带来以下一些根本性的变化:第一,工作单位划分的基础,从职能变成以流程为基础。第二,工作内容从单一变成丰富。第三,人员的角色,从被控制转变为有决策权。第四,获得工作能力的方法,从没有系统的训练,变成有全盘计划的教育。第五,绩效考核与奖励方面,从观察单一活动转变为观察其整体活动的结果。第六,决定晋升的因素,由以绩效为主转变为兼顾绩效与技能。第七,在价值观方面,将为主管而工作变成为顾客而工作。第八,生产线上的管理人员,由监督者变为教练。第九,组织结构,由层级式变为扁平式。第十,高层主管,由事后评分变为对员工主动引导。

企业再造突破了传统的劳动分工理论的思想体系,强调以"流程导向"来替代原有的"职能导向"的组织形式,是对企业经营过程作根本性的重新思考和彻底翻新,使企业在关系到其业绩的重大问题上获得戏剧性的改善,并强调通过信息技术的利用来提高企业的业绩。

企业再造基本要点:

所谓企业再造,可以理解为:"针对企业业务流程的基本问题进行反思,并对它进行彻底的重新设计,以便在成本、质量、服务和速度等当前衡量企业业绩的这些重要的尺度上取得显著的进展。"

关键词:

"基本的"(Fundamental):企业人员在着手再造前,企业应先就企业的运作提出一些最基本的问题:为什么我们要干这项工作?为什么我们要这样干?这些基本问题会促使人们去注意在从事他们的业务工作时所沿袭的那些规律和前提,结果会发现这些规律是过时的、错误的或者不当的。企业再造不注重事情"现在是怎样",而是注重事情"应该是怎样"。

"彻底的"(Radical):彻底的重新设计是指要从事物的根本着手,不是对现有的事物做表面的变动,而是把旧的一套抛掉。企业再造不是指对企业现有的业务工作进行改良,提高或修修补补,而是要重建企业的业务流程。

"显著的"(Dramatic):企业再造不是要在业绩上的点滴的改善或逐渐的提高,而是要在经营业绩上取得显著的改进。

"流程"(Process):业务流程定义为一系列业务活动,通过这些活动创造出对顾客有价值的产品。企业再造要求以流程为导向,而在大多数企业中并不是以流程为导向。他们忙于流程中的各项任务、忙于本位工作,重视人事、重视结构,而不是流程。

资料来源:网络。作者略有改动。

当然,除了以上的几种理论以外,还有一些现代管理理论值得我们重视:如企业文化理论、组织行为理论、团队管理理论、自我管理理论、组织的虚拟化理论等。

百多年来,管理理论、管理思想和管理方法呈现出百花齐放的景象,新的理论不断出现,诸多理论之间取长补短,兼容并蓄,各具特色,充分体现了管理科学的不断发展和繁荣。无论管理理论还是管理实践,都是随着社会的发展而发展的,一定的管理理论反映了一定会的管理要求。上述各种管理思想都在一定程度上反映了管理的本质与内容,都有其一定的适用范围。我们在现代的管理实践中,要注意根据管理实际而灵活地运用各种管理理论。

全球一体化的今天,要想成为一名成功的管理者,应不断学习,取各家之长为己所用,并在实践中因地制宜地综合运用这些理论,这样才能使管理水平不断地迈向新的台阶。

三、管理有规律,管理无定式

通过对管理思想的介绍,我们大致可以看出人类对于管理的认识是如何一步一步由低到高不断发展的。相对而言,早期的认识比较静止、机械、孤立、局部,而越往后,就越具有动态、联系、有机、全面这样的特征。

在这百多年发展历程中,对应着每一个标志性的阶段,我们获得了一些具有实践性的启迪,如表2-1所示。

表2-1 管理思想发展阶段及启迪

发展阶段	启迪
科学管理	标准化是企业管理的基础
人际关系学说	管理者要"知"人、"懂"人
管理科学	管理要用数据来讲话
系统观点	局部的优化不利于整体的优化
权变观点	管理要依势而行,随机制宜
战略管理	管理要有更"广阔""远大"的视野和思路
全面质量管理	管理要立足于通过持续改进系统来实现卓越绩效
变革与学习型组织	没有不变的成功方程式,最适者才能生存

资料来源:焦叔斌.管理的12个问题:大道至简的管理学读本[M].北京:中国人民大学出版社,2009.

从总体上对这100多年的发展历程做一个总结,便是"管理有规律,管理无定式"。因为管理活动有其规律性,所以我们才能够分析、总结、归纳、提炼、借鉴、学习、共享。但是,管理又没有一定的定式可循,所以我们要权变,要最大限度地活学活用,发挥人的主观能动性。管理有规律反映了其科学性的一面,而管理无定式则反映了其艺术性的一面。也正是从这个意义上讲,管理既是一门科学,又是一门艺术。

总之,经过了100多年的发展,人类建立起了一个庞大的分析和解决管理问题的方法论宝库。如果将这个宝库比作一个风光瑰丽的大花园,本章的讨论只是推开了这个大花园的一扇窗,让读者一瞥其一角风光而已。要真正领略管理大花园的万千美景,就要走进门去,深入其腹地,去探索,去钻研,去实践。可以确信的是,只有站在前人的肩膀上,我们才能够看得更广、看得更深、看得更远。

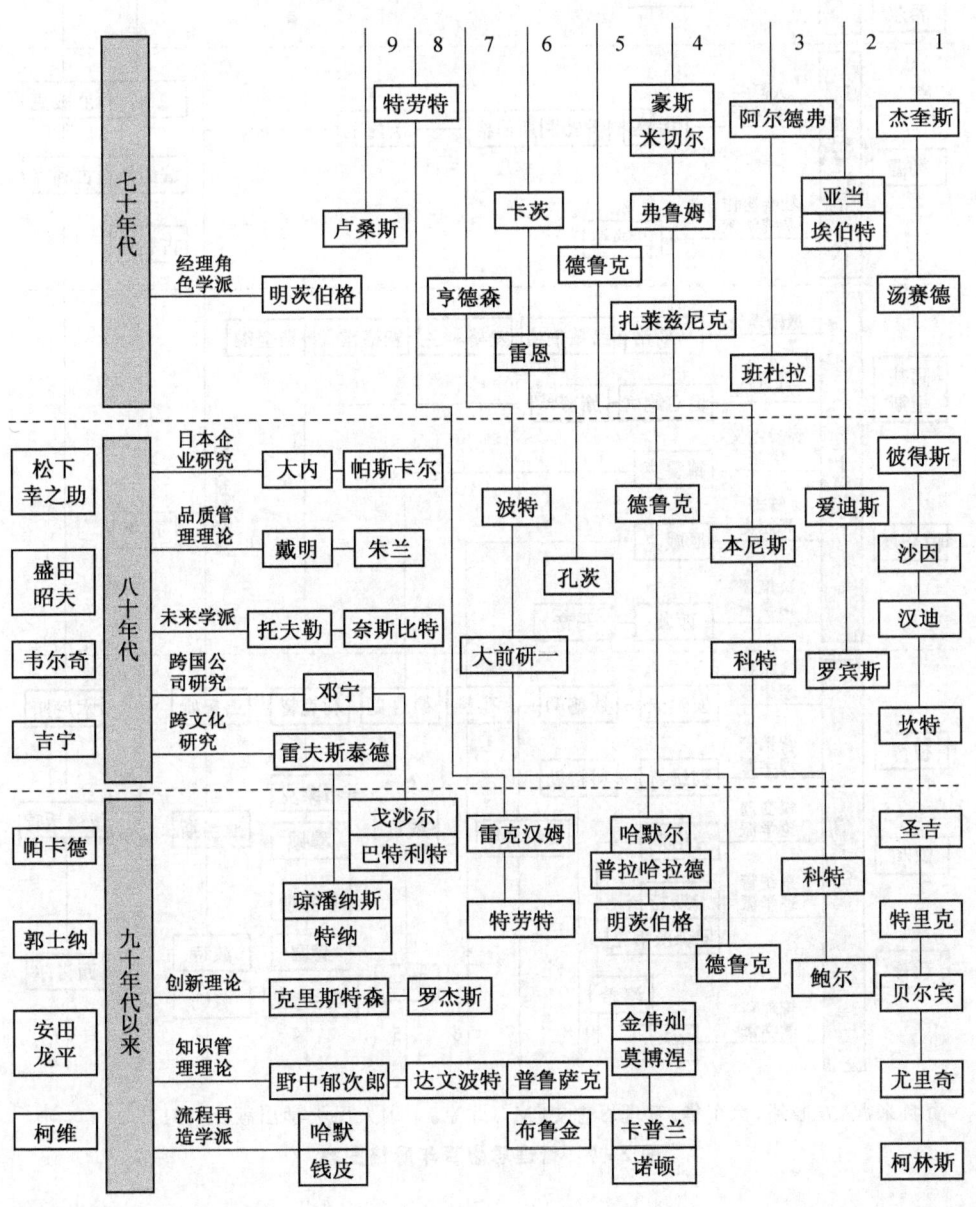

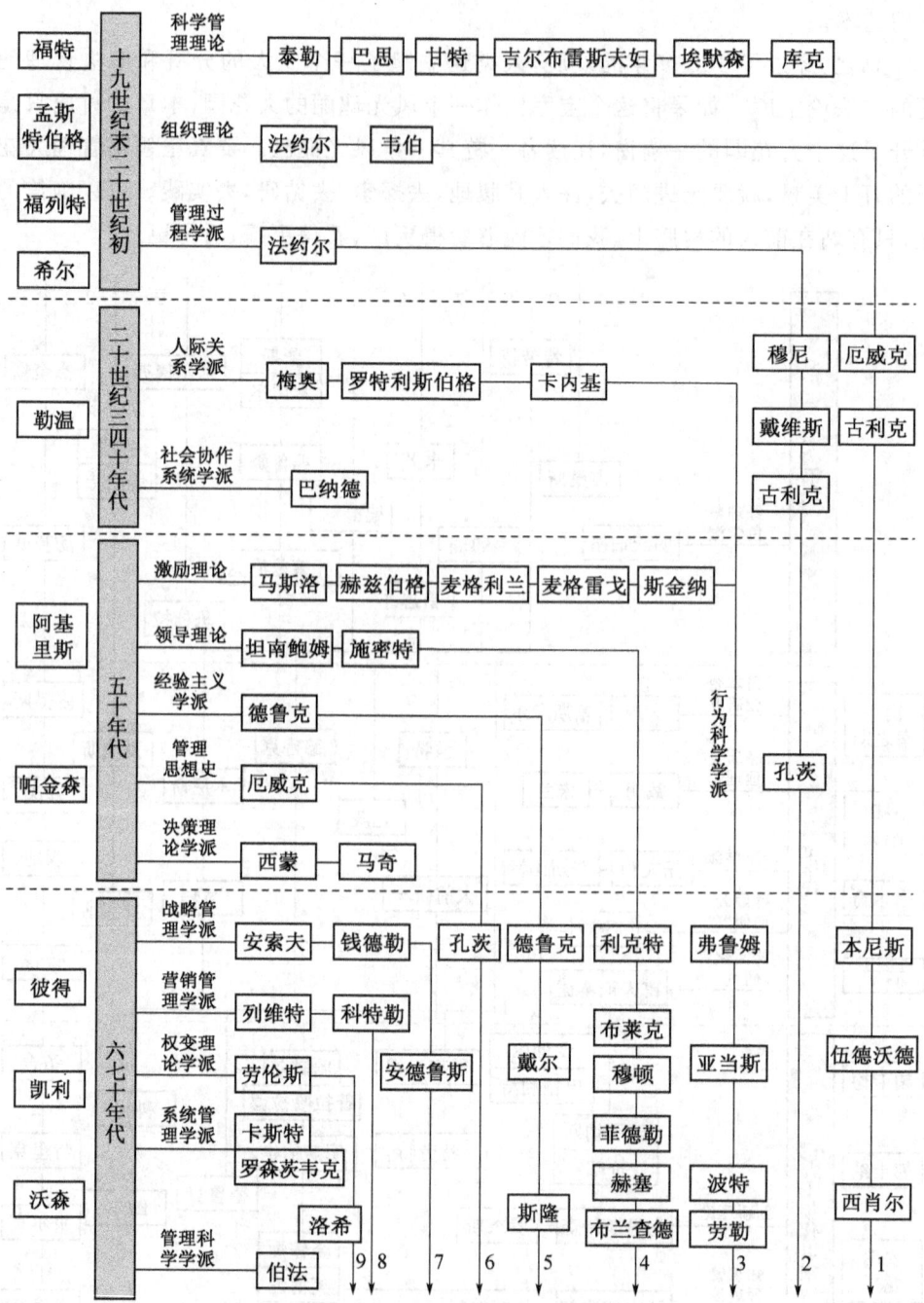

资料来源:方振邦,徐东华.管理思想史[M].北京:中国人民大学出版社,2011.

图 2-7 管理思想百年脉络图解

> **观察与思考**　形成"中国式管理"的必要条件

1. 对管理实践中重大问题的认识

（1）生产效率最大化

学习管理的人一定知道泰勒与《科学管理原理》，在这本书里，泰勒开宗明义，提出了科学管理原理解决的中心问题，他明确地说："没人会否认，在单个人工作的情况下，只有其劳动生产率达到最高，也即只有在其实现了日产出最大时，才可实现其财富最大化。更复杂的制造企业中，事实也非常清楚，只有以最低的全部支出（包括人力、自然资源和以机器、建筑物形式存在的资本费用）完成企业的工作，才能为工人和雇主带来永久的最大化财富。或者，用另一种方式来说明这个道理：只有在企业的工人和机器的生产率达到了最大，也即只有当工人和机器的产出达到了最大，才可实现财富的最大化。道理很简单，除非你的工人和机器比其他企业的工人和机器制造出更多的产品，与你的竞争对手相比，否则，你便不能向你的工人支付更多的工资。道理是，你可以比较2家彼此直接竞争的公司哪家公司可以支付更多的工资，用同样的方法，你可以比较同一国家的不同地区，甚至相互竞争的2个国家哪个可支付更多的薪酬。总之，财富最大化只能是生产率最大的结果。"

如果将这一问题细化，我们可以看出，泰勒更加关心的是，因工人所付出的劳动不能带来理想的产出而带来的资源浪费问题，泰勒在《科学管理原理》的序言中写道："我们能够看到或者感觉到物质资源的浪费。可是，人们对业务不熟、工作效率低下或指挥不当却视而不见或看不真切。要认识到这些，就要肯动脑筋并发挥想象力。每天，来自人力资源上的损失要比来自物质资源上的浪费大得多。也正是认识上的问题，导致人们对前者感慨万千，对后者却无动于衷。"在《科学管理原理》正文的第二章中，泰勒更加清晰地表达了其对这种"无用功"或者"看不见的浪费"的洞察，可以看出，这一问题正是泰勒写作《科学管理原理》并且倾其毕生精力实践该原理的初衷所在，同时也是管理的本质问题所在：管理要解决的就是如何在有限的时间里获取最大程度的产出，也就是如何使生产效率最大化。

（2）管理要素（职能）、原则与尺度

法约尔的管理理论有着强大的生命力，正是对于管理基本要素的关注。这也使得法约尔被尊称为"一般管理理论之父"。在《工业管理与一般管理》一书中，他提出了管理14条一般原则，以及一般管理的5个基本要素：计划、组织、指挥、协调、控制，这些原则和要素构成了法约尔的一般管理理论。法约尔从管理职能讲起，认为其也是企业组织的基本职能之一，连同技术职能、商业职能、金融职能、安全职能、财务职能一起构成了企业组织的六大职能,然后指出,"每项组织职能,或叫作基本功能,都有其相对应的专门能力。"

法约尔提出了管理的一般原则,然而要真正保证组织效率的提升,还要对原则本身有所理解,这也正是法约尔提醒我们的:"没有原则,我们就要陷入黑暗和混沌;没有经验和尺度,即便是最好的原则,我们也会举步维艰。"在《管理的一般原则》一章的开篇和结尾,法约尔都表达了其对于原则本身的理解:尺度和灵活——"管理方式绝不是死板和绝对的东西,它完全取决于一个'度'。同样的情况下,我们几乎从不重复使用同一原则,这是因为应该考虑纷繁变化的情况、不同的人和其他一些易变因素。原则是灵活的,适用于任何事情,重要的事是应知道如何运用它"。事实上,在原则之上,"度"是原则本身有效性的前提,这也充分体现在法约尔的一般管理原则之中,在劳动分工中法约尔谈到"尺度感",在集中原则里,"领导者和下属的绝对和相对重要性不是一成不变的,因此我们知道,权力集中和分散的尺度自身也就会经常变化。选择集权还是分权,其尺度就是能否使总收益最大化。所有能提升下属重要性的做法就是分权,所有能降低下属重要性的做法就是集权"。在人员的稳定中,法约尔也指出:"像其他所有原则一样,稳定原则也有个尺度问题。"因此,懂得了原则的内涵和逻辑,还要理解原则本身的意义,才能使原则生效。该书的最后一部分,也是法约尔对于管理理论最为重要的贡献:一般管理要素的提出。从1955年问世的世界级经典教材哈罗得·孔茨的《管理学》到如今的诸多管理学教材的理论框架都可以从这里找到根源,所以,孔茨称法约尔为"现代管理理论"的真正创始人,而这也正是法约尔写这本书的目的,建立一套管理理论并让其广为传播。

(3) 组织与个人的融合

巴纳德是首先提出一套有关在正式组织中合作行为的综合理论的人,为此他的《经理人员的职能》成为经典著作。通过对合作系统的基本思考,巴纳德将合作系统定义为"由2个或2个以上的人,为了合作实现至少一个目的,以具体的系统关系所组成的,包括物质因素、生物因素、人的因素和社会因素的复合体"。"在构成一个合作系统的子系统之中,有一种叫作'组织'的系统,即以'2个或更多的人合作'这个词所暗指的"。最后巴纳德将正式组织定义为"经过自觉协调的、2个或2个以上的人的活动和力量所构成的系统"。

组织能否发挥效用,取决于组织本身能否带动组织成员一致性的行为。在大多数的情况下,组织成员有着不同的目的和行为选择,如何让这些不同目的和行为的人集合在一起?其关键要素是什么?巴纳德告诉我们这个关键就是合作。"经理人员的职能同组织的活力和持续所必需的所有工作有关,至少在组织必须通过正式的协调运营时是这样。经理人员的职能是维持一个协作努力的体系。经理人员的职能是非个人的。我们所讲的经理人员的职能,就好像相对于身体其余部分的、包括大脑在内的神经系统一样。神经系统指挥着身体的各种活动,以便使身体更有效地适应于环境,维持生存。"这就明确地告诉我们,组织基于合作,而合作基于个体生存的需要,组织是由于个人需要实现他自己在生理上无法单独达成的目标而存在的。

为了生存下去,这种合作系统就必须在实现组织目标方面是有效果的,而在满足个人动机方面是有效率的。巴纳德有关合作系统的概念之优点就在于"组织目标处于核心地位"的思想。他深信,组织目标的制定,是经理人员特有的职能。只有组织目标的制定,才能使环境中的其他事物具有意义,组织目标是使所有事物统一起来的原则。巴纳德在书的最后几节里明确地表明了他的个人信念——他把组织目标与责任联系起来。其中,责任就是组织目标制定的质量,是这种质量赋予人的行动具有可信性和决断力,并使组织目标具有先见性和理想性。

选择这3本经典著作,是想表达对于管理理论研究的一个认识:管理理论研究的命题来源于对于重大实践问题的认识。泰勒正是认识到提高工人劳动生产率是极其重大的问题,才有了以分工理论为核心的科学管理理论。法约尔正是关注到组织效率的问题,才有了一般管理的5个要素。而巴纳德所关注的是组织与人,所以巴纳德的意义在于传递给我们的6个方面的管理思想:组织是为实现组织目标和个人目标而存在的;经理人员的3项基本职能;正式组织与非正式组织的区别;提供恰当的诱因是经理人员组织工作的重要任务;效果和效率的区别;组织管理中存在着自己独特的规律。

因此对于寻求中国管理模式的研究者来说,深植于中国管理现实,观察和理解管理实践是一个必要和必需的训练,如果我们不了解今天的中国企业所面对的问题和挑战是什么,我们不了解中国管理者们所困扰和遭遇的问题是什么,如果我们不能够找寻到影响管理绩效和企业绩效的因素是什么,如果我们不能够理解中国企业管理本身,我相信我们也无法完成对于"管理学在中国"的研究。

2. 对于中国理念和人文精神的体认

德鲁克告诫我们:"在每个企业中,管理者都是赋予企业生命,注入活力的要素。如果没有管理者的领导,'生产要素'始终是资源,永远不可能转化为产品。在竞争激烈的经济体系中,企业能否成功、是否长存,完全要视管理者的素质与绩效而定,因为管理者的素质与绩效是企业唯一拥有的有效优势。"也就是说,对于管理者的认识或者简单地说对于人的认识,是管理所面对的首要话题。

中国管理无法完全照搬西方管理理论的根本原因也正在于此,我们拥有不同的文化底蕴和精神理念，我们拥有完全不同的价值判断和行为准则。人的理想性、价值观和判断力形成了组织绩效表现的关键资源，只有对于中国理念和人文精神的深刻理解和体验，才有可能了解管理绩效的来源，才能理解中国管理者的特质以及实践的精髓。

在1994—2004年的11年间，我跟踪了中国具有行业领先位置的5家成功的企业，它们分别是海尔、联想、华为、TCL和宝钢，在我深入了解它们成功的历程之后，总结出中国本土企业领先的模型，有4个导入因素，其中之一就是它们共同的管理方式"中国理念，西方标准"。西方先进的管理理论、管理方法、管理工具到了中国企业中就显得非常尴尬，同时很多中国企业的管理者也为不知道这些理论和工具的运用是否有效感到困惑，一个企业究竟要怎样管理呢？每天我们都接收到很多新的管理词汇和概念，这么多都是武器吗？都适合吗？无论是营销、市场还是生产、采购好像都是永无休止的循环；在初创阶段和发展阶段，先锋企业是怎样迅速组织和发展他们的管理团队与员工呢？又是怎样与员工一起控制和实施各种绩效和目标的呢？

我们可以先看远一点，日本所实践的成功管理模式是戴明的质量管理思想，戴明的管理思想是典型的西方理论，但是到了日本，质量管理变成日本的管理精髓，成为日本企业在国际市场角逐的竞争优势，问题的关键是为什么戴明的质量思想到了日本被发挥得淋漓尽致，我们需要思考的是这个，日本的成功恰恰是能够把西方的管理理论与日本的本土文化相结合，质量管理需要的是服从的文化，需要精益求精，需要对于工作的高度负责，需要一种荣誉感，这些恰好是日本文化所包含的内容，两者的结合造就了日本管理的竞争力。

回到中国，海尔、TCL、华为、宝钢、联想这些我们称之为先锋企业的中国本土企业给了我们非常充足的管理方式资源，那些深入人心的管理标语以及自成体系的管理制度都深深令我们尊敬和感悟。我们得到一个明确的结论：中国理念，西方标准。

"中国理念，西方标准"的关键在于阴阳结合，运转于无穷。事实上，这2种管理方式结合的益处及原因并不是我们研究中得出的创新成果；很多企业（包括西方百年企业）都已先后实施并倡导这样的管理方式。我们所注重的是中国的先锋企业如何结合这2种管理方式，站在中国的文化和管理历史的角度，如何以中国的管理哲学来运用西方的管理科学。

西方标准是指做事的习惯，一丝不苟，遵照流程、不讲人情，完全符合标准。但是我们不能用西方的理念，西方理念是基于它的文化背景，譬如西方人比较强调自己能力的发挥，它认为这是常识，但是我们更强调的是，你要给我平台，西方的文化是他自己创造平台,两者相差很远。所谓中国理念就是你的文化背景,你必须在这个背景下来考虑你的管理模式。不能超越这个背景来谈管理。譬如,西方人都认为自己可以照顾自己,中国则必须我们照顾大家。海尔说公司是"海的文化",这是中国理念;但它做事要"日清日毕",用的是西方的标准。中国理念西方标准,我们最终要的东西是,整个企业的管理要有效。如果无效,管理就没有用了。这些先锋企业的实践让我们更明确地理解,管理需要根植于文化和环境中,如果作为管理研究的我们没有对中国理念和人文精神的深刻理解,我相信我们无法获得管理理论的成果,也许应该回到德鲁克对于中国管理者的忠告上去,德鲁克说:"管理者不同于技术和资本,不可能依赖进口。中国发展的核心问题,是要培养一批卓有成效的管理者。他们应该是中国自己培养的管理者,他们熟悉并了解自己的国家和人民,并深深根植于中国的文化、社会和环境中。只有中国人才能管理中国。"

资料来源:陈春花.论形成"中国式管理"的必要条件[J].管理学报,2010,7(01):7-10+16.

借助你所了解管理理论,试着想一想西方理论如何才能更好地与中国实践相融合。

第三章 组织环境

纵观管理理论的演进过程,在很长一段时间内,组织与环境的关系并没有进入学界的视野,无论是科学管理理论、一般管理理论、行政管理理论,还是人际关系学说,都是以组织内部的生产活动、管理职能、组织结构或是员工的需要作为研究对象的,并没有关注组织与环境之间的关系。直到系统学派的兴起,组织与环境的关系才开始受到重视。系统管理理论认为组织是由人、财、物、信息等多重要素组成的一个系统,同时组织从周围环境中输入各种资源,通过内部管理职能实现要素转换,再向外输出产品、服务、信息等各种形式的产出。系统管理理论的这种观点显然为我们认识组织与环境的关系提供了有力的分析工具。

斯蒂芬·P.罗宾斯把环境定义为对组织绩效起着潜在影响的外部机构或力量。环境是组织生存发展的物质条件的综合体。环境存在于组织界限之外,既有静态的结构,也包括结构要素之间的动态运行。管理活动总是发生在一定的情境下,并深受环境中各种因素的影响。

在现实中,管理者的行为对组织的发展起着至关重要的作用,但是管理者的行为同时受到了来自组织内部和外部的两股约束力量的限制。无论是在企业,还是在非营利性组织,无论是从事经营工作,还是从事生产工作,管理者们从不同程度上都必须要考虑这些约束力量对其行为的影响。

第一节 组织的外部环境

组织是一个与外界有着密切联系的有机的开放系统,总是要与外界环境不断地进行资源和信息的交换,因此组织环境的特点及其变化,不仅会为组织活动提供条件和发展的机会,也会对组织活动起到制约作用,甚至带来威胁。

1995年,数字技术在美国得到了广泛应用,为人类社会开辟了广阔的前景。对数字技术不感兴趣而致力于模拟信号移动电话"掌中宝"开发的摩托罗拉公司很快发现其决策失误,除了转向生产数字式手机外,别无他途。

1994年,美国宝洁、德国汉高、英国利华、日本花王四大跨国集团纷纷抢占中国洗涤市场,运城盐化局迅速觉察自己面临市场步步退缩的困境,在不可能获得内资的情况下,1999年4月运城盐化局决定与西安日化公司联合,共同发起成立南风集团,以获取规模优势。

1999年欧元正式启动,欧元国对商品统一使用欧元定价,在欧洲各国销售产品的跨国公司立刻认识到自己处于与以往不同的环境之中,大多数跨国公司在欧洲各国采用不同的定价方式,而此时他们将不得不采取物价的趋同趋低方式。

由此可见,管理者的行为受现实环境的严格制约,环境是任何管理者在任何时刻都必须面对的现实。

资料来源:吴照云,等.管理学[M].5版.北京:中国社会科学出版社,2006:106.

一、组织与外部环境

(一) 组织的外部环境

组织的外部环境(External Environment),即组织之外所有可能影响组织实现其目标的因素。任何组织要实现自身生存与发展的目标,都需要从外部环境获取必要的能量、资源、信息,如人力、财力、物力等,并对这些输入进行加工、处理,然后将生产出的产品与服务输出给外部环境。

(二) 组织与外部环境之间的关系

第一,外部环境的变化既可能为组织带来机遇,也可能带来威胁。比如新能源的利用引起了公众对电动汽车的追捧,人口政策的调整会带来了儿童各类产品市场的繁荣,技术条件或消费者偏好的变化可能使企业产品不再受欢迎。组织要继续生存与发展,就必须及时采取措施,积极地利用外部环境在变化中提供的有利机会,同时也要积极采取对策,努力避开这种变化可能带来的威胁。

第二,外部环境的变化决定着组织能否充分获取,特别是关键性资源。可以说,离开外部环境,组织便会成为无源之水、无本之木。以企业为例,企业经营所需的各种资源需要在外部环境的原料市场、能源市场、资金市场、劳动力市场获取。与此同时,企业转换上述各种资源生产出来的产品或服务也要在外部环境中去实现。没有外部市场,企业就无法销售产品并获得销售收入,生产过程中的各种消耗就不能补偿,经营活动就无法继续,也更谈不上在更大的规模上继续发展。

组织的外部环境由宏观环境和微观环境(也称一般环境和任务环境)两个部分构成。

二、组织的宏观环境

宏观环境(Macro Environment)又称为一般环境(General Environment),是

社会中各类组织都要面对的普遍环境,包括政治法律环境、社会文化环境、经济环境、技术环境、自然环境五个方面。宏观环境的改变是单个组织无法控制的,组织只能通过一定的决策来适应已经或正在发生变化的宏观环境。但是,有些宏观环境的因素是可以预测的。以社会文化环境为例,随着社会的发展,人民生活水平日益提升,人口预期寿命也随之逐年提高,中国正在大步迈入人口老龄化社会,由此,老年市场包括老年健康、老年教育、老年娱乐等,势必大有发展。而有些宏观环境的因素其不确定性却很高。以技术环境为例,一项技术的发明能否给企业、行业带来根本性变革,没有实践的证明,是难以武断地进行预测的。

(一)政治法律环境

宏观环境中的政治法律环境指的是政府对社会组织的管制及组织和政府的关系。政治环境是指总的政治形势,它涉及社会制度、政治结构、党派关系等。政治环境的稳定性直接影响着组织的各项决策。例如,由国家权力阶层间的政治分歧所导致的政局动荡或是罢工浪潮,无疑会给企业的经营活动造成直接冲击。

法律环境是指一切与组织相关的法律法规。法律作为一种强制性的规定,在一定程度上规定了组织可以做什么、不可以做什么。通常情况下组织的一切活动都不能和法律相违背。政府往往需要通过建立产权制度,激励组织进行创造财富、提升社会效益的活动。另外,政府还可以通过规范市场、鼓励竞争来创造有利于企业成长的环境。以我国为例,政府对高精尖技术行业的企业总是会采取一些鼓励措施,其中以税收优惠和人才引进优惠政策最为常见,这些政策无疑会给企业带来投资、人力资源方面的优势,帮助企业获利。

(二)社会文化环境

宏观环境中的社会文化环境包括组织所在社会的习俗、价值观、宗教信仰,甚至包括教育文化水平、消费风格等。社会文化环境之所以重要,是因为它决定了社会对产品、服务的标准和评价。随着信息技术的发展以及世界经济全球化浪潮,社会文化环境越来越受到管理者的重视。社会组织尤其是企业,必须要研究服务地区的社会文化环境,因地制宜地开发和销售产品或服务。近几年来,中国消费者的健康观念发生了重要的变化,逐渐重视食品安全问题、关注养生保健和疾病预防。消费者们开始关心传统香烟对身体带来的危害;购买食品时不仅简单地对比价格,还会对比配料表;会为自己和家人定期预约体检……这些变化为一些企业带来了市场机会,也为一些企业带来了巨大的威胁。为了回应对营养和健康的关心,麦当劳在菜谱中增加了沙拉并且试验了其他低脂的食品,它也是第一家向消费者提供产品成分信息的快餐企业。此外,社会文化环境也影响着社会成员对其所在组织的看法。2010年，深圳市总工会在富士康公司多名员工跳楼事件的调查报告中，批评富士康公司没有注意到90后工人对工作和环境的新要求，在管理中忽视了人文关怀。

（三）经济环境

宏观环境中的经济环境是组织所在的经济系统的总体健康程度和有效性，是影响组织活动，尤其是企业活动的重要环境因素。它主要包括宏观和微观两方面的内容。

1. 宏观经济环境

宏观经济环境包括一个国家及其周边地区总的经济状况，如人口数量及其增长趋势、国民收入、国民生产总值及其变化情况、人均收入等，以及通过这些指标能够反映的国民经济发展水平和发展速度。以企业为例，人口规模大，能为企业经营提供丰富的劳动力资源，同时能决定总的市场规模，但同时也可能因人口数量过多，而造成其基本生活需求难以得到充分满足，从而构成经济发展的障碍。经济的繁荣显然能够为企业的发展提供机会，但经济的衰退也可能给所有经济组织带来生存上的困难。

2. 微观经济环境

微观经济环境主要是指企业所在地区或所服务地区的消费者的收入水平、消费偏好、储蓄情况、就业程度等因素。这些因素直接决定着企业目前及未来的市场大小。在其他条件稳定不变的情况下，一个地区的就业越充分，收入水平越高，那么该地区的购买力就越高，对某种产品或者服务的需求就越大。一个地区的经济收入水平对其他非营利性组织的活动也存在着重要的影响。比如，在温饱没有解决之前，居民通常很少主动关注其他社会问题，更不会积极支持相关公益活动，如环保问题及相关活动。

（四）技术环境

宏观环境中的技术环境是一定组织为社会服务或贡献的手段，是将资源转化为产品或服务的方法，尽管技术的使用发生在组织内部，但技术的形式却是来自宏观环境。任何组织都与一定的技术存在着稳定的联系。一个组织拥有的技术先进与否，对组织的生存和发展影响极大。拥有先进技术的组织，如医院、大学甚至军事组织，比那些技术稍有落后的同类组织具有更强的竞争力。技术环境对组织的这种影响在企业身上表现得尤为明显。企业生产经营是劳动者借助一定的劳动条件，生产和销售一定产品的过程。不同的产品代表着不同的技术水平，对劳动者和劳动条件的要求自然也就不同。技术进步了，企业原来的生产实践和工艺相较而言就显得落后了，同时反映着新技术的具有更强竞争力的产品就可能会取代原产品，生产作业人员原本所具备的操作技能和知识结构也无法匹配新产品新技术的要求。因此，企业必须关注技术环境的变化，及时采取应对措施。

技术环境的变革对管理也会产生重要影响。由于电子计算机和信息处理技术的发展，为组织提供了建立大规模、反应灵敏、反馈速度快的管理信息系统的可能性。在这种系统中，电子计算机通过迅速处理、分析各种文件、报表及数据，向管理者提出处理问题的可行方案。由此可以大大提高决策的准确性和及时性。

（五）自然环境

自然环境通常是指组织及其所在地区所处的地理位置、资源状况以及气候条件等因素。地理位置是制约组织活动尤其是商业组织发展的重要条件之一。我国改革开放以来，沿海及东部地区的经济能够得到较快的发展，很大程度上得益于优越的地理位置和发达的交通网络。这些地区较高的人口密度，不仅为企业提供了充足的人力资源、充分的客户市场，更有利于吸引来自各方面的投资，降低原材料和产品的运输成本，促进产业经济的发展。资源状况包括一个国家和地区的再生资源和不可再生资源条件，特别是稀缺资源，它不仅是国家和地区发展的基础，而且也是经济发展的制约条件。我国西部地区由于缺乏足够的水资源，在一定程度上限制了工农业的发展。而中东国家由于地下蕴藏丰富的石油资源，使国家具备了充足的资金财力和资金储备。同时，气候条件也是组织所面临的重要环境因素，良好的气候条件不仅有利于改变人们的生活环境，而且也是发展旅游产业的重要因素。

三、组织的任务环境

组织的宏观环境往往是模糊的、长期性的，因此绝大多数组织倾向于将关注点集中在微观环境。微观环境（Macro Environment）又称任务环境（Task Environment），是指在组织的特殊任务领域内，直接影响组织活动的与具体任务相关的特殊环境，它所包含的顾客、供应商、竞争者、管制者、战略伙伴，为组织提供了比宏观环境具体得多的有用信息。

（一）顾客

"顾客是上帝"直观地表达了顾客对一个组织的重要性。企业生产的每一个产品，都是为了满足顾客的需求，抛开顾客需求谈生产是毫无意义的。顾客对产品的总需求决定着行业的市场潜力，从而影响所有企业的发展前景。而顾客的需求和购买能力随环境条件和心理因素变化而不断变化，有着潜在的不确定性。当生活水平降低时，人们对冰箱、彩电等耐用消费品的需求量很小；生活水平提高时，人们的消费会开始向耐用消费品转变。对于一个企业来说，只有不断地满足顾客种种变化了的需求，开发出具备适应性的高质量产品，才能保证市场占有率，保证自身实力，才能生存发展下去。这也促使企业不得不充分对其进行研究，只有这样，才能不断适应变化，满足顾客的需求。

海底捞的"顾客至上"

在竞争激烈的餐饮服务行业中，如何能为顾客提供更具特色及更具竞争力的个性化服务早已成为所有餐饮企业面对的一个看似简单却又很难的课题，海底捞也不例外。在向顾客提供服务的过程中，海底捞一直遵循着以下原则：

顾客永远都是上帝

来到海底捞的顾客都会有这样的感觉——深深地被这个餐饮店的细致入微的服务所感动，真正感到的不是"宾至如归"，而是"顾客永远是上帝"。为保证顾客有着上帝般的体验，海底捞制定了一整套的流程，从顾客等待时免费擦皮鞋、美甲、上网服务，到顾客入座后，为顾客挂好衣物，送上热水，为女士提供绑头发用的皮筋，到就餐期间，服务员要不时递上热毛巾，对戴眼镜的客户要送上眼镜布，及时除走桌上的垃圾。这些周到的服务成就了海底捞的顾客忠诚度。当你经过海底捞，几乎天天都可以见到消费者排长队等着吃火锅，连大夏天也不例外。在每天熙来攘往的顾客中，员工真挚的服务让顾客感到自己真的是"上帝"。

让每一个顾客都满意

让每位顾客满意一直是海底捞与同行竞争的最有力武器。有小孩子吃完饭想吃冰激凌，服务员会出去买个冰激凌来；客户打电话没钱了，服务员会出去给客户买充值卡；客人想吸烟可正巧没有了，服务员会主动帮客人去买，等等。通过这些都能看出海底捞的服务是细微的，是全方位的，是为了让每位来这里消费的顾客都能够满意而归的。

与顾客交朋友

海底捞发展到今天就是坚持以"顾客就是我们的朋友"为服务理念，要成为顾客值得信赖的朋友。海底捞鼓励每位员工都积极与顾客互动，多和顾客接触，多聊天。从顾客一进海底捞，这种互动就开始了，每位员工都会热情地问候你，然后根据当时的情况为顾客提供服务，比如说给等候的女士顾客做美甲，询问顾客打算在海底捞吃什么，想喝什么饮料，顺便提到海底捞的饮料都是新鲜榨制的等等。这样随着聊天的进行，便和顾客熟悉起来。多次真诚的服务以后，客人都慢慢接受你做朋友,这些人性化的服务,都为海底捞创造了良好的口碑,从而维持一个长期稳定的消费关系。

资料来源:蔡艳鹏.海底捞的经营哲学[M].哈尔滨:北方文艺出版社,2017.

(二)供应商

供应商是为其他组织提供资源的组织。组织要生存发展,必须依靠一定的人力、物力和财力。但是,组织本身并不一定具备这些条件,因此,组织必须源源不断地从外界获得这些要素。麦当劳从可口可乐公司购买饮料,从亨氏公司购买番茄酱,从批发食品加工商处购买调料,从包装材料制造商处购买包装袋、餐巾纸。除了为组织供应原材料、设备的组织,供应商还可以包括财力、劳动投入的供应者。组织需要股东、银行、保险公司、福利基金会及其他类似机构来保证持续的资本供给,也需要工会、职业协会、地方劳动力市场来保证其持续的劳动力供给。任何一个组织,缺少了人力、物力和财力中的任一因素,组织都难以有效运行。

供应商作为组织的一种微观环境因素,在两个方面制约着组织的发展:一方面,供应商能根据组织需求,按时按质按量地为组织提供各类资源,因此影响着组织的产品生产或是服务供给的规模和质量;另一方面,供应商提供的资源所要求的价格直接决定着组织的成本与收益。传统的美国企业认为,应该避免对某一家供应商的依赖,这样一旦供应商发生突发状况,企业还能从另一供应商处购买所需资源,同时也能使供应商间保持竞争性关系,以利于企业控制成本。而日本企业则不同,他们往往只同一家或两家主要供应商保持密切联系,为的是提高供应商对其需求的反应度,便于供应商更好地为双方利益提供服务。在管理实践中,社会组织尤其是企业,在处理与供应商关系时,除了要重视建立稳定的资源渠道外,还要注意寻求替代资源的可能性,以提高在价格谈判或其他突发状况中的主动权。

(三)竞争者

竞争者是与某一组织竞争资源的其他组织。任何一个组织都有竞争者,竞争者的一举一动,经常会影响组织的决策,竞争的结果也往往表现为不同组织间的此消彼长。一般说来,互为竞争者的组织生产同样的或者同类型的产品,提供类似的服务,最常见的就是采取各种措施争夺顾客。除此之外,组织特别是企业之间还要争夺其他不同的资源,如不同企业同时向银行争夺贷款额度等。长虹和海尔、耐克和阿迪达斯、奔驰和宝马都是竞争者关系。竞争者若采用降价的手段扩大市场占有率,必然会对其他企业的市场占有率产生影响,值得一提的是,一个组织除了受到现有竞争者的影响外,还可能受到来自潜在的竞争者或替代品生产企业的影响。瑞士一直是一个以生产机械手表著称的手表王国,但是电子表由于其价格便宜、计时准确、使用方便,一出现便受到了消费者的青睐,这给瑞士的钟表企业一度带来了巨大的冲击。

(四) 管制者

管制者与宏观环境中政治法律环境不同,主要由两部分构成:一是能够直接影响和控制组织行为的机构,这些机构往往由政府设立,旨在保护公众或组织免受某些特定组织行为的侵害,如我国的市场监督管理部门、美国的食品药品管理局(FDA)。二是一些社会公众机构,如消费者协会、新闻机构等。

(五) 战略伙伴

组织的微观环境中还有一个重要的要素就是战略伙伴。战略伙伴是指两个或更多的组织在某种共同利益的联系下结成战略同盟。以企业为例,企业之间存在竞争,就必然存在合作。战略伙伴关系帮助企业从其他企业那里获得自己所缺乏的资源,同时也有助于分散风险,并帮助企业获得开拓新市场的机会。例如在万达的购物中心里,我们常可以看到肯德基、必胜客、优衣库、小米等等,无疑,万达与这些公司之间就是战略伙伴关系。

波特的五力模型

任务环境中的因素与管理者的日常活动关系最密切。分析任务环境的主流模型是由哈佛大学教授迈克尔·波特(Michael Porter)提出的五力模型(Five Force Model)。波特认为,企业的赢利能力取决于五种竞争力量:买方议价能力、卖方议价能力、进入壁垒、替代品威胁以及现存竞争者之间的竞争。波特认为,这五种竞争力量越强,企业赢利就越困难。企业管理者的任务就是通过对企业内部资源的配备和创新降低这些竞争力量的强度,将一种或数种竞争力量转变为自己的优势,从而提高企业的赢利能力,这就是管理工作的战略方面。这五种竞争力量的具体对象分别为:供应商、购买者、行业内现有竞争者、行业内潜在竞争者、替代品生产商。对这五种力量进行具体的议价能力分析,可以帮助企业提高自身对于这五种力量的议价能力。

1. 供应商的议价能力

供应商为企业提供商品及相应服务,通过抬高价格赚取利润而变相降低了企业的利润,因此可通过降低供应商的议价能力来实现企业利润的增加。供应商的议价能力受多方面因素影响:供应商的集中程度越大,越形成规模,其议价能力越强；供应商提供的供应量占自身的产量越大，则该业务的丧失将对其利润影响巨大，因此其议价能力越低；同时，供应商提供的产品，如零部件，对于企业最终产品完工的重要程度越高，则供应商议价能力越强；市场中往往存在替代的供应商，若替代供应商具有产品的优势，且企业的转移成本在可接受范围内，则现有的供应商议价能力越低；供应商有前向一体化的能力，往往会增加供应商的议价能力；买方，即企业自身，其对于供应产品价格的敏感度越高，说明产品的价格对于企业选择供应商的影响程度越大，在这种情况下，供应商的议价能力越低。

2. 购买者的议价能力

购买者希望通过较少的价格支出获得较高质量的产品或服务，从而直接影响企业的利润。购买者的议价能力主要受以下因素的影响：购买者购买数量的大小，这一点可以从批发和零售的特点中很直观地看出，购买者购买数量越大，其议价能力越强，相反，其议价能力越弱；企业作为卖方，若卖方市场中多为分散的、小规模生产者，则相对而言购买者的议价能力较强；若在市场环境中，购买者具有后向一体化的能力，即通常所说的"客大欺主"，卖方存在被买方吃掉的危险，而购买者的议价能力越强。

3. 行业内现有竞争者的议价能力

行业内现有竞争者的议价能力主要表现在行业内现有竞争者的竞争力上，对于企业而言，其竞争力越强，越有利于其占领市场份额、提高价格优势，从而赚取利润。行业内现有竞争者的竞争力主要受以下因素影响：行业的成长阶段不同，行业内的竞争压力也不同，如行业的成长性越高，行业内的竞争压力相对较小，此时竞争者的议价能力越弱；当行业的退出障碍越大，企业退出行业市场时的难度和压力大，将增加一部分企业生存的坚持度，此时，会增强竞争对手的议价能力；行业内的产品的差异性越小，则竞争对手的议价能力越强，相反，产品的差异性越大，议价能力越弱；行业内企业的沉没成本越大，则竞争对手的议价能力越强，即企业自身的议价能力越弱。

4. 行业内潜在竞争者的议价能力

行业内潜在竞争者的议价能力高低的关键影响因素是行业的进入壁垒，行业的进入壁垒是指新进入某行业的企业需要承担的额外成本，而该成本是现有行业所不需要承担的，如规模经济、产品差异化、大额的资金需求等都可能成为行业的进入壁垒。因此当行业的进入壁垒越大时，潜在竞争者进入该行业的难度越大，则其议价能力越弱。

5. 替代品生产商的议价能力

绝大多数产品在本行业或其他行业中存在替代品，替代品的存在将影响产品的销售,替代品生产商的议价能力在于两点:替代品的性价比、客户的转移成本。很明显,替代品的性价比越高,则替代品越具有竞争优势,替代品生产商的议价能力越强。但是,客户的转移成本具有更为重要的影响,即使替代品的性价比高,若客户的转移成本过高,则替代品的综合竞争实力降低,其优势不再发挥作用,此时,替代品生产商的议价能力将会大大降低。

资料来源:张璐.波特五力模型理论研究与思考[J].品牌,2015(06):345.

第二节 组织的内部环境

组织的内部环境是由物质环境和文化环境构成的,物质环境主要包括组织内部各种资源的拥有状况和利用能力,文化环境则主要是指组织文化的构成及特点。

一、组织与内部环境的关系[①]

(一)组织与内部物质环境的关系

任何组织的活动都需要利用一定的资源,然而在特定时期,组织能够利用的资源是有限的。这种有限性是由两个因素决定的。第一,资源的稀缺性决定了人类可以利用的资源的有限性。任何资源,不论是从自然界直接获取,还是已经经过人类加工,都不是取之不尽、用之不竭的,其数量总是有限的。与此同时,人类利用这些资源希望满足的欲求却是无限的。人类一切经济活动的目的就是要以尽可能少的资源消耗来获得尽可能多的满足。第二,组织财力的有限性决定了它们能够获取、利用的资源是有限的。为了促进和保证对有限资源的充分利用,人类创造并发展了用商品生产和交换的方式来组织经济活动的模式,在商品经济中,任何资源的获取和转让都不是无偿的,都必须通过支付一定数量的货币媒介来实现。然而在任何条件下,任何组织的支付能力总是有限的。组织用有限的财力在稀缺背景下获取的有限资源,必须加倍珍惜,合理利用。

因此,简单地说,组织不仅在客观上拥有的资源数量有限,而且在主观上对这些资源的利用能力也是有限的:同样数量的资源在不同的组织,或在同一组织的不同时期的利用情况及其效果也是不同的,因此,要充分、有效地利用资源,就必须研究组织在客观上对资源的占有情况以及在主观上对资源的利用情况,找出组

---

① 陈传明,周小虎.管理学原理[M].2版.北京:机械工业出版社,2012:80.

织在资源利用上的优势和劣势,以指导组织正确利用方向和方式。

(二) 组织与内部文化环境的关系

美国作者肯尼迪在《西方企业文化》中指出:"每一个企业都有文化,有时它是支离破碎的、外界难以辨认的。"而有的企业文化强而有力且具有凝聚力,企业中的每个人都知道企业的目标并为达到这些目标而努力。确实,不管人们是否有意识地去建立,任何组织在自己的活动中都会逐渐形成一整套独特的行为方式和行为准则,任何组织都存在与自己的历史、自己的活动特点、自己的创办人及其后继者的个性有关的文化。

组织文化是组织内的一种强大的力量,决定着组织的整体效能和长期的成功。个性鲜明的组织文化能够清晰地告知组织成员组织的发展重心或是具体的行为规范。在一些社会组织特别是企业,若其组织文化的发展与维持总是与企业战略高度一致,这些企业的员工往往特别认同自身的企业文化并引以为傲,而组织的各项活动也更有效率。

组织文化对组织中的各项决策也会产生影响:其一,组织文化可能影响决策者的冒险精神及作为倾向,从而影响他们对不同决策方案的比较、评价和选择;其二,组织文化可能影响组织成员对决策可能引起的变化的态度,从而可能影响决策的组织实施。因此,必须研究组织文化的特点,分析现有组织文化对成员个人的行为倾向,对决策的方案选择,对决策活动的组织实施可能产生的影响,以利于组织正确地选择或调整活动的方向的内容。

二、组织的内部物质环境

(一) 人力资源

组织的人力资源,就是在组织员工身上体现出来的,能够为组织服务的知识、能力。一个企业的兴与衰、成与败,无不与"人"有关。高质量的人力资源是组织竞争优势的来源。

人力资源可以根据不同的标准划分为不同的类型。以企业为例,根据员工所从事的工作性质的不同,人力资源可以分为生产工人、技术工人和管理人员三类。通过对人力资源进行研究,分析企业中不同类型的员工的数量、素质以及使用情况。如对生产工人进行研究,就是要了解其在企业中的数量及近期增减的可能性,分析其技术、文化水平与当前企业生产现状及发展的匹配程度,能否对其开展技术培训,管理者是否根据其特点分配正确的工作、安排合适的工作地点等等。

用人必先选人

企业发展离不开人才,从产品设计到服务优化,从基层员工到高层领导,所有的创新与变革,说到底都是由人来推动的,而用好人才的前提是选好人。在通常情况下,企业在招聘时,会选择与企业价值观相同或相近的人,然后根据人岗匹配的原则,将人才资源配置在合适的岗位上,达到资源与平台的优化配置。

腾讯公司的价值观是"正直、进取、合作、创新",这是腾讯在招聘时首要考察的因素。在通常情况下,只有在求职者符合腾讯价值观要求的基础上,其对应的毕业院校、专业等因素才可能会被进一步考虑。一般来说,招聘的员工只有认可公司价值观,才能称得上"志同道合",才有可能一起做一番事业。

腾讯一旦选好了人,就会用人不疑,给其发展才华的机会和舞台。腾讯这种用人不疑、疑人不用的原则早在创始人马化腾处就已确立。比如,张小龙曾经开发了一款国产电子邮件客户端软件——Foxmail。2005年3月,腾讯收购了Foxmail,同时在征得张小龙同意的情况下,也将他收入麾下。张小龙在腾讯担任广州研发部总经理,全面负责并带领QQ邮箱团队。马化腾给了张小龙很大的自由,让他放手去发挥。正是在腾讯这样的选人、用人机制下,张小龙的才华得以充分发挥,后来他带领团队研发出微信,使腾讯的市值一路飙升,到2017年时已经突破了2 000亿美元的大关。

应该说,腾讯历经20年发展,在招聘方面还是有些新颖的观点和实用的操作技巧的。比如说,腾讯HR部门在招聘中有个"精兵项目",主要是为了招聘到优秀的员工。该项目主要包括以下三个方面内容。

1. 广开源

也就是说,企业要想选出优秀的人才,首先得有足够多的候选人可选。为此,腾讯既有社会招聘,也有校园招聘,招聘渠道更是多种多样,比如,在招聘网站上发布招聘信息、现场宣讲、委托猎头招聘,等等,从而使得腾讯具备了庞大的人力资源池。

2. 精甄选

这强调了两点。其中一点是精益求精,具体分为两种情况:一种是对于新增招聘,要求招聘的人员标准不能低于团队的平均水平;另一种是离职替补招聘,要求招聘的人员标准不能低于离职员工的职级水平。另一点是"亲力亲为"。腾讯认为,招聘是公司的大事,部门高管一定要重视,原则上来说,部门第一负责人一定要参与到面试工作中来,如果部门一把手实在忙不过来,要授权给部门总监,这位总监也应是有能力做好高标准人才把关的人。对此,腾讯认为,在招聘时"将来,才有将来",也就是说,部门高级管理者一定要参与到招聘中来,才有可能为公司招聘来可做大将的人,公司也才会有更好的未来。企业要提升人才质量,在招聘时把好关是一个重要的手段。

3. 严需求

对于有招聘需求的业务部门,腾讯 HR 部门会协助做好调研,在确保岗位工作饱和度的情况下,发布招聘信息,开展招聘工作。

当然,无论是社会招聘还是校园招聘,腾讯对招聘到的新员工都会进行相应的培训。通过培训,一方面,腾讯可以向新员工介绍公司与行业的发展状况以及公司规章制度等;另一方面,向新员工介绍腾讯的企业文化,加快新员工融入公司团队;还有一方面,希望新员工之间相互认识,消除新员工刚加入公司时的陌生感。上面介绍的还只是腾讯新员工入职后的初期培训,后续还会有更加深入的培训,比如为新人一对一地安排老员工,帮助新员工尽快进入工作状态等等。总之,腾讯对于精挑细选招聘到的人才,是很负责任的。

资料来源:陈伟. 腾讯人力资源管理[M]. 苏州:古吴轩出版社,2018.

(二) 物质资源

物质资源是组织拥有的、能够为客户创造价值的要素的总和。资源可以分为有形资源和无形资源。有形资源是实物形态的,例如土地、矿山、设备、建筑、资金等;无形资源是非实物性的,主要由组织和员工在组织活动中创造,如品牌、技术、知识产权等。

1. 有形资源

有形资源是在传递客户价值的过程中生产消费的物理因素。以企业为例,其有形资源主要包括财力资产和实物资源。实物资源,就是要分析组织在活动过程中需要运用的物质条件的拥有数量和利用程度。比如,要分析企业拥有多少设备和厂房,它们与目前的技术发展水平是否相适应,企业是否应对其进行更新改造,机器设备和厂房的利用状况如何,企业能否采取措施提高其利用率等等。财力资源是一种能够获取和改善组织其他资源的资源,因此可以认为它是反映组织活动条件的一项综合因素。财力资源研究就是要分析组织的资金拥有情况、构成情况、筹措渠道、利用情况,分析组织是否有足够的财力资源去组织新业务的拓展或是进行原有活动条件和手段的改造等。

在企业中的有形资源中,还包括一部分初级的一般性资源,如土地、通用设备等,这些很少成为能够成为企业的竞争优势来源,并且随着科学技术的进步,企业对这些初级资源的依赖程度也越来越低。相反,有形资源中的一些高级的专业性资源,包括先进的设备、吸引人才的不动产、随时能够变现的自然资源储备等,由于它们与专业知识或技能密切相关,因此对企业能够拥有独特的技能或是生产独特的产品,从而建立企业竞争优势起到积极的促进作用。

2. 无形资源

无形资源是指那些在传递客户价值的过程中,没有发生损耗的、隐性的产品因素。以企业为例,无形资源是根植于企业历史中的,对企业经营发挥长期作用的资源,主要包括知识技术资产和商誉。

知识技术资产是以专有技术,如专利、版权等形式保有的技术储备、技术运用中的专业知识和方法以及用于创新的研究设备和科技人员等。商誉主要包括来自顾客的企业信誉,如品牌、产品质量、可靠性等,来自供应商、债权人和债务人、政府、社区的声誉等。

无形资源是企业竞争的重要来源之一。由于无形资产是长期积累的结果,因而它总是以独特的方式而存在,不易被竞争对手模仿;企业的商誉根植于消费者心中,它可以长期为企业提供利润来源。作为一种重要的无形资源,品牌的价值现在已经被多数经营者所接受。一个好的品牌不仅可以让顾客了解产品的性能、属性和价值,更可以塑造良好的企业形象。如惠普的打印机品牌就意味着多种多样的创新产品以及为顾客提供各种各样的解决方案,惠普公司在打印机纸张处理、清晰度处理以及打印机半导体技术上都拥有众多的专利,仅在图片处理技术方面就拥有1 000多项专利。

― ― ― ― ― 相 关 链 接 ― ― ― ― ―

京东集团入选首份《财富》中国ESG影响力榜

2022年8月,2022年《财富》中国ESG影响力榜揭晓。ESG是环境(Environmental)、社会责任(Social)、公司治理(Governance)的缩写,它鼓励企业不再紧盯盈利这一单一指标,尽可能考虑自身商业行为对环境和社会造成的影响,更积极地投身应对气候变化、环境污染、贫富差距、商业道德等挑战。

京东集团凭借在ESG领域的突出成绩荣膺榜单。此份榜单是《财富》首次从企业社会责任与可持续发展能力角度对中国企业进行考量,基于大量数据、案例、信息披露完整度和走访调研,最终遴选出40家具备引领作用的中国企业上榜。《财富》认为,京东集团2021年在各地抗疫物资保供、"青流计划"减碳贡献,以及治理层面值得重点表彰。

《财富》评语：

京东发起的"青流计划"基于绿色高效的供应链，在包装、仓储、运输、回收等各环节探索低碳节能。截至2021年年底，青流箱等循环包装已经累计使用2亿次。过去五年，京东通过携手上下游合作伙伴推行环保包装模式，令上万个商品实现出厂原包装直发，带动行业减少一次性包装100亿个，相当于减少砍伐约2 000万棵树木。京东物流是国内首家承诺设立科学碳目标的物流企业，目标是到2030年时，碳排放总量较2019年减少50%。2022年3月至5月，上海发生大规模新冠疫情期间，京东从全国抽调了5 000多名快递员、分拣员，投入超20亿元保障上海抗疫保供。在治理层面，京东将反腐败等ESG相关目标纳入员工考核，董事会中独立董事占比达到66%。

2022年5月，京东集团发布《2021年环境、社会及治理报告》，并首次参照气候相关财务披露工作组（TCFD）建议框架，从治理、策略、风险管理及指标和目标四个方面展开详细的披露。报告显示，过去一年，在绿色发展方面，京东分别从绿色运营、低碳供应链、可持续消费等领域提出"减碳2030行动目标"；在促进中小企业和乡村振兴方面，已服务省级"专精特新"中小企业超2.7万家，京东乡村振兴"奔富计划"已带动农村实现产值3 200亿；在推动高质量就业方面，截至2021年底，京东体系上市公司及非上市公司员工数超过42万人，一线员工中农村地区人口占比达到80%。

在抗疫保供方面，截至5月底京东物流累计运送米面粮油、药品、母婴用品等物资超过15万吨，从全国各地增派5 000多名快递员、分拣员，建成1 600多个无接触社区保供站，据不完全统计，在支援上海、北京等全国各地抗疫保供期间，京东累计投入20亿元。

作为一家同时具备实体企业基因和属性、拥有数字技术和能力的新型实体企业，京东集团从创业初期就注重履行社会责任，不仅在抗疫、保供、救灾等重大事件发生时冲在前、不惜力、不算账，同时，通过打造"有责任的供应链"和"织网计划"，推进"链网融合"，开放自身的供应链基础设施和技术，实现了货网、仓网、云网的"三网通"，不仅保障自身供应链的稳定性和可靠性，也带动了产业链上下游生态企业的数字化转型和降本增效，助力实体经济平稳高质量发展。

资料来源：《扬子晚报》2022年8月24日。

三、组织的内部文化环境

组织内部环境中的一个特别重要的要素就是组织文化（Organization Culture），组织的成功或失败常常归因于组织文化。组织通过培养、塑造组织文化,帮助组织成员理解组织的立场、行为方式,影响组织成员的工作态度,以引导其实现组织目标。

同仁堂:传统文化与现代企业的碰撞

北京同仁堂是中药行业著名的老字号,创建于清康熙八年。在三百多年的历史长河中,历代同仁堂人恪守"炮制虽繁必不敢省人工,品味虽贵必不敢减物力"的传统古训,树立"修合无人见,存必由天知"的自律意识。确保了同仁堂金字招牌的长盛不衰。

同修仁德、济世养生

同仁堂的企业精神简称为"仁德"精神。一个"仁"字体现了其企业文化的核心,修仁德自然成为同仁堂人的必修课。"仁"是儒家学说的核心价值,"仁者爱人""求人得仁"讲的是一种人的内在的价值观念,要时时刻刻严格要求自己坚持真理正义,同时以博大的胸怀来爱护民众也是"仁"的一种表现方式,即"泛爱众而亲仁"。而为了达到其中"仁"的境界就必须"修",而且是内外兼修。同修仁德,对内就要修身养性;对外就要报效国家,"杀身成仁"。同仁堂的仁德精神就是要求同仁堂人做到内外兼修,做人要正直诚信,而作为一个企业就更加要严格要求自己,要多为国家和社会作贡献。

"济世养生"是"仁德"的最高境界和目标,历代同仁堂人始终以"济世""养生"为己任,对待求医购药的八方来客一视同仁,坚持以爱国爱人之心,仁药仁术之本,取信于民,造福人类。

同仁堂"济世"的精神也被历代同仁堂继任者牢记并始终贯彻始终,同仁堂始终关注人类健康,关注病人生命,始终牢记取之于民,用之于民,每年都会从企业利润中取出部分用于慈善事业。同仁堂以这种贡献精神在社会上树立起了一个"仁德"的形象。

自主创新

同仁堂"以弘扬中华医药文化、领导绿色医药潮流、提高人类生命与生活质量"为企业使命。同仁堂具有强烈的弘扬中华医药文化的使命感,在继承中国博大精深的中医药理论的基础上,不断研究创新,致力于新的绿色产品的开发,着眼于是中老年人的养生保健,力求实现高科技与绿色医药的结盟。现在的同仁国药不仅有着中国传统文化的深厚底蕴,而且融合着高科技,实现制药技术的现代化。

以义为上、义利共生

以"义"为上的企业价值观也强调了企业对社会的责任感,讲"义"才能得到社会的认可,企业才能不断发展。所谓"以义为上,义利共生"就是要以义取利,不取无义之利,尤其是当义、利发生矛盾时,坚持以义为上。坚信重义才能取信于市场,有了信誉才能赢利。中国有句古话:君子爱财,取之有道。中国人讲义气,任何事情都把义字放在首位。这里所讲的义,是大义,是对社会、对人民的责任感和使命感。对一个企业来说,就是一个企业的信义和对社会的贡献。

同心同德、仁术仁风

这是同仁堂的人才观,同仁堂的发展靠的不是一两个人,而是全体员工。同心同德,语出《尚书·泰誓》,意为同一心愿,同一行动,为同一目标而努力。对同仁堂而言,这目标就是要以精湛的医术、优质的产品和良好的职业道德来治病救人、济世养生、奉献社会。同仁堂管理者遵从这句名言,意在坚持以人为本的管理思想和人心齐泰山移、人民群众创造历史并推动历史发展的哲理,依靠员工的力量能把企业发展壮大。同心同德、仁术仁风作为一种管理思想,已经成为一种纽带,它凝聚了全体员工的力量,使同仁堂成为一个强大的团体。

资料来源:张莉.中国传统文化对现代企业文化的影响:以同仁堂为例[J].中国集体经济,2008(03):134-135.

(一)组织文化的概念与特征

1. 组织文化的概念

一般而言,文化有广义和狭义两种理解。广义的文化是指人类在社会历史实践过程中所创造的物质财富和精神财富的总和,狭义的文化是指社会的意识形态,以及与之相适应的礼仪制度、组织机构、行为方式等物化的精神。

就组织而言,组织是按照一定的目的和形式而建构起来的社会集合体,为了满足自身运作的要求,必须要有共同的目标、共同的理想、共同的追求、共同的行为准则以及与此相适应的规则和制度,否则组织就会是一盘散沙。而组织文化的任务就是努力创造这些共同的价值观念体系和共同的行为准则。

因此,组织文化是指组织在长期的实践活动中所形成的,为组织成员普遍认可和遵循的具有本组织特色的价值观念、行为规范和思维方式的总和。

2. 组织文化的特征

(1)精神性。从本质上讲,组织文化是一种抽象的意识范畴,是存在于组织内部的群体意识现象和精神观念。组织文化通过群体共同价值认同来引导组织成员,使组织成员能够潜移默化接受组织价值观,并朝着组织的共同目标努力。正是基于组织文化的这种精神性特征,人们常常也会将之看成是组织的一种无形资源或无形资产。

（2）系统性。组织文化不是碎片化的，它具有很强的系统性。任何组织文化都是由共享价值观、团队精神、行为规范等一系列相互依存、相互联系的要素构成的一个系统。

（3）相对稳定性。一般而言，组织文化一旦形成，通常就不会频繁发生变化。不管是组织领导人的变更、组织结构的变化，还是产品或服务的调整，甚至是发展战略的转移，都不会轻易影响组织文化，使其随之即刻或是频繁发生改变。

（4）融合性。每一个组织都是在特定文化背景下形成的，其文化必然会打上所在国家、民族的文化传统和价值体系的深刻烙印。整个社会的价值观、宗教信仰等对组织文化必然产生影响。强调个人价值的传统西方文化背景使得西方企业通常更注重个人奋斗、鼓励竞争，而强调和谐的儒家文化则使得很多东方企业更注重群体内部及群体间协作、鼓励共同发展。组织除了接受和继承本国本民族的文化传统之外，还需吸收其他组织的优秀文化，融合世界上最新的文明成果，不断充实和发展自我，这样才能适应时代的要求，形成历史性与时代性相统一的组织文化。

（5）发展性。如果将组织文化放在一个较长的时间段来考察，它也不是绝对一成不变的，它也会随着社会的进步、环境的变迁、组织历史的积累或是组织变革而相应地进步和发展。从发展的眼光来看，一个组织的组织文化如果是健康的、积极向上的，则更有助于组织适应外部环境变化和变革；而如果一个组织的组织文化是僵化的、不健康的，组织不仅无法适应外部环境的变化，更会因此而走上不良发展之路。可见，组织如果能够主动对现有组织文化进行变革，力求塑造健康的组织文化，它才能适应外部环境的变化，从而转变和提升组织成员价值观，带来组织的良性发展。

相关链接

组织文化的类型

美国埃默里大学的杰弗里·桑南菲尔德对组织文化的分类

（1）学院型组织文化。学院型组织喜欢雇用年轻的大学毕业生，并为他们提供大量的专门培训，然后指导他们在特定的职能领域内从事各种专业化工作。典型的学院型组织有美国的IBM公司、可口可乐公司和宝洁公司等。

（2）俱乐部型组织文化。俱乐部型组织非常重视适应、忠诚和承诺。在这种组织中，资历是关键因素，年龄和经验至关重要。与学院型组织相反，俱乐部型组织致力于把管理人员培养成通才。典型的俱乐部型组织有政府机构、军队和美国的贝尔公司等。

(3)棒球队型组织文化。棒球队型组织鼓励冒险、革新和发明创造。这种组织在进行招聘时,会从各种年龄和经验层次的求职者中寻求有才能的人,其薪酬制度以组织成员的绩效水平为标准。棒球队型组织在会计、法律、投资银行、咨询、广告、软件开发、生物研究等领域运用得比较普遍。

(4)堡垒型组织文化。堡垒型组织着眼于组织生存。这类组织以前大多是学院型、俱乐部型或棒球队型的,但在困难时期衰落后,只能尽力来保证组织的生存。这类组织虽然工作安全保障不足,但对于喜欢流动性和挑战性的人则具有一定的吸引力。

美国学者卡特赖特和科伯对组织文化的分类

(1)权力型组织文化,又称独裁文化。这样的组织常常由一个人或一个很小的群体领导,不太看重组织中的正式结构和工作程序。随着组织规模的逐渐扩大,权力型组织文化会越来越难以适应,固守这种文化甚至会导致组织分崩离析。

(2)作用型组织文化,又称角色型组织文化。它是传统官僚型组织文化的典型形式。在这种组织内部有健全的正式规则、规章制度和工作程序,做每件事情都有固定的程序和规矩,组织由多个层级的等级制度构成,每一个层级向上级汇报,非常重视坚持原则和专职专责。这样的组织欣赏的是稳重、持久、忠诚甚至效忠的人。这种文化看起来安全、稳定,但是当外部环境发生剧烈变化需要组织变革时,它必然会受到较大冲击。

(3)使命型组织文化,又称任务文化。在这种文化中,团队的目标就是完成设定的任务。这种组织中没有领导者,唯一需要服从的就是任务或者使命本身,成员之间地位平等。有人认为这是最理想的组织模型之一。但其实,这种文化强调公平竞争,当不同群体争夺重要资源或特别有利的项目时,容易产生恶性的"政治紊乱"。

(4)个性型组织文化。这是一种既以人为导向、又强调平等的文化。这种文化富有创造性,孕育新观点,允许每个人按照自己的兴趣工作,同时保持相互有利的关系。在这样的组织中,组织实际上服从于个人意愿,因此也很容易为个人所左右。

资料来源:网络。作者略有改动。

(二)组织文化的构成

组织文化是组织在长期活动中逐步生成的,主要包括物质文化、制度文化以及观念文化三个不同层次。

1. 物质文化

物质文化又称为物质层的组织文化,是指凝聚着组织文化抽象内容的物质体的外在表现,通俗地说就是人们肉眼可以看到的组织形象,组织文化中最直观的部分,也是人们最易感知的部分。物质文化既包括了组织的所有活动过程、组织行为等的外在表现形式,也包括了组织实体性的设备、设施等,如带有本组织色彩标志的工作环境、俱乐部、图书馆等。

2. 制度文化

制度文化又称为制度层的组织文化,是某个组织中对组织及其成员的行为产生规范性、约束性影响的部分,既包括具有组织特色的各种规章制度、道德规范、员工行为准则,也包括组织分工协作的组织结构。制度文化是物质文化与观念文化的中间层,是观念文化向物质文化转化的中介。通过制度文化,物质文化和观念文化才能融合为一个有机整体。

3. 观念文化

观念文化又称为观念层的组织文化,是所有组织成员共同的意识形态,包括价值观、道德观等。在这三个层次中,观念文化是基础与核心,它虽然是无形的,但却制约、调整着组织及其成员的行为倾向和方式。

(三) 组织文化的功能

虽然组织文化更多地表现为一种无形的概念,无法客观观察或是测量,但组织文化作为组织内部环境的基础,在塑造组织行为方面起着举足轻重的作用。

1. 导向功能

组织文化与组织成员必须遵守的、明文规定的规范不同,它往往通过一种软性的约束发挥作用,具体表现在两个方面:一是直接引导组织成员的心理和行为;二是通过整体的价值认同引导组织成员。良好的组织文化可以使组织价值观不断向个人价值观渗透,使组织成员潜移默化地内化组织共同的价值观,使其朝着组织确定的目标共同努力。

2. 凝聚功能

组织文化通过培育组织成员的认同感和归属感,建立成员与组织之间的相互信任和依存关系,使个人的行为、思想、习惯等与整个组织有机整合在一起,形成相对稳固的文化氛围,凝聚成一种无形的合力。从组织成员个人来看,组织文化影响组织成员某些心理需要(如社交、归属感)的满足,从而可能影响他们的士气和积极性,影响成员个人及整个组织的活动效率;从组织成员群体来讲,组织文化影响成员间的信息沟通、集体意识的形成,从而影响组织对成员的吸引力以及成员对组织的向心力。

3. 激励功能

组织文化通过价值观的宣传以及英雄人物的树立,使组织成员行有目标,学有榜样,形成内部的文化氛围和价值导向,以此起到精神激励的作用,将员工的积极性、主动性和创造性调动与激发出来,把员工的潜在智慧诱发出来,使员工的能力得到充分发挥。

4. 约束功能

约束功能与激励功能相对应。价值观以及体现价值观的英雄人物在告诉组织成员何种行为是组织需要的同时,也向他们表明了什么样的行为是组织不希望出现的,组织成员也会因此而自觉调整自己的行为,使之符合组织的要求,形成自我约束的能力,为企业提供"免疫"功能。

5. 调适功能

组织文化能帮助新加入组织的成员从根本上改变旧有的价值观念,建立起新的适应组织的价值观念。一旦组织文化被成员所接受,他们就会自觉或是不自觉地做出符合组织要求的行为,倘若违反规则,成员则会因内疚、自责而主动修正自己的行为。组织文化的调适功能还表现为,在组织变革中,组织文化能够帮助组织成员尽快适应变革后的环境,减少因变革带来的压力与不安。

观察与思考 企业文化管理的误区

企业文化管理在20世纪80年代随着向日本企业学习的热潮来到中国,算下来也有了超过30年的发展历史。在这个过程中,涌现出一批具有优秀企业文化的企业,而大部分企业还在构建自己企业文化的探索中,很多管理者对于企业文化的理解还比较模糊,甚至存在误区。有人认为企业文化是企业之歌、企业标识、企业口号;很多时候,人们把企业的文体活动称之为企业文化,具有企业的理念也称之为企业文化。企业文化到底是什么?在什么情况下,企业文化构建完成?这一系列的问题,都需要界定清楚,否则就会出现管理实践上的偏差。

企业文化是企业内部成员的共同价值观体系,表现为企业的"个性与风格",它以企业宗旨、企业理念的形式得到精炼和概括并获得传播,最终由企业的产品和员工行为习惯体现出来。企业文化的存在是面对竞争、面对环境所做出的选择,是实现战略的基石,是吸引优秀人才的保障。企业文化的核心是价值观,表现为行为,即企业的凝聚力,员工对企业的忠诚度、责任感、自豪感、精神面貌和职业化行为规范,企业文化的改变会带来行为方式的改变。

企业文化具备开放性、阶段性、发展性的特点。在实践中,不能准确把握企业文化的这些特点,将对企业的经营活动产生非常严重的后果。

误区一：每个企业都有企业文化

只要有人群的地方一定就有文化，所以每个企业都有自己的文化。但是，并不是每个企业都有企业文化，因为是否具备企业文化，衡量的标准是企业在环境中的生存状态、在竞争中是否具有竞争优势的状态，产品和企业获得顾客认同的程度如何，以及员工的凝聚力和忠诚度如何。如果企业在市场竞争中并没有形成自己独特的竞争优势，没有与环境变化和发展的趋势走在一起，产品并没有获得顾客的认同，企业形象没有在顾客内心中获得确认，员工流动性高而且没有认同公司，此时，企业文化并没有形成，公司所具有的只是一种企业自发的文化，或者企业创业者自己所倡导的文化，企业文化还在初创阶段。

误区二：企业文化就是老板文化

持有这种认识的人还比较多，认为有什么样的老板，就会有什么样的企业文化。的确，企业创始人对于企业文化有着决定性的作用，但是这种作用是体现在构建企业文化的过程中，体现在如何推进和倡导企业核心价值观的过程中，体现在身体力行、示范企业价值观的行为中，但是绝不是直接代表企业文化。如果一个企业的文化完全是老板文化，只能说这个企业还停留在初创阶段，因为在这个阶段，企业所有的价值判断、对环境认识以及为生存所做的努力，必须由老板一个人来承担，所以他的所有行为选择就是企业的选择，因此老板文化就是企业文化在此时是成立的。但是，在企业从初创阶段向成长阶段发展的过程中，最重要的一个转变就是管理团队需要承担责任，员工需要承担责任，公司的价值判断是通过管理团队与员工的行为选择体现的，如果企业无法做到这一点，也就意味着这个企业还是停留在创业阶段，并没有获得成长。老板文化代表企业文化是企业创业阶段的文化，从创业阶段发展到成长阶段，就要做出改变，否则企业无法真正成长起来，甚至可能因为这样的企业文化而导致企业根本无法发展，这也是一些中小企业无法长大的一个根本原因。

误区三：只要一个公司内的大多数人认可一种价值观，它就是企业的文化

大多数的员工因为共同生活的背景，或者相同的际遇，很容易出现在一些问题上的价值判断相一致的情形。如果很多员工一起工作的时间较长又有比较一致的世界观，也很容易达成共识，但是这些共识并不是公司确认的价值观，而是员工自己的价值观，不能够因此而认为取得大多数人的认可就等同于企业文化。如果公司内的大多数人认可的价值观和公司所倡导的价值观相近或者一致，对于建立企业文化非常有利；如果公司内大多数人认可的价值观和公司所倡导的价值观相违背，对于建立企业文化非常不利，这需要人们在构建企业文化的时候特别注意。

误区四:企业文化就是统一员工的思想

企业文化如何展示出来是一个非常重要的问题。大部分情况下,企业文化都是以理念或者精神、宗旨的方式来表达,也许是因为这个缘故,人们总是认为企业文化就是强调一种理念或者精神,构建企业文化就是要统一员工的思想。这个理解存在着误解,因为企业文化并不是要统一员工的思想,如果企业文化以统一员工思想为目的,带来的结果一定是僵化和缺乏创新,而这不是企业文化的本质特征。企业文化真正统一的是员工的行为方式,只有统一的行为才会形成凝聚力,才能够让企业文化发挥作用,才可以发挥组织和团队的力量。同时,也因为企业文化是统一员工的行为,鼓励思想开放、思维创新。换句话说,就是员工在思想上可以拥有独立判断、可以有很多创意,但是行为上必须保持一致,必须符合公司的理念和宗旨,必须能够体现公司的价值取向。所以,我也常常说:企业文化是统一行为,在统一行为的基础上,统一大家的意志,有了共同的意志,共同的行为,企业文化的力量就会显现出来。

误区五:企业文化是一套潜规则

人们常常可以感受到文化所发挥的作用,而且这种作用是以潜规则的方式体现出来的,进而认为企业文化也是企业内部生存的一套潜规则。我不完全同意这个观点。的确,文化就是一种规则,公司内部会存在着一些潜规则约束着人们的行为和选择,很多时候这些潜规则并没有明文规定,但是只要进入公司一段时间,人们自然而然地就会依照着这些规则来安排自己的行为,从这个意义上我会同意企业文化是一套潜规则。但是,需要强调的是,企业文化首先是一套规则,是明确的、明文规定的、显性的。正是因为企业没有明确提出自己的价值主张,没有清晰地在公司内部传递,没有很好地灌输并公开表明自己的价值标准,以至于企业文化以潜规则的方式在公司内部传递。从这个方面来看,衡量一个企业的文化是否形成,可以看企业员工是选择潜规则做事,还是运用显规则做事,如果是采用前者,则表明企业文化还没有形成。

误区六:企业文化一旦建立就可以一劳永逸

优秀的企业总是小心地维护着自己的核心价值观,这是企业得以成功的核心关键因素之一。也正是因为这一点,导致了人们认为企业文化是一劳永逸的误解。认为企业文化可以一劳永逸的观点是错的,因为企业文化必须与环境互动,必须与变化互动,必须和变化的趋势站在一起,这就要求企业文化能够持续更新,保持开放,并能够吸收和借鉴其他企业的优点。无论是文化本身自我更新的特点,还是企业自身需要持续改善的特点,都要求企业文化具有更新和自我超越的特性,做到这一点的企业文化才可以推进企业的成长,如果刚好相反,就会阻碍企业的发展。

　　企业文化认知上存在着上述六个误区,使得人们在管理实践中遇到很多的问题,这就要求人们回归到企业文化本身的理解上做出努力。但是,不能够简单地把企业文化独立来看,而是要结合环境、变化、战略以及老板、员工的价值观之间的差异,甚至治理结构、利益相关者等因素,还要理解企业文化本身所包含的制度层面的意义,企业文化与社会文化之间的关系,把这些问题整理清楚并获得正确的认识,对于构建企业文化有着极其重要的意义。

　　资料来源:陈春花.从理念到行为习惯:企业文化管理[M].北京:机械工业出版社,2016.

　　根据材料,试分析如何才能塑造符合组织和社会要求的良好的组织文化。

第二篇 计划篇

第四章　计　划

常有人抱怨："我也有宏伟的目标,但为什么总是实现不了?"根据管理理论,很多时候,症结就在于没有良好的计划和有效的执行力,导致目标难以变成现实。计划是管理的首要职能,其他职能都只有在确定了目标、制订了计划之后才能展开,并将围绕计划的变化而变化。计划是在预见未来的基础上,对组织活动的目标和实现目标的途径做出筹划和安排,以保证组织活动有条不紊地开展。

第一节　计划的概念与性质

一、计划的概念

汉语里,"计划"有名词和动词两种词性。从名词意义来说,计划是指在未来一定时期内,组织以及组织内不同部门和成员用文字和指标等形式所表述的,关于未来行动方向、内容、方式安排、预测和应变处理的管理文件。作为一个纸面的文本,它可以是年初上缴的提案,作为年底总结的参照;也可以是某个项目实施的方案书,以供管理层定夺等等。从动词意义来说,计划是指为了在未来的发展中能够实现预期目标,由管理者预先确定行动安排。这项行动安排工作包括:在时间和空间两个维度上进一步分解任务和目标,选择任务和目标实现方式、进度规定、行动结果的检查与控制等。我们有时用"计划工作"表示动词意义上的计划内涵。因此计划工作是对决策所确定的任务和目标提供一种合理的实现方法。

无论是动词还是名词,计划内容都包括"5W1H",计划必须清楚地确定和描述这些内容:

What:明确要进行的活动内容及要求。
Why:明确计划工作的原因和目的,并论证可行性。
When:明确时间。
Where:规定计划的实施地点或场所。
Who:规定由哪些部门和人员负责实施计划。
How:怎么做。

因此,计划是指一个组织根据自身特点和环境需要,确定组织在一定时期内的目标,并通过计划的编制、执行和监督来协调、组织各项资源以顺利达到预期目标的过程。换句话说,计划就是一个组织要做什么(组织目标)和怎么做(组织战略及各层次具体计划体系)的行动指南。据此,计划为管理的其他职能,即组织、领导和控制提供了基础,为组织提供了通向未来目标的明确道路,可以说,计划是管理的首要职能。

二、计划的重要性

美国管理学家哈罗德·孔茨(Harold Koontz)说:"计划工作是一座桥梁,它把我们所处的这岸和我们要去的对岸连接起来,以克服这一天堑。"[1]这句话表明在组织中,只有在确定了目标、制订了计划以后才能开展其他各项工作,并围绕着计划的变化而变化。古人云:"运筹于帷幄之中,决胜于千里之外""凡事预则立,不预则废""人无远虑,必有近忧",都在告诉我们计划的重要性。

(一)计划有利于帮助组织应对变化并降低不确定性

对任何一个组织来说,无论是其赖以生存的环境还是其组织自身,都具有一定的不确定性和变化性,这种不确定性甚至是瞬息万变使得计划工作成为管理必不可少的活动。计划迫使管理人员预测变化、考虑变化带来的影响,尽可能地把"意料之外的变化"转变为"意料之内的变化",用对变化的深思熟虑的决策代替草率的判断,从而在面对环境变化时变被动为主动,变不利为有利,减少变化带来的冲击,保证组织目标得以实现。虽然在管理实践中,仍有些变化是不可预测的,随着计划期的延长,不确定性也会随之增大,但这并不能否认计划的作用。相反,周密的计划和科学的预测将使未来的不确定性和风险被降到最低限度。

被称为20世纪西方文化三大发现之一的墨菲定律(Murphy's Law)——有可能出错的事情,就会出错(Anything that can go wrong will go wrong.)——从另外一个角度提醒我们,做事情不能心存侥幸,要预想到各种可能性,并要针对各种可能发生的情况制定相应的对策。

(二)计划有利于协调组织活动

良好的计划能够有效地帮助组织成员明确组织目标,并且通过计划能够较好地开发组织各个层次的计划体系,充分利用组织成员或部门的优势,将组织内成员的力量凝聚成一股朝着同一目标方向努力的合力,来实现组织目标。反之,缺乏计划的指引,组织中的成员和各个部分的努力将会各自为政,相互损耗,这样也

---

[1] 哈罗德·孔茨,海因茨·韦里克.管理学[M].9版.郝国华,等译.北京:经济科学出版社,1993:66.

就难以顺利实现预定的目标。

（三）计划有利于提高资源配置的效率

组织在实现目标的过程中，任何活动都是对一定资源所进行的加工与转换。若资源提供不及时或数量不足，则会阻碍组织活动的开展，而若资源数量过多，则会导致资源的积压，不但无法增加资金的占用，甚至容易带来资源的浪费。计划的目的就是将组织活动在时空上进行分解，通过规定组织不同部门在不同时间应当从事何种活动，最终做到用明确的目标引导共同努力来代替分散的各种活动，以均衡协调的工作流程来代替各自随意行动，以科学的预测和正确的决策来代替随意主观的决定，从而使组织充分有效地利用资源，减少不必要的浪费，并以此提高组织的工作效率，使组织活动更加经济合理。

（四）计划有利于对组织活动进行有效的控制

组织在实现目标的过程中离不开控制，而计划则是控制的基础。一旦计划明确了组织目标，组织活动前进的方向以及衡量组织活动是否正确的标准也会随之确定，据此，管理人员可以随时检查下属人员的任务完成情况。同时，通过计划工作能够使组织和环境实现动态平衡，以灵活有效地控制组织活动。因此，管理实践中控制的几乎所有标准都是来自计划。没有计划，控制工作也就无法有效实施。

计划的价值

"我总是以这样的方式去做事：在开始动手之前把每一个细节都计划好。否则的话，一个人在工作进行时却不断地做改变，直到最后还无法统一，那就会浪费大量的时间。这种浪费是不值得的。很多发明家的失败是因为他们分不清计划与实践的区别。"

——福特汽车公司创始人亨利·福特（Henry Ford）

"用于计划的每一分钟，都可以在执行阶段带来三到四倍的回报。"

——杜邦公司总裁克劳福德·格林沃尔特（Crawford Greenwalt）

三、计划的性质

（一）目标性

所有计划都旨在促使企业或组织总目标或一定时期目标的实现，计划将人们的活动集中于目标的实现，使人们能够根据计划预测哪些活动能促进目标的实现，哪些活动会阻碍目标的实现，哪些活动与目标毫不相关。计划有利于组织或企业根据所要实现的目标，将组织成员的各项活动结合成一股彼此协调、相互支持的力量。可以说，没有计划的组织活动都是盲目的行动，同样，盲目的行动都是难以实现目标的。

（二）首要性

计划在管理的各项职能中处于首要地位。常言道，计划在前，行动在后。只有当通过计划职能确定组织目标及实现目标的途径之后，才便于管理者确定合适的组织结构、适当的人员配备，确定按照什么方针指导和领导下属，确定采取什么样的控制方法。也就是说，要使所有管理职能都发挥应有的效用，理所应当安排好计划工作。

（三）普遍性

计划的普遍性主要表现在，组织中的管理者，无论职位高低、职权大小，都或多或少地需要进行计划工作。人们时常会误认为，计划只是高层管理者的事情，其实并非如此，无论是总经理还是班组长，都要进行计划工作。尽管他们的具体计划工作的特点和范围会根据他们所处的位置和所拥有的职权不同而有所区别，总经理侧重进行战略规划，班组长侧重本班本组的具体作业计划，但无论怎样，做好计划工作是他们的共同职能。同时也有研究表明，进行计划工作能够使人产生成就感，因此让下属参与计划十分有利于提高他们的工作积极性和主动性。

（四）效率性

计划在保证组织目标实现的同时，还要注重通过优化资源配置，在实现目标的过程中做到合理利用资源并提高效率。计划的效率往往是以实现企业的总目标和一定时期的目标所得到的利益，扣除制订和执行计划所花的费用以及各种非预期的代价之后的总额来测定的。其中不仅包括了人们通常所理解的按资金、工时或产品单位等表示的投入产出关系，也包括了诸如组织员工的满意程度、组织士气这一类评价标准。如果一项计划提高了产量，但却引发了员工的恐惧和不满，那么这一计划的效率就会大打折扣。因此，一项好的计划，能够让组织以合理的代价实现目标，这样的计划才是有效率的。

（五）创新性

计划在实施过程中，总是不可避免地要面对新问题以及可能发生的新变化、新机会，因而计划从本质上看就是一个创新的过程。正如一项新产品的成功在于创新一样，成功的计划也依赖于创新。

第二节 计划的体系

一、计划的类型

在实际工作中,计划的种类可以有很多。为便于实际操作,有必要按各种标准对计划进行分类。计划是将为实现组织目标所需完成的活动、任务进行时间和空间上的分解,以便能将其具体地落实到组织中的不同部门和个人。因此,计划的基本分类可依据时间和空间两个不同的标准。除此之外,还可以根据计划的明确程度对其进行分类。另外,若综合时间和空间两类标准,则可同时考察计划涉及的时间长短和涉及职能范围的广狭程度。表4-1列出了按不同标准分类的计划类型。

表4-1 计划的类型

分类标准	计划类型
时间长短	长期计划 中期计划 短期计划
职能空间	业务计划 财务计划 人事计划
综合性 (涉及的时间长短和涉及范围的广狭)	战略性计划 战术性计划
明确性	具体性计划 指导性计划

(一) 长期计划、中期计划和短期计划

从时间上看,可以将计划分为长期计划、中期计划和短期计划。长期计划描述了组织在较长时期(通常为五年以上)的发展方向和方针,规定了组织的各个部门在较长时期内从事某种活动应达到的目标和要求,绘制了组织长期发展的蓝图。中期计划来自组织的长期计划,并根据长期计划的内容和预测到的具体条件变化等进行编制,主要起衔接长期计划和短期计划之间关系的作用。从时间跨度上来看,中期计划介于长期计划和短期计划之间。短期计划通常是一年以内的,

表现为年度计划,根据中长期计划规定的目标和当前的实际情况,对计划年度内的组织应该从事何种活动,从事该种活动应达到何种要求等做出总体安排,从而为各组织成员在近期内的行动提供依据,能够直接指导各项活动的开展。

一般来讲,长期计划为组织指明方向,中期计划为组织提出路径,短期计划则为组织规定行动的步伐。因此,在实践中将长期计划、中期计划和短期计划结合起来有着极为重要的意义。一旦短期计划脱离中长期计划,那么三者就会失去意义,甚至影响组织目标的最终实现。

(二)业务计划、财务计划和人事计划

从空间上看,按照职能领域的标准,计划可以分为业务计划、财务计划和人事计划。组织总是通过从事一定业务活动而在社会上生存,人们通常用"人财物,供产销"六个字来描述一个企业所需的要素和其开展的主要活动。

业务计划的内容涉及"物、供、产、销",财务计划的内容涉及"财",人事计划的内容涉及"人"。可见业务计划在组织中是主要计划。以企业为例,企业的业务计划包括产品开发、物资采购、仓储后勤、生产作业以及市场销售等内容。长期业务计划主要涉及业务方面的调整或业务规模的发展,如长期产品计划中的新品种开发、长期生产计划中的企业生产规模的扩张规划、长期营销计划中的销售渠道的选择与建立等。短期业务计划则主要涉及业务活动的具体安排,如短期产品计划中现有产品的结构改进,短期生产计划中不同车间和班组的季、月、旬乃至周的作业进度安排,短期营销计划中现有营销手段和网络的充分利用等等。

组织中的财务计划和人事计划都是为业务计划服务的,也是围绕着业务计划而展开的。财务计划研究如何从资本的提供和利用上促进业务活动的有效进行。人事计划则分析如何为业务规模的维持或扩展提供人力资源的保证。仍以企业为例,长期财务计划要决定,为了满足业务规模发展及资本扩张的需求,如何建立新的融资渠道或选择不同的融资方式;而短期财务计划则关注如何保证资金的供应或如何监督这些资金的利用效率。长期人事计划要决定,如何以保证组织发展为前提,提高成员的素质、进行必要的人才储备;短期人事计划则是关注如何根据员工的不同素质和特点,将其安排在合适的岗位上,使他们的能力和积极性得到充分的发挥,做到人尽其用。

(三)战略性计划和战术性计划

根据涉及时间长短及其职能范围广狭的综合性标准,计划可以分为战略性计划和战术性计划。战略和战术两个词,都是从军事领域借用过来的。某位瑞士军事家在19世纪中期曾对二者做出区分:战略是指在地图上指挥作战的艺术;而战

术是在地面上指挥作战的艺术。可见,战略涉及的时空范围广,战术涉及的时空范围窄。所以与之相对应,战略性计划指应用于整体组织的、为组织未来较长时期(通常为5年以上)设立总体目标和寻求组织在环境中的地位的计划。长期性、整体性是战略性计划的两个显著的特点。长期性是指战略性计划涉及未来较长时期,由于一个组织的总体目标和定位通常是不轻易改变的,所以战略性计划的周期一般都较长,通常为长期计划。整体性指战略性计划是基于组织整体而制订的,强调组织整体的协调。战术性计划是指具体规定总体目标如何实现的细节的计划,通常周期较短,如月度、每周、每日的计划。它是在战略性计划指导下制订的,是对战略性计划的具体落实。

战略性计划与战术性计划间最大的区别在于,战略性计划除了时间周期长、职能领域宽之外,它有一个重要的任务就是设立组织目标;而战术性计划则是在既定目标下,提供一种实现目标的具体途径。

(四)具体性计划与指导性计划

根据计划的明确性程度可以将计划分为具体性计划和指导性计划。具体性计划具有明确规定和可衡量的目标,具有很强的可操作性,不存在模棱两可的情况。指导性计划则只规定某些一般性方针和行动原则,给予行动者较大的自由处置权,它指出重点但不把行动者的活动限制在明确的特定的目标或特定的行动方案上。相对于指导性计划而言,具体性计划虽然更易于执行、考核及控制,但是缺少灵活性,它要求的明确性和可预见性条件往往很难满足。

二、影响计划有效性的因素

在了解了计划的不同分类后,管理者就可以根据各自组织目标的不同来制订不同的计划方案。由于组织自身和环境的特点不同,管理者在制订计划时,需要抓住重点内容,而非面面俱到。只有这样才能充分发挥计划的有效性,保证组织有序运行、持续发展。因此管理者就必须对影响计划有效性的主要因素有所了解和认识。

(一)组织层次

图4-1表明了组织层次与计划内容的重点之间的关系。在大多数情况下,基层管理者主要制订活动的具体性计划,计划内容重点在于可操作性上。高层管理者主要制订具有方向性的战略计划,其计划内容重点在于计划的战略内容上。中层管理者制订的计划内容介于高层与基层管理者制订的计划之间。

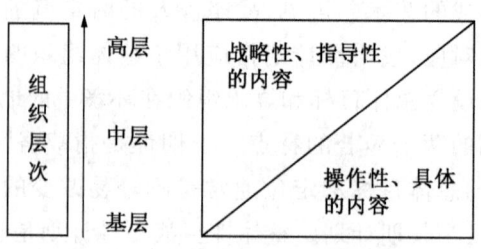

图 4-1 组织层次与计划内容的重点

（二）组织的生命周期

每个组织的发展都经历着一定的生命周期。从形成期开始，到成长期、成熟期，最后进入衰退期。如图 4-2 所示，在组织发展的不同时期，组织活动的计划内容的重点是不一样的。在组织的形成期，由于各类不确定性因素很多，组织目标也具有一定的尝试性，所以，计划的重点要有很大的灵活性，主要放在其方向性、指导性上；在组织进入成长期后，组织目标往往已经逐渐清晰，资源的获取也比较稳定，因此，计划的重点也开始向具体的操作性转移，但为了保持灵活性，仍会侧重于短期的计划；当组织进入成熟期，这时组织面临的不确定性和波动性相对最少，计划的重点也集中在长期的、具体的操作性计划上；当组织进入衰退期时，组织面临的变化和波动又将增多，计划的重点重新回到短期的、指导性的内容上。

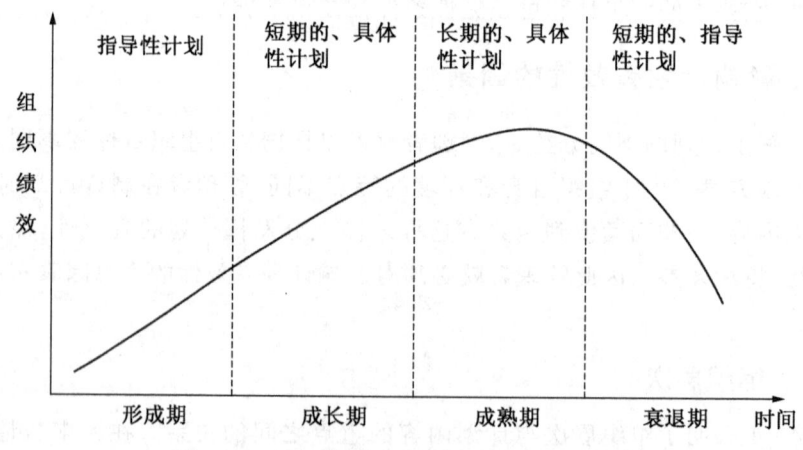

图 4-2 组织的生命周期对计划内容的影响

（三）环境的不确定性

组织的环境变化，对计划内容的重点也起到了一定的影响作用。如图4-3所示，当组织环境变化的幅度较大时，计划内容的重点往往更集中在指导性内容上，反之，组织的计划则侧重于操作性的具体内容。另外，当环境变化的频率较高，即变化较多时，组织的计划内容重点往往集中在短期内容上，反之计划的重点更偏向于长远的计划。

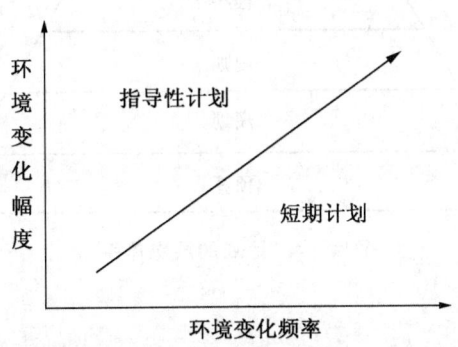

图4-3 环境的不确定性对计划内容的影响

三、计划的表现形式

计划包含着一个组织未来行动的目标和方式。计划不是对过去的总结，也不是对现状的描述，而是面向未来的，同时计划也与行动紧密相关，不是学术的理论，也不是空泛的讨论，而是面向行动要付诸实施的。明确了这两点，就不难理解，计划在管理实践中必然是以多种形式呈现出来的。美国管理学家哈罗德·孔茨和海因茨·韦里克把计划形式从抽象到具体分为8个层次：(1) 使命；(2) 目标；(3) 战略；(4) 政策；(5) 程序；(6) 规则；(7) 规划；(8) 预算。[①] 这些不同形式的计划构成了计划的层次体系，如图4-4所示。

[①] 哈罗德·孔茨，海因茨·韦里克.管理学[M].9版.郝国华，等译.北京：经济科学出版社，1993：70.

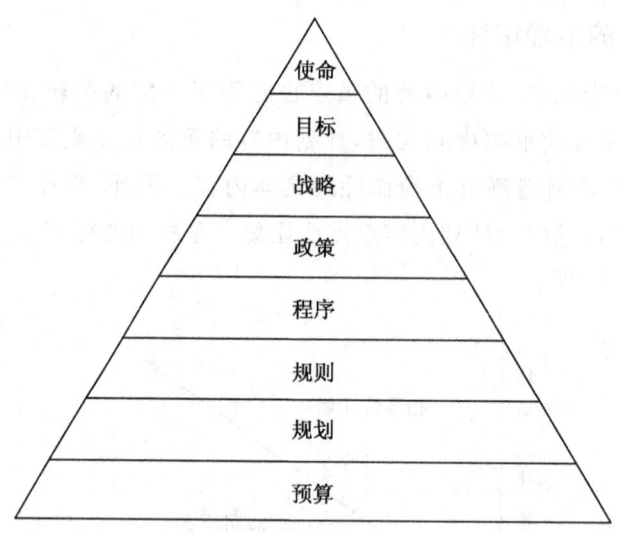

图 4-4 计划的层次体系

（一）使命

每一个组织都有其自身的使命，使命直接表达了组织是干什么的，应该干什么，反映了这个组织在社会上应起的作用、所处的地位、该承担的义务以及扮演的角色。它决定组织的性质，是本组织和其他组织相互区分的标志。对于不同企业来说，虽然他们可能都是想要创造利润，但是石油公司的使命是勘探、采油、提炼、销售石油和种类繁多的石油产品，而旅行社的使命则可能是提供旅游服务。再如不同的非营利性组织，他们都是为了服务于社会，但医院的使命是治病救人，而学校的使命却是教书育人。

● 格力的企业使命

——弘扬工业精神，掌握核心科技，追求完美质量，提供一流服务，让世界爱上中国造！

● 蒙牛的企业使命：

——点滴营养，绽放每个生命。

● 华为的企业使命：

——把数字世界带入每个人、每个家庭、每个组织，构建万物互联的智能世界。

- 阿里巴巴的企业使命：
——让天下没有难做的生意。
- 微软的企业使命：
——予力全球每一人、每一组织，成就不凡。

（二）目标

不同于组织的使命的抽象性，组织的目标具体说明了在一定时限内一个组织开展某项活动所要达到的预期结果。目标不仅仅是计划工作的终点，而且也是组织工作、人员配备、领导以及控制等活动所要达到的结果。通常情况下，组织目标具有层次性和多重性等特征。从层次性来看，组织目标可以具体分解为总目标、部门目标以及个人目标。如一家食品加工企业的总目标可能是通过生产几类既定的牛奶制品来获得一定的利润；而生产部门的目标则可能是按照既定成本以及相关质量标准，生产所需数量的奶制品。此外，组织目标还有多重性的特征。对于一个企业来说，其目标既涉及利润目标，还涉及提高市场占有率、满足员工等目标。

（三）战略

清楚了组织的使命和目标之后，组织的形象仍然并不十分清晰。一个组织应该是非常实际和具体的，而组织的使命、目标却十分抽象，此时，就需要在组织目标的基础上，选择一个有关组织的发展方向、行动方针以及各类资源分配方案的总纲。战略就是这个总纲，是为了达到组织总目标而采取的行动和利用资源的总计划，其目的是通过一系列的主要目标和政策来决定和传达一个组织期望自己成为什么样的组织。只有在战略制定并实施之后，组织才能由一个抽象的概念变成具体的形态。当然，战略还不是具体说明企业如何去实现目标的，它由无数主要的和次要的支持性计划的任务构成，重点是要指明方向和资源配置的优先次序。简单来说，战略是对组织活动方向的整体把握，如：决定企业的销售方式，是通过批发商还是直接销售；是致力于专利产品生产，还是生产种类齐全的产品。

（四）政策

政策，是组织对指导或沟通决策思想的全面陈述或理解，是决策时评价方案的指南。通常各级组织都有政策。政策的种类也很多，如雇佣人才的政策、遵守商业道德的政策、鼓励员工提建议的政策、定价的政策等等。它帮助事先决定问题处理的方法，这减少了对某些例行事件处理的成本。政策支持分权，允许酌情处理的自由；同时也支持上级主管对该项分权的控制。一般而言，自由处理的权限大小一方面取决于政策自身,另一方面取决于主管人员的管理艺术。另外要注意的是,在制定和执行政策时,必须具有一贯性和完整性,不能朝令夕改。

(五) 程序

程序是指详细列出必须完成某类活动的切实方式,并按时间顺序对必要的活动进行排列,通俗地讲,程序就是办事手续,规定了处理问题的例行方法、步骤。它详细地说明完成某种活动的准确方式。组织中的每项活动都有程序,并且在基层,程序更加具体化、数量更多。程序往往是跨部门的,如:制造企业处理定单的程序——销售部门提供原始定单;财务部门认可收到的资金、准许给客户的信用;生产部门下达生产任务,或批准从仓库中提货;运输部门决定运输手段和路线。程序与战略不同,它是行动的指南,而非思想指南。它与政策不同,它没有给行动者自由处理的权力。因此程序是确保政策的落实而制定的,它往往能很好地体现政策的内容,但比政策更加具体,可以帮助组织成员更加有效地完成例行工作,提高工作的效果和效率。例如规定每人都有假期是政策,但某人在某个时间办理休假则为程序。

(六) 规则

规则是一种最简单的计划,它规定了在某种情况下能采取或不能采取某种具体行动。例如"上班不允许迟到""销售人员规定范围外的费用开支需由副总经理核准"等等。规则和政策的最大区别在于:规则是一种没有回旋余地的规定,没有自行处理的权力,也不再需要进行任何决策;而政策却正好相反,政策是为管理者事先确定好的处理问题的框架,在这框架范围内管理者拥有酌情处理的权力。同时,规则与程序也有区别。其一,规则指导行动但并不说明时间顺序;其二,可以把程序看作是一系列的规则,但一条规则可能是、也可能不是程序的组成部分。如厂房禁烟,是一条规则,但和程序没有任何联系。而一种规定为民服务的程序可能表现为一些规则,如接到公民关于政府信息公开的申请,行政机关必须及时、尽快、在法定期限内做出答复。此外需要值得注意的是,就其性质而言,规则和程序均旨在约束行为,只有在不需要组织成员使用他们的自行处理权时,才应该使用规则和程序。

(七) 规划

规划的作用是根据组织总目标或各部门目标来确定组织分阶段目标或组织各部门的分阶段目标,其重点在于划分总目标实现的进度。规划有大有小,为实现我国社会经济发展的大目标,国家制定了一个个五年规划,而夜市的某个烧烤摊为实现向连锁饭店发展的目标，也可以制定一个稳步扩大规模的规划。组织的规划不仅包含组织的分阶段目标，其内容还包括实现该目标所需的政策、程序、规则、任务委派、所采取的步骤、涉及的资源等等。通常情况下，一个规划可能需要很多支持计划，在主要计划进行之前，必须把这些支持计划制订出来，并付诸实施。所有这些计划都必须加以协调，以便安排时间。

（八）预算

预算是一种"数字化"的计划，把预期的结果用数字化的方式表示出来就形成了预算。预算通常是为规划服务的，借助于预算，组织可以对工作计划或规划的内容加以数量化、精确化的规定，从而帮助管理人员精确、全面、细致地了解组织活动的规模、资源条件、开支项目、工作重点和各个阶段的预期成果。所以说预算是一种有效控制手段，能合理控制组织的费用支出和降低成本。一般来说，财务预算是组织最重要的预算，因为组织的各项经营活动几乎都可以用数字化、货币化的方式在财务预算表上体现出来。涉及业务活动的开支，称为费用预算；反映资本支出的预算，称为投资预算；表示现金流量的预算，称为现金预算。

第三节　制订计划的原则与步骤

一、制订计划的原则

管理者要有效地完成计划工作，制订出符合实际的计划方案，就要全面掌握并熟练运用计划的各项原则。制订计划的原则主要有：限定因素原则、承诺原则、灵活性原则、改变航道原则。

（一）限定因素原则

限定因素，就是指妨碍组织目标实现的因素，即在其他因素不变的情况下，仅仅改变这些因素，就可以影响组织目标的实现程度。在备选方案中进行选择时，人们越是能准确识别并解决那些妨碍既定目标实现的限定性因素或关键性因素，就能越容易和越准确地选定最有利的备选方案。限定因素原则有时又被形象地称为"木桶原理"。其含义是：木桶能盛多少水，取决于桶壁上最短的那块木板条。限定因素原则表明，在制订计划时，必须全力找出影响计划目标实现的主要限定因素或战略因素，有针对性地采取得力措施。

管理故事

一直以来，老鼠总是在想方设法地摆脱猫的困扰。

一天，他们聚在一起开会，商量用什么办法来对付猫的骚扰，以求获得平安。到会的老鼠们纷纷献计献策，讨论一直持续到深夜仍毫无结果。

最后，一只小老鼠站起来提议："不如我们在猫的脖子上拴一只铃铛吧。只要他一动，铃铛马上会发出响声，我们听见这个声音就能赶快逃命！"大家对他的建议报以热烈的掌声，并一致通过。只有一只年老的老鼠坐在一旁，始终一声没吭。这时，他站起来说："这个主意是很不错，这样做毫无疑问会很有效。可是，谁才敢去给猫挂这个铃铛呢？"一只老鼠说："我没那么笨，我肯定不去。"另一只老鼠说："我干不了。"到最后，老鼠们都散了，什么也没做成。给猫挂铃铛无疑是一个绝妙的注意，但问题是，谁去挂呢？与其做出一个不可能实现的决定，不如本着务实的精神，制订切实可行的计划，尽早加以实行。

资料来源：网络。作者略有改动。

（二）承诺原则

这一原则涉及的是计划期限的问题，合理的计划要确定一个未来的期限，这个期限的长短取决于完成决策中所承诺的任务所必需的时间。实际上，任何一项计划都是对完成各项工作所做出的承诺，因此，承诺越大，实现承诺的时间就越长，而实现承诺的可能性就越小。一般来说，计划对太长的期限和太短的期限都是无效的。从经济上来考虑，由于计划工作和它所依据的预测工作需要成本，所以，如果在经济上不合算的话，计划期限就不适宜定得太长。当然，短期计划也有风险，那么合理的计划如何确定呢？遵循承诺原则，要特别注意把握三点：第一，完成计划必须明确严格的期限要求；第二，必须合理地确定计划期限，避免制订计划期限的随意性；第三，单项计划的许诺不能太多，因为许诺任务越多则计划完成的时间越长。

例如，由于出现了意料之外的原材料大幅度涨价的情况，某企业需要补充制订一个计划，以此增加销售收入，来保证年度生产经营计划的利润、目标的实现。那么这个补充制订的计划期限为多长呢？这个计划至少要在本年度何时之前制订并实施才能确保实现呢？根据许诺原则，该计划期限主要取决于从增加订货到最后实现销售收入的最短周期。对于该企业来说，从接收订单、签订合同到完成工程图设计一般要两个月的时间；从进行生产准备、投资、到产出产品的生产周期一般也需要两个月；商品通过铁路发运，整个发运过程的延续时间为半个月左右；结算周期一般为一个月以上，而且有逐渐延长的趋势。因此，该补充计划的期限应定为半年,也就是说,要保证本年度生产经营计划目标的达成,补充计划工作至少要在 6 月底以前开始。这就是为什么该企业每年要在 6 月底以前审查年度计划完成情况的原因。[①]

(三) 灵活性原则

计划应当具有灵活性,计划中体现的灵活性越大,对于未来意外事件引起损失的危险性就越小,即制订计划时必须留有余地,当出现意外情况时,可以不必付出太大代价就能及时进行调整。对管理者来说,灵活性原则是计划中最重要的原则,在承担的任务重而目标计划期限长的情况下,灵活性表现得尤为重要。当然,灵活性也是受到一定条件限制的:

(1) 未来有很多难以预料的不确定因素,但不能以此为由总是不断推迟决策的时间来确保计划的灵活性。如果一味等待更多的信息,希望尽量地将未来可能发生的问题考虑周全,当断不断,很容易坐失良机,招致失败。

(2) 确保计划具有灵活性是以付出一定成本为代价的,而当成本远大于由于灵活性所带来的收益时,这时的灵活性则失去了其该有的效率性。

(3) 有时现有的客观条件和现实情况,会影响甚至完全遏制计划遵循灵活性原则。例如某企业的产品销售计划在执行过程中遇到困难,可能实现不了既定的目标。如果允许其灵活处置,则可能危及全年的利润计划,从而影响到其他方面,如新产品开发计划、技术改造计划、供应计划、工资增长计划、财务收支计划等等。在这种情况下,企业管理者经过反复权衡,最终不得不动员一切力量来确保销售计划的完成。

(四) 改变航道原则

这一原则强调的是在计划制订完成后,管理者在执行计划的过程中,根据组织环境和自身条件的变化,对计划进行必要的检查和修正,以增强计划的应变能力,确保计划能完成既定目标。尽管管理者在制订计划时预见了未来可能发生的情况,并也已经制订了相应的应变措施,但未来情况随时都可能发生变化,计划往往赶不上变化,因此在计划执行过程中,根据实际情况定期对计划进行检查和修正就成为必要。如果情况已经发生变化,就要及时调整计划或重新制订计划。就如航海家一样,必须经常核对航线,一旦遇到障碍就需要绕道而行。因此改变航道原则实际上就是,计划的总目标不变,但实现目标的进程(即航道)可以因情况的变化随时改变。这个原则与灵活性原则的区别在于:灵活性原则是使计划本身

[①] 张燕.管理学[M].南京:东南大学出版社,2008:99.

具有适应性,而改变航道原则是使计划执行过程具有应变能力。

二、制订计划的步骤

计划是作为组织行动之前的安排,计划的制订本身也是一个过程,而且是一种连续不断的循环,在循环中不断提高。为了保证制订的计划合理,切实可行,使用一定的科学的方法是必要的。管理者在制订不同类型及不同表现形式的计划时,实质上都遵循相同的逻辑和程序,一般包括以下八个步骤:分析环境、确定目标、明确前提条件、制订行动方案、评估备选方案、选择方案、拟订派生计划、编制预算,如图4-5所示。

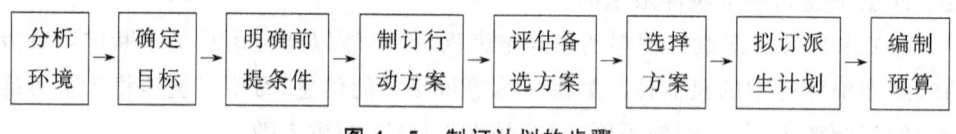

图4-5 制订计划的步骤

(一)分析环境

分析环境是对组织自身及外部环境的现实情况做出现实的判断,它是计划工作的一个重要环节,在具体编制实际计划之前进行,是整个计划工作的真正起点。管理者在开始着手制订计划前,需要通过对组织外部的经济、技术、政治法律等宏观环境,竞争者、管制者、顾客、战略伙伴等微观环境,以及人力资源、物质资源、组织文化等内部环境进行扫描,以此对外部环境中可能存在的机会与威胁、组织自身的优势及劣势做出基本判断,从而助力于后续目标的确定及计划方案的制定选择。例如某年度某家公司的经营业绩出现下滑,该公司管理者通过市场调查发现,业绩下滑的主要原因是市场竞争过于激烈,同类型产品供大于求,而从公司自身来看,无论是在技术水平,还是生产管理方面均处于市场领先水平。因此,该公司在确定计划目标、制订具体计划时,需充分考虑市场竞争带来的威胁以及自身条件的优势。当然,对于一些具有局部作业性质的计划工作,往往并不需要特别复杂和综合的内外部环境分析。但即使如此,也要对内部的资源与外部关系做出基本的判断。

(二)确定目标

目标是指组织在一定时期内(比如一年)所期望达到的效果。目标为组织整体、各部门和各成员指明了方向,描绘了组织未来的状况,并且作为标准可用来衡量实际的绩效。计划工作主要任务是将组织所确立的目标进行分解,以便落实到各个部门、各个活动环节,并将长期目标分解为各个阶段的目标,目标间相互支持和协调,从而形成组织的目标系统。

(三) 明确前提条件

前提条件是计划实施时的组织内外环境的假设条件。对前提条件认识越清楚、越深刻,计划工作就越有效;组织成员越是能够彻底地理解、进而同意使用一致的计划前提条件,组织的计划工作就越容易协调。一般来说,前提条件与计划间应该是具有适配性的,只有满足特定的前提条件,计划才具有可行性,一旦前提条件发生变化或消失,计划的实施也必然遇到阻碍。由于未来环境是极其复杂的,要对其每个细节都做出假设,是不现实的,甚至无利可图,因而是不必要的。因此,前提条件实际上只能是限于那些对计划起关键性作用的,或具有策略意义的假设条件,也就是说,限于那些对计划的贯彻实施最有影响的假设条件。以企业为例,在制订下一年度的产品的生产计划时,管理者必须合理预测在未来该计划实施时,本地区对该产品生产销售的优惠政策是否持续、生产技术是否会有新的突破等前提条件。

(四) 制订行动方案

行动方案类似于行动路线图,是指挥和协调组织活动的工作文件,通过行动方案可以清楚地告诉组织成员要做什么、何时做、谁来做、在何地做以及如何做等问题。一般说来实现某一目标的可行方案是多条的,正所谓"条条道路通罗马"。管理者应在明确的目标和前提条件下,集思广益、拓展思路、大胆创新,努力发掘多种高质量的方案。但实际上,这一过程中较为常见的问题并非是寻找尽可能多的可供选择的方案,反而是进行初步筛选,减少备选方案的数量,以便能够集中对一些可行性高的方案进行仔细评价与比较。

(五) 评估备选方案

在确定了各种备选的计划方案后,管理者就需根据前提条件和目标来权衡各种因素,比较各方案的利弊,对各个方案进行评价。评估备选方案时,要考察它们各自的优缺点可能带来的利益或损失、存在的制约因素和隐患,特别是那些潜在的、间接的损失。然后根据计划的前提条件和目标来分析和评估各种备选方案。通常评价备选方案有两个尺度:一是评价者所采用的标准;二是评价者对各个标准所赋予的权数。这个工作非常复杂,除了依靠管理者的经验和判断外,还常常需要借助于运筹学、计算机技术等各种手段来进行。

(六) 选择方案

所谓选择方案就是在对多项备选的计划方案进行了分析评价后,最终从中确定一项作为即将投入实施的方案。选择方案是整个计划过程中的关键一步,这一步是完全建立在前几步工作的基础之上的。有时,可供选择的备选方案在进行分析评价后表明有两个或两个以上的方案是适合的,这种情况下,为了提高计划的灵活性,管理者往往会在确定首先采用的方案的同时,将其与方案也进行细化和完善,以作为后备方案,使计划能更好地适应未来环境。

(七)拟订派生计划

在选择好具体付诸实施的方案后,计划工作并没有结束,还需要帮助设计计划内容的各个部门拟订支持总计划的派生计划。几乎所有的总计划都需要派生计划的支持和保证,完成派生计划是实施总计划的基础。比如某航空公司投资于新喷气式飞机的计划,就需要派生计划的支持,如制订为进行维修提供备用零部件的计划,制订培训维修人员的计划,制订对驾驶人员和机上工程人员进行培训的计划。另外,由于新购飞机意味着增加飞行时间,所以还要有增聘飞行人员的计划、修改飞行时间表的计划、培训机场地勤人员的计划、融资计划、投保计划等等。

(八)编制预算

编制预算是计划工作的最后一步,即把计划转变成预算,使之数字化。制订计划的最后一步,就是要把计划方案转变成预算,使其数字化。这样做一方面是为了使计划的指标体系更加明确,另一方面是为了组织更易于对计划的执行进行控制。所以预算常常也被看成是一种重要的控制手段。

> **温馨提示**
>
> 正式计划不能代替直觉和创造性。组织的成功通常来自某些人创造性的远见,但是存在着某种趋势试图使远见形式化。正式的计划工作通常包含对组织的能力和机会的彻底调查以及机械式的分析,这种做法将有远见地提出的设想程序化为某种类型的计划程序,这种方法可能会给组织带来灾难。

观察与思考 华为的三次战略转型

在华为的发展历程当中,在其历次的战略制定与调整当中,"活下去"是华为始终坚持的最高目标,但它同时也是华为战略目标的最低标准。因为,只有活下去,企业才有机会寻求更好的发展。如果企业连活着都成为问题,那么所谓的发展都是空谈。

同时,任正非认为,没有正确的假设就没有正确的方向;没有正确的方向,就没有正确的思想;没有正确的思想就没有正确的结论;没有正确的理论,就不会有正确的战略。对战略而言,一定是基于对未来的大胆假设,才能够制定出合理的行动路径以及战略目标。

事实上,华为公司也并非没有出现过战略失误。但是,围绕以客户为中心的服务理念,通过一定的反馈机制,华为所有的动作都能够从客户层面迅速被反馈回来。并且,这种反馈能够直接到达集团层面,有利于高层对战略迅速做出调整。这是华为始终能够以客户为中心驱动公司运营的一个重要原因。

在华为看来,战略所要解决的是"做正确的事",而战术解决的一定是"正确地做事",因此我们说,首先一定要解决做正确的事,并坚定地沿着这个方向走,才能够达成最终的目标。

第一次转型:起步期,农村包围城市

华为在初创期,遵循的是农村包围城市的发展战略。众所周知,华为一直是一个强销售驱动,或者说是由市场驱动经营的公司。它始终强调的是,一定要做满足客户需求的产品和解决方案,永远以市场需求、以客户需求为导向,不断牵引公司的研发方向。

所以,尽管华为在成立初期也卖过很多产品,包括代理交换机业务等等,并因此而赚到了公司的第一桶金,但是自这个时候起,华为就积极地进行了研发,从一些小型交换机开始,慢慢地进入到中型、大型交换机领域。

而之所以要从农村做起,这也是当时的环境因素决定的。因为,在华为初涉通信领域的时候,诺基亚、爱立信、摩托罗拉、西门子、富士通等国际巨头几乎垄断了整个通信市场。同时,任何一个产品从研发到占领市场,都会经历一个非常漫长的过程,包括产品的稳定性,一定是经过很多的实验,包括线网实验、产品验证等等环节,才会得到很好的证明。因此,站在客户的角度,那时,一些追求产品稳定性和品牌公信力的企业也不敢轻易使用一家小公司所研发出来的交换机。在这种大背景之下,弱小的华为只能从农村市场切入。

但是,华为有一个特点,就是非常重视服务,重视客户的感受。因此,任何一款产品在开发出来之后,首先要得到客户反馈,并据此进行不断的完善与调整。在不断满足客户需求的过程中,华为非常重要的一个核心控制点就是服务。也正因为如此,华为从农村市场逐渐向城市市场拓展的脚步也十分迅速,在几年之内就占有了非常高的城市通信市场份额。

第二次转型:国际化及全球化

华为在1998年左右,启动了第二次战略转型,即差异化的全球竞争战略。国际化战略的形成，是基于这样几个重要的因素：

1. 天花板效应。当时，华为的产品，尤其是交换机产品在国内已经占据了主导的地位，整个行业的国内市场也已经趋于饱和。因此，依托这个产品实现快速增长的天花板已经出现，必须形成新的突破。这时，海外市场就成为最佳的选择。

2. 成熟的产品体系。因为华为的交换机产品经过了国内市场的检验和锤炼，已经非常成熟了，可以直接拿到海外进行销售。

3. 优秀的人才储备。在国内，无论是在客户层面、服务层面还是在产品层面，在共同面对市场的过程当中，一大批优秀的干部已经被培训和训练了出来。当时，华为创造了"铁三角"模式，包括客户经理、解决方案经理、交付专家以及 HR 经理等等人才，完全可以直接走到海外去进行市场的拓展、销售以及产品的服务和维护。

4. 管理体系的提升。不论是在农村包围城市的市场策略当中，还是在整个国际化的进程中，华为引入了很多的咨询公司，包括从 IBM 引进了 IPD\ISC 等流程。在 1995 年前后，华为邀请了华夏基石的彭剑锋等六位人大教授为其提炼出《华为基本法》等企业文化方面的内容，可以说对当时公司思想的统一起到了非常重要的作用。

管理咨询公司的引入，再加上华为自身的消化和吸收能力，使得华为的管理系统得到了巨大的提升。

应该说，华为的每一次战略转型，都是很多要素的集合，包括人力资源要素、产品和解决方案要素、管理流程要素等等。如果在国际化的进程中一味大干快上，但是管理流程却没有跟上，很可能会导致管理的混乱。因此，这几个因素促进了华为二次转型的稳步推进。

同时，国际化的过程也是与全球的对手进行竞争的一个非常有效的手段。比如，一些国际巨头在中国市场上与华为形成了竞争，这时，如果华为能够在国际市场上整合资源，并利用这些资源与国际巨头展开国内竞争，不仅可以分散在中国市场的竞争压力，同时也可以增加公司产品和解决方案的竞争力。这其实是华为重大决策的一部分，也是华为国际化的必由之路。并且，当时也是通信行业全球化最好的时机，如果错过，华为的国际化之路会遇到更大的阻力。

第三次转型：由运营商客户向运营商 BG＋企业 BG＋消费者 BG 转型，即三个 BG 业务的分拆

华为第三次的战略转型，是从单纯面向运营商转向三个不同的 BG 业务领域。以前，华为的客户只在运营商层面，包括中国电信、中国移动等等。在转型之后，华为不仅仅做运营商企业（运营商 BG），而且做了很多的行业客户、企业客户

（企业BG），同时也会面向终端的消费者。其中，面向终端的BG主要包括面向手机类产品以及最终面向消费者的一些业务部门（消费者BG）。

同时向这三个BG转型，在全球范围内都是很少见的，因为这三种BG的客户属性差异特别大，彼此的关注点以及整个供应链的流程，包括研发流程、需求的管理流程、营销等流程的差异都非常之大。因此，目前，全球没有任何一家公司能把这三个业务板块、三类不同类型的客户群同时做好。

而华为在一开始做企业BG的时候也并不十分顺畅，也付出了一定的"学费"，可以说是花钱买教训才积累出了一定的经验。近两年来，华为开始逐渐逾越了障碍，能够按照企业BG自身的发展规律，并让整个渠道商、代理商都能够获得比较不错的利润空间。目前，公司BG业务的增速已经达到了40%~50%左右，它的驱动作用可以说是十分明显的。但是，相比于其他两个BG，企业BG的体量相对还是最小的。

同样，消费者BG也经过了非常明显的蜕变。因为华为最初的计划是面向运营商做定制类的手机终端产品，而这类定制产品在当时的市场价格非常之低，利润空间也非常之小。并且，与苹果的精品单机战略迥异的是，它还面临产品型号庞杂多样的问题。但是，消费者BG在余承东的带领下，也做出了非常大的变革，使整个产品体系聚焦三大系列，即MATE系列、P系列以及为应对互联网手机而诞生的荣耀系列。

在这个过程中，消费者BG也经历过巨大的阵痛，但是华为在业务设计的核心控制点上的考量是，在整个手机终端领域，即使最终华为在硬件上不能盈利，至少还可以从芯片上寻找利润空间。这是华为非常重要的一个思考维度。

应该说，华为每次的战略转型其实也都面临着外在的环境，包括客户的变化、机会的变化以及竞争格局的瞬息万变等等。为了应对这些变化，华为能够将全球顶级专家聚集在一起，共同对其进行研讨、检视和识别，最终，这种集体的智慧可以形成统一的攻势。可以想见，其中的投入也是比较惊人的。

而在执行力的层面，华为之所以能够为企业界甚至是管理学界所称道，主要有两个核心因素。第一取决于各种管理体系所发挥的重大作用，包括各种流程、领导的执行力、人员的调配、干部培养等等方面；第二源自华为自身的企业文化，包括以客户中心，以奋斗者为本等等。企业文化的有效的落地执行为华为高的执行力奠定了强有力的基础。

资料来源：孙建恒.华为的战略规划和战略执行.华夏基石e洞察（ID：chnstonewx）[思享会]总第166期.

从计划的重要性及性质的角度，试着谈一谈你对华为的三次战略转型的看法。

第五章 决 策

其实每个人不论在哪一个组织或是组织的哪一个领域中,都在参与制定决策,即他们总是要面临在两个或者两个以上的方案中做出选择的境况。可以说,管理的每一项活动都必须紧扣决策的制定与组织实施而展开,高质量的决策有助于组织在动荡变化的经营环境中实施最优的行动方案。赫伯特·A.西蒙(Herbert A. Simon)甚至强调,管理即决策,决策充满了整个管理过程。因此决策在管理中的重要地位可见一斑。

第一节 决策的概念与特点

一、决策(Decision Making)的概念

《现代汉语词典》对"决策"一词是这样解释的:决定策略或办法。在我国,有文字记载的决策活动,可以追溯到两千多年以前。《通史》《资治通鉴》《孙子兵法》等流传百世的历史巨作,都大量地记载了我们祖先的决策经验与教训。《孙子兵法》有言:"知彼知己者,百战不殆;不知彼而知己,一胜一负;不知彼,不知己,每战必殆。"这些论述,无不闪烁着朴实的决策思想光辉。

······ 管理案例 ······

世界闻名的克莱斯勒汽车公司,规模仅次于通用汽车公司和福特汽车公司,1979年9月亏损达到7亿美元之巨,企业面临倒闭的危险。原因是当世界性的石油危机到来时,克莱斯勒公司仍生产耗油量大的大型汽车,造成汽车大量积压。

该公司聘任原福特公司总经理李·艾柯卡(Lee Iacocca)主持工作,克服重重困难,重组新的最高领导阶层,果断采取向政府申请贷款、解雇数万名工人、产品改型换代和亲善经销商等重大决策,终于使克莱斯勒公司起死回生,实现美国历史上最为著名的企业变革。

1984年,在美国盖洛普进行的"最令人尊敬的经理"调查中,李·艾柯卡名列第一,被人们誉为美国的民族英雄。

李·艾柯卡曾说道:"如果我必须用一个词来扼要叙述是什么造就了好的经

理,我会说是决策能力。你可以使用最好的计算机来收集数据,但最后还是必须要确定时间表和行动。"

资料来源:网络。作者略有改动。

到底什么是决策?切斯特·巴纳德(Chester I. Barnard)在《经理人员的职能》一书中提出了决策的概念:"个人的行为从原则上可以分为有意识的、经过计算和思考的行为,以及无意识的、自动的、反应的、由现在或过去的内外情况产生的行为。一般讲来,前面一类行为的先导过程,不管是什么过程,最后都可以归结为'决策'。同决策有关的显然有两点:要达到的目的和采用的方法。"[1]赫伯特·A. 西蒙(Herbert Alexander Simon)在《管理行为》一书中提出:"任何时候都存在大量可能的备选行动方案,特定个人都会采取其中某一种行动;通过某种过程逐渐缩小备选方案的范围,最终剩下一个实际采纳的方案。"[2]

除此之外,历史上许多管理学家都对决策的概念进行过探讨。尽管众说纷纭,但基本内涵大致相同。狭义地说,决策是在几种行动方案中进行选择。它被看作是一种"瞬间的"一次性的行为,即"拍板定案",注重的是决策结果的合理化。广义地说,决策是从最初识别问题、确定解决问题的标准、把标准按重要程度排序,再在掌握充分的信息和对有关情况进行深刻分析的基础上,用科学的方法拟定并评估各种方案,最终选出合适方案并加以实施的过程。这个观点与西蒙所认为的决策"和管理一词几近同义"[3]的观点是一致的。

本书认为,决策是组织或个人为了解决问题或实现目标,从若干备选的行动方案中进行抉择的分析、判断的过程。

相关链接

赫伯特·A. 西蒙(Herbert Alexander Simon,1916年6月15日—2001年2月9日),美国管理学家和社会科学家,经济组织决策管理大师,获得过9个博士头衔,是现今很多重要学术领域的创始人之一,如人工智能、信息处理、决策制定、问题解决、注意力经济、组织行为学、复杂系统等。其研究成果涉及科学理论、应用数学、统计学、运筹学、经济学和企业管理等方面,因其贡献和影响,他在晚年获得了很多顶级荣誉,如:1975年的图灵奖、1978年的诺贝尔经济奖、

---

[1] C. I. 巴纳德. 经理人员的职能[M]. 孙耀君,等译. 北京:中国社会科学出版社,1997:146.
[2] 赫伯特·A. 西蒙. 管理行为[M]. 詹正茂,译. 北京:机械工业出版社,2013:3.
[3] 赫伯特·A. 西蒙. 管理决策新科学[M]. 李柱流,等译. 北京:中国社会科学出版社,1982:33.

1986年美国国家科学奖章和1993年美国心理协会终身成就奖。瑞典皇家科学院总结性地指出:"就经济学最广泛的意义上来说,西蒙首先是一名经济学家,他的名字主要是与经济组织中的结构和决策这一相当新的经济研究领域联系在一起的。"

资料来源:网络。作者略有改动。

二、计划与决策[①]

计划与决策是何关系?管理理论研究中对这个问题一直有着不同的认识。

有人认为,计划是一个较为宽泛的概念:作为管理的首要工作,计划是一个包括环境分析、目标确定、方案选择的过程,决策只是这一过程中某一阶段的工作内容。比如,法约尔认为计划是管理的一个基本部分,包括预测未来并在此基础上对未来的行动予以安排;西斯克认为,"计划工作在管理职能中处于首位",是"评价有关信息资料、预估未来的发展、拟订行动方案的建议说明"的过程,决策是这个过程中的一项活动,是在"两个或两个以上的可择方案中做出一个选择"。

以西蒙为代表的决策理论学派则强调,管理就是决策,决策是管理的核心,贯穿于整个管理过程。因此,决策不仅包容了计划,而且包容了整个管理,甚至就是管理本身:确定目标、制订计划、选择方案,是目标及计划决策;机构设置、人事安排、权限分配,是组织决策;计划执行活动的检查以及检查的时点、检查手段的选择,是控制决策。因此,计划仅是决策过程中一个阶段的工作内容,决策不仅包容了计划,而且包容了整个管理过程,决策就是管理本身。

本书认为,决策与计划是两个既相互区别又相互联系的概念。之所以说它们是相互区别的,是因为这两项工作需要解决的问题不同。决策是关于组织活动方向、内容以及方式的选择。任何组织在任何时期,为了表现其社会存在,必须从事某种为社会所需要的活动,在从事这项活动之前,组织当然必须要先对活动的方向、内容和方式进行选择,这就是决策。计划则为对组织内部不同部门和成员在某一时期内从事活动的具体内容和要求的谋划与安排。而决策与计划又是相互联系的,具体表现在:首先,决策为计划的任务安排提供了依据。计划工作的首要职能是确定组织目标和拟订实现目标的总体行动计划,而确定目标和拟订行动计划的过程,则都是来自管理者的决策。其次,计划为决策所选择的活动和活动方案的落实提供了实施保证。简单来说,计划是决策的组织落实过程,计划将组织在一定时期内的活动任务分解给组织的每个部门、环节和个人,从而不仅为这些

[①] 陈传明,周小虎.管理学原理[M].2版.北京:机械工业出版社,2012:118.

部门、环节和个人在该时期的工作提供具体依据,而且为决策目标的实现提供组织保证。最后,在实际工作中,决策与计划是相互渗透的,有时甚至不可分割地交织在一起。决策制定过程中,不论是对组织内部优势或劣势的分析,还是在方案选择时对各方案执行效果或要求的评价,实际上都已经开始孕育着决策的实施计划。反过来,计划的制订过程,不仅是决策的组织落实过程,更是对决策更为详细的检查和修订的过程。决策无法落实,或者决策选择的活动中某些任务无法安排,必然导致对决策一定程度的调整。

房谋杜断

唐朝初年,唐太宗善于任用能人为之服务,经常听从大臣的意见。一次他与房玄龄商量事情,房玄龄感慨地说:"非如晦莫能筹之。"等到杜如晦来到时,杜如晦立即分析房玄龄的计谋做出决断。后人称房谋杜断。

谋:计谋;断:决断。房玄龄主意多,而杜如晦比较知道选择哪个。时称如晦长于断,玄龄善于谋,两人同心济谋,配合默契,传为佳话,是唐太宗的左膀右臂,后世论唐代良相,首推房、杜。

资料来源:网络。作者略有改动。

三、决策的特点

(一)目标性

任何组织的决策是为实现组织决策活动的目标服务的。目标是组织未来特定时限内完成任务程度的指向和标志,像是夜行人的指路明灯。没有目标就无从决策;若目标已经实现,也就无须开展决策活动。

(二)可行性

组织管理中所有的决策都是要落到实处,运用到实践中去实现组织的既定目标的。所以决策必须具备可行性,否则再好的方案都是纸上谈兵。决策的可行性具体表现在:

第一,制定决策时,就必须对决策实施的社会效益、经济效益、人力、物力、财力、时间、技术等方面进行可行性论证,以保证决策得到实施。

第二,从成本—效益角度考虑,决策可行与否,要求考虑投入的成本和代价问题。有些决策尽管可行,但由于投入太多、代价太大,因而最终结果可能得不偿失。

第三,可行性包括对决策实施过程中可能出现的问题以及应变措施的考虑。一个在决策期间被认为是可行的方案,有可能在实施过程中因各种条件发生变化而变得不可行。这就要求决策者充分考虑这种情况发生的可能性,一个决策方案越是刚性,其未来在实施过程中面临的风险就越大。

第四,决策是否可行,不光要看是否具备条件,还要看好不好操作,好不好督查,实施对象能不能接受。如果实施对象大多数不能接受,不愿执行,再合理再必要的决策也只是一纸空文;此时决策者也要回过头来考虑下,已做出的决策是否符合实际。

(三)选择性

决策的本质就是选择。没有选择,就没有决策。如果只有一种方案,则没有了选择余地,也就无所谓决策了。而在选择过程中,至少必须存在两种或两种以上的备选方案以供选择,因为没有比较就无法鉴别,就无从择优。决策者从多种方案中进行选择,既有可能性,也有必要性;它使决策者进可攻、退可守,有思考和比较的余地。

在制定可行方案时,应满足整体详尽性和相互排斥性要求。详尽性指应将各种可能实现的方案尽量都考虑到,以免漏掉那些可能是最好的方案。所谓相互排斥性,是指方案之间不可雷同替代。选择性要求管理者善于调查、集思广益以及利用科学的方法尽量产生尽可能多的方案,这样才可能找到相对"最优"方案。

霍布森选择

1631年,英国剑桥商人霍布森从事马匹生意。他说,你们买我的马、租我的马,随你的便,价格都便宜。霍布森的马圈大大的、马匹多多的,然而马圈只有一个小门,高头大马出不去,能出来的都是瘦马、赖马。来买马的左挑右选,不是瘦的,就是赖的。霍布森只允许人们在马圈的出口处选。大家挑来挑去,自以为完成了满意的选择,最后的结果可想而知。后来,管理学家西蒙把这种没有选择余地的所谓"选择"讥讽为"霍布森选择"。

资料来源:网络。作者略有改动。

(四)过程性

决策是一个过程,贯穿管理始终,这是赫伯特·A.西蒙的主要观点。他主张决策过程包括4个阶段:情报活动阶段、设计活动阶段、抉择活动阶段、审查活动阶段。但在实际工作中,这些阶段往往是相互联系、交错重叠的,是难以截然分开的。所以,往往决策是一个"决策—实施—再决策—再实施"的循环反复的不间断的过程。

(五) 动态性

决策的动态性与过程性密切相关。如前所述,决策是一个不间断的循环反复的过程。作为过程,决策无疑是动态的,没有真正的起点,也没有真正的终点。而组织的外部环境处在不断变化中。这要求决策者密切关注并研究外部环境及其变化,从中发现问题或找到机会,及时调整组织的活动,以实现组织与环境的动态平衡,增强组织的适应性。

第二节 决策的类型

决策涉及管理的各个方面,因此决策内容十分广泛。依据不同的划分标准,决策可以分成许多类型。了解各种类型的决策的特点,有助于管理者合理有效地进行决策。

一、初始决策和追踪决策

按照决策的起点的不同进行划分,决策可分为初始决策和追踪决策。初始决策是指组织对从事某种活动或从事该种活动的方案所进行的初次选择。追踪决策则是指在初始决策的基础上对组织活动方向、内容或方式的重新调整。

初始决策是在有关活动尚未进行从而环境未受到影响的情况下进行的,而随着初始决策实施的开展,组织环境或是对组织环境的认知也同时会发生变化,这种情况下所进行的决策就是追踪决策。显然,组织中的大部分决策都属于追踪型决策。

与初始决策相比,追踪决策具有以下特征:回溯分析、非零起点、双重优化。

(一) 回溯分析

追踪决策必须从回溯分析开始。回溯分析,就是对初始决策产生的机制、决策内容、主客观环境等进行客观分析,从起点开始考察导致决策失误的原因、问题的性质、失误程度等,以便有针对性地采取调整措施。追踪决策是一个扬弃的过程,因此回溯分析还应当挖掘初始决策中的合理因素,对其中的"合理内核"予以保留。

(二) 非零起点

初始决策是在有关活动尚未开展、因而对环境尚未产生任何影响的前提下进行的。而追踪决策所面临的条件与对象,已经不是处于初始状态,而是初始决策已经实施,因而受到了某种程度的改造、干扰与影响的状态。也就是说,追踪决策面临的情况,是伴随着初始决策的实施,组织已经消耗了一定的人、财、物资源,且环境状况因此发生变化了的状态。

正是因为初始决策的实施对环境会产生多方面影响,追踪决策在实施过程中一旦改变原先的决策,往往会在不同程度上遭到来自外部协作单位以及内部执行部门的反对。一方面,随着初始决策的实施,组织与外部的协作单位已经发生了一定关系,比如,企业为了开发某种产品,已经向有关厂家订购了生产这种产品必需的某些设备;另一方面,随着初始决策的实施,组织内部的有关部门和人员已经投入相应的活动。随着这种活动的不断进行,这些部门和人员不仅对自己的劳动成果(或初步成果)甚至对这种劳动本身产生了一定的感情,而且他们在组织中的未来也可能在很大程度上与这种活动的继续息息相关。因此,这些单位和部门都有可能在追踪决策时提供并非客观的信息和情报。

(三)双重优化

追踪决策的双重优化体现在,不仅要在初始决策的基础上进行优化,还要在替代方案的选择中进行优化。第一重优化是追踪决策的最低要求,第二重优化是追踪决策应当力求实现的根本目标。

二、战略决策、战术决策和业务决策

按照决策的范围和影响程度的不同进行划分,决策可分为战略决策、战术决策与业务决策。

(一)战略决策

战略决策是对组织最重要,事关组织未来的生存与发展、组织的兴衰成败的大政方针、经营方向等方面的决策,具有全局性、长期性和战略性的特点。比如,确定或改变企业组织的经营方向和经营目标、开发新产品、企业上市、开拓海外市场、高层管理的人事变动等,都是战略决策。战略决策面临的问题较为复杂、不确定性强,常常需要依赖决策者的直觉、经验、判断力、魄力等。

(二)战术决策

战术决策属于战略决策执行过程中的具体决策,是指对组织的人力、资金、物资等资源进行合理配置的一种决策,具有局部性、中期性与战术性的特点。战术决策是战略决策的支持性步骤和过程,也是管理中的主要业务决策,如企业生产计划和销售计划的制订、设备的更新、新产品的定价以及资金的筹措等都属于战术决策的范畴。战术决策不直接或只在短期内影响组织的生存和发展，但它对整个组织的运行起着重要作用，直接影响到组织战略目标的实现。

（三）业务决策

业务决策是涉及组织中的一般管理和处理日常业务的具体决策活动，具有琐细性、短期性与日常性的特点。例如，设备维修、文件整理、产品的销售服务、职工休假安排等都是业务决策。业务决策是组织所有决策中范围最小、影响最小的具体决策，是组织中所有决策的基础，也是组织运行的基础。业务决策的有效与否，在很大程度上依赖于决策者的经验和常识。

（四）实践中的战略决策、战术决策和业务决策

在不同类型的组织决策活动中，不同的管理层面对的问题和所授权限不同，所能负责的决策任务也不同。基层管理者主要从事业务决策，中层管理者主要从事战术决策，高层管理者主要从事战略决策，但这种对应关系并不是绝对的。实践证明，基层管理者必须了解战略决策与战术决策，时刻将业务决策与组织战略目标体系相结合，才能做出合理的业务决策。企业活动中职工参与决策，管理民主化，是提高企业管理效率的有效途径。中层管理者在做出战术决策时，为使决策合理，必须对战略决策有深入的理解；同时，他们也必须指导和帮助基层管理者进行业务决策，使全体员工接受决策的结果。高层管理者除制定战略决策之外，还要通过战略决策来示范并引导战术决策和业务决策，从而促进战略决策的贯彻实施。此外，高层管理者往往具有丰富的经验与超人的洞察力，当下属制定战术或业务决策遇到困难时，他们也能给予有力的帮助。

三、程序化决策和非程序化决策

按照决策问题是否重复出现进行划分，决策可以分为程序化决策和非程序化决策。组织中的问题一般可被分为两类：一类是例行问题，另一类是例外问题。例行问题是指那些重复出现的、常规的管理问题，如大学处理学生的入学申请，企业管理者日常遇到的产品质量、设备故障、现金短缺、定期补充原材料、员工请假等问题；例外问题则是指那些偶然发生的、新颖的、性质和结构不明的、没有固定程序可循、具有重大影响的问题，如新冠病毒如何防控、是否放开、何时放开等防疫问题、企业重大投资、开发新产品或开拓新市场、重要的人事任免以及重大政策的制定等问题。

因此，西蒙根据问题的性质把决策分为程序化决策和非程序化决策。程序化

决策涉及的是例行问题,而非程序化决策涉及的是例外问题。

(一) 程序化决策

程序化决策是指能够运用常规的方法解决重复性的问题以达到目标的决策。组织运行中面临的问题十分繁多,但有许多问题是管理者经常碰到的。不少管理者在处理这类重复出现的问题时凭经验、感觉就能找出问题的症结并提出解决问题的办法。很多组织把这些经验和解决问题的方法,用政策、程序、规则、标准等制度性文件规定了下来,将这些管理实践的规则作为指导以后处理类似问题的依据和准则。

程序化决策是经过较长时间沉淀下来的,不仅仅是几代员工成功经验的总结,更是企业文化的不可缺少的一部分,是组织的宝贵财富、专有技术。一方面,程序化决策能够降低组织的管理成本,通过简化决策过程,缩短了决策时间,使方案的执行更为便利。另一方面,程序化决策能够提高管理效率。决策者在进行程序化决策时因为有前例可寻,因此大量的重复性管理活动能够通过授权下放到下一级管理层中,这样便使较高管理层,特别是最高管理者能避免陷入日常繁忙的事务中,从而有时间思考组织的重大问题、有精力处理与组织生存和发展等有关的非重复性的重大战略问题。

有证据表明,在企业中大量的决策是程序化决策。对于组织来说,应尽可能用程序化决策方法解决重复性问题,管理者也应当有意识地把烦琐的管理事项交予下一管理层处理,以提高管理效率。

(二) 非程序化决策

非程序化决策是指为解决偶然出现的、一次性或很少重复发生的问题做出的决策。对于组织来说,应该对突然或偶然出现的问题加以辨别,确定这些问题是例行问题还是第一次出现的例外问题。当管理者面临突发性或是新出现的问题时,没有经验性的、常规的解决方法可循,就需要一种应变式的反应。此时的管理者通常是依靠非程序化决策来寻找独特的解决办法的,如决定是否与另一企业合并,资产如何重组以提高效率,这些都是非程序化决策的例子。当偶然性的问题再次出现或出现频率增加时,管理者则应及时制定出程序性文件,并将其纳入程序化决策范围内。

非程序化决策对决策者的各方面素质提出了更高的要求。因为决策时往往缺乏信息资料,无先例可循,无固定模式,常常要耗费决策者大量的精力,进行创造性思维。如2001年美国"9·11"事件和中国2020年新冠病毒防疫问题,两者对各自政府而言,都是前所未有的重大公共危机事件,都是要做非程序化决策,没有前人的经验可借鉴,必须依赖于各级政府的决策层长期的经验积累、直觉、判断力、创造力和魄力等,迅速地进行分析判断,进而制定决策,采取必要的手段和及时的措施,强有力地推行决策,以化解风险和危机带来的危害。

事实上,程序化决策和非程序化决策之间没有绝对的界限,在一定的条件下,它们会发生转化。西蒙曾论述道:"它们并非真是截然不同的两类决策,而是像一个光谱一样的连续统一体:其一端为高度程序化的决策,而另一端为高度非程序化的决策。我们沿着这个光谱式的统一体可以找到不同灰色梯度的各种决策,而我采用程序化和非程序化这两个词也只是用来作为光谱的黑色频段与白色频段的标志而已。"[①]

(三)实践中的程序化决策和非程序化决策

组织高层管理者面临的大多是非程序化决策,而中层、基层管理者面临的大多为程序化决策。较低层管理者自己处理日常决策,而把他们认为无前例可循的或困难的决策向上级呈送。类似地,较高层管理者将处理例行事务的程序化决策授权给下级,以便将自己的时间用于解决更为棘手的问题。随着社会发展速度的大大加快,社会的复杂性和不确定性的增加,非程序化决策在实践中已日趋常态化。非程序化决策不等于靠拍脑袋获得灵感和知觉来决策,存在着向程序化决策过渡和转化的可能。当我们意识到突发危机的重复性后,这种转化还是很有必要的。如"9·11"事件和2003年"非典"事件发生后,中美两国政府都认识到政府的非常态管理和常态管理一样重要,忽略了前者的话,就像木桶原理告诉我们的,最终影响政府绩效和政府形象的,是那块"短板"。两国政府都加强了应对和处理公共危机的能力,研究和形成了一整套较完备的建制。平时重预防,通过应急预案的制定,明确应对危机的处理原则、组织领导及应对措施。通过加强应急管理方案的演练,使公共危机的应对工作制度化、规范化、程序化,力保在紧急情况发生时,能有条不紊地应对、控制局面、减少损害。

四、个人决策和群体决策

根据决策主体的不同进行划分,决策可分为个人决策和群体决策。

---

① 赫伯特·A.西蒙.管理决策新科学[M].李柱流,等译.北京:中国社会科学出版社,1982:39.

（一）个人决策

个人决策是指由单个人做出的决策，决策权集中于个人，决策受个人知识、经验、心理、能力、价值观等个人因素的影响较大，决策过程带有强烈的个性色彩。个人决策往往适用于日常性事务决策或程序性决策。个人决策能明显地提高决策效率，但无法绝对保证决策结果的有效性。

（二）群体决策

群体决策则是指由多个人一起做出的决策。决策权由集体共同掌握，受个人因素的影响较小，受群体结构的影响较大。群体决策适用于所有的决策活动，特别是适用于对组织有重大的关键性问题的决策，例如，组织的大政方针、战略目标、资产运作、高层人事变动等。

群体决策的优点包括：可以有效地利用集体智慧；可以提供更完整的信息，产生更多的方案，提高决策的合理性；增加对方案的可接受程度等。但其缺点也是明显的，如消耗的时间长，有可能屈从压力，职责不清等。

（三）个人决策与群体决策的比较

一般而言，在需要对问题迅速做出反应时，个人决策是有效的；而在有关组织发展的重大问题的决策上（往往不太急迫），群体决策更优越。时任 IBM 公司 CEO 的里欧·郭士纳在 1992 年为了挽救亏损达 50 亿美元的 IBM 公司时，就是更多地依赖个人决策和强势管理，对 IBM 公司进行了大刀阔斧的改革，最终扭转了 IBM 公司的局面。在那样的危急关头，缓慢的群体决策显然派不上用场。

管理案例

通用电气（GE）公司前 CEO 杰克·韦尔奇在团队建设过程中十分重视发挥建设性冲突的积极作用。他认为开放、坦诚、建设性冲突、不分彼此是团队成员合作成功的必备要素，也是唯一的管理规则。企业必须反对盲目的服从，尊重不同的意见，将事实摆在桌上进行讨论，让每一位员工都有表达反对意见的自由和自信。韦尔奇称此为建设性冲突的开放式辩论风格。正是这种建设性冲突培植了 GE 独特的企业文化。

索尼公司创始人盛田昭夫也从自己的管理实践中体会到，通过一定的途径和方式激发建设性冲突，让员工表达自己的不满并发表批评意见对企业非但不是不幸，反而有利于培养上下级一体的工作关系，能使组织少冒风险。他在公司里鼓励大家"公开提出意见"，即使对自己的上司，也不要怕因公开提出意见而发生冲突。他认为,"不同的意见越多越好,因为最后的结论必然更为高明""公司犯错的风险才会减少"。

资料来源:网络。作者略有改动。

五、确定型决策、风险型决策和不确定型决策

根据环境因素的可控性进行划分,决策可分为确定型决策、风险型决策和不确定型决策。

(一)确定型决策

确定型决策,是指在稳定(可控)条件下进行的决策。在确定型决策中,决策者确切知道自然状态的发生,每个方案只有一个确定的结果,最终选择哪个方案取决于对各个方案结果的直接比较。例如,某个决策者有笔余款,他有几个备选方案:购买国债,3年期的利率3.85%;银行定期存款,整存整取3年的利率是2.65%;银行活期存款,年利率0.3%。显然,如果这个决策者的目标是想多获得利息,那么,他的决策就是一种确定型决策——在结果十分明确的情况下,选择购买国债。

事实上,在组织中,确定型决策并不多,特别是对高层管理者来说,这是一种理想化的决策活动。

(二)风险型决策

风险型决策也称随机决策,是指决策者不能预先确知环境条件,各种决策方案未来的若干种状态是随机的,但面临的问题是明确的,解决问题的方法是可行的,可供选择的若干个可行方案已知,各种状态的发生也可以从统计上得到一个客观概率。简单地说,在这类决策中,自然状态不止一种,每个备选方案就会相应地有不同的执行后果,决策者虽然无法知道哪种自然状态会发生,但能知道有多少种自然状态以及每种自然状态发生的概率。因此,实际上不管选择哪个备选方案都有一定的风险。对这类决策,决策者应该在计量化基础上进行辨别、筛选。企业产品开发、扩大规模的投资决策,都是属于风险型决策。例如,某企业经营某种商品,经营方案包括降价、扩大生产规模、开发新品种、停产几种,其经营效果实际也取决于市场需求状况,假设市场需求量有高、中、低三种自然状态,无论选择哪一种经营方案,都可能面临市场需求量的三种可能性,即都面临一定风险,而这三种状态出现的可能性(概率)可以依据一定资料测算出来,因此决策者可以根据这些资料选择经营方案,从而决定经营方式和方法。这种测算结果概率的能力,往往来自决策者的个人经验或是分析资料的能力。

（三）不确定型决策

不确定型决策是指在不稳定条件下进行的决策，决策者可能不知道有多少种自然状态，即便知道，也不能知道每种自然状态发生的概率。在不确定型决策中，决策者不能预先确定环境条件，无法估计可能有哪几种状态和各种状态的概率，解决问题的方法大致可行，供选择的若干可行方案的可靠程度较低，决策过程模糊，方案实施的结果未知，决策者难以确切估计各个备选方案的执行后果，因此整个决策过程充满了不确定性。可见，不确定型决策是最困难和风险最大的，它和风险型决策同属于非程序化决策。实际上，组织中的大多数决策都属于不确定型决策。不确定型决策可以采用数学模型来帮助决策，但关键仍在于决策者是否能尽量掌握有关信息资料，是否能依据其直觉、经验和判断果断行事。

（四）实践中的确定型决策、风险型决策和不确定型决策

一般来说，越是组织的高层管理者所做出的决策，越倾向于战略型的、非常规的、科学的、非确定型的决策；越是组织的下层管理者所做出的决策，越倾向于战术型的、常规的、经验的、确定型的决策。

第三节　决策过程与影响因素

决策是包含了多个阶段工作的过程。决策的核心是在分析、评价、比较的基础上，对活动方案进行选择；选择活动方案的前提是必须拟订多种可行性方案，以备选择；要拟订备选方案，首先要分析判断组织的现有活动，分析改变原先决策的必要性，制定调整后应达到的目标。因此，决策过程包括了识别并诊断问题、明确决策目标、拟订决策方案、评估并选择方案、执行决策方案和评价执行效果六个阶段的工作内容。在从事这些工作的过程中，决策者会受到信息的获取状况、环境的稳定状况、决策问题的性质、组织的文化特征以及决策者的个人因素五方面的影响等多重因素的影响。

一、决策的过程

（一）识别并诊断问题

决策者必须知道哪里需要行动，所以决策过程的第一步是识别并诊断问题。首先要明确什么是"问题"。所谓问题，就是实际状况与决策者所认为的应有状况之间的偏差。做任何事情之前，决策者脑海中都已对应有的结果预设了期望，如果实际情况与期望的状态不一样，就产生了偏差，也就出了"问题"。决策者若感

知到了这些偏差,就会意识到存在问题或潜在的机会,进而就会被激发起来采取行动,纠正偏差。

认识和分析问题是决策过程中最为重要也是最为困难的环节。说它最重要,是因为问题不清,无从决策;而问题找错,将一错百错。在这个环节多下些功夫,是非常值得和必要的。彼得·德鲁克曾指出:"管理决策中最常引发错误的是过分强调找到正确的答案,而不是正确的问题。"说它最为困难,是因为真正的问题所呈现出来的往往只是一些征兆和表面现象,其实质和发生原因被大量的表象所掩盖,需要我们进行深入的分析,才能找到真正的问题。而这就需要决策者特别注意要尽可能精确地界定问题和评估问题。界定问题就是要把问题的性质、特点和范围搞清楚,为后续进一步决策奠定正确的基础。

问题界定准确了,才谈得上后续的评估。而评估问题的精确程度有赖于信息的精确程度。所以尽力获取精确的、可信赖的信息就至关重要了。决策者要谨防影响其正确识别问题的认知倾向和心理偏差。信息收集上可能会发生偏倚,如消极消息上行沟通中出现"过滤"的问题等。决策者要注意信息的完整和全面。切忌凭个人好恶来选择资料或事实,那样就很容易得出符合个人意愿、但却不符合客观事实的结论。评估问题的目的,首先要明确该问题是否严重。只有与组织的生存和发展存在重大关系的问题,我们才要考虑去化解它,否则一个组织每天遇到的问题实在太多太庞杂了,不可能每个都一视同仁地排上决策日程,总得有个轻重缓急的考量。然后再经过初步调查,确定问题出在何处。最后深入调查,以明确真正的问题所在及分析其产生的可能的原因有哪些。

(二)明确决策目标

目标是管理者希望通过决策活动所要取得的成果或所要达到的预期状态。发现了问题或察觉了机会之后,是否要采取行动及采取何种行动,就取决于决策目标的确定。决策目标既是评价和选择决策方案时的依据,又是衡量决策行动是否取得预期结果的尺度。

在明确目标阶段,先要对决策所需条件展开分析,接着要把组织所期望获得的结果的数量和质量都要定下来,这两方面最终将指导决策者选择合适的行动路线。决策目标只有含义明确、内容具体,才能对控制和实施决策起到指导和依据作用。彼得·德鲁克指出:"真正的困难不在于确定我们需要什么目标,而在于决定如何订立目标。"[①]

---

① 彼得·德鲁克.管理实践[M].帅鹏,等译.北京:工人出版社,1989:77.

(三）拟订决策方案

一旦问题被正确地识别出来，决策者就要提出达到目标和解决问题的各种方案。这一步骤需要发挥决策者的创造力和想象力，在时间、资源等条件允许的情况下，提出尽可能多的方案。这方案可以是已有的方案，如组织以前采用过的方案、决策者以前见过的主意或其他曾遇到类似问题的人的建议等；也可以是新定制的方案，即根据具体问题设计，将主意融入新的、有创意的方案中，还可通过头脑风暴法、德尔菲法和名义小组技术等找寻出富有创造性的方案。

决策方案的拟订，一方面需要决策者借助其个人经验、素质、经历和对有关情况的把握来提出；另一方面，为了获得更多、更好的方案，决策者还要善于征询他人（如专家）的意见，特别要重视他人的反面意见。决策者要善于吸收反面意见中的合理成分，以使最终的决策更加完善。

拟订方案时，要注意提出的各方案之间要互相排斥，这是一个基本要求。这样能鼓励参与各方尽量从不同的方面拟订方案。很著名的一个例子是：1962年，美国在对付苏联在古巴部署导弹这一问题进行决策时，在确立解决此次加勒比海危机的具体目标是迫使苏联撤出导弹的前提下，由于决策者鼓励有关人员畅所欲言，结果一共拟订出6个备选方案：无所作为、施加外交压力、通过各种渠道与古巴谈判、全面入侵、空袭摧毁导弹基地、封锁海面。决策者经过权衡，最后选择了封锁海面，问题得到了顺利解决。

管理故事

在一次内部高层会议中，通用汽车公司总裁斯隆发现所有的人都对一个重要决策持认同态度。他强调说："对于这个问题，所有的不同意见都可以提出。"大家都点了点头。斯隆接着说："诸位先生，我想我们大家对这项决定都一致同意，是吗？"出席会议的委员们都点头表示同意。于是他接着说："现在，我宣布会议结束，这一问题推迟到下次开会时再行讨论。我希望下次开会时能听到相反的意见，只有这样，我们才能得到对这项决策的真正了解。"斯隆做决策从来不靠"直觉"，总是强调必须用事实来检验看法，懂得正确的决策必须建立在各种不同意见充分讨论的基础上。事实证明，在那次会议上，斯隆避免了一个错误的决策。

资料来源：网络。作者略有改动。

（四）评估并选择方案

在拟订方案后，决策者必须对各方案的价值或恰当性进行确定，在分析对比的基础上,选出最佳方案,从而形成决策。

一般说来,评估方案前要明确该决策的主要目标是什么、主要评估标准有哪些、各个评估标准的权重是怎样的。然后再从以下三方面进一步展开筛选:一是对方案进行条件分析,即该方案是否具备实施的主客观条件。二是对方案进行利害得失分析,即分析该方案的实施可能有哪些收益、需付出哪些代价、需花费多少成本。有些方案在短期内代价较小,但从长远来说会付出很大的代价,因此要有长远眼光,避免急功近利。三是对方案实施的结果进行预测:风险与不确定性如何?如何应对不确定性?有应急方案吗?在经过上述几方面分析的基础上,还需要做进一步的综合评估,以便于对它们进行比较,最后进行排序,并做出最终选择。

(五) 执行决策方案

执行是决策过程中至关重要的一步。如果决策不考虑执行,那么它不过是纸上谈兵。在方案选定以后,决策者就要制定执行方案的具体措施和步骤。

决策者要明了每个步骤由谁负责;各步骤所需的资源和行动是否到位;资源是组织内具备的,还是需要从组织外部获取;获取的条件有哪些,要尽量做到经济有效。决策者要能把组织内外的资源调动起来,优化配置,以产生最大效能。他要确保与决策有关的各种指令能被所有有关人员充分接受和彻底了解,在执行过程中注重信息反馈,掌握进展情况,实施有效控制。

(六) 评价执行效果

对决策执行效果的评价,即决策者要随时掌握决策的效果和进度的情况,再与决策者当初所设立的目标进行比较,看是否出现偏差。如果存在偏差,或者说存在负反馈,就要找出负反馈出现的原因。若是因为决策的实施需要更多的时间、资源、努力,那就要考虑进一步加大投入;如果说这个决策本身就是个错误的决策,如决策的方向性错误,决策目标不切实际,错误估计现状及趋势,因而做出错误的判断等,那就要果断终止执行,重新展开新决策的制定过程。即重新识别问题,收集更多信息和建议,改正初始决策中存在的错误,经过适当调整后,使新决策更加符合组织的实际和变化了的环境。所以,这一过程也叫作"决策追踪"。可见,决策是一个循环往复的动态过程,没有终点。而如果发现偏差是执行过程中某种人为或非人为的因素造成的,那么决策者就应该加强对决策执行过程的监控并采取切实有效的措施,确保已经出现的偏差不扩大甚至有所缩小,从而使决策取得预期的效果。

需要指出的是,决策者在以上各个步骤中都会受到个性、态度和行为、伦理和价值以及文化等诸多因素的影响。

按以上六个步骤做出的决策是否就是正确的决策?

按科学的程序进行决策并不能够保证决策结果是正确的,但现实中很多决策失误的根本原因就是没有严格按照决策程序一步一步去做:既没有清晰地界定问题,也不清楚决策的目标,或者对备选方案不进行科学的评价,或者决策执行中没有检查和控制。

二、决策的影响因素

(一)信息的获取状况

美国企业家 S.M. 沃尔森有句名言:"一个成功的决策,等于 90% 的信息加上 10% 的直觉。"可见,决策离不开大量的信息。当然,在实际运作中,信息量过大固然有助于决策水平的提高,但对组织而言可能是不经济的:可能耗费了大量的人力、物力、时间等,而损害了决策强调的时效性,错过了时机。而信息量过少则使管理者无从决策或导致决策达不到应有的效果。所以,通常认为,适量的信息是决策的依据。理性的决策者必然努力使收集数据、处理数据、产生信息的成本应低于信息所带来的效益。

对于一个科学有效的决策过程来说,"策"是基础和前提,"决"是目标和关键。一个成功的管理者应既善于"借助外脑",广泛听取他人的意见和建议,充分发挥调查研究、集思广益、民主协商等在决策中的重要作用;又要善于分析和综合他人的合理化建议,在时机成熟、条件具备的情况下大胆拍板,果断拿出方案和举措,确保决策的及时有效。当然,这里面还有一个如何统筹兼顾、把握火候的问题,需要在领导和管理工作实践中不断探索、逐步提高。

美国总统林肯,在他上任后不久,有一次将六个幕僚召集在一起开会。林肯提出了一个重要法案,而幕僚们的看法并不统一,于是七个人便热烈地争论起来。林肯在仔细听取其他六个人的意见后,仍感到自己是正确的。在最后决策的时候,六个幕僚一致反对林肯的意见,但林肯仍固执己见,他说:"虽然只有我一个人赞成但我仍要宣布,这个法案通过了。"

表面上看,林肯这种忽视多数人意见的做法似乎过于独断专行。其实,林肯已经仔细地了解了其他六个人的看法并经过深思熟虑,认定自己的方案最为合理。而其他六个人持反对意见,只是一个条件反射,有的人甚至是人云亦云,根本就没有认真考虑过这个方案。既然如此,自然应该力排众议,坚持己见。因为,所谓讨论,无非就是从各种不同的意见中选择出一个最合理的。既然自己是对的,那还有什么犹豫的呢?

资料来源:网络。作者略有改动。

(二)环境的稳定状况

一般来说,在环境比较稳定的情况下,组织过去针对同类问题所做的决策具有较高的参考价值,因为过去决策时所面临的环境与现时差不多。有时,今天的决策仅是简单地重复昨天的决策。这种情况下的决策一般由组织的中低层管理者负责就可以了。

但环境若是发生了剧烈变化,组织所要做的决策通常是紧迫的,否则可能因贻误时机而被环境淘汰;同时过去的决策的借鉴意义也不大,因为已经事过境迁。为了更快地适应环境,组织可能需要对组织活动的方向、内容与形式进行及时的调整。这种情况下的决策一般由组织的高层管理者进行。

(三)决策问题的性质

1. 问题的重要性[①]

问题的重要性对决策的影响是多方面的:第一,重要的问题可能引起高层领导的重视,有些重要问题甚至必须由高层领导亲自决策,从而让决策可得到更多力量的支持;第二,越重要的问题越有可能由群体决策,因为群体决策相对个人决策而言,对问题的认识更全面,决策的质量可能更高;第三,越重要的问题越需要决策者慎重决策,越需要决策者尽量避免各种心理偏差,避开各类决策陷阱。

2. 问题的紧迫性

如果决策涉及的问题对组织来说非常紧迫,急需处理,则这样的决策被称为时间敏感型决策。对于此类决策,快速行动要比如何行动更重要,即对决策速度的要求高于对决策质量的要求,决策过程应相应地简化。战场上军事指挥官的决策多属于此类。组织在发生重大安全事故、面临稍纵即逝的重大机会以及在生死存亡的紧急关头所面临的决策也属于此类。需指出的是,时间敏感型决策在组织中不常出现,但每次出现都给组织带来重大影响。

相反,如果决策涉及的问题对组织来说不紧迫,组织有足够的时间从容应对,

[①] 周三多.管理学[M].3版.北京:高等教育出版社,2010:106.

则这样的决策可被称为知识敏感型决策。因为在时间宽裕的情况下对决策质量的要求必然提高,而高质量的决策依赖于决策者掌握足够的知识。组织中的大多数决策均属于此类。对决策者而言,为争取足够的时间来做出高质量的决策,需要未雨绸缪,尽可能在问题出现之前就将其列为决策的对象,而不是等问题出现后再匆忙做决策,也就是将时间敏感型决策转化为知识敏感型决策。

(四) 组织的文化特征

在保守型组织文化中生存的人们受这种文化的影响,倾向于维持现状,他们害怕变化,更害怕失败,对任何带来变化(特别是重大变化)的行动方案会产生抵触情绪,并以实际行动抵制。在这种文化氛围中,如果决策者想坚持实施一项可能给组织成员带来较大变化的行动方案,就必须首先勇于破除旧有的文化,建立一种欢迎变化的文化,而这是组织变革中最难的一种变革。

在创新型组织文化中生存的人们欢迎变化,勇于创新,宽容地对待失败,并提出高产出高回报,鼓励拼搏精神。在这样的组织中,容易进入决策者视野的是给组织带来变革的行动方案。有时候,他们进行决策的目的就是制造变化。另外,在一个对不确定性规避(Uncertainty Avoidance)[①]较低的组织文化下,凭直觉进行决策更易于被组织接受。

(五) 决策者的个人因素

1. 直觉

直觉是意识的本能反应,以感觉为基础,不是有意识地思考的结果。管理者通常也会运用直觉来做出决策,直觉直接影响着决策者的判断,包括对问题、信息的判断,对方案的抉择。很多情况下,这种靠潜意识的决策过程并不是毫无道理的,它是基于决策者长期积累的经验和实践。

管理者何时最有可能使用直觉进行决策呢?有以下八种情况:一是存在高不确定性时;二是极少有先例存在时;三是变化难以科学地预测时;四是"事实"有限时;五是事实不足以明确指明前进道路时;六是分析性数据用途不大时;七是当需要从存在的几个可行方案中选择一个,而每一个的评价都良好时;八是时间有限,并且存在提出正确决策的压力时。[②]

但管理者需清楚的是,直觉犹如一把双刃剑,决策者需同时运用头脑和心灵,

[①] 不确定性规避,是由荷兰学者吉尔特·霍夫斯塔德(Geert Hofstede)在其建立的区别文化间差异的四维体系中提出来的,指的是一个社会感受到的不确定性和模糊情境的威胁程度,并试图以提供较大的职业安全、建立更正式的规则、相信绝对知识和专家评定等手段来避免这些情境。

[②] 斯蒂芬·P.罗宾斯.直觉决策[J].企业管理,1999(11).

将理性决策和直觉决策水乳交融在一起,才能较好地提高决策的正确性。

2. 执著

执著是指人们特别偏爱自己的决策所选定的方案,甚至当实践已经证明这个方案不妥当或不正确时,仍然要坚持下去,"不到黄河心不死",甚至进行"承诺升级"[①],使沉淀成本越来越大。此时实际已变成了执迷不悟。这里有决策者个性好强、"好面子"等心理因素在里面,不敢面对现实,不愿承认失败,感情压倒了理智,往往是损失已经到了不可弥补的地步才醒悟过来。决策者要注意这种现象,避免受其所害。

3. 对待风险的态度

人们对待风险的态度在很大程度上影响着决策。安全需要是人类的基本需要,人们往往要求关键性决策的安全系数越高越好。但决策者遇到的大多数决策都是或多或少地带有某种程度的风险性的。在四平八稳的"保险箱"的框架内进行决策固然是保险的,却往往无法取得最好的决策效果。有的决策者天生爱冒险,敢闯敢拼,追求高刺激下的高回报,凡事喜欢赌一把;而有的决策者则天生谨小慎微,万事只求平安无恙。当然同一个人也会因为所面对问题的不同、在组织中位置的高低不同、所面临风险的大小不同以及其他一些因素而表现出不同的风险态度。

4. 利益与政治斗争

决策往往涉及组织中利益的调整和分配。决策制定的过程,往往就是相关各方利益博弈的过程,大家都想最终的决策对己方有利,其间充满了各种力量的分化组合,还会产生结盟的现象。结盟是指个人或群体之间为了实现某种共同目的而形成的一种非正式的联合。例如,企业的股东为了某种共同的目的而联合起来向董事会施压以做出对自己有利的决策;美国军火商集团对美国政府的外交和军事政策有着强大的影响力。

第四节　决策方法

随着决策实践和理论的不断发展,人们已经创造出许多科学可行的决策方法。但无疑没有一种方法是万能的,关键在于在具体情境下根据决策问题的性质和特点,具体情况具体分析,随机应变,找到其适合的方法去进行针对性的决策。

---

① 承诺升级,是指当先前的决策出现负面反馈信息时,决策者仍会继续为先前的选择投入更多资源,使得原有的损失持续扩大的行为。

决策使用的方法既依赖于客观条件,比如是否有计算机和相应软件;也依赖于决策者的素质和能力,比如定性分析与定量分析的能力。根据决策所采用的分析方法,可以把决策方法分为定性决策方法、定量决策方法以及定性与定量相结合的决策方法。

一、定性决策方法

在计算机出现前,人们习惯于用定性方法进行决策,也常用定性与定量相结合并以定性分析为主的决策方法。而在计算机已经普及的今天,人们发现还是离不开定性决策方法的,原因包括:首先,人们面对信息不完全的决策问题时,比如面对新的环境里出现的新问题,难以使用对数据依赖程度很高的定量方法。其次,当决策问题与人们的主观意愿关系密切时,比如定量分析的目标函数如何确定,特别是当多个决策者意见有分歧时,需要采用定性分析或以定性分析为主的决策方法。最后,当决策问题十分复杂,现有的定量分析方法和计算工具难以胜任时,人们不得不进行粗略的估计和采用定性分析方法。

定性决策方法主要有头脑风暴法、德尔菲法、名义小组技术等。

(一) 头脑风暴法

1939年,美国的创造学家奥斯本(A. F. Osborn)提出了"头脑风暴法"(Brain Storming,简称 BS 法),是一种较为常用的集体决策方法,便于发表创造性意见,因此主要用于收集新设想。头脑风暴法通常是将对解决某一问题有兴趣的人聚集在一起,鼓励他们尽量多地提出新颖创见,而不允许互相批评,过程中所有意见都会被记录下来,留待稍后进行讨论和分析。

头脑风暴法实施中应遵循的原则包括:

(1) 鼓励每个人独立思考,广开思路,想法越新颖、建议的数量越多越好,不必考虑自己建议的质量。不允许私下交谈。

(2) 在充分表述所有观点后,才进行评述和批评。

(3) 与会人员一律平等。鼓励大家自由发言,畅所欲言。

(4) 利用和改善他人的设想,对此称为"免费搭车"。

头脑风暴法的目的在于创造一种畅所欲言、自由思考的氛围,让每一个参与者充分受到其他人提出意见的刺激和启发,激起发散性思维,诱发思维共振和连锁反应,从而产生更多的创造性思维。这种方法的时间安排应在 1~2 小时,参加者以 5~6 人为宜。

> 管理故事

有一年,美国北方格外严寒,大雪纷飞,电线上积满冰雪,大跨度的电线常被积雪压断,严重影响通信。过去,许多人试图解决这一问题,但都未能如愿以偿。后来,电信公司经理应用奥斯本发明的头脑风暴法,尝试解决这一难题。他召开了一种能让头脑卷起风暴的座谈会,参加会议的是不同专业的技术人员。

按照这种会议规则,大家七嘴八舌地议论开来。有人提出设计一种专用的电线清雪机;有人想到用电热来化解冰雪;也有人建议用振荡技术来清除积雪;还有人提出能否带上几把大扫帚,乘坐直升机去扫电线上的积雪。对于这种"坐飞机扫雪"的设想,大家心里尽管觉得滑稽可笑,但在会上也无人提出批评。相反,有一工程师在百思不得其解时,听到用飞机扫雪的想法后,大脑突然受到冲击,一种简单可行且高效率的清雪方法冒了出来。

他想,每当大雪过后,出动直升机沿积雪严重的电线飞行,依靠高速旋转的螺旋桨即可将电线上的积雪迅速扇落。他马上提出"用直升机扇雪"的新设想,顿时又引起其他与会者的联想,有关用飞机除雪的主意一下子又多了七八条。不到一小时,与会的10名技术人员共提出90多条新设想。

会后,公司组织专家对设想进行分类论证。专家们认为设计专用清雪机,采用电热或电磁振荡等方法清除电线上的积雪,在技术上虽然可行,但研制费用大,周期长,一时难以见效。那种因"坐飞机扫雪"激发出来的几种设想,倒是一种大胆的新方案,如果可行,将是一种既简单又高效的好办法。经过现场试验,发现用直升机扇雪真能奏效,一个久悬未决的难题,终于在头脑风暴会中得到了巧妙的解决。

资料来源:网络。作者略有改动。

(二)德尔菲法

德尔菲法(Delphi Method),又称为专家决策法,由美国兰德公司于20世纪50年代初提出,被用来听取有关专家对某一问题或机会的意见。与头脑风暴法不同,德尔菲法并不让所有的专家当面讨论并形成结果,而是采用背对背的方式分别与每一位专家交换意见,这就避免了头脑风暴法中由于面对面交流,某些过于尖锐的意见不会被提出的情况。其具体做法如下:

(1)根据问题的特点和性质,选择和邀请做过相关研究或有相关经验的专家的人数一般在10~50人较好。

(2)将与问题有关的信息分别提供给专家,请他们匿名、各自独立地发表自己的意见,并写成书面材料。

(3) 拟订好意见征询表，因为它的质量直接关系到决策的有效性。管理者收集并综合专家们的意见后，将综合意见反馈给他们，请他们再次发表意见。如果分歧很大，可以开会集中讨论；否则，管理者分头与专家联络。

(4) 如此反复多次，最后形成大体上一致的、代表专家组意见的方案。

运用德尔菲法，可能存在如下缺点：第一，过程较复杂，花费时间较长；第二，决策的精确程度受专家的主观制约，取决于他们的观点、学识或是对决策对象的兴趣程度。

(三) 名义小组技术

名义小组技术（Nominal Group Technique），又称名义群体法、名目团体技术、名义群体技术、NGT法等，是管理决策中的一种定性分析方法。名义小组技术的适用情境是进行集体决策时，如果大家对问题性质的了解程度有很大差异，或彼此的意见有较大分歧，直接开会讨论效果并不好，可能争执不下，也可能权威人士发言后大家会随声附和。此时选择名义小组技术是适宜的。小组成员不在一起讨论、协商，小组只是名义上的。这种名义上的小组可以有效地激发个人的创造力和想象力。具体步骤如下：

(1) 管理者先选择一些对要解决的问题有研究或有经验的人作为小组成员，并向他们提供与决策问题相关的信息。

(2) 小组成员各自先不通气，独立地思考，提出决策建议，并尽可能详细地将自己提出的备选方案写成文字资料。

(3) 召开会议，让小组成员一一陈述自己的方案。

(4) 成员对全部备选方案投票，产生大家最赞同的方案，并形成对其他方案的意见，提交管理者作为决策参考。当然，管理者最后仍有权决定是接受还是拒绝这一方案。

二、定量决策方法

决策过程中，在决定选择哪一个方案时，要比较不同的方案。而比较的一个重要标准是各种方案实施后的经济效果。由于方案是在未来实施的，所以管理者在计算方案的经济效果时，要考虑到未来的情况。根据未来情况的可控程度，可把有关活动方案的决策方法分为三大类：确定型决策方法、风险型决策方法和不确定型决策方法。

(一) 确定型决策方法

决策面对的问题的相关因素是确定的，在比较和选择活动方案时，如果未来情况只有一种并为管理者所知,则须采用确定型决策方法。比起风险型决策和不确定型决策,确定型决策是比较容易求解的。常用的确定型决策方法有线性规划法和量本利分析法等。

(二) 风险型决策方法

如前所述,决策者在比较和选择活动方案时,如果未来情况不止一种,管理者不知道到底哪种情况会发生,但知道每种情况发生的概率,则须采用风险型决策方法。常用的风险型决策方法是决策树法。

决策树法是用树状图来描述各种方案在不同情况(或自然状态)下的收益,据此计算每种方案的期望收益从而做出决策的方法。决策树由决策点、状态节点、方案枝和概率枝组成。应用决策树的具体步骤为:①绘制决策树,从左至右;②确定概率,标在概率枝上;③计算收益,标在概率分支的末端;④计算期望收益,从右向左,期望值标于状态节点上;⑤剪枝,从右向左逐一比较,把小的方案枝剪掉。下面通过举例来说明决策树的原理和应用。

例 5.1 某投资者欲投资兴建一工厂,建设方案有两种:①甲方案投资 500 万元;②乙方案投资 300 万元。两个方案的生产期均为 10 年,其每年的损益值及销售状态如表 5-1 所示。

表 5-1 各方案在不同情况下的损益

销售状态	概率	损益值(万元/年)	
		甲方案	乙方案
销路好	0.7	180	90
销路差	0.3	−10	10

图 5-1 是解决这一问题的决策树。图中的矩形节点称为决策点,节点 A 代表最终的决策。从决策点 A 引出的分支称为方案枝;圆形节点称为状态点,从状态点引出的分支是概率枝。每条概率分枝上标明了未来可能出现的某种销售状态及其发生的概率。概率分枝数反映了该方案面对的可能的状态数,因此也称状态枝。三角形节点称为结果点,表示每一种状态所得到的结果。图 5-1 中标出了相应的概率和损益值。

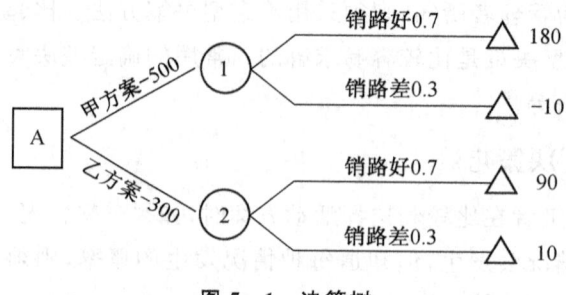

图 5-1 决策树

各方面的期望收益计算如下：

甲方案的收益期望值：[180×0.7+(−10)×0.3]×10−500=730

乙方案的收益期望值：(90×0.7+10×0.3)×10−300=360

状态节点 1 的期望收益是 730 万元，状态节点 2 的期望收益是 360 万元。取其中期望收益最大的作为采用的方案。

最后得到的决策方案是：甲方案在经济上是比较合理的，期望收益是 730 万元。

（三）不确定型决策方法

如果决策问题涉及的条件中有些是未知的，决策者无法确定未来各种自然状态发生的概率，这类决策问题被称为不确定型决策。它是在不稳定条件下进行的决策。以下通过一个例子介绍三种不确定型决策方法。

例 5.2 某个工厂准备生产一种新产品，但是对市场需求量的预测只能大致估计为较高、一般、较低、很低四种情况，而对每一种情况出现的概率都无法估计。工厂为生产这种产品设计了四个方案，并计划生产五年，根据计算，各个方案五年损益值如表 5-2 所示。

表 5-2 四个方案在不同市场需求量下的损益

损益值　　状态　　方案	需求量较高	需求量一般	需求量较低	需求量很低
甲	600	400	−150	−350
乙	800	350	−350	−700
丙	350	220	50	−100
丁	400	250	90	−50

1. 小中取大（Max Min）法（悲观法）

决策者对未来持悲观的态度，总是把事情估计得很不利，认为未来会出现最差的情况，决策时，各种方案都按它带来的最低收益考虑，然后比较哪种方案的最低收益最高，最后选择最低收益最高的方案。这种方法称为小中取大法或悲观法。

如表 5-3 所示，本例中，四种方案的最小收益分别为 -350、-700、-100、-50，其中丁方案对应的最低收益最高，所以选择丁方案。

表 5-3 小中取大法示例

损益值 \ 状态 方案	需求量较高	需求量一般	需求量较低	需求量很低	min
甲	600	400	-150	-350	-350
乙	800	350	-350	-700	-700
丙	350	220	50	-100	-100
丁	400	250	90	-50	-50

2. 大中取大（Max Max）法（乐观法）

决策者对未来持乐观态度，认为未来会出现最好的情况，决策者将各个方案在各种状态下可能取得的最大收益值作为该方案的收益值，然后再从各方案收益值中找出最大收益值的方案，最后选择该方案。这种方法称为大中取大法或乐观法。此类决策者一般会具有较强的实力，担心失去获利的机会，所以愿冒大的风险，意图获得大的回报。

表 5-4 大中取大法示例

损益值 \ 状态 方案	需求量较高	需求量一般	需求量较低	需求量很低	max
甲	600	400	-150	-350	600
乙	800	350	-350	-700	800
丙	350	220	50	-100	350
丁	400	250	90	-50	400

如表 5-4 所示，在本例中，四种方案的最大收益依次为 600、800、350、400，其中乙方案对应的最大收益值最大，所以选择乙方案。

3. 后悔值法(最大后悔值最小法)

对于一个实际的非确定型决策问题,当某一状态出现后,就能很容易地知道哪个方案的效益最大或损失最小。决策者可能会在决策后感到后悔,遗憾当时没有选准效益最大或损失最小的方案。为了避免事后遗憾太大,即确保避免较大的机会损失,可以采用后悔值法进行决策。

后悔值是指某状态下的最大效益值与各方案的效益值之差。后悔值法决策的主要依据是后悔值。后悔值法也称最大后悔值最小法、最小遗憾值法。以例5.2为例,后悔值法的步骤如下:

(1)对于每一个状态下的各方案,计算其后悔值:后悔值=某状态下的各方案中的最大收益-该方案在该状态下的收益。在需求量较高的状态下,甲、乙、丙、丁四种方案中最大收益为乙方案的800,因此在此状态下,每种方案的后悔值=800-该方案该状态下的收益,即甲方案的后悔值=800-600,乙方案的后悔值=800-800,丙方案的后悔值=800-350,丁方案的后悔值=800-400。以此类推,可以计算出不同状态下每种方案各自的后悔值,如表5-5。

表 5-5 最大后悔值最小法示例

后悔值\状态\方案	需求量较高	需求量一般	需求量较低	需求量很低	最大后悔值
甲	200	0	240	300	300
乙	0	50	440	650	650
丙	450	180	40	50	450
丁	400	150	0	0	400

(2)找出各方案的最大后悔值。如表5-5,甲方案在四种状态下的最大后悔值为"需求量很低"状态下的300,同理可见,乙方案的最大后悔值为650,丙方案的最大后悔值为450,丁方案的最大后悔值为400。

(3)选择最大后悔值最小的方案。如表5-5,在甲、乙、丙、丁四种方案的最大后悔值都已明确的情况下,选择其中最小的一项,甲方案的最大后悔值在四个数值中最小,为300,因此按照此方案,最终选择甲方案。

我们应该认识到,不同决策者甚至同一决策者在不同决策环境下对同一个问题的决策可能会截然不同,并没有所谓的"正确答案"。决策方法的选取主要取决于决策者的性格和其对决策的态度以及制定决策时的环境。所有的方法都不能保证所选择的方案在实际情况发生时会成为最佳方案。

第五节　决策理论

一、古典决策理论

古典决策理论盛行于20世纪50年代以前，以经济人假设为其立论根基。经济人假设主张人类理性是经济活动的主导因素，它认为，人类从事经济活动的目的是追求利润最大化，它忽视了人所具有的情感态度及价值观。正是在此基础上，形成了古典决策理论。

古典决策理论是一种较为理想化的决策理论，它假定决策者具备完全的理性，并能通过冷静客观的思考进行决策，追求效用最大化。一个完全理性的决策者，完全客观，逻辑缜密，他认真确定一个问题，并据此有一个明确的、具体的目标，同时，决策制定过程的每一个环节都始终导向选择那些使目标最大化的方案。古典决策理论的主要观点可以简单地概括为以下几个方面：第一，决策者掌握完全信息；第二，决策者了解所有备选方案；第三，决策者建立一整套规范的组织体系，以确保命令的有效执行；第四，决策的目的始终在于追求本组织最大的经济利益。

大多数学者认为，古典决策理论描述的理想状态，与现代决策行为的真实性不相匹配。管理既是科学，又是艺术，决策中所蕴含的艺术成分，决定了其在实践中不可能绝对理性地用解析的办法找出最大值。这样的做法只能从理论上对复杂的现实的进行简化，实践中用它来进行实际决策往往会行不通，因此古典决策理论逐渐被更为全面的行为决策理论所代替。由于古典决策理论对"最优"的追求和其采用的定量方法，仍有管理者会用其进行辅助决策，不过他们往往会在自己的知识、经验和分析的基础上对结果进行一定的修正。

二、行为决策理论

行为决策理论是诺贝尔经济学奖得主赫伯特·A.西蒙专门针对古典决策理论提出的，主要观点体现在他第一本代表作《管理行为》一书中。西蒙认为，古典决策理论从经济人假设出发，其以逻辑推理方式所确立的规范性决策方式无法解释现实中决策过程的实际行为。现实生活中，不存在纯粹的理性，决策者也并不是经济人，而是社会人。社会人的价值取向和目标往往是多元的，受到多方面因素的制约，经常处于变动状态且极容易表现出冲突的特征。社会人的知识和能力水平也是有限的，其决策行为往往会受其心理因素的一定制约，他们不可能也不奢望发现最优方案,实际上他们并不是"不想干",而是他们"无法干"。因此,他们不得不转而求其次,寻求足够好的能让人满意的方案。在此基础上,西蒙提出了行为决策理论的"有限理性"标准和"满意原则"。具体地说,行为决策理论的主要观点包括以下三方面:

第一,人的理性是介于完全理性和非理性之间的有限理性。一方面,由于受到个人偏好、性格特征等非理性因素的影响,人必然存在着理性缺陷,有时决策者们对直觉的运用甚至多于对逻辑分析方法的运用。另一方面,由于人的认知能力是有限的,因而使得决策行为必然受到知觉上的偏差的影响。在高度不确定和极其复杂的现实决策环境中,决策者不仅受困于不完备的知识体系,还会因为有限的对信息的感知能力、有限的记忆能力、有限的计算能力等,简单地把问题的部分信息当作认知对象,并以此作为决策依据,从而影响决策的结果。

第二,相较于经济利益,决策者对风险的态度是第一位的。风险是伴随行动结果的不确定性而产生的,任何决策都带有一定程度的风险性。决策者往往厌恶风险,即便风险较大的方案可能会带来相对更大的收益,决策者依然倾向于接受风险较小的方案,以此尽量规避风险。

第三,决策总要受制于时间、人力、物力、财力等资源条件的限制。决策既要讲究合理性,同时也要讲究及时性,毫无时间限制的决策是根本不存在的。除了时间限制以外,决策还要考虑其他资源的消耗。因此,决策不仅要在合理性与时效性之间做出权衡,而且要在合理性与经济性之间做出权衡。

据此,行为决策理论的这些观点在决策过程中具体可以表现为:第一,在诊断问题和明确目标阶段,决策者的决策行为往往会受到知觉选择性的支配。不同经验和背景的决策者,对决策环境的认识会有不同的解释,对问题的识别与诊断也会出现不同意见。因此在这一阶段,决策目标会呈现出多元性、模糊性的特征。第二,在拟定决策方案阶段,决策者并不试图找出所有可行性方案,而是通过力所能及的手段或方法,寻找能够满意的决策方案。第三,在评估与选择决策方案阶段,决策者往往在遇到满意方案时便会终止其搜索行为。

总之,西蒙提出用"满意原则"代替"最优原则",强调决策理论的实用性,对实际的决策行为做了比较真实的解释,使决策理论与实践趋于一致,为决策理论及其实践的发展开辟了一个新的方向。但其将"令人满意"作为决策的行为准则,带有一定的主观色彩,因而也有一定的局限性。

三、渐进决策理论

渐进决策理论由美国著名政治经济学家和政策科学家查尔斯·E.林德布洛

姆(Charles E. Lindblom)在 1953 年提出来的。与行为决策理论相比,渐进决策理论对古典决策理论做了更为彻底的批评。渐进决策理论认为,决策的实际过程并不完全是一个完整的,包括识别并诊断问题、明确决策目标、拟订决策方案、评估并选择方案等步骤在内的理性过程,而是一个通过缓慢地进展、小心地对以往决策行为不断补充和修正的过程。在渐进决策理论看来,决策并不是追求远大的目标,而是立足于解决眼前的问题,它是在既有的各种政策、规则等基础上进行新的决策,对其进行局部的调整和修改,从本质来看,渐进决策是过去决策的延伸和发展。因此实际上,渐进决策往往是对既往决策的修正,而不是全面更替。

渐进决策理论认为决策需要遵循三个原则:第一,按部就班原则,即要求决策者必须保留对既有决策的承诺。决策要以现行的既有方案为基础,不能重打鼓另开张。第二,积小成大原则,即积小变为大变原则。在决策过程中注重研究既有方案的缺陷,并不强调有所创新,当然也不是无所作为,只是注重对既有方案的修改与补充,以弥补其缺陷。决策者要考虑不断变化的环境需要,对既有方案进行局部的、小范围的、连续的调适,逐渐把一项旧的方案转变成为一项新的方案,也就是积小成大的过程。第三,稳中求变原则,即在保持稳定的前提下,实现渐进变迁。在林德布洛姆看来,与完全理性决策不同,渐进决策是一步一个脚印的、逐步前进的过程。完全理性是从根本出发,扎根于某个基本问题生成各种方案,而渐进决策则是源于现实的情况,逐步改变现有的方案。因此,渐进决策追求的是与既有决策间的细微差别,简单地说,这一过程中对现状的改变是渐进的。

渐进决策理论以历史和现实的态度将决策的运行看成一个前后衔接的不间断的过程,强调在改变现状时必须维持社会和组织的稳定,因而有其合理的一面。但是,这是一种只适宜于比较安定和变化不大的社会环境的决策理论,一旦表明对以往的决策需要加以根本改变时,这种决策理论就显现出它的保守。

二战后的决策理论广泛采用了现代化的手段和规范化的程序,并以系统理论、运筹学、管理科学、控制论和计算机为工具,概括形成了一套科学行为准则和工作程序,既重视科学的理论、方法和手段的应用,又重视人的积极性的发挥。

观察与思考 任正非:谁来呼唤炮火?让听得见炮声的人做决策

过去,我在与华为公司的一些接触中,发现他们的员工在客户那里时,总是由三个人组成基层团队,其有客户经理、解决方案专员和交付专员,号称"铁三角"工作小组。每个基层团队可以在公司授权范围内,直接向公司后台下达命令,进行产品的推广和项目的实施。当然,所谓的铁三角,其成员个个训练有素,相互了解,协同作战。

  这就是华为公司任正非提出的"让听得见炮声的人做决策"的基本运作模式。任正非对毛泽东思想研究颇深,推崇军事化管理模式。让听得见炮声的人做决策,是专门研究美国特种部队作战总结出来的,提出了"谁来呼唤炮火"的问题。

  例如,美军在阿富汗的特种部队分为多个作战小组,每个小组3个人,一名战斗专家,一名信息专家和一名火力专家,彼此互相了解。假如发现敌人,战斗专家负责警戒,保护小组成员的安全;信息专家快速确定敌人的数量、位置和装备;火力专家根据信息专家的反馈配置最合适的火力,按照规定直接向后方下达作战命令。命令下达后,美军的飞机、导弹等炮火会覆盖目标区域,瞬间消灭掉敌人。授权按照炮火成本来定,例如,一次作战的炮火成本低于5 000万美元时,可不经上级批准,直接向后方下作战命令。

  任正非说:"我们后方配备的先进设备、优质资源,应该在前线一发现目标和机会时就能及时发挥作用,提供有效的支持,而不是拥有资源的人来指挥战争、拥兵自重。"不少的企业高层有决策权,却对市场敏感度低,也不经常去一线,所掌握的信息又不够及时;而基层员工对市场敏感度最高,却无决策权。

  我服务过的一家企业,曾出现过这样的问题:销售人员明显感觉到市场的压力,发现市场占有率在下降。在向市场部提出加大经费的投入时,市场部说没有经费了,只是小额下降,无伤大雅。结果,产品市场占有率越来越低,公司老总和市场部部长开始紧张,准备采取措施的时候,公司的市场份额已经下降得很厉害了,不是销售人员之前提到的小额经费就能解决的,即使付出更多的经费也未必能打下市场。

  如何解决这个问题?最佳的答案还是下放权力到基层,让听得见炮声的人做决策。日本经营之圣稻盛和夫独创的经营模式与"让听得见炮声的人做决策"的思路是一脉相承的,即充分赋权,发挥员工的潜力。稻盛和夫在早年创业的时候,他一个人既负责研发,又负责营销。当公司发展到100人以上时,觉得苦不堪言。于是,他把公司细分成"阿米巴"的小集体,并委以经营重任,培育出许多具有经营者意识的领导者。

  让听得见炮声的人做决策,告诉我们既要懂得权力下放,让一线参与决策中来,同时,又要让高层必须听得见炮声,否则,闭门造车焉能不败?一个有效的决策者应该能倾听大多数人的意见,然后,和少数核心人员进行激烈碰撞;最后,自己做出正确的判断和选择。德鲁克认为,决策不是从收集事实开始的,而是从个人见解开始的;在鼓励大家提出见解的同时,也会要求大家深思他人的见解。通过决策前做各种反馈,考虑每一种可能的方案,寻求最佳方案。

当然,你做出的决策是否与大家的意见一致,并不重要,重要的是我们是否采取了最有效的决策。德鲁克说,决策绝对不是寻求意见的一致,而是以互相冲突的意见为基础。领导者要善于运用反面意见,因为唯有反面意见才能保护决策者不致沦为组织的俘虏。其本身是正式决策所需的"另一方案"。

总之,最接近正确答案的往往在一线。当决策困难时,不要在企业内部找答案,转向市场接触客户。

资料来源:蒋小华.任正非:谁来呼唤炮火?让听得见炮声的人做决策[EB/OL].博锐管理在线,2016年11月17日.

试从决策类型、决策方法等角度,谈一谈你对华为"让听得见炮声的人来做决策"这一模式的看法。

第六章 目标与目标管理

计划工作的目的是通过计划的制订与组织实施来实现决策目标,因此,编制计划只是计划工作的开始,更重要、更大量的工作还在于计划的执行。而能否全面、有效地完成计划,很大程度上取决于在计划执行中能否充分调动全体组织成员的积极性。为此,很多组织,尤其是企业开始引进目标管理的方法,想通过这一方法充分发挥不同组织成员的作用,协调成员的努力,以便更有效地完成组织目标。

第一节 目标及目标体系

一、目标的特性

目标是目的或使命的具体化,是个人或组织根据自身需求而提出的在一定时期内经过努力要达到的预期成果,是各类活动的终点与结果。一般来说,目标能够为决策确立方向,并能作为标准来衡量组织活动的成效,因此,准确把握目标的性质显得尤为重要。目标具有以下特性:

(一)多样性

组织在同一时期会追求多个目标,以企业为例,包括如经营利润目标,市场占有目标,社会贡献目标等等。但是,由于组织占有的资源及精力是有限的,因此实践中组织必须集中力量确保主要目标实现。

(二)系统性

一个组织的总目标往往表现为一个系统性的目标体系,由一系列子目标构成的,从空间上看,这些子目标可以分布在组织各部门,即全方位的,从时间上看,这些子目标可以贯穿于组织活动始终,即全过程的,且子目标之间相互联系、相互影响、相互制约。对总目标所进行的时间、空间和内容的分解,最终形成一个有层次的系统的目标体系。

(三)明确性

组织目标是员工及其工作绩效考评的基本依据,因此目标应当具体明确,不能模糊不清或模棱两可,不能让人产生理解上的歧义。在目标的表述上,无论其内涵还是外延都应当是科学的。具体地讲,目标的表述词义要确切,是单义性的理解,在条件允许的情况下,要尽量使目标量化。

（四）可行性

根据美国管理心理学家弗鲁姆的期望理论,人们在工作中的积极性或努力程度是效价和期望值的乘积。效价是指一个人对某项工作及其结果能够给自己带来满足程度的评价;期望值指人们对自己能够顺利完成这项工作可能性的估计。因此,如果一个目标对其接受者要产生激励作用的话,这个目标必须是可以接受的、可以完成的或是可行的。对组织成员来说,如果目标超过其能力所及的范围,则该目标对其就完全失去了激励作用。

（五）前瞻性

确定组织目标时,应该以发展的眼光看问题,并科学地预测问题的发展动向,掌握问题发展的各种可能趋势,最终使目标具有一定的前瞻性。根据弗鲁姆的期望理论,如果一项工作完成所达的目标对接受者没有多大意义的话,接受者就没有动力去完成该项工作;如果一项工作很容易完成,对接受者来说也没有动力去完成该项工作。所以,目标制定不能太低,要以目标接受者通过努力能够完成为原则。目标的可行性和前瞻是对立统一的关系,但在实际工作中,必须把他们统一起来。

曾有人做过一个实验:组织三组人,让他们分别向20公里外的一个村庄步行。

第一组人对村庄的名称和路途的长短一无所知,只告诉他们跟着向导走就是,刚走了四五公里就有人叫苦,走了一半时有人几乎愤怒了,他们抱怨为什么要走这么远,何时才能走到。又走了几公里,离终点只剩下三四公里时,有人甚至坐在路边不愿走了。坚持走到终点的只有一半人左右。

第二组的人知道村庄的名字和路段,但路边没有里程碑,他们只能凭经验估计行程的时间和距离。走到一半时,大多数人就想知道他们已经走了多远,比较有经验的人说:"大概走了一半。"于是大家又簇拥着向前走,当走到全程的3/4时,大家情绪低落,觉得疲惫不堪,而路程似乎还很长,当有人说:"快到了!"大家又振作起来加快了步伐。

第三组的人不仅知道村子的名字、里程,而且公路上每一公里就有一块里程碑,人们边走边看里程碑,每缩短一公里大家便有一小阵的快乐。行程中他们用歌声和笑声来消除疲劳,情绪一直很高涨,所以很快就到达了目的地。

当人们的行动有明确的目标,并且把自己的行动与目标不断加以对照,清楚地知道自己的行动速度和与目标相距的距离时,行动的动机就会得到维持和加强,人就会自觉地克服一切困难,努力达到目标。因此,对组织来说,应该有明确的目标,并尽可能将目标量化成各种指标来衡量目标实现的速度。

资料来源:网络。作者略有改动。

二、目标体系的结构

(一)目标体系的层次结构

从组织结构的角度看,目标也可以由一个有层次的结构构成。从广泛的社会经济目标到特定的个人目标,目标体系分层次、分等级组成。我们可以将组织目标概括为三个层次:第一层次是社会层,它包括社会经济目标和组织的使命。组织是整个外界环境中的一个子系统,它必然受到外界,尤其是经济环境的直接影响,而社会层的目标则是组织对社会发展和市场需求的直接反映。第二层次是组织层,在组织运行过程中,社会层的目标必须转化为组织的总目标和战略,为组织的未来提供行动框架和纲领。而这些行动框架也需进一步细化为更多具体的辅助目标和行动方案。组织层的目标具体包括组织的总目标、分专业目标、分组织目标及部门和单位目标。第三层次是个人层,组织最低层的目标即个人目标,如收入分配、个人绩效等等。目标体系的层次结构如图6-1所示。

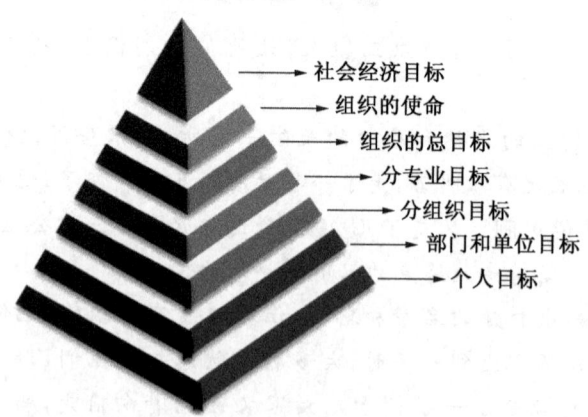

图6-1 目标体系的层次结构

在目标体系的层次结构中,不同层次的管理者参与不同类型目标的建立。董事会和最高层管理者主要参与确定企业的使命,并且也参与在关键领域中更具体的总目标的确定。中层管理者如副总经理、各部门经理,主要是建立关键领域的目标、分公司的和部门的目标。基层管理者主要关心的是部门和单位的目标以及他们的下级人员目标的制定。大家各司其职。对于组织任何层次的人员来说,都应该有个人目标。在图6-1的层次结构中,相邻两层的目标间形成了一种目标——手段链的关系,美国管理学家赫伯特·A.西蒙(Herbert A. Simon)曾论述过,每一层级对于下一层级来说即为目标,而对上一层级来说则为手段。比如一个人抬腿的目的是为了走路,走路的目的在于去邮局,到邮局的目的是为了寄一封信,寄信的目的是为了将某一信息传递给某人等等,这样就形成了目标层级体系。

(二)目标体系的网络结构

如果说目标体系的层次结构是从整个组织的角度来描述组织目标的属性的话,那么,目标体系的网络结构则是反映了某一具体目标实施规划的整体协调性。不同目标与计划方案间通过相互影响、相互促进的活动形成了彼此依存的网络结构。目标体系的网络结构包含了以下四点内涵:

第一,目标和计划很少是线性的,即并非当一个目标实现后接着去实现另一个目标,各个目标和计划之间左右关联、上下贯通,彼此呼应,融汇成一个互相联系着的网络。图6-2描绘了相互起作用的若干计划方案的网络,其中每一个计划方案都有其恰当的目标,它们构成了一个典型的新产品总规划。实际上每一个计划本身也是一个有着内在关联的网络,若将"产品研制"作为一个独立计划方案,它也可以进一步细分为一个计划和目标网络,如包括拟订初步设计图、制定实验线路板模型、简化机械零件等等。

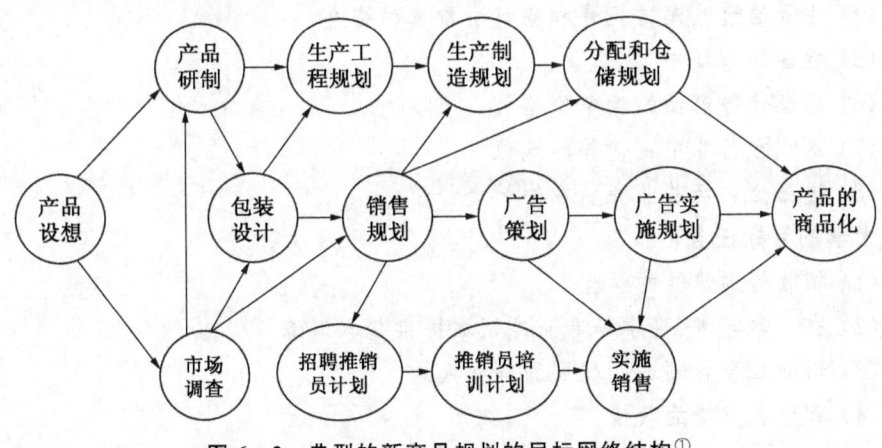

图6-2 典型的新产品规划的目标网络结构[①]

---

① 哈罗德·孔茨,海因茨·韦里克.管理学[M].9版.郝国华,等译.北京:经济科学出版社,1993:99.

第二，管理者必须确保目标网络中的每个组成部分要相互协调。不仅各种规划的执行要协调，而且完成这些规划在时间上也要协调。

第三，组织中的各个部门在制定自己部门的目标时，必须要与其他部门相协调。通常一个部门似乎很容易制定完全适合于它自身的目标，但这个目标却可能在经营上与另一个部门的目标相矛盾，这就需要他们自觉注意，相互协调。

第四，组织制定各种目标时，必须要与许多约束因素相协调，如社会环境、经济条件或者是竞争对手的策略等。

(三) 目标体系的内容结构

一个组织的目标具有多样性，同样，在目标层次体系中的每个层次的具体目标也可能是多种多样的，即使是组织的主要目标一般也是有很多种的。但并非目标越多越好；否则，计划工作就会成效不大。目标数目过多，其中无论哪一个都无法受到足够的重视，管理者容易顾此失彼，导致计划工作无效。因此，在考虑追求多个目标的同时，必须对各目标的相对重要程度进行区分。要学会抓主要目标，有侧重地追求各种目标的实现。

企业的一些总目标或目的：

(1) 获得一定的利润率和投资收益率

(2) 重点研究连续开发的适当产品

(3) 发展公众持有的股票所有权

(4) 主要通过利润再投资和银行贷款筹措资金

(5) 在国际市场中

(6) 保证优势产品的竞争价格

(7) 达到在行业中占优势的地位

(8) 遵循企业经营业务所在的社会价值

大学的目标任务：

(1) 招收特别优秀的学生

(2) 在文学艺术、科学等专业性领域提供基本训练

(3) 培养社会各领域所需要的合格人才

(4) 聘请有声望的教授

(5) 建立一定规模、业务水平高的教师和科研人员队伍

(6) 通过研究发现并组织新知识

资料来源:哈罗德·孔茨,海因茨·韦里克.管理学[M].9版.郝国华,等译.北京:经济科学出版社,1993:100.

第二节 目标管理的概念与特点

一、目标管理的概念

彼得·德鲁克在 1954 年首创了"目标管理"(**Management by Objectives,MBO**)一词,将其作为一种新的管理方法在《管理实践》一书中提了出来,从此它便成为全世界企业领袖通用词之一。

所谓目标管理,是指组织的最高管理层根据组织面临的形势和社会需要,制定出一定时期内组织经营活动所需达到的总目标,然后层层落实,要求下级各部门主管人员以至于每个员工根据上级制定的目标,分别制定目标和保证措施,形成一个目标体系,并把目标的完成情况作为各部门或个人考核的依据。由此,目标管理在实践中的基本思路是,通过全员参与的方法,使各级管理者和员工共同协商并制定出共同目标,以此确定各自的责任,而后利用全体人员的自我管理、自我控制、自我考评,激发出其责任心和荣誉感,通过发挥其全部工作潜能来实现组织目标。目标管理是比较具体、细致的管理理论和方法,它直观易懂,实用效果比较好。由于目标管理被认为更适合于对管理者的激励和评价,所以人们常常也称之为"对管理者的管理"。

二、目标管理的特点

(一)以目标为中心

组织的目的或使命必须转化为目标,明确的目标要比只要求员工尽力工作要更有效。围绕目标来制订计划、建立机构和制度规章,往往与更高的绩效紧密相关。组织管理者通过这些目标对下级进行管理,保证各项活动都导向组织的目标,使组织上下拧成一股绳,朝向同一方向努力,从而保证组织总目标的实现。

(二)目标是上下级共同参与制定的

组织中传统的目标设定一般采取自上而下的方式,即完全由上级设定,再分派目标给下级,下级只负责执行。而目标管理采用参与的方式来决定目标,上级和下级共同参与目标的选择,即通过上下协商、逐级制定出整体目标、部门目标甚至个人目标,同时就如何实现目标达成一致意见,所以它是自上而下的方式和自下而上的方式的有机结合。因此,可以说它本质上是"民主集中制"的参与管理。目标管理体系如图 6-3 所示。研究表明,共同参与的一个结果就是促使员工设立一些更难的目标,激发他们的斗志,从而提升他们的表现。

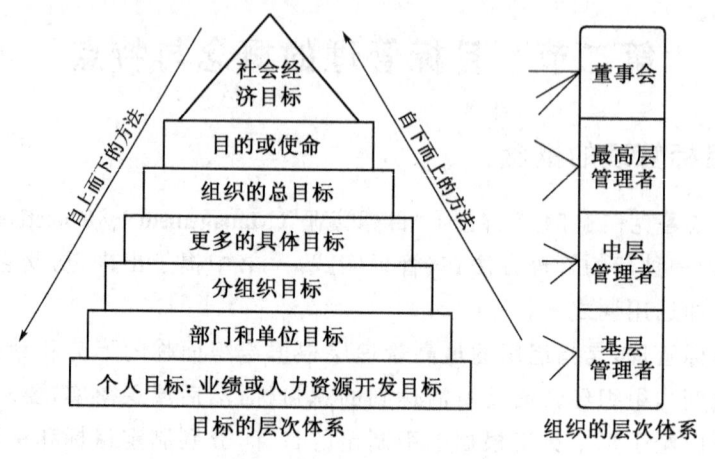

图 6-3 目标管理体系

(三)目标是对个人或部门进行考核的依据

在上下级共同参与制定目标时,要确定彼此的责任,并将此项责任作为指导业务和衡量各自贡献的准则,即日后管理者对下级进行考核和奖惩的依据就是各自设定的目标的完成情况。

(四)目标管理强调自我控制

传统的管理是一种监督和强迫的方式,而目标管理中目标的实施由目标的制定者——每个人来进行,通过自身监督与衡量,不断修正自己的行为,以实现目标。所以目标管理强调控制应该是自我控制而不应是来自上级的控制。其宗旨是"自我控制的管理"替代原先的"压制的管理"。这是德鲁克认为的目标管理的最大优点所在。在了解了部门和组织的目标之后,管理者们和员工们就能依此来左右自己的活动。而这种来自内在的控制比外在的他律,可以产生更为强大的动力,促使人们尽最大努力做好工作,实现更好的自己。

(五)促进权力下放

推行目标管理,有助于促使权力下放,在保持有效控制的前提下,极大地调动了员工的积极主动性,激发了他们丰富的想象力和创造力,把局面搞得更有生气、更有效率,同时责权利的统一也成为可能。

（六）强调成果第一

目标的内容要具体，能体现出应取得的成果，通过对目标成果的评价得到人事考核和奖惩的依据，也作为评价管理工作绩效的唯一标志。这就促使每个人重视成果，凭成果说话。随之，目标管理使企业获得了一种强大的动力，即追求卓越而不仅仅是过得去，它使组织有了更高的业绩目标和更广阔的视野。

第三节 目标管理的实施

一、有效实施目标管理的条件

（一）高层管理者的积极参与

组织的高层管理者必须积极参加制定和执行组织的总目标和其他高层次目标。这是目标管理得以进行的前提。

（二）下级人员的踊跃参加

这是目标管理顺利展开的必备条件。各级管理者和广大员工参加制定目标，并为目标的实现承担责任，这样才能对每个成员起到激励作用，并能有效改善组织内的人际气氛。

（三）有充分的情报资料

要正确有效、切实合理地制定目标，充分而精确的情报资料就必不可少。组织中的各级管理者和广大员工如果不了解其高层管理者制定的目标，那就很难有针对性地制定他们各自的目标。

（四）对实现目标的手段有控制权

目标管理要取得成功，管理者和广大员工对诸如人、财、物以及工作过程这样一些实现目标的手段具有一定程度的控制权，否则，巧妇难为无米之炊，目标制定得再好，也无法真正影响到管理行为并取得成果。

（五）对为实现目标而勇于承担风险的成员予以激励和保护

这是促使成员勇于挑战自己，突破已有成就的必要举措。过去评价成员的依据往往是通过其所做的工作，而对于是否达到一定的目标，成员并不承担什么责任。目标管理则要求每一个成员要为实现一定的目标而承担责任并进而要承担一定的风险，对于那些勇于为实现目标而承担风险的成员必须给予必要的激励和保护。以此也可减少过去存在的得过且过、安逸于现状、不求进取的现象。

(六) 相信广大成员的责任心和创造性

目标管理理论在一定意义上是建立在 Y 理论的基础之上的。即相信成员能够制定目标并能承担责任去实现目标。只有管理者和员工能在态度上适应 Y 理论的假设,目标管理才能取得成功。

二、目标管理的过程

目标管理的实践是一个过程,这一过程主要由三个阶段构成:目标制定、目标执行、成果评价,具体如图 6-4 所示。

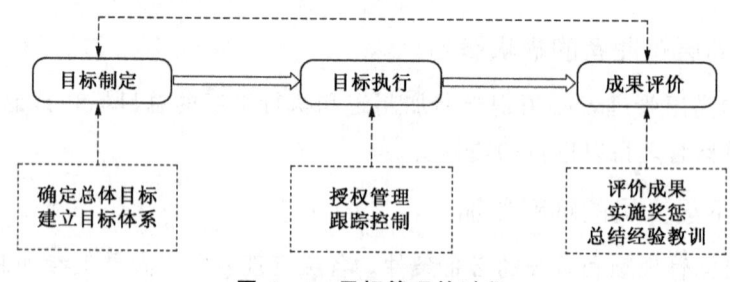

图 6-4 目标管理的过程

(一) 目标制定

目标制定是目标管理的第一阶段,这一阶段的主要任务是通过上下协调,确定组织的总体目标及以此为基础的一整套目标体系。

1. 确定总体目标

总目标是组织在未来从事活动要达到的状况和水平。组织的管理人员在对经营环境调查分析的基础上,根据组织拥有的资源以及发展的需要,应当首先确定未来特定时期内组织的使命或是重要的目标是什么。在制定组织总体目标的过程中尤其应注意的是,一方面务必充分考虑组织自身的具体情况,如明确组织可支配资源的数量和质量、明确组织的竞争优势、明确组织存在的问题等,不能超出组织能力设定目标,要"量力而行"。另一方面,务必充分考虑组织的外部环境及变化趋势,如政治、经济、社会文化环境,甚至国际环境,都会对组织目标的实现起到一定的影响作用。

2. 建立目标体系

总目标的实现有赖于组织全体成员的共同努力,实践中要将总目标进行横向与纵向的分解,建立起一套完整的目标体系。在制定每个部门和每个成员的目标时,上级向下级提出自己的方针和目标,下级则根据各自分工和职责,结合上级下达的任务,制定自己的目标方案。在这个自上而下和自下而上相结合的过程中,最终通过协调形成组织的目标体系。在这个体系中,上下级的目标之间往往形成了一种"目的—手段"的关系。

(二) 目标执行

目标确定之后,组织的各层次、各部门就会投入到目标执行阶段。这一阶段是目标管理中耗时最多、涉及面最广、工作量最大的阶段,组织内的所有成员都会紧紧围绕确定的目标,因地制宜地采取有效措施,寻找有效的工作方法,以保证目标得以顺利实现。

1. 授权管理

目标管理中,要根据目标的大小、难易程度,由上级授予下级执行目标任务时所需要的应有的权限,即解决问题的决定权。同时也应确定职责和奖惩条件,便于具体执行。如果不进行授权,不给下级判断和解决问题的权限,不让下级事先了解权责,就无法调动下级的工作积极性和主动性。

2. 跟踪控制

在目标的执行中,要随时通过控制将过程中的实际效果与预期目标加以比较,如发现偏差则及时予以纠正和处理。控制既包括上级对下级的控制,也包括下级的自我控制。上级在目标执行中,应当基于对下级的信任,采取"支持、协商、劝告、帮助"的方法,促进下级自主行使权限,通过监督、检查等方式,及时适当了解工作进度、存在的困难以及整个组织的运行情况。另外,下级在权限范围内行使权限时,应当对照目标检查行动,以做到目标管理中的自我控制。一旦下级确立了目标并获得了相应权限,往往就能产生强烈的责任感,促使其主动发挥自己的判断能力和创造能力,做到自我控制和自我提高。

(三) 成果评价

由于目标管理着重关注成果、追求成果,因此成果评价阶段也成为目标管理过程中的重要环节。客观、有效的评价,不仅有利于正确科学的考核、奖惩组织成员,有利于总结经验、改进管理方法,更有利于为下一目标管理的循环有序开展提供充分的准备。

1. 评价成果

将既定的目标作为评价工作的标准,定期检查和评价各级完成任务,一般可以通过两种方式来完成:一种是各层次、各部门、各个员工的自我考评;另一种是组织的上级对下级进行考评。当然,可以两种方式一起使用,先是自我评价,然后由上级复查。这一过程中可以采取多种检查和评价的方法,如评比、竞赛等。

2. 实施奖惩

根据组织各部门及成员的目标完成情况,以及预先设置的奖惩规则,进行相应的奖惩。对完成任务和实现目标好的员工予以奖励,而对未能按时、按标准完成任务和实现目标的员工要提出批评,甚至惩罚。奖惩严明,以激励先进、鞭策后进,这样才有利于后续目标管理的顺利进行。

3. 总结经验教训

组织中上级和下级共同对此阶段目标管理工作中取得的成绩或存在的问题进行总结,分析原因、吸取教训,以提高未来目标管理的质量。特别是要对目标设立、自我控制、上级的管理等问题进行深入的总结。

经过目标成果评价并进行经验总结后,目标管理便可以进入下一个循环阶段。

三、目标管理的优缺点

目标管理诞生后在全世界都产生了很大影响,许多大型企业趋之若鹜,纷纷采用,如通用电气、东芝电器公司都获得了巨大的成功。尽管如此,由于其在实施过程中也出现了各种问题,因此关于它的争论一直都没有停止过。对于目标管理,必须客观地分析其优缺点,才能真正做到扬长避短,收到实效。

(一)目标管理的优点

目标管理的优点主要包括:第一,有利于组织全面提高管理水平。第二,有利于改善组织结构。为了将目标落实到岗位,必须明确组织结构的状况,从而有利于发现组织结构设计中存在的问题、以及授权不足、职责不清等缺陷。第三,有利于激发人们的主动精神和责任感。通过实施目标管理,每个员工都参与了目标制定的工作,员工不再是目标被动的接受者,而是有着明确目标的、能够掌握自己命运的主动的追求者。第四,有助于开展有效的控制工作。

(二)目标管理的缺点

(1)目标难以确定。许多工作难以量化、具体化,在技术上难以分解,再加上环境变化越来越快,组织活动日益复杂,使得组织活动的不确定性越来越大。这些都使得组织的很多活动难以分解、难以量化为每个岗位的目标。而如果目标分解不客观,就很难保证奖惩的公正性和合理性。

(2)缺乏灵活性。组织必须根据已经变化的内部、外部条件对目标不断进行修正,但目标管理要想取得成效,又必须保持其具有稳定性,否则接受了目标管理的员工会觉得朝令夕改。这就是一个矛盾。

（3）注重短期效应。实行目标管理的组织所确定的目标一般都是短期的，很少超过一年。对员工进行考核、奖惩也以完成目标的情况来进行。这就容易导致短期行为。

（4）加大了管理的难度。首先，由于管理工作是非常复杂的，所以把所有工作都放在目标管理上是不可能的。例如，将决策水平和创新能力归入目标管理的范畴就很难，因此有些工作无法通过目标管理得以实施。其次，目标管理实施过程中，为追求绩效，下级往往更努力地想要实现可测量的目标，从而忽视无法测量的工作。最后，目标的制定要上下沟通、反复协调、统一思想，这就会浪费时间。若每个单位、个人都关注自身目标的完成，忽略相互协作，忽视组织的整体目标和利益，在组织管理中则易滋长本位主义、急功近利的倾向。

（5）目标管理所需的人性假设不一定都存在。在一定意义上，目标管理理论是建立在 Y 理论的基础上（认为人是有责任心的、人的天性是愿意努力工作的）。但这种对于人类的动机所做的过于乐观的假设并不是总是成立的。在很多情况下，目标管理所要求的承诺、自觉、自治这种组织氛围、组织文化并不存在。

时间管理的方法——个人计划的实践

1. 列出目标清单
2. 将这些目标按其重要程度排序
3. 列出实现目标所需进行的活动
4. 对实现每一个目标所需进行的活动排出优先顺序
5. 按所给出的优先顺序制定每日工作时间表或备忘录
6. 按工作时间表开展工作
7. 每天工作结束时，回顾一下当天时间运用状况，并安排第二天的活动

时间管理中应注意的问题

1. 掌握生物钟

每个人在一天的不同时间里，其工作效率是不同的。应掌握自己的效率周期。

2. 牢记帕金森定律

帕金森提出了这样一个观点：一份工作所需要的资源与工作本身并没有太大

的关系,一件事情被膨胀出来的重要性和复杂性,与完成这件事情花的时间成正比。① 同一件事情,每个人所耗费的时间可能差别很大,因为每个人实施的效率有很大不同。所以不要给一项工作太多的时间。你以为给自己很多很多的时间完成一件事就可以改善工作的品质,但实际情况并非如此。时间太多反而使你懒散、缺乏原动力、效率低,可能还会大幅度降低效力。

3. 把不太重要的事集中在一起处理

管理者要懂得"抓大放小",把不太重要或紧急的事集中处理,能节约处理的时间。

4. 尽可能减少干扰

5. 提高会议效率

开会是人类最常见的社会活动之一,它对集思广益、达成共识有举足轻重的作用,但现实中"滥开会"的现象比比皆是。如何提高效率,"松下电器"的创始人松下幸之助倡导的"站着开会"就是一绝招。站着开会,意味着除了会议室,在现场也可开会。于是长会变短会;"逢会必请领导"之举也销声匿迹。

让我们真正成为时间的主人,工作随之也会变得更充实、主动,而富有活力。

观察与思考 江苏广电集团的目标管理体系建设

江苏广电成立于2001年6月,由原江苏人民广播电台、江苏电视台、江苏有线台等组建而成。2001年成立之初,主要从事频道频率运营的单一业务,收入来源90%以上都是广告经营。2003年江苏广电的年收入仅6亿元。2004年开始,江苏广电开始着手建设完善目标管理体系,致力于为业务发展提供新一轮激励动力。最终取得了良好成效,在整体平稳、高效运行的基础上业务纵深和产业规模都取得了长足发展。

一、江苏广电目标管理体系的建设历程

回溯2003年至今的目标管理体系建设历程,江苏广电经历了一个由单一指标粗放考核向关键指标精细管理的渐进过程,基于体系建设的时间维度划分,大致可分为初步架构阶段(2003—2005年)、体系完善阶段(2006—2008年)、持续优化阶段(2009年至今)三个阶段。

1. 初步架构阶段(2003—2005年)

在这个阶段,江苏广电以回归应有的区域价值为主要目标,业务发展方面,制

---

① 诺斯古德·帕金森.官场病:帕金森定律[M].陈休征,译.北京:生活·读书·新知三联书店,1982.

定了相对清晰的战略发展规划，着眼未来五至十年展开中长期业务战略布局；与之相匹配，管理创新方面，配套开展了一系列的机制转换和组织调整，进行了以事业部形式为主的组织架构调整，分类设立了总部职能部门、事业性事业部、综合性事业部、产业性事业部、支持服务机构、直属单体机构等，坚持"因事设岗、逢岗必竞"的组织设计和人才选拔整体原则，着力矫正以往重政治素养、轻业务素质和管理才能的考核误区，建构符合江苏广电阶段性需求的目标管理体系。2003年，按照广电集团化的战略方针开展组织架构调整和干部竞岗竞聘，明确年度工作任务，试行目标责任考核；2004年，作为江苏广电目标管理体系的1.0正式版，主要对收入、利润和收视率等有限的几项指标进行刚性考核；2005年，综合考虑业务类别、发展阶段、战略定位的差异，相对科学地统筹设计了分类别、分层次的考核指标/目标体系，优化了权重考核和薪酬兑现细则，梳理了目标管理的基本程序和工作流程，一套符合江苏广电实际的目标管理体系初具雏形。

2. 体系完善阶段（2006—2008年）

在此阶段，江苏广电以重点打造江苏卫视为发力点，将卫视频道从模拟利润中心转型为利润中心，推进频道与节目采购、节目制作、推广覆盖、广告营销各环节的组织一体化，推出了"绝对唱响""名师高徒""人间"等一批颇具影响的大型节目。在目标管理体系完善上，通过增加白天时段考核、覆盖指标考核等完善了指标/目标体系的完整性，导入项目制考核来强化内部创新的考核。2006年，增加了延伸产业经营、品牌影响力等关键绩效指标；2007年，在丰富了收视指标体系的基础上，增加了覆盖指标考核和长期激励条款；2008年，增加了白天时段的收视考核指标和制播互补相关指标，进一步完善了人力成本测算办法，探索了项目目标考核和不同业务形态的个性化考核。

3. 持续优化阶段（2009年至今）

在这个阶段，随着江苏卫视的长足进步和相关多元化业务的全面开花，市场竞争更加激烈，马太效应也不断凸显，面临着三网融合及新兴媒体、新兴业务的巨大冲击，争先发展就成了必由之路。如何持续保持已取得巨大成功的"非诚勿扰"和江苏卫视的竞争优势？如何有效避免"鸡蛋放在一个篮子里"的系统性风险，立足当下、面向未来成功拓展符合江苏广电需要的新业务群？如何真正打造能够长久激发组织成长的内生性组织能力？这些都成为江苏广电争先发展之路上必须解答的问题。为更好应对这样的路径选择和发展能力问题，江苏广电力图从加强业务柔性考核和打造长效性核心竞争力两个层面持续优化目标管理体系。就加强业务柔性考核层面而言，在优化项目制考核的基础上进一步探索新业务考核办法；在打造长效性竞争力层面，更加关注长期性成功要素的引导，致力将目标管理体系确定为推动战略管理、业务管理、人力资源管理、财务管理等管理职能协同创新的长效管理机制。2009年,进一步完善项目制考核;2010年,着重建立市场性新业务的考核体系;2011年,引入"事前框架目标+事中风险控制+事后效能评估"机制,对拓展性新业务进行柔性考核;2012年,在指标/目标体系设计中更加注重考量长期性关键成功要素。经过十年左右的持续建设,江苏广电初步建立了一个定性定量相结合、战略目标层层分解、全业务形态的战略性目标责任管理体系,有力推动了事业产业快速健康发展。

二、江苏广电目标管理体系建设的主要内容

目标管理既是一种管理理念,也是一种管理技术。从管理技术层面来说,目标管理是一种以推动战略目标实现为目的,通过目标设置、双向沟通、目标考核、绩效兑现的程序来管理组织目标,全面涉及战略管理、业务管理、人力资源管理、全面预算管理等职能的综合性管理体系。根据江苏广电的实践,目标管理体系应该既包含各类职能管理中与组织绩效管理协同关联的部分,也包含能保障目标管理有效运行的工作流程和基本原则。

1. 职能管理支撑

其一是战略管理。目标管理的管理对象是"目标",而"目标"的本质就是战略,是一种多维度、多层次、可描述、可理解的明晰战略,所以目标管理很大程度上是对战略的管理。而战略管理通常会采取一种"倒推式"的战略分解,先进行由外而内的思考,制定3至5年的中长期整体战略目标,继续将中长期整体战略目标"倒推"为年度整体战略目标,再将其层层分解为可以明确指导各组织单元有效开展工作的子战略任务组合。江苏广电是国内最早实施战略管理的广电传媒之一,2004年、2007年、2010年分别进行了三次集团层面的整体战略规划,确立了集团"十一五""十二五"时期的整体战略目标,再细分成作为目标考核使用的年度奋斗目标。从而使目标制定有了充分依据,战略管理的落地执行有了具体抓手,有效实现战略在组织内部的有效传导。

其二是业务管理。所谓的业务管理主要是指广电传媒围绕其主营的传媒类业务开展的节目管理、营销管理和客户管理等管理活动。广电传媒业务通常具有二次销售属性,在一次销售环节中,广电传媒将节目内容产品"销售"给受众,受众"支付"注意力报酬;在二次销售环节中,广电传媒再将一次销售中获得的受众注意力销售给广告客户等,对方支付经济报酬;有时广电传媒也会直接将节目内容产品直接出售给节目购买方,其实质也是一种潜在注意力的预期销售。针对这样一种广电传媒业务特质,江苏广电通过全方位的价值链管理来全面提升业务价值,在节目制播环节加强节目创新考核,设立专项节目研发基金,建立节目进入退

出机制,重大节目活动实行项目制考核;在受众分析环节,开展收视收听专业评估,总结探索受众规律,采取受众互动编排模式,严格执行收视收听考核;在终端销售环节,建设统一广告管理平台,提升市场议价能力,有效整合客户资源,拓展衍生产业开发;这些业务领域的价值链管理有力支撑了江苏广电目标管理体系的协同运行。

其三是人力资源管理。目标管理是围绕"人"的管理,最初出发点在于激发"人"的动力,最终落脚点要落实为对"人"的考核评估与奖惩兑现,如果没有良好的人力资源管理相配套,目标管理的激励性就无从谈起。广电传媒是一个以人为本的知识密集型行业,其生产、营销、技术、管理取决于各类各层次的人才。因此,江苏广电将人力资源管理视为组织核心能力建设的最重要手段,坚持人才公开招聘,开展大规模校园招聘和常态化社会招聘,有效推动人才结构整体优化;科学评估岗位价值,精细划分岗位系列,大力推进多通道晋升机制建设;打破身份差异,全面开展内部公开竞岗竞聘,初步形成人才能上能下的良性评价使用机制;重视人才开发,初步建构完成涵盖赴美管理培训(哈佛商学院、哥伦比亚大学)、赴英节目培训、长江商学院研修、JSBC大讲堂等品牌培训项目,定位明确、分层分类的培训体系;坚持员工薪酬与绩效贡献合理挂钩,破除绝对平均主义,塑造内部绩效文化;贯彻"高收入、高素质、高绩效"的整体薪酬支付理念,进行人力成本精细化动态测算,员工收入增长相对客观反映外部经济动态和集团自身发展,在行业内外具备较强薪酬竞争力。这些举措较好实现了人力资源管理与目标管理的同步衔接,保障了目标管理目的手段的有效统一和切实可行。

其四是全面预算管理。全面预算管理是用预算来优化组织内部各个部门的财务和非财务资源的配置,是目标管理得以有效推行的重要支撑。江苏广电坚持量入为出的科学管理理念,预算管理与目标管理配套执行,所有资源要素均进行内部价值量化评估,探索节目"点成本"核算模式,考量每项组织活动的投入产出比。预算兼具原则性和灵活性:一方面目标责任人必须严格按照双方沟通一致的当期预算开展各项工作,确保目标责任与预算约束的一致性;另一方面又遵循动态预算的理念,跟踪分析目标与预算的实现情况,对重大预测缺口和动态业务调整采取灵活快速的柔性预算调整。通过这样的全面预算管理方式,相对合理地保证目标产出与资源投入的动态匹配。

2. 工作开展流程

在近十年的目标管理体系建设过程中,江苏广电逐步摸索形成了一个包含目标制定与分解、目标执行与监控、目标评估与奖惩三个主要环节的目标管理循环工作流。

第一是目标制定与分解。与前述协同发挥各管理模块效能的理念相一致，在目标管理决策委员会领导下，设立目标管理工作机构，主要由各职能管理部门负责人及相关岗位人员组成，负责目标管理相关调研分析、目标计划初步分解拟定、目标方案的实施反馈等具体工作。每年上半年，根据当年发展现状和来年战略方向，目标管理工作机构牵头开展外部充分调研、内部数据整合和标杆借鉴分析等。每年下半年，在较为全面的信息支撑基础上启动下一年度的目标制定与分解工作。贯彻上下协商、共同参与的原则，大范围征求全集团领导、干部、员工对本年度目标执行情况反馈和下一年度的目标建议，对重点问题开展重点分析，然后结合相关分析，形成目标计划初步方案提报目标管理决策委员会，经目标管理决策委员会讨论决策，确定下一年度总体目标、工作重点和分解计划。第四季度再以集团年度战略研讨会的形式，在全集团中层以上管理者中展开战略目标研讨，基本明确下一年度总体目标、工作重点和分解计划。最后再以目标责任书的内部契约形式，按照"责权利相统一"原则，将目标责任人需要实现的目标任务、享有的工作条件、奖惩标准和兑现方式加以双方确认，以上下级签订目标责任书的仪式标志本环节的完毕。

第二是目标执行与监控。一是目标执行进度的持续监控。主要体现在两个维度：首先，目标实现的绝对完成率，就是在某个时期内实际完成的目标值同计划目标值之间的比较。定期内部通报目标完成情况，重要时间节点进行节点考核，比如半年进行"时间过半，任务过半"的"双过半"考核。其次，目标实现的内部均衡性，就是横向比较不同业务、不同单元之间的目标完成情况，以考查目标实现的整体进程，加强内部协调沟通，推动总体目标实现。二是目标实现难度的实时分析。保持组织对内外部环境的敏感性，对目标实现难度进行实时分析并保持沟通反馈，监测竞争环境重大变化，建立快速应对机制，依据目标实现难度分析相应调整目标任务或调配资源支持等。但总体原则仍然是保持目标的刚性和严肃性，一般不进行大调整。三是目标达成手段的跟踪评估。目标管理强调成果管理，但对目标执行过程特别是目标达成手段的跟踪评估也非常关键。目标责任主体可自主选择实现目标的路径方式，但仍要以不伤害组织全局利益和长期利益为前提，避免目标执行过程中因小失大、急功近利甚至违法乱纪行为的风险。

第三是目标评估与奖惩。目标评估与奖惩环节对于组织而言是终极检验发展成效的阶段，对于个体而言是价值评估和激励兑现的时刻。江苏广电坚持以目标完成情况作为衡量绩效、兑现奖惩的唯一尺度，严格按照目标责任书的相关约定核算薪酬和决定任免。一方面科学评估目标实现情况，将之视为来年目标制定与分解的现实基础和一手数据，不断增强目标管理工作的科学性；另一方面严格兑现薪酬奖惩和配套开展述职考核,将绩效结果作为人才激励和人才选拔的最关键依据,通过这样一种长期稳定的组织行为反馈,在江苏广电内部倡导能绩导向的良性人才机制。从工作实施的时间安排来看,紧接着上一年度的目标评估和奖惩环节,就正式进入下一年度的目标责任书签订环节,从而实现目标管理工作流程的年度循环,更好保证目标管理工作的高效运转和组织目标的更新实现。

3. 分类管理原则

由于广电传媒兼具事业宣传、产业经营、公共服务的独特行业特质,同时业务多元化发展势成必然,传统的"一刀切"管理手段已不能适应现代广电传媒发展的需要,必须要针对不同组织形态、不同业务类型、不同岗位类别实施"分类管理"。一是组织形态层面的分类管理。江苏广电(集团)根据组织形态和功能职责不同,把各管理部门、业务单元划分为任务成本中心、利润中心和模拟利润中心三大类,在目标和指标制定、资源配置、绩效考评和奖惩的方式上各有不同。在制定任务成本中心如广电新闻中心目标时,主要体现为具体的任务型目标和成本控制目标,相应采用逐条定额奖励的绩效兑现模式。在制定模拟利润中心如传统频道、频率等目标时,关键指标主要为收视收听类指标、捆绑考核利润指标和收入指标,绩效兑现兼顾收视收听指标考核奖励与利润分享两种模式。在制定利润中心如居家购物公司、影视文化集团等公司主体时,关键指标主要为收入、利润等财务类指标,同时设置部分业务相关类指标,比如幸福蓝海集团主营业务为影视内容制作,就在财务类指标之外,相应设立有关内容制作的影响力指标,也主要采用利润分享的形式兑现绩效奖惩。

二是业务类型层面的分类管理。将业务按垄断性程度进行类型划分,分为垄断性程度较高业务(如频道频率运营等)和市场化程度较高业务(如居家购物、影视内容娱乐、新媒体等)两大类型。对两类业务开展的目标考核会有所差异,前者由于业务发展相对平稳,考核框架也相对稳定,更侧重精细化考核;后者由于业务发展不确定性高,因此会更加体现市场导向,考核框架相对更灵活,更体现阶段关注点。例如对于幸福蓝海集团的考核,采用公司考核和项目考核相结合的双轨考核模式,既考核公司年度目标,也考核影视内容制作项目目标,在当前冲刺上市的关键阶段,还进行推动上市相关指标的考核。

三是岗位类别层面的分类管理。不同岗位类别责任主体,其岗位职责、工作环境和风险担当也不同,因此也需要对其在考核模式、激励手段进行分类管理。江苏广电的总体原则是:向一线倾斜,一线业务单元的激励力度要相对高于管理支撑部门;广告经营等任务重、难度高、贡献大的岗位以及市场化程度高的业务单元负责人的激励,要高于不确定性较低、垄断性较高业务单元的负责人。在这样一种分类激励的基本管理原则指导下,江苏广电有相当一部分一线业务骨干和负责人薪酬甚至远高于集团高管层。

三、江苏广电目标管理体系建设带来的重要变化

从江苏广电的管理实践来看,目标管理体系建设实施带来了至少以下三方面重要的机制性变化。

1. 变"被动发展"为"主动发展"

江苏广电全面建设实施目标管理体系,是对"执行源于指令还是指标?"这样一个关键问题的实际回答。通过导入目标管理,集团的整体目标被层层分解为事业部目标、职能部门/业务单元目标和个人目标,责权利统一的清晰目标激发各层级目标责任主体为实现目标而主动奋斗,变"要我干"为"我要干",最大限度发挥各层级主体的能动性,各层级目标也紧密关联、形成合力,进而推动集团整体目标的实现,这可能也正是江苏广电近几年来能够保持快速健康发展的关键。

2. 变"人管人"为"制度管人"

通过目标管理,集团逐步构建了以目标为导向、以制度为保障、以数据为基础的精细化管理模式,"用数字说话、按流程办事、靠制度管人"成为集团广大干部员工的思维导向和行为习惯。这种"制度管人"的管理模式在提升管理效率的同时,也杜绝了人为裁量的寻租空间,保障了集团管理机制的公平性。

3. 变"平均主义"为"绩效文化"

目标管理以目标的完成情况作为考核和奖惩的唯一依据,个人利益(包括岗位、薪酬、晋升、培训等)与绩效表现密切挂钩,这彻底改变了原来分配中存在的"平均主义"和"大锅饭"的弊端,适当拉开了薪酬差距,合理提升了薪酬弹性,使绩效付出与薪酬回报更加匹配,在组织内部形成了"绩效论英雄""有作为、有地位"的绩效文化。

资料来源:李声.广电传媒目标管理体系建设的路径探析与策略思考:以江苏省广播电视总台(集团)为例[J].现代传播(中国传媒大学学报),2013,35(10):98-103.

根据材料,试着分析江苏广电集团的目标管理体系建设有哪些值得借鉴之处或是可以改进之处。

第二篇

组织篇

第七章 组织结构与组织设计

彼得·圣吉在他的管理学巨著《第五项修炼:学习型组织的艺术与实务》一书中,意味深长地讲了这么一段话:"设计师的影响力无与伦比……如果船长下令向右转舵 30 度,而设计师设计的舵只会向左转,或要花 6 个小时才能完成转舵,船长便不能发挥他的功能;如果组织的设计不良,担任这个组织的领导者必将徒劳无功。"[①]当今世界,有太多的企业因为组织设计不科学或存在问题而运转不灵,最终土崩瓦解。因此组织的设计非常重要。

第一节 组织的概述

一、组织的概念

"组织"一词,在中文里可以从两种词性上使用这一术语:

作为动词,组织是指一种管理活动,比如"老师把 3 个班的学生组织起来一起清理校园角落里的垃圾";组织作为一项工作,是管理的第二项职能。一个企业、一个机构或一个组织,必须把总体的任务分配给各个成员、各个部门去承担,建立起它们之间既相互分工又相互合作的关系,这种关系就形成了一种框架或结构。组织工作的目的,就是要建立这样一种能产生有效的分工合作关系的结构。管理学中的组织是指通过建立、维护并不断改进组织结构以实现有效的分工、合作的过程。管理的组织职能主要体现在组织的设计和组织的变革两项工作方面。

作为名词,组织是指为了某种特定的目标,经由分工合作、不同层次的权力和责任制度而构成的人的集合,比如政府组织、企业组织、文化组织等等。具体说来:

第一,组织存在的前提是目标,没有目标的人的集合不能称其为组织。组织所做的各种努力,都是为了维持自身的生存和发展,最终达到组织目标。例如,企业的目标是从事生产、获得利润;医院的目标是救死扶伤;大学的目标是培养人才;政府的目标是管理公共事务。

---

① 彼得·圣吉.第五项修炼:学习型组织的艺术与实务[M].郭进隆,译.上海:上海三联书店,2003:394.

第二，组织运行并发挥效率的基本手段是分工与合作。为了使组织有效运行，必须根据组织目标的需要，将组织划分成不同的职能部门，这些部门都将承担组织的部分特定工作，这就是职能分工。职能分工可以使不同性质的任务同步进行，从而大大提高了工作效率。当然仅有分工是不够的，为了按时、高效、高质量地实现组织的总目标，职能部门需要协调工作、相互配合，即进行有效的合作。

第三，组织必须具有不同层次的权力和责任制度。与组织的不同层次结构相适应，组织需赋予不同层次的权力和责任，为达成组织目标提供必要的保证。

二、组织的分类

（一）正式组织与非正式组织

组织按照其建立的程序以及存在的形式可以分为正式组织与非正式组织。所谓正式组织，就是经由主管部门按照一定的程序、遵循严格的规范、有着明确的等级和部门结构建立起来的一种组织形式。非正式组织是指组织内部并非根据一定的程序、并没有经由组织某个主管部门或主管人员批准，而是由一定成员自发形成的或是紧密或是松散的群体。非正式组织基本上是人们在一定的互相联系中自发形成的个体和社会关系的网络，非正式组织能够在组织内部存在，表明它能够提供给成员某些正式组织所不能提供的效用。

正式组织和非正式组织的区别突出表现在是否程序化上：正式组织经由一定程序、按照一定的规则和制度章程设立，其解散也要经过一定的程序才能解散，组织运行按照既定的规则、程序、政策进行运作。非正式组织则刚好相反。

从组织目标的角度来看，无论正式组织还是非正式组织都有其组织目标。两者有时一致，有时不一致。一般来说正式组织目标和非正式组织目标之间的关系总是可以用一定的角度关系来表现：第一，当两者的目标变量呈0°即完全一致时，非正式组织对正式组织目标的实现产生最大的促进作用；第二，当两者的目标变量呈0°～90°即基本一致时，非正式组织对正式组织目标的实现可能产生一定的促进作用；第三，当两者的目标变量呈90°～180°即基本不一致时，非正式组织对正式组织目标的实现会产生一定的促退作用；第四，当两者的目标变量呈180°即完全不一致时，非正式组织对正式组织目标的实现将产生最大的阻碍作用。

非正式组织是客观存在的事实，然而一直到著名的霍桑实验，人们才发现非正式组织的存在，并引发了人们对于非正式组织的研究和探索。由于非正式组织的存在对于正式组织目标的实现有着正反两方面的作用，使得人们对于非正式组织的态度也形成两种：一种认为在正式组织内部应明确禁止非正式组织的存在，使组织始终能够按照程序和规范来运行，保持组织的高效和公正，比如美国的斯隆；另一种观点则认为，正式组织应该重视并充分利用非正式组织，当非正式组织的目标能够引导到跟正式组织的目标一致时，将会对正式组织产生极大的正面效果，比如日本松下公司的松下幸之助。

很多中国学者也抱有类似观点。2010年深圳富士康公司在短短半年间连续发生13起员工跳楼自杀事件，震惊全国，政府相关部门也进入富士康公司进行调查，结果显示富士康公司经营守法，并不存在侵犯员工合法权益的问题。有学者认为，在中国侵犯员工权益严重、劳动环境极其恶劣的私营煤矿、建筑工地极少出现员工自杀现象，很大一个原因是这些行业的工人都是整村整乡被包工头招工带出来的，他们之间存在着非常浓厚的老乡情结。也就是说"老乡"这个非正式组织在工人们遇到经济或情感挫折时，起着很大的化解和润滑作用。而富士康公司的工人是按照现代企业人力资源管理方法进行录用和管理的，过于程序化的管理手段、标准化的流水线作业，使得富士康员工之间人际关系相当淡漠，很多住在一个宿舍的人都彼此不认识。也就是说没有一个非正式组织的润滑和调节，员工一旦遇到情感问题，就容易走极端了。所以，考虑到东方传统文化中人情化的特点，大部分东方学者主张对非正式组织采取宽容并加以利用的做法。

（二）实体组织与虚拟组织

组织的最初形态就是实体组织，我们通常所说的组织也都是指实体组织。虚拟组织只是社会及组织发展到一定阶段才出现的产物。虚拟组织虽然不是因为国际互联网的出现才产生，传统意义上的邮政网、电信网（电话、电报、传真等）也曾导致一定程度和数量的虚拟组织的产生，但只有在国际互联网出现以后虚拟组织才得以全方位的发展，并大有取代传统实体组织的发展趋势。

虚拟组织与实体组织相比，主要有以下特点：

1. 组织结构的虚拟性

从组织的结构特征来看，传统意义上的实体组织内部结构呈金字塔形，管理幅度因为受到管理者能力的限制而不可能过大。有研究表明，20世纪早期和中期组织的管理幅度一般在4～6人或者更窄。随着组织管理能力的提高，到20世纪中期和晚期组织的管理幅度扩大到8～12人，受管理幅度的影响，管理层次级数很多，组织呈现高耸的金字塔形。据1990年的材料，美国500强大公司管理阶层普遍多达11～14层。由于组织结构高耸，企业内部的决策、沟通、执行、控制等管理职能在速度和质量上都出现很大的问题。当然，现代意义上的实体组织借助数字化技术，将很多传统实体组织中的中间层次的功能交由计算机处理，管理幅度大大加宽，整个组织结构由高耸型转为扁平型。

虚拟组织的典型特征是网络型，它更加超越现代意义上的实体组织，利用国际互联网络,把组织内部相当多的职能以一定的形式转由全球各地的其他组织承担,组织仅仅保留自己最擅长、最核心的活动来经营管理。由于最大程度地利用了外部资源,所以虚拟组织的管理幅度可更大限度地加大,而且组织结构富有弹性。

2. 构成人员的虚拟性

实体组织的构成人员,主要归属于该组织;虚拟组织的构成人员则主要不归属于该组织。人员的虚拟性,其优点在于人力资源成本较小,能够迅速网罗各种人才,而且流动性比较好;其不足之处在于人员不稳定,真正高素质、高层次、能给组织带来核心竞争力的人员很难尽全力为该企业服务,人员短期行为比较严重。而实体组织的优点与不足之处则正好与虚拟组织相反。

3. 办公场所的虚拟性

实体组织一般都有较为固定的集中的办公场所,员工也大都在统一的办公场所上下班。相反,虚拟组织基本上没有集中的办公场所,员工的办公场所依员工自己的要求自行安排。在虚拟组织中,员工有可能在自己家里办公,也有可能在旅行途中办公。虚拟组织注重绩效,至于办公场所则由员工根据自己的条件做出合理的选择。显然,办公场所的虚拟化,既增加了组织设置的弹性,又节省了配置办公设施的费用。当然,虚拟组织办公场所的虚拟化,也带来了一系列的问题,最突出的就是员工之间的沟通难以有效进行。

4. 核心能力的虚拟性

企业的核心能力是获得竞争优势的决定因素。实体组织在培养和强化核心能力时,其传统的做法是依靠内部自力更生。然而这样做由于企业的资金、人才、技术、时间等有限,企业的核心能力很难在短时间内有大幅度、全方位的提高。

而虚拟组织则充分利用外部能力。企业借助现代电子信息技术,将其他组织的核心能力网罗进来,形成一个以自身核心能力为中心的虚拟性的网络核心能力。这种虚拟性的网络核心能力比起实体组织的核心能力来讲具有容易重组、高速度、低成本的特性。

(三)机械式组织与有机式组织

机械式组织也称"官僚式组织",它具有严格的层级关系,每个部门和岗位都有明确固定的职责,从上到下有一条正式的指挥链,每个人只接受一个上级的指挥和控制,管理幅度的狭窄导致组织层次的增加,呈现出高耸的金字塔结构。组织结构的高耸使得管理高层和低层之间的距离扩大,为了确保下级的作业活动符合要求并贯彻上级指令,管理者会制定一系列规则条例来对下级的活动进行监督控制。另外,机械式组织为了使工作变得简单、常规化和标准化,按照专业化分工的原则把组织横向分成许多部门,每个部门按照规定分别承担不同的工作。机械式组织是一种僵硬的、稳定的、金字塔形高耸的、非人格化的组织形式。

有机式组织是一种松散的、灵活的、具有高度适应性的组织形式。有机式组织也进行工作划分,但人们所做的工作并不是标准化的。其员工大多经过足够的职业训练,具有熟练的技巧,能自行处理各种各样的问题,因此管理者不需要出台多少正式的规则和直接监督。有机式组织保持决策分权化,使得一般管理人员能对自己的工作迅速做出反应和判断。总之,由于不具有标准化的工作和规章条例,有机式组织结构松散,能根据需要迅速做出调整,整个组织形态也呈现出一种扁平化状态。

第二节 组织结构的类型

组织结构就是组织中划分、组合和协调人们的活动和任务的一种正式的框架。组织结构体现了组织各部分的排列顺序、空间位置、聚集状态、联系方式和相互关系。组织结构犹如人体的骨架,在人体中起着支撑、保护的作用。正是在这一骨架中,消化、呼吸、循环等系统才能发挥正常的生理作用。一个组织系统有若干单位或部门组成,在纵向上形成具有若干个层次的隶属关系,在横向上形成具有若干个平行部门的协作关系。不同的组织由于管理部门不同、管理层次不同或者管理部门与管理层次两者结合的方式不同,就形成了各种不同的组织结构形式。常见的组织结构形式一共有下列7种。

一、直线型结构

(一)直线型结构的含义

直线型结构也叫简单结构,是一种最简单的组织结构形式。所谓直线是直接指挥和命令的意思。举例来说,有个人开了个小饭店,除了他自己以外,还雇了三个人:一个厨师,两个伙计。这就是一个典型的直线型结构,老板直接指挥三个员工。后来这家小饭馆生意很红火,厨师和伙计都抱怨自己一个人忙不过来,于是老板又雇了两个人专门给厨师打下手,雇了几个小伙计分给那两个伙计调度使用。原来的厨师变为厨师长,原来的伙计升为领班。在这种情况下,组织结构扩大了,但仍然还是直线型结构,只不过比原先多了一个层次,即老板可以指挥厨师长、领班,厨师长和领班可以指挥他们各自手下的小厨师、小伙计。

总之,直线型结构是在组织最高管理者之下设若干中层管理部门,每一个中层管理部门之下又设若干基层管理部门。组织的最高管理者是决策者,最低一级是执行者,从上到下执行单一的命令,形成一个单线系统,没有职能机构。在这种结构中,职权或命令的流向呈一条直线,从上到下纵向贯穿整个组织,如图7-1所示。

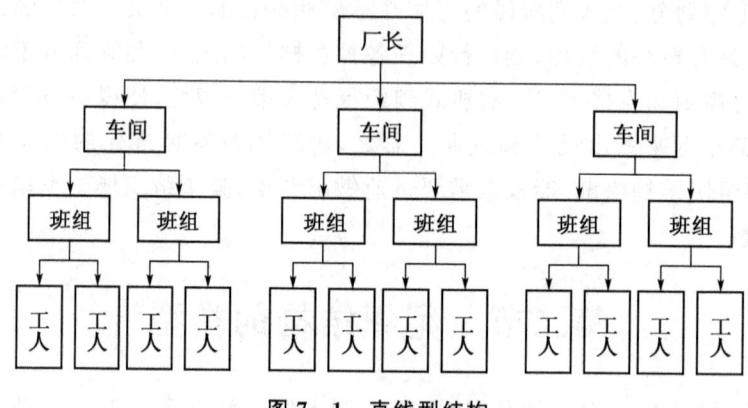

图7-1 直线型结构

（二）直线型结构的优缺点

直线型结构的优点是结构简单,管理人员少,职责权力明确,上下级关系清楚。

这种结构的缺点非常明显:第一,组织结构缺乏弹性,同一层次的部门之间缺乏必要的联系;第二,主管人员独揽大权,任务繁重,一旦决策失误,就会给组织造成重大损失;第三,直线管理人员必须是个多面手,了解掌握多种专业管理知识,能较好地处理多种业务。

由于直线型结构存在以上不足,因此这种结构只适用于规模不大、职工较少、业务和管理都比较简单的组织。

二、职能型结构

（一）职能型结构的含义

仍然以上述饭馆为例。饭馆的生意越来越好,几年工夫就发展成了一个300人的大酒楼。与原先的小饭馆相比,各方面的业务都变得复杂起来。一个300人规模的酒楼,每天的采购就是一个巨大的工作量。什么地方的肉新鲜、环保、卫生,什么地方的蔬菜便宜,都是有诀窍的。于是就产生了专业化分工的需要。这意味着必须有一拨人专门负责采购,一拨人专门在后厨加工,一拨人专门在前台做服务,还得有人专门负责招聘员工、做培训、结算工资、做广告推广、拉客户等等。当规模达到这个程度时,一种可行的方式就是设立各种各样的专职部门,分工负责各方面的业务。这种构造就是职能型结构。

职能型结构最早是由泰勒在 1903 年出版的《工厂管理》一书中提出的。诚如上面例子所描述的情形,随着生产力的发展和科学技术的进步,企业规模不断扩大,管理工作日趋复杂,直线型的组织方式已不能满足管理工作的需要,企业于是按照专业分工的原则设立专业职能部门、配备专业管理人员,把组织相应的管理工作交给职能部门去管理,各职能部门在本职能范围内有直接指挥下级的权力。职能型结构如图 7-2 所示。

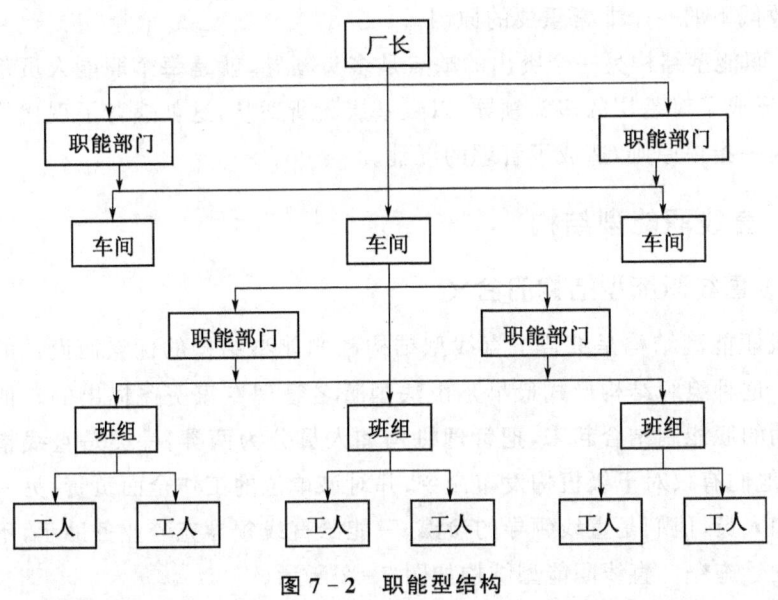

图 7-2 职能型结构

(二) 职能型结构的优点

职能型结构的主要优点是专业分工明确,它可以满足现代化生产技术比较复杂和管理分工较细的组织要求,提高了管理的专业化程度,减轻了各级直线管理人员的工作负担。由于专业化分工,组织把专门的工作放在专门的部门中进行。这样做的好处是:第一,同样的活动放在同一个部门进行,带来了规模经济效益。第二,员工专门从事某一领域的工作,容易积累专门的技能,培养专门的人才。

(三) 职能型结构的缺点

(1) 职能型结构是建立在分工的基础之上,各个部门容易过分强调本部门重要性而忽视与其他部门的配合,尤其是由于没有哪个部门的工作可以对组织最终的成果负责,导致组织整体利益得不到保障。我们经常可以看到这样的现象:公司的研发部门抱怨制造部门,我设计这么好的产品,你们却生产不出来;制造部门的人反过来讥讽研发部门,你们连机器设备的精度都没搞清楚,怎么可能设计出好产品;销售部门的人指责研发部门,你们就知道闭门造车,根本不了解顾客需求,所以设计出来的产品市场不欢迎;生产部门责怪销售部门无能;等等。

(2) 组织的产品和服务是通过各个环节的协作来完成的。各个部门之间相互依赖,任何一个部门都不可能离开其他部门而独立存在。但是在职能型结构下,部门的壁垒把创造产品和服务的流程切割得七零八落,上下环节之间没有协调,导致了各项工作质量低、成本高、速度慢、效益差。也就是说,部门割裂是导致组织绩效低下的一个非常重要的原因。

(3) 职能型结构另一个突出的缺点是多头领导,就是每个职能人员都有权指挥下属,形成了对基层的多头领导,以致基层无所适从,这就违背了现代管理极其重要的统一指挥原则,造成了管理的混乱。

三、直线职能型结构

(一) 直线职能型结构的含义

直线职能型结构是综合了直线型结构和职能型结构的优点而设计的一种组织结构。这种组织结构形式最早是由法国著名管理专家费尧提出的。他把直线制和泰勒的职能制结合起来,把管理机构和人员分为两类:一类是直线指挥机构和人员,他们有权对下级机构发布命令,并对该单位的工作全面负责;另一类是参谋机构和人员,他们是直线领导的参谋,只能给直线领导充当业务助手,不能对下级机构发号施令。直线职能型结构如图 7-3 所示。

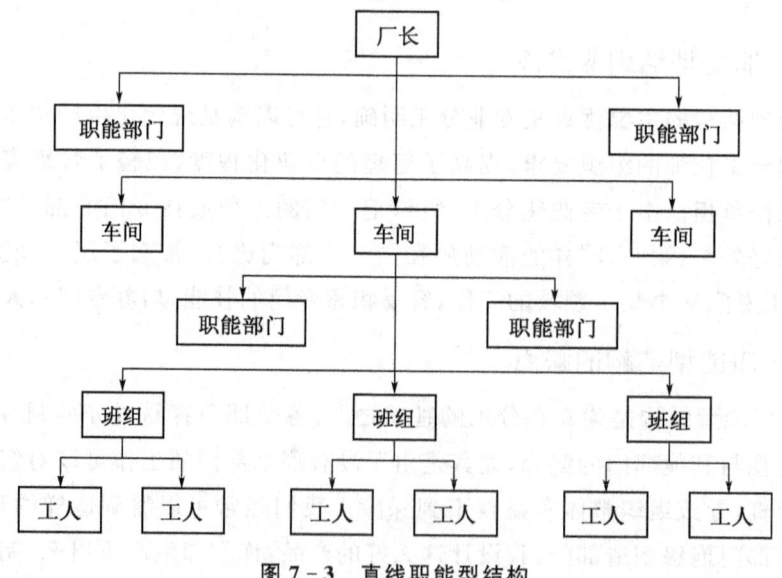

图 7-3 直线职能型结构

（二）直线职能型结构的优点

直线职能型结构既保持了直线型结构的集中统一指挥的优点，又吸收了职能型结构的专业分工管理的长处，从而大大提高了管理效率。它具有较高的稳定性，在外部环境变化不大的情况下，易于发挥组织的集团效率。直线职能制的产生使企业管理大大前进了一步，在世界各国得到了广泛的运用。目前在我国政府部门、企事业单位等大部分采用的就是直线职能型组织结构。

（三）直线职能型结构的缺点

这种结构的缺点同样还是横向部门之间缺乏信息交流，各部门缺乏全局观念，职能机构之间、职能人员与直线指挥人员之间的目标不易统一，最高领导人的协调工作量较大。而且由于分工较细、手续烦琐，因此当环境变化频繁时这种结构的反应较为迟钝。

四、事业部结构

（一）事业部结构的含义

仍以前述的那个饭店为例。饭店的生意继续火爆下去，导致这个饭店的规模越来越大，雇佣的人员越来越多。在直线型、职能型、直线职能型结构下，无论哪一种结构，都会出现管理层次越来越多、组织纵向上长得越来越高耸；职能部门越设越多，组织横向上变得越来越胖。在这种情形下，层次的增加意味着管理费用不断上升，沟通和决策越来越缓慢；部门的增加也使得沟通越来越困难，计划和控制越来越复杂。这就意味着，无论是直线型、职能型还是直线职能型结构，这几种组织结构的发展容量都是有极限的，发展到一定程度就容纳不了成长的可能了。

这种情况有点像旧式的大家庭，由于长者长寿、人丁兴旺，所以形成了四世同堂的大家庭。众多的人口长年累月在一起吃饭过日子，必然会出现各种各样的矛盾。最后实在过不下去了，只好分家，儿子们平时各自自立门户过日子。但是，遇到大事，还是要老爷子做主。

大名鼎鼎的通用汽车公司在20世纪20年代就遇到了这种困境。通用汽车当时的总裁阿尔弗雷德·斯隆想出了一个办法，就是采用事业部制。事业部制有点类似上面讲的分家。每个儿子（事业部）相对独立各管一摊，平时各过各的日子，但由老爷子（公司总部）掌握大政方针。比如，人事、投资等重大问题由总部来决策，日常的生产经营活动则由各个事业部自己进行。事业部制的出现使得企业的规模几乎不再有限制，进而出现了众多动辄拥有几十万雇员的巨无霸企业、跨国公司。

事业部结构是通用汽车公司在20世纪20年代首创的,因此被称作"斯隆模型",也叫"联邦分权制",是指大型公司按产品的类型、地区、经营部门或顾客类别设计建立若干自主经营的单位或事业部。事业部结构是一个企业内对具有独立的产品和市场、独立的责任和利益的部门实行分权管理的一种组织结构。事业部结构如图7-4所示。

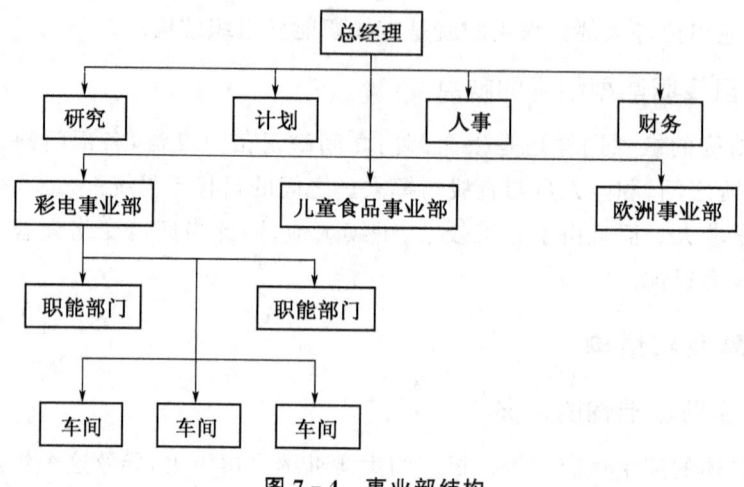

图7-4 事业部结构

（二）事业部结构的特点

事业部结构的特点是:第一,具有独立的产品和市场,是产品责任或市场责任单位;第二,具有独立的利益,实行独立核算,是一个利润中心;第三,是一个分权单位,具有足够的权力,能自主经营。

（三）事业部结构的基本原则

事业部结构的基本原则是集中决策,分散经营。企业的最高层是最高决策管理机构,负责研究和制定企业的总目标、总计划和各项方针政策,并保持三方面的决策权:一是战略发展决策权,二是资金分配决策权,三是人事安排权。即所有事业部的干部和专业人员都是整个企业的资源,企业的用人政策和重要的人事安排都由总部的最高层决策。正因为企业总部控制了以上三方面的决策权,既保证了各个事业部的分散经营权,又维护了整个企业的完整性。

（四）事业部结构的优缺点

事业部结构的优点在于:第一,使企业的最高层摆脱了日常的行政事务,集中精力决策规划企业的战略发展问题。第二,便于组织专业化生产,提高了企业管理的灵活性和适应性,有利于大公司开展多元化经营,从而大大提高了企业的竞争力。第三,通过各个事业部的管理和经营的实践和锻炼,为企业储备了宝贵的高级管理人才。事业部结构的缺点是增加了管理层次,机构重叠,使管理人员和管理费用大大增加。

五、矩阵型结构

(一)矩阵型结构的含义

组织的矩阵型结构是指从专门从事某项工作的工作小组形式发展起来的一种组织结构。"矩阵"是从数学中移植过来的一个概念。工作小组是由一群具有不同背景、不同技能、不同知识、分别选自不同部门的人员所组成。

矩阵型组织是由按职能部门化建立的结构和按产品部门化建立的结构重合而成的一个双重结构。即先有一组职能部门,再有另一组临时性的产品部门(或项目部门)叠加在职能部门之上。在这个矩阵型组织中,每一个成员既隶属于纵向的职能部门,又同时隶属于一个或几个横向的产品部门。因此,项目组的成员在一般意义上需接受项目组负责人和原部门的双重领导。一个组织可以有多个项目组,每一个项目组由项目负责人负责,项目完成后项目组即可解散;项目组成员完成自己的任务后,仍回到原来的部门工作。矩阵型组织结构比较适用于项目攻关(如新产品开发、重大科研项目攻关),企业、大学、科研院所、广告公司、房地产开发企业、影视摄制部门常会采用这种组织结构。矩阵型结构如图7-5所示。

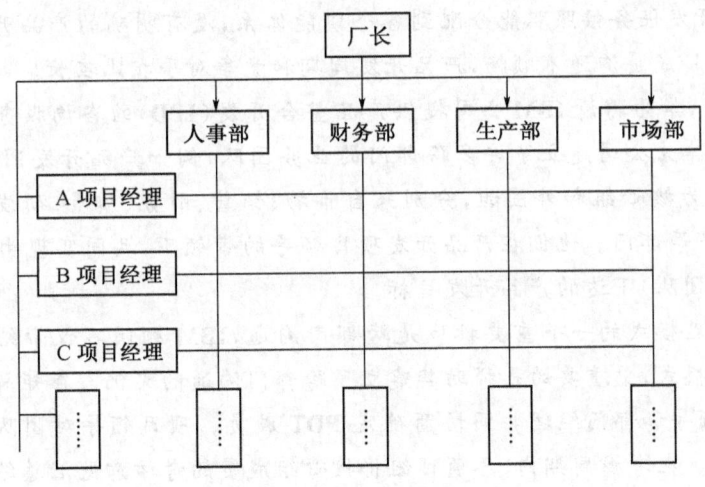

图7-5 矩阵型结构

（二）矩阵型结构的优点

矩阵型结构的优点是：第一，不同部门、具有不同专长的人聚集在一起，有利于互相启发、集思广益，提高了攻克项目的专业化程度和速度。第二，由于一个人可以同时参加多个项目组，因此加强了组织不同部门之间的配合和信息交流，实现了人才资源的共享。第三，项目组可以根据需要随时成立和解散，增加了组织的灵活性和适应性。

（三）矩阵型结构的缺点

矩阵型结构的缺点是：第一，稳定性差。因为项目组成员均是不同部门抽调而来，绩效考核、职称评定、职务晋升等涉及成员职业发展前景的重要事务仍由原部门主管负责，所以对待项目组工作常常抱有临时的、对付的态度，对工作产生不利影响。第二，项目组的每一个成员都需接受项目组负责人和原部门的双重领导，容易产生责权不清、管理混乱的现象，因此项目组的负责人必须与各个部门的负责人很好地配合，才能顺利地进行工作。

管理案例

华为公司是全球最大的通信设备生产商之一。在这个技术密集、竞争激烈的产业中，保持研发优势是企业成功的关键。早期华为采用职能式的产品开发模式，将产品开发任务按照职能分配到各个职能体系，没有明确的产品开发项目经理。由于项目成员沟通不顺畅，产品开发周期和竞争对手相比较长。

1999年，华为聘请IBM公司提供产品整合开发（IPD）的咨询服务。IBM的顾问们帮助华为公司建立了许多跨部门的业务团队，例如产品开发团队（PDT），团队成员分为核心组和外围组，分别来自市场、销售、财务、质量、研发、制造、采购、技术服务等部门。他们在产品开发项目领导的带领下，共同实现由IPMT（集成组合管理团队）下达的产品开发目标。

矩阵管理模式的一个重要挑战是跨部门沟通，IBM顾问不仅带给华为产品开发的管理模式，更重要的是帮助其建立了跨部门沟通的文化。在矩阵管理模式下，由项目领导和部门经理共同协商确定PDT成员。项目领导对团队成员拥有考核的权力。在考核周期内，各项目组将核心组成员的考核意见汇总给职能部门经理，由职能部门经理统一给出对项目成员的最终考核结果。职能部门经理由原来既管事又管人转变为只管人，更多关注培养部门的能力，包括部门人力资源规划与培养、部门技术的规划及开发、部门的管理体系建设、向PDT团队提供合格的人力资源等。以矩阵结构为特色的IPD帮助华为公司将主要产品的研发周期由 1999 年的 75 周减少到 2003 年的 48 周。

资料来源：韩瑞.管理学原理：国际思考·本地行动·中国案例[M].北京：中国市场出版社，2013：275.

六、委员会结构

（一）委员会结构的含义

委员会是由来自不同部门、具有不同经验、知识和背景的人员组成，跨越专业和职能界限执行某方面管理职能的一种组织结构。它的作用是完善个人管理的不足，并预防过分集权化，使各方的利益得到协调和均衡。大到国家，小到企业、大学等，委员会组织随处可见，如全国人大常务委员会、国家计划生育委员会、公司中的董事会和监事会、高校的学术委员会等。委员会是一种重要的组织结构。

（二）委员会结构的优点

（1）每个委员在委员会中的权利和义务是平等的。根据委员会的章程，每个委员都有权提出有关议案，有权就相关问题平等地发表意见，并具有投票权，有关决议的形成与通过以少数服从多数的原则通过投票方式来进行。因此委员会具有平等、民主、集体决策的特点。

（2）由于每个委员具有不同的经验、知识和背景，对要决策的问题可以提出多方面的建议和看法，可以使决策方案更合理、更有效，减少决策失误。

（3）委员会的委员一般都是各方利益的代表，如专家、技术人员、管理人员、基层代表等，因而组建委员会是吸收下级参与决策的好方式，可以大大增加决策的民主性、代表性和权威性。

（三）委员会结构的缺点

（1）责任不清。委员会的决议是集体做出的，当决策出现失误时，无法追究委员的个人责任。

（2）委员会通过的决策或方案折中调和的成分很大。有时委员们对某个问题看法分歧严重，为了问题得以解决，各方只好折中妥协让决议通过。而往往这样的决议方案难以保留实质性的内容，是各方都不满意但又都只能被迫接受的方案，并不是解决问题的最佳方案。

（3）成本高但效率不高。这里所说的成本，除了资金之外，最主要的是时间成本。委员会召开会议是有法定人数限制的，许多委员并不在组织本部所在地，每次开会都必须长途跋涉出席会议；会议期间，要讨论各种问题，每个委员都有发言权，做结论时为了能够尽量达成一致又要反复推敲，所有这些都要耗费大量时间,由此产生的会议经费也居高不下。所以委员会制在制定法律、法规、政策时比较适用,行政运行过程中不太适宜采用。

七、虚拟组织结构

(一)虚拟组织结构的含义

虚拟组织是一种只有很小规模的核心组织,以合同为基础,依靠其他商业职能组织进行制造、分销、营销或其他关键业务的经营活动的结构。

虚拟结构通常只有少数几个永久性雇员和一个规模很小的行政总部。根据组织业务需求的变化,它会聘用一些临时员工、租赁设备和外包基本的支持性职能来满足业务开展的需要。所以它的临时员工队伍经常会发生变化,外包的合同也会进行修改。总之虚拟组织的存在形态完全取决于它业务的需求。虚拟组织往往利用互联网开展绝大部分业务,如图7-6所示。

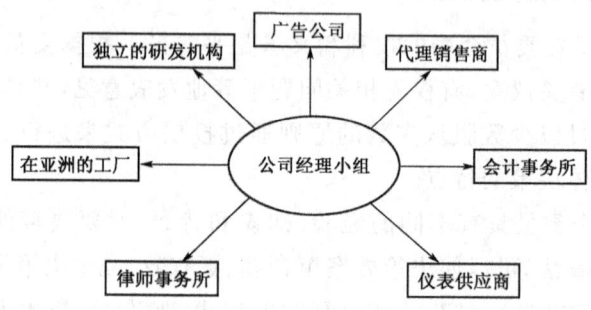

图7-6 虚拟组织结构

图7-6是一幅虚拟组织结构图,从中可以看到,管理人员把公司基本职能都移交给了外部机构,组织的核心是一个小规模的经理人员小组,他们的工作就是直接监督公司内部的经营活动,并且协调为本公司进行生产、销售以及其他重要职能活动的各个外部组织机构之间的关系。图中的箭头表示这些关系通常都是契约关系。实际上,虚拟组织的管理人员大部分时间是通过计算机网络联系的方式,协调和控制本公司与外部客户机构的关系。

比如美国全球调研协会公司,该公司只有3名永久性员工,向在亚洲做业务的公司提供调研和咨询服务。在客户提出各种服务要求后,该公司将合同外包给组织外几十位独立的顾问和研究院所进行研究。这家公司经常性地同时有几个项目在运作,几十位研究人员和研究机构在为他们工作。随着业务项目的变化,公司进行合作的机构和研究人员也不断发生变化。这家公司就是一个典型的虚拟组织。同样,美国耐克公司在纽约只有一个办公楼,它没有一个厂房,所有的业务从设计、研发、生产、运输、广告、销售等等,全部外包给世界各地的业务伙伴,它只是一个运作中心。

虚拟组织之所以这样做就是为了追求最大的灵活性,它们创造出各种关系网络,只要认为别的公司在生产、配送、营销、服务等方面比自己做得更好,或成本更低,就把这些业务职能外包给他们去做,而把自己的力量集中到自己最擅长的核心业务上。

(二) 虚拟组织结构优缺点

虚拟组织最大的优点就是充分利用外部资源,它甚至可以通过互联网在全球寻找各种人力物力资源实现组织最经济最高效的运行。

虚拟组织与传统的官僚组织最大的不同在于,传统的官僚组织垂直管理层次比较多,控制是通过所有权来实现的。比如,企业的研究开发主要在公司实验室进行,生产制造在公司下属的工厂完成,销售工作由公司自己销售部的员工去做。而为了保证这些工作的顺利进行,管理者不得不雇佣大量的支持性岗位管理人员,包括会计人员、人力资源专家、律师等等。与此相反,虚拟组织则从组织外部寻找各种资源来执行上述职能,而把精力集中在自己最擅长的业务上。比如爱默生无线电公司,它只集中开发设计新型的电视机、音响等电子产品,把生产任务全部外包给亚洲各国的供应商。

虚拟组织结构的不足是,虚拟组织的管理人员对于外包的业务缺乏传统组织所具有的严密的控制力,合作机构提供的产品或服务质量也难以保证。另外,有时候虚拟组织取得的技术专利、业务创新很容易被竞争对手窃取,因为创新产品一旦交给其他组织去进行加工生产或者进行推广宣传,公司的商业机密要想得以保证不被泄露将会非常困难。

如今借助于计算机网络技术,一个组织可以很容易地与其他组织直接进行联系和交流,虚拟结构的组织已经越来越成为一种组织发展的趋势。至于虚拟组织的弊端怎样消除,人们还在艰难的探索之中。

第三节 组织设计的基本要素

组织作为管理工作的第二大基本职能,其主要任务就是设计、建立、维护并不断改进组织的结构。组织设计是以组织结构安排为核心,对组织系统进行整体的设计工作。要合理地组织组织设计的基本要素包括:职位的设计、职位的组合、建立职位间的相互关系、分配职位间的权力、明确直线职位和参谋职位。

> 温馨提示

众所周知,在自然科学领域,石墨与钻石都是由碳原子构成的,构成要素一样,但两者的价值简直无法相提并论。钻石为什么比石墨坚硬、值钱?造成它们之间差异的根本原因就是原子间结构的差异:石墨的碳原子之间是"层状结构",而钻石的碳原子之间是独特的"金刚石结构"。同样的道理,性能完全相同的机器零部件,由于组装的经验和水平不同,装出的机器在性能上具有天壤之别,比如,美国波音公司的波音飞机,所有的零部件都是由世界各国的供应商提供,波音公司在西雅图的厂部只是把它们组装起来,然而世界上只有美国能够生产出波音飞机。一队士兵,数量上没有任何变化,仅仅由于排列的列阵不同,在战斗力上就会有质的差异。组织也是这样,由于组织内部分工协作不同,由此建立起来的组织发挥的效能也有很大的不同。一个组织如果内部结构很不合理,指挥失灵、人浮于事、内耗丛生,那么这样的组织就很难保证组织目标的实现。所以,良好的组织是企业生存发展不可缺少的重要条件。管理者必须有效地开展组织工作,给企业建立一个合理的、健全的组织结构。

个体劳动者和作坊式的手工业组织可能不存在组织设计的问题,因为个体劳动者完全可以按照自己的情况安排自己的劳动活动,而作坊式的手工业组织这也因为组织规模小,完全可以直接管理组织中的每一项具体活动。但是现代化的大型组织,面对日益复杂的组织资源与活动、面对随时变化的组织外部环境,管理者由于自身能力和精力有限,根本无法直接安排组织内部所有人的每一项具体活动。因此,组织设计就是要建构柔性灵活的组织,以此动态适应外部环境的变化,有效配置组织资源,协调组织中各部门、人员和任务之间的关系,由此有效保证组织活动的开展,最终保证组织目标的实现。组织设计的起点首先是对职位进行设计。

一、职位的设计

(一)职位设计的含义

职位设计就是将若干工作任务(Tasks)组合起来构成一个完整的职位(Job)。组织中的职位是构成组织这座大厦的基本构件,也就是说,组织是用各种各样的职位垒起来的。现实中,有些职位是常规性的、经常重复的(比如银行柜面工作人员),有些则是非常规性的(如银行理财顾问)。一些职位要求广泛多样的技能,另一些只要求范围狭窄的技能。一些职位规定了非常严格的工作纪律和工作程序,另一些则具有相当的自由度。职位因为任务组合的方式不同而不一样,而这些不同的组合就形成了多种职位设计方法。如果把组织的活动看成是一场戏剧的话，这些职位就相当于戏剧中的各种角色。这场戏是喜还是悲，是跌宕起伏还是索然无味，很大程度上取决于这些角色的安排。职位设计的方式影响着人们的工作效率，影响着人们能否最大限度地发挥自己的潜能，也影响着人们是享受工作的乐趣还是忍受工作的折磨。因此在设计职位时，管理者要考虑两方面的因素：一是工作的效率；二是人员的满足。

（二）职位设计的主要方法

1. 工作专业化

工作专业化是将组织任务分解为小的构成成分的程度。工作专业化来自18世纪经济学家亚当·斯密"劳动分工"的概念，他描述了一家制造大头针的工厂如何通过劳动分工提高生产效率。在这家工厂里，第一个人抽钢丝，第二个人拉直，第三个人切割，第四个人削尖，第五个人打磨顶部以便接上头部；而头部的制作又需要两三项单独的作业，接上头部又是另一项作业。斯密指出，如果10个工人按这样的方式进行加工，则每天可以生产48 000枚大头针，而如果每人都负责从头到尾的所有工序，则一天一人只能生产20枚大头针。年代上更近一点的工作专业化的例子是亨利·福特倡导的汽车装配流水线。正是采用了专业化分工制作汽车零部件，使得汽车的生产告别了一辆一辆的单件制作，高效率、低成本，汽车走入美国的寻常百姓家。

工作专业化的优点非常明显：第一，现代组织中的业务高度复杂，一个人不可能掌握所有的技能。按照专业对工作进行分工，有助于组织找到专业的人来从事专业的工作。第二，工作专业化使每项工作都设计得尽量简单、容易做，大大降低了员工培训的成本。第三，每个员工在工作中只需要从事少数几个操作动作，提高了工作熟练程度，进而大大提高了生产效率。第四，工作分解得越细越简单，就越容易开发出支持这项工作的专业化机器设备。

由于工作专业化具有明显的优势，因此，工业革命以来的200多年中，组织大部分时间都是按照工作专业化的原则来设计职位。当时的人们普遍认为，工作专业化程度越高，工作效率也就越高。在这种思路的驱动下，现代社会成为一个高度专业化分工的社会。图7-7反映了早期人们对于工作专业化和效率之间的这种关系的认识。

直到今天，大量的工作仍然是按照工作专业化的原则进行的。生产工人在流水线上从事简单、重复的工作，办公室职员坐在计算机前从事范围狭窄的、标准化的任务，甚至护士、会计以及许多其他的职业性工作都是按照同样的原则组织起来的。

但是，人们后来发现，原先对这个规律的认识有点局限、片面，只看到了前半截，却没有看到后半截，尾巴已经向下。这意味着，当专业化分工程度超过某个点后，曲线会往下走，这表示效率不升反降，如图7-8所示。

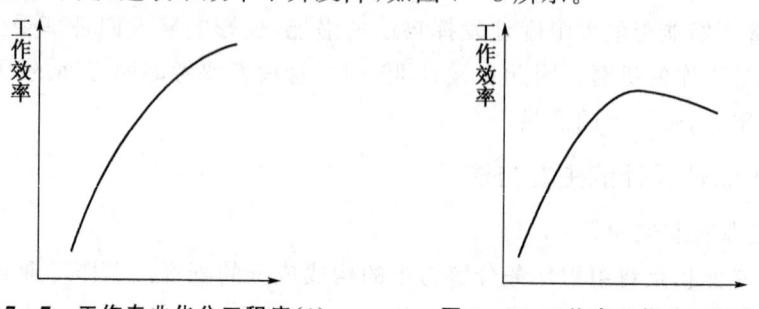

图7-7　工作专业化分工程度(1)　　　图7-8　工作专业化分工程度(2)

造成这种情况的原因在于工作专业化同样具有弊端：第一，由于工作分得过细，使得工作变得枯燥、单调、乏味，造成了对人们生理、心理上的伤害。戏剧大师卓别林在其经典影片《摩登时代》中对这一现象进行了令人难忘的讽刺。第二，工作分得过细，有时会使得不同工序之间协调的次数和成本超过了分工带来的好处，工作效率反而下降。

因此，在职位设计方面，管理者早期基本上是致力于通过工作专业化分工来获得规模经济和高效率，后期则开始转向如何克服由于过度的专业化分工而带来的各种弊端。现在比较常见的职位设计方法有工作扩大化、工作轮换和工作丰富化等。

2. 工作扩大化

工作扩大化是为了克服工作专业化分工过细、工作过于单调、乏味导致员工不满而提出的一种职位设计方法。这种方法通过合并若干狭窄的活动来扩大员工工作的广度和范围。以装配收音机为例，原先每个人只负责一两项简单的操作，比如将某个电容器插在孔上，现在改由每个员工装配一个部件甚至整个一台收音机。这样在一定程度上拓宽了职位的内容，降低了工作的单调程度。

工作扩大化尽管有一些积极作用，但又产生了另外一些问题：首先，每个员工要从事不止一项工作，培训成本上升。其次，员工认为自己做的工作比以前增加了，理应增加工资，否则就会产生不满。再次，在很多情况下，即使实行了工作扩大化，员工仍然会对工作产生厌倦。

3. 工作轮换

工作轮换是让员工定期从一项工作更换到另一项工作。如仓库的工人可以在卸货、出货、记录、盘点等多项职位上定期轮换。工作轮换的优点是促进了员工技能的多样化，也在一定程度上减轻了工作单调和枯燥的感觉。但它的缺点也比较明显;刚开始从事新工作时,员工心理上有新鲜感但却因业务不熟练而工作效率不高,业务熟练了之后员工的满足感就又消失了。而且出于培训成本的考虑,适用于工作轮换的职位并不多,通常是标准化和例行的工作。所以现在一般企业主要是把它作为一种培训方法,用来提高员工的技能和灵活性。

4. 工作丰富化

工作丰富化就是把部分管理权限下放给员工,使他能够在一定程度上自主决定工作的内容、方法、进度等。管理者将某些权限授权给员工,可以提高员工自主意识和责任意识;而且工作丰富化通过不断赋予员工新的和富于挑战性的工作,让员工得到锻炼和成长,为员工业务精进和职务晋升创造了条件和机会。

二、职位的组合

(一) 职位组合的含义

职位的组合也叫"部门化",是指把组织中的职位按照一定的要求分组然后编成可以管理的亚单位。对职位进行组合是组织发展的必然结果。当组织规模比较小时,管理者可能会自己亲自管理所有的工作。随着组织的成长,业务量越来越大、越来越复杂,组织中的成员也越来越多,在这种情况下,管理者受到个人管理能力和管理幅度的限制,必须把大量的工作和人员按照一定的要求划分为若干个部门,委派其他管理人员帮助他承担每个部门的管理任务。同样,下一层级的管理者如果工作量过大,可以继续把本部门的各个职位进行分组组合,划分为若干个亚单位,即进一步划分部门。

组织的部门划分,受到业务活动内容和组织规模的影响。一般来说,组织的业务活动内容复杂,划分的部门就多;组织的业务内容比较单纯,划分的部门就少。当组织规模较大、人员数量较多时,即使组织的业务活动比较单一,受到管理幅度的限制,为了有效管理,依然必须把组织划分为若干个部门。组织规模越大,部门越多。比如军队和消防队,尽管任务单一,仍然划分成若干个部门进行管理。

部门在不同的组织中有不同的称谓,企业称为分公司、分厂、部、处等;军队称为师、团、营、连、排、班;政府机关则常称为部、局、处、科等。

尽管每个部门的职责范围会有所不同,但任何一个组织的部门都应该是任务明确、职责清楚并有适当权力的相对独立的单位。所以组织在划分部门时,要对各个部门的任务、职责和权力做出明确规定,并阐明各个部门之间的沟通和协作关系,为实现组织目标所必须进行的各项活动提供保证。

(二) 职位组合的主要方法

虽然组织因为业务活动内容不同而形成各种类型的组织,但在划分部门的方法上却具有普遍的共同性。常见的划分部门的方法有以下6种：

1. 按照职能划分部门

按照职能划分部门是最常见的一种职位组合方法，管理者把相同的或类似的工作组合在一起形成一个个不同的工作部门。比如一个生产企业会有以下工作及从事该项工作的员工：从事产品生产、购买原料设备、销售产品、员工招聘与培训、财务结算与会计等，对上述工作进行分类组合，就形成了下列工作部门：生产部、采购部、销售部、人事部、财务部等等。

按照职能划分部门的优点是：①每个部门按照专业需要配备人员，提高了人员使用效率，也简化了培训工作。②部门内工作性质类似，部门主管只需掌握该部门专业知识与技能即可，管理变得相对简单。③组织的各项工作分部门得到落实，便于最高层管理者监督、控制。

但是，按照职能划分部门也存在以下不足之处：第一，人们容易过度局限于自己所在部门，忽视组织整体目标，部门间协调比较困难。第二，组织的工作被割裂成一块块，只有最高主管才能对最终结果负责，对各个部门的绩效和责任很难评估。例如，一款新产品销售失败，很难分清是设计人员、生产人员还是销售人员的责任。第三，各部门的管理者只熟悉本部门工作业务，不利于培养综合全面的管理人才。

2. 按照产品划分部门

按照产品划分部门是根据产品或产品系列来组织业务活动。有些大型企业采用多元化经营，当生产的产品种类较多、每种产品各有其特殊的工艺要求和生产流程、采购市场和销售渠道又各不相同时，在这种情况下，原属一个职能部门的工作会变得非常复杂，各部门主管的工作不堪重负，因此按照产品来重新组织企业活动就成为必要。每个产品部门的主管对于该部门产品的生产、销售、服务有充分的职权，同时也对该产品的利润负责。

按照产品划分部门的优点是：第一，可以按照产品的工艺要求和生产流程，采用专用设备，提高设备利用率，充分发挥人员的专业知识与技能，也有利于产品和服务的改进与发展。第二，有利于按照产品进行经济核算，能够明确利润责任，便于最高主管把握各种产品对企业总利润的贡献。第三，部门主管对部门内产品或产品系列的产、供、销享有充分的决策权，有利于企业培养独当一面的总经理型高级人才。

按照产品划分部门的缺点是：第一，每个部门都各有一套管理班子，来承担设计、生产、销售、运输、财务、采购、人事等职能，管理成本大大增加。第二，各产品部门的主管只关心本部门的生产和经营，削弱了企业的整体领导。

3. 按照顾客划分部门

有些组织按照顾客群划分部门，以迎合不同顾客的特殊需求。比如，火车站售票厅设立团体购票部、军人购票部、学生购票部、民工购票部等，邮电局设立国际业务部和国内业务部，银行设立对公业务部和私人业务部，驻外使领馆设本国公民服务处和外国公民服务处，等等，都是根据顾客需求进行部门划分。

按照顾客划分部门的优点是可以方便和吸引顾客。企业可以针对各类顾客的不同要求和特点，把销售和服务工作做得更细致、更全面，也有利于工作人员掌握某类顾客的服务技巧，从而提高工作效率和服务水平。

按照顾客划分部门也有缺点。由于不同类型的顾客在购物和要求服务的习惯以及时间上的不一致，会使企业组织业务活动的人力安排出现不协调的情况。我们经常可以看到银行里处理私人业务的工作人员数量有时不足，有时又过多，如果不及时调整人手，顾客怨声载道；如果根据顾客流量随时调整工作人员数量，又会遇到人员培训和管理上的许多问题。在一个时期内，各种类型顾客的数量变化是不均衡的，一些企业的专业人员和设备可能得不到充分的利用。

4. 按照地区划分部门

按照地区划分部门最初是因为组织规模较大，业务活动的地理范围较广，由于交通和通讯不便，于是把某个区域的业务工作集中起来由一个部门负责，便于管理。当代社会虽然交通和通信已不成问题，但按照地区划分部门依然是许多全国性或国际性大公司的普遍做法。

按照地区划分部门有以下优点：第一，各地区消费者的偏好和需求因地方文化和风俗习惯的差异而有所不同，如果按地区设置部门，可以使该部门管理者把注意力集中在该地区的消费者身上，更准确地掌握该地区消费者的需求，有针对性地采取经营决策和服务措施。第二，只要有可能，各部门所需要的人力资源和物质资源可以由当地提供，当地生产当地销售，既降低了成本又提高了效率。第三，按地区划分部门还有利于密切企业和当地政府、团体及公众的关系，赢得他们的支持，从而获得经营上的便利条件。第四，每个地区的部门主管都是独当一面的管理者，容易使管理者得到全面的锻炼和提高。

按地区划分部门的缺点有：第一，每个部门都需要一套独立的管理班子来履行管理职能，机构重叠，导致整个组织的管理成本增加。第二，每个部门主管都必须是具有综合管理能力的管理人员，组织一旦缺乏足够的称职人才，就会使该地区的业务全部都受到影响。第三，总部对各地区部门的控制难度比较大。

5. 按照生产过程或设备划分部门

产品制造过程中的环节可以成为划分部门的依据，如机械制造厂的铸造车间、加工车间、组装车间等;纺织厂的弹花车间、线纱车间、织布车间、印染车间等。按照设备划分部门最常见的例子是机器制造厂,将所有的车床放在一起组成车工车间,把所有的铣床放在一起组成铣床车间。医院也常按照设备划分部门,比如放射科、**CT** 室、**B** 超室、血透中心等。

  按照生产过程或设备划分部门的优点是:一是可以提高设备的利用率,加强对设备的保管和维修,有利于对专用设备进行改造和更新。二是易于对工作人员进行培训和管理,工作关系简单明了,责任清楚。

  这种方法也有不足之处:当分工十分精细时,对各工序之间在空间和时间上的衔接要求非常严格,一个环节出现问题,就会影响整个生产过程的正常运行。因此,这种划分部门的方法,要求对各个部门实行有效的控制与协调,在部门之间建立良好的信息沟通与反馈系统。

6. 按照时间划分部门

  按照时间来组织业务活动是比较古老的一种划分部门方法。许多组织由于经济、技术或其他一些原因,必须采用轮班制,时间也就成为业务活动的组织框架。比如有的企业实行三班制,早班、中班、晚班,每一班都有各自的职能部门,这种情况大多见于组织的作业层面,比如石油化工企业、医院、航空公司等。

  采用这种方法有利于组织连续、不间断地提供服务和进行生产,可以使设备得到最充分的利用。其缺点是夜间人员容易疲劳,缺乏监督,协调和沟通有时比较困难。

7. 按照人数划分部门

  单纯地按照人数来安排业务活动是一种最原始、最简单的划分部门的方法,早期的部落、军队普遍采用这种方法。现代社会中当组织成员的工作是无差别的简单劳动时,还是会有组织采用这种方法划分部门,不过从总体上来看,这种方法有逐渐被淘汰的趋势。因为当代科学技术的发展要求组织的成员必须具备专业化和多样化的知识、技能,由各类专业人员构成的组织才能发挥更大的效率。

三、职位间的相互关系

  组织设计的第三个基本要素是建立职位间的相互关系。假设一个小企业的老板刚刚聘用了两名新雇员,一个负责营销,另一个负责生产,那么他们之间的相互关系是怎样的?是营销向生产汇报工作听取意见,还是生产向营销汇报工作听取意见?或者两个人都向老板汇报听从老板指令?这些问题反映了组织设计时面临一个建立职位之间相互关系的任务:即明确组织内部的指挥链、确定管理者的管理幅度以及由此产生组织的管理层次。

（一）指挥链

指挥链（Chain of Command）是20世纪初开始流行的概念，描述了组织内部各个职位之间清楚而明确的命令关系。指挥链包括两个原则：一是指挥的统一性，组织内任何一个人都必须明确地向一个上级并且只向一个上级汇报听取其指令。二是阶梯原则，组织必须建立一条清晰的、不可破坏的、从最底层直到最高层的指挥链。在链条的每个环节上贯彻责任的原则，也就是说，在每个层次上都必须有人对决策负责。不同组织的指挥链的长度是不一样的，像美国通用这种大型跨国公司，指挥链可能非常长；而在一家小饭店，指挥链就会非常短。

（二）管理幅度

管理幅度又称管理跨度、管理宽度，是指一个上级管理者能够直接管理、指挥下属的人数。现实社会中，由于人类受到心理、生理、社会等多种因素的限制，每个管理者只能直接指挥和监督有限的下属。这个管理限度就被称为管理幅度或管理宽度。从一定意义上来讲，正是由于管理幅度的存在，当组织规模扩大到一定程度时，才产生了划分部门的必要性。

一个管理者究竟应该采用多宽的管理幅度比较合理，多年来许多学者和管理者对此进行了研究，试图寻找到一个普遍适用的最佳值。1933年法国管理顾问V. A. 格兰丘纳斯还建立一个模型来进行计算，不过并没有得到学界的一致认同。现在人们大多认为这种普遍适用的最佳管理幅度是不存在的，每个管理者有效管理下属的具体人数取决于特定条件下各种因素的综合作用。影响管理幅度的因素大致有：①管理者和下属的能力（能力越强，管理幅度越宽）；②下属的物理分布（分布越广，管理幅度越窄）；③管理工作中非监督性工作的多少（非监督性工作越多，管理幅度越窄）；④上下级互动的要求（互动要求越少，管理幅度越宽）；⑤程序标准化程度（标准化程度越高，管理幅度越宽）；⑥管理任务的相似性（相似性越高，管理幅度越宽）；⑦新问题出现的频率（频率越高，管理幅度越窄）；⑧管理者和下属的偏好。

（三）管理层次

管理层次是指组织中职位等级的数目。当组织规模很小时，一个管理者可以直接管理所有成员的活动，但当组织规模扩大到管理工作量超出了一个人所能承担的范围时，为了保证组织的正常运行，管理者就必须委托他人来分担自己的一部分管理工作。如果组织规模继续扩大，受托者又不得不再委托其他人来分担自己的管理工作，以此类推就形成了组织的等级制或层次性结构。可见，正是由于管理者存在着管理幅度的限制,才形成了组织的管理层次。

从一定意义上来讲,组织的管理层次是一种不得已的产物,它的存在本身带有一定的副作用。这些副作用表现在:

第一,层次多意味着管理成本增加。每增加一个层次就需要增加一批管理人员,这些管理人员又需要各自的职能辅助人员,每个人员都需要配备相应的办公设备和经费,人员增加还加大了部门之间的协调工作量,这些都意味着管理成本的上升。

第二,层次的增加加大了组织内部沟通的难度和复杂性。组织层次越多,最高层的决策、指令在向下层层传达的过程中就越容易扭曲、遗漏,信息传递速度慢,工作效率下降。同样来自组织低层的信息向上传递时也是速度慢、失真率高。有个人们非常熟悉的游戏"**copy** 不走形",组织者把参与游戏的人排成一队,告诉队首那个人一段话,然后让他迅速向后逐一传递这段话,结果大家都知道,往往队伍末尾那个人最后报告出来他听到的信息跟最初的那段话相差很大。游戏反映的就是这个现象。

第三,众多的部门和层次加重了控制工作的难度。本来随着管理层次增加,管理人员和管理部门增多,最高管理者为了保证组织整体的统一、目标的一致,必须加强对组织的控制工作,而由于层次的众多、沟通的困难、信息传递的缓慢,使得控制工作非常困难。

(四)管理幅度与管理层次的关系

当组织规模一定时,管理层次和管理幅度之间存在着一种反向的关系。管理幅度越大,管理层次越少;反之,管理幅度越小,管理层次越多,如图7-9所示。

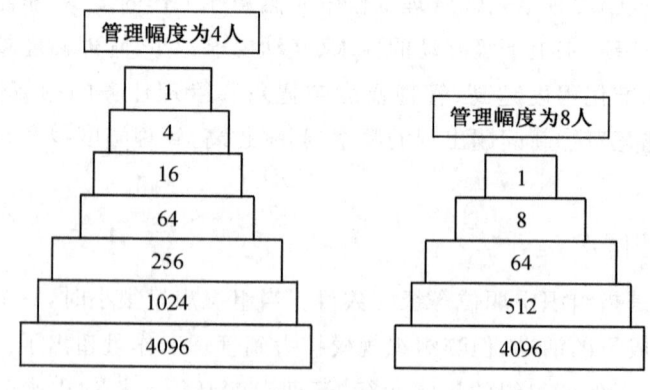

图7-9 管理幅度的比较

从上图可以看出，在最底层作业人员为 4 096 人时，管理幅度为 8 人的组织比管理幅度为 4 人的组织可以减少两个管理层次，中间管理人员减少 780 人。人们把管理幅度小、管理层次多的组织称为"高耸型组织"，而把管理幅度大、管理层次少的组织称为"扁平型组织"。

组织采用"高耸结构"和"扁平结构"各有利弊。高耸型组织便于管理人员集中管理，实施严格的控制，但不利于组织内部信息传递和沟通，组织效率较低；扁平型组织有利于分权和授权，组织成员的工作满意度比较高，但管理者负担较重，有可能出现管理失控。

四、职位权力的分配

组织设计的一个要素就是权力在职位间的分配。职位权力简称职权，是指组织合法授予的权力。职权的分配是组织规模扩大的必然产物。例如，一个企业的总经理雇了一个销售经理来帮他负责销售工作，他必须给予销售经理适当的权力来进行工作，比如雇用多少销售人员、给予销售员怎样的激励、要不要做广告、花多少钱做广告、能不能打折促销等等，销售经理必须要有一定的做出决定的权力，这就是职权。如果销售经理事事都要请示，那还不如总经理自己做算了。职位权力在分配时，管理者要处理好两个问题：授权和分权。

（一）授权

1. 授权的概念

授权是在上下级之间建立起某种形式的职权关系。具体来说，授权就是管理者将自己的部分决策权或工作负担转授给下属的过程。

授权可以帮助领导者更好地管理时间、管理更多的资源，还能发展下属的信心和能力。CEO、总裁、军队指挥官都要进行授权。当然，授权也是有风险的。有时，下属并不具备有效决策的能力。当问题发生时，最终还是由管理者负最后的责任。

请设想这样的情景：你是一名电视节目主持人，以幽默感著称。但是，你不可能自己为每天的节目准备足够的材料。因此，你必须进行授权，从制片人到导演，再到笑话创作者。这就是"深夜秀"电视节目主持人莱特曼、史都华和雷诺等人面对的处境。他们依靠一组同事来帮助自己每天晚上都能逗人发笑。莱特曼的"深夜秀"是由他所创建的 Worldwide Pants 公司制作的，执行制片人是罗伯·伯内。

在这个团队里,执行制片人就像是公司里的 CEO。他们负责管理低层员工,包括制片人、导演和主持人。他们将每天播出节目的绝大多数决策授权给他人。制片人是导演和演播室的联络人,而导演则是制作团队的领导者。好的制片人和导演能够保证高品质的嘉宾,以及一支有效负责的员工队伍。"深夜秀"剧组中的作者除了撰写主持人材料和思路的编外作者之外还要加上笑话作者。作者们在上午较晚的时候开始工作,先是一番脑力激荡,让每个人笑出来,振作精神。有些人为当晚的节目做准备,另一些人则准备今后一段时间的节目。作者们会分配到"计划书",这是有关喜剧构思的几行文字,对讨论的主题和节目的安排做出规定。经过一番艰苦的写作,还要进行预演,主持人会给出反馈意见。莱特曼相信自己的团队会制作出一台多样、有趣和切题的节目。伯内非常清楚哪些是可以授权的,而哪些是不能的。"深夜秀"的作者是可以自主写作滑稽的、符合莱特曼银幕形象的材料。

资料来源:里基·W. 格里芬. 管理学[M]. 刘伟,译. 北京:中国市场出版社,2008:256.

2. 授权的过程

授权的过程分为三个步骤:

(1) 将任务委派给接受授权的下属,让他明确要完成什么任务、达到什么标准、取得什么成果。

(2) 将完成任务所必需的职权授予下属。

(3) 下属确认所接受的任务和职权,并做出完成任务的承诺。

3. 有效授权的要求

在授权过程中,管理者职权下授并不意味着责任的下授,上级管理者授权下属去完成某项工作,但仍然对该项工作负有最终的责任,这是授权的绝对性原则。正是这条刚性原则的存在,使得在管理实践中许多管理者不愿授权或者不敢授权。然而为了实现组织的目标,维持组织的成长,授权是管理者不可回避的选择,因此管理者必须做到以下几点,才能进行有效授权:

(1) 善于接受不同意见。管理者要能够听得进他人意见,能够接受并且欣赏下属做出的不同于自己的决策。

(2) 学会大胆放手。在某些问题上上级管理者也许比下属更高明、更有经验,但即便如此,只要下属能够干好,就要放手让下属去干,上级管理者把自己的精力和时间集中到组织更重要的事情上,这对组织的整体利益有益。

(3) 允许别人犯错误。谁都难免犯错误,应当把下属犯的错误看做一种投资,一种人才投资。下属犯错误后,管理者要对他进行耐心指导和循循善诱,避免犯类似同样的错误或更严重的错误。

(4) 信任下级。授权本身就意味着对他人的信任。下属能力不够、不能胜任等理由不能成为管理者不授权的借口。下属如果确实不胜任，管理者应该做的是培养或者干脆撤换。

(5) 善于适度控制。管理者授权之后要保持对任务的监督与控制，对下属的绩效心中有数。对照组织的计划和工作标准，一旦发现有较大的偏差要及时提醒下属予以纠正。

(二) 分权与集权

1. 分权与集权的概念

除了个人之间的职权分配，部门和管理层级之间也存在着职权的分配问题，特别是在上下层级之间。分权（Decentralization）是组织内系统化地将权力和职权分配给中层和基层管理者的过程，是组织将权力和职权沿着指挥链尽可能向下伸展。分权的对立面是集权，集权（Centralization）是组织内系统地将权力和职权保持在高层管理者手中的过程。娃哈哈公司总裁宗庆后和巨人集团的史玉柱是集权管理的代表。联想的柳传志、万科的王石则是分权管理的代表。

集权和分权是两个相对的概念。在现实中，绝对的集权和绝对的分权都是不存在的。因为绝对的集权意味着组织的全部权力集中在一个管理者手中，组织所有的决策都由该管理者一人做出，管理者直接指挥所有的业务操作者，中间没有任何管理机构和管理人员，这在现代社会经济组织中几乎是不可能的，也是做不到的。而绝对的分权则意味着将全部的权力都分散下放到每个业务操作者手中，那么管理者本身就没有必要存在，统一的组织也就不复存在。因此任何一个组织集权还是分权都是相对的，只能说该组织更偏向集权一些还是偏向分权一些。

2. 影响组织集权和分权决策的主要因素

(1) 外部环境。通常情况下，组织所处的环境越复杂、不确定性越强，则组织越倾向于分权，这样可以充分发挥下级管理者的积极性、创造性，提高组织的灵活性、适应性。

(2) 组织的历史。一个组织成长发展的历史往往会影响其集权或分权的程度。比如一个在其创办者精心监护之下、由小到大慢慢发展起来的组织，往往表现出一种强烈的集权特征；而一个通过后来兼并或收购发展起来的企业则经常表现出分权的特征。

(3) 决策的性质。决策的重要性也许是影响分权程度最重要的因素。一般来说，越是重要的决策，越有可能由高层次的管理者掌握。这不光是高层管理者更有能力、更高明，很大程度上是出于责任的考虑。因为高层管理者分权给下级，授出职权但要对下属的决策承担最终责任，出于这样的原因，涉及一些特别重要的关键性决策,高层管理者还是愿意把决策权掌握在自己手中,而不是分权给下级。

(4) 基层管理者的能力。基层管理人员能力强,高层管理者就容易放权,组织的分权程度就高;反之,基层管理人员能力弱,高层管理者就不敢放权,组织的集权程度就高。

五、职位间的差异

职位间的差异体现为直线职位和参谋职位的差异。所谓直线职位是指直接位于指挥链上的职位,对实现组织目标负责。参谋职位是指向直线职位提供专业咨询、建议和支持的职位。

(一) 直线职位和直线职权(Line Authority)

直线职位位于组织的指挥链上,拥有直接向下发号施令的职权,我们把它叫作直线职权。这种职权从组织的顶端开始,向下延伸直到组织的最底层,形成一条上下级关系十分清晰的指挥链。

(二) 参谋职位和参谋职权(Staff Authority)

随着组织规模逐渐扩大,业务活动越来越复杂,直线职位上的管理者发现依靠他们自身拥有的知识和能力来进行决策已经越来越困难,必须借助其他专业领域的专业人员来帮助他们出谋划策,于是就开始设立参谋职位。位于参谋职位上的管理人员向直线管理人员提供咨询和建议,以保证直线管理者做出的决策更加科学与合理。参谋职位管理者拥有的咨询、建议权就是参谋职权。

简单来说,直线职权是一种指挥和命令的权力,参谋职权是一种仅限于提供信息、服务、咨询、建议的权力,直线管理者可以接受参谋管理者提出的意见,也可以不接受。参谋职位管理者并不是仅仅拥有参谋职权,他们也拥有直线职权。相对于其他部门管理者或直线管理者,他行使的是参谋职权,但在部门内部则会行使直线职权。比如一个公关部经理,对于生产部的工作,他行使的就是建议性的参谋职权;但在公关部内部,他对下属公关人员就会行使指挥和命令的直线职权。

(三) 职能职权(Functional Authority)

根据上述分析,在纯粹的参谋职权的情况下,一个组织的最高管理者拥有管理和指挥组织所有活动的完全职权。有关人事、采购、研发、财务等专门领域的参谋人员或部门只能提出建议,不具有指挥和命令的直线权力。但当最高主管认为自己没有必要亲自处理这些专门领域的事务时,他便授权给参谋人员,允许他们可以就各自的专门领域直接向下一级直线部门发布指示、下达命令。这样，参谋人员便有了在这些特定领域中行使直线职权的权力，这就是所谓的职能职权。职能职权的设立主要是为了发挥专家的核心作用，减轻直线主管人员的任务负担，提高管理工作的效率。但职能职权的产生意味着对统一指挥原则的一定程度的破坏，会导致多头指挥，所以不能滥用。

第四节　组织设计的原则和步骤

一、组织设计的原则

（一）目标一致原则

组织目标是组织设计的最基本的依据，没有具体的组织目标，组织设计就是一个盲目的行为，即使勉强设计出来也不能适应组织运行的需要。组织设计首先要清楚、准确地了解组织的总目标和长远目标；其次，组织是由若干个部门、职位组合起来的一个综合体，每个部门、每个职位的分目标都是由组织的总目标派生出来、并且跟总目标相一致的，因此组织设计还必须了解和把握每个部门、每个职位的分目标。只有掌握了组织目标对组织结构的整体设计、部门划分、职位设置的具体要求，才能够开始进行组织的设计，所以目标一致原则是建立任何组织的先决条件。

（二）分工与协作原则

分工是指按照不同专业和性质将组织的任务和目标分成每个部门或个人的单项任务或目标，并规定出完成任务的手段和方法。分工是提高组织工作效率的基本手段，可以使每一个部门或个人专心从事某一方面的工作，增加熟练程度和技巧，配备专业化的仪器设备。

协作是指规定各个部门之间或部门内部的协调关系和配合方法。组织是一个系统，作为其子系统的各个部门不可能相互脱离而独立运行，必须相互协调才能高效率地完成各自的任务，最终实现组织的总目标。所以分工与协作是相辅相成的。

（三）统一指挥原则

统一指挥原则就是指组织中每一个下级只能接受一个上级的指挥、并向这个上级负责。如果有两个或两个以上领导人同时指挥，则必须在下达命令之前，进行相互沟通，达成一致意见后再下达命令，以免下级无所适从。统一指挥原则有利于组织的政令统一、高效率地贯彻执行各项决策。但在实践中这一原则有时过于刻板,使组织缺乏必要的灵活性,同一层次的不同部门之间横向沟通较为困难,因此在组织结构设计和沟通方式设计时应采取适当的措施予以弥补。

手表定理

手表定理,是指一个人有一只表时,可以知道现在是几点钟,当他同时拥有两只表时,却无法确定时间。两只手表并不能告诉一个人更准确的时间,反而会让看表的人失去对准确时间的信心。手表定理在企业经营管理方面,给我们一种非常直观的启发,就是对同一个人或同一个组织的管理,不能同时来用两种不同的方法,不能同时设置两个不同的目标,甚至一个组织或一个人不能由两个人同时指挥,否则将使这个组织或这个人无所适从。

(四)管理幅度原则

管理幅度是指一个领导者直接指挥下级的数目。管理幅度原则就是要求一个管理者要有一个适当的管理幅度。如前所述,管理幅度跟管理层次密切相关。管理幅度越大,管理层次就越少,管理成本就降低;反之,管理幅度越小,管理层次就越多,管理成本就上升。显然从经济的角度来考虑,管理幅度大、管理层次少的扁平化组织结构更值得追求。但管理幅度的加大必然会增加管理者的工作量和工作难度,因而组织在设计时要根据组织的实际情况,多方面综合考虑各种影响因素,确立一个合理的管理幅度。

(五)责权一致原则

责权一致原则是指在赋予每一个职位责任的同时,必须赋予这个职位完成任务所需的权力,权力的大小要和责任相适应。管理者如果责任大于权力,就无法保证任务的完成;如果权力大于责任,又会导致管理者滥用权力。所以组织赋予每一个职位的权力既不能太小,也不能太大,一定要与所赋予的职责相适应。

(六)机构精简原则

所谓机构精简原则,是指在能够保证组织业务活动正常开展的前提下,尽可能减少机构和人员。坚持精简原则的好处是:第一,组织精干,反应敏捷,最高管理者协调工作量小,工作效率高。第二,机构精简,意味着组织只需要配备少量管理人员,办公设备、员工薪水等管理成本随之下降。

（七）因事设职与因人设职相结合原则

组织设计的根本目的是为了保证组织目标的实现，是使组织工作的每项内容都落实到具体的岗位和部门，即"事事有人做"，而非"人人有事做"。因此从逻辑的角度来看，组织设计要求首先考虑工作的特点和需要，要求因事设职、因职用人。

但是坚持因事设职原则，并不意味着完全忽视人的因素，而是要把因事设职和因人设职有机地结合起来。因为组织中每个部门每个岗位的工作毕竟是要靠人去完成的，要用人就不能完全不考虑人的特点和人的能力，尽可能使"人尽其材""人尽其用"。即便是一个全新的组织，它也不能保证能录用到完全符合理想的所有人才；况且大多数情况下组织设计是对老组织结构的一个调整，面临着现有人员的再使用问题。因此，充分利用组织内外现有人力资源的能力、特点设置职位，即因人设职，可以最有效地提高人才的利用率、发挥人的积极性、提高员工满意度，建立起一个既经济又高效的组织机构。

（八）弹性结构原则

弹性结构原则是指组织的部门结构、人员的职位和职责必须随着实际需要而变动，以便使组织能快速适应环境的变化。

为了使组织具有活力，在组织设计和结构维护过程中，应定期对已有部门机构进行功能审核，看它们在组织运行过程中是否起到了应有的作用，是否需要对这些部门机构进行改组、撤销或成立新的部门机构，以便随时根据需要进行调整，保持弹性。

二、组织设计的步骤

（一）根据组织目标进行任务划分、归类，为每一类任务确定岗位，即进行职位设计

在组织目标确定之后，通过对组织目标的解剖和分析，确定出达成组织目标的总任务。根据任务的性质、工作量、完成的方法，将总任务划分为各个子任务，进一步根据这些子任务的性质、工作量、完成的方式，确定相应的工作岗位，并分析这些工作岗位所需人员的条件和素质。这就是职位设计。

（二）选择合适的组织结构形态，建立不同层次的部门

根据需要，选择一个适合组织的结构形态，如职能型结构、事业部结构等等，然后对应于每一类任务建立相应的不同层次的部门或机构。如一个企业，假如选

择了直线职能型结构,就会设置生产、营销、财务、计划、质检、人事等职能部门,在车间之下设置工段、班组等直线部门。

划分部门时,要注意避免部门之间职能的重复和遗漏,部门之间的工作量要尽量平衡。此外,还需对纵向、横向部门的相互关系、信息传递方式等做出规定,使组织机构形成一个严密而又具有活力的整体。

(三)确定管理幅度,规定岗位的权责

在组织结构的每一个层次上,根据任务的特点、性质以及授权情况,决定出相应的管理幅度,由此便确定了关键岗位的数量。关键岗位确定之后,需对每一个关键岗位职务的权责做出详细规定,如任务的性质、具体工作范围与内容、需要承担的责任、拥有的决策权和管辖权、同上下级的关系、与横向部门管理者的关系、任职的基本条件、工作绩效的考核标准、奖惩条款等。

(四)给每个职位配备相应的工作人员

在完成了上述步骤之后,便需要按照关键岗位的任职条件,选拔配备相关的部门管理人员,并对普通员工按照职位要求做出相应的分配和安排。

(五)对组织结构进行不断的修正和完善

组织设计完成之后,便进入了运行状态,在运行过程中,组织还会暴露出许多漏洞和矛盾,因此必须根据出现的情况对组织结构做出及时调整,使组织结构在运行过程中得到不断修正和完善。

观察与思考 富士康"13连跳"自杀之谜

2010年,深圳全球最大代工厂富士康的员工在不到半年内,发生"13连跳"系列自杀。在"六连跳"时,《南方周末》的实习生刘志毅以打工者身份潜伏进富士康28天,《南方周末》记者杨继斌又接触采访大量富士康员工,多次访问富士康高层,在此基础上他们写出这篇报道。然而这篇报道所揭示的,并非是人们想象中的"血汗工厂"的自杀内幕,而是中国部分地方产业工人的真实生存状态。

在过去的22年里,富士康在台商郭台铭的领导下,以惊人的速度成长为世界工业史上最庞大的工厂,目前在中国各城市共有80余万员工。因其独特的生产模式,2009年年底,仅富士康龙华园区,这块深圳北部不到三平方公里的土地,已聚居30余万人,其人口规模已相当于中国一个中小县城,如城中之城。这个工业社区已很难用单纯的"工厂"来定义,因此,富士康科技集团中国总部行政经理李金明,亦被外媒称为"郭台铭紫禁城里的市长"。

《南方周末》记者的调查发现,就工作强度、加班时间、薪酬福利而言,富士康远称不上"血汗工厂"。在龙华街道富士康维稳综治办公室门口,每天都有数以千计的打工者排队应征,通过集合、形体查验、填表、照相、考试、身份证查验、体检、分发八个程序后,即可成为富士康员工。高密度的自杀事件,并没有阻止更多青年的涌入。在"六连跳"后的4月13日,便有超过3 500人进入。即使排上7小时的队伍等候招工,他们中也仍有不少人谈笑风生,满眼期待。而那13名自杀者中的多数,想必当年也曾以这样的方式,进入了富士康。

碎片一样活着

这是一个奇怪的场景。在每平方公里聚居了约15万人的狭小空间里,人和人却似碎片一样存在着。即使卢新这样的"明星"人物(2009年底的富士康新干班才艺大赛中,他凭演唱《你的样子》获得了第二名),在富士康的社交圈,也仅限于同学和校友之中。

卢新自杀的那个凌晨4点30分,李祥庆正和同事在富士康龙华园区2公里外的H3成品仓库度过夜班最难熬的一个小时。这个时候,他们通常坐在椅子上,双手不时使劲地"干洗"着脸,盯着前方一动不动。

李祥庆是4月12日进入富士康工作的。从学历和阅历上看,卢新和李祥庆互为镜像。前者大学本科,后者中专毕业;前者已经自杀,后者常常念叨自杀。但他们互不认识。即使认识,也应该会用粗口互称对方为"屌毛"。在厂房以及宿舍里,"屌毛"是除了第一人称外的全部人称代词。"屌毛"和"屌毛"之间很少有友谊。甚至,在马向前死后(死于2010年1月23日凌晨,警方认定死因为猝死),他宿舍的几个舍友,都不知道他的名字。

"每个人每天看到的,都是自己的影子。一样的工作服,一样的工作。"刘坤说。他认为,这是打工者不愿在同事中交朋友的原因。

在这样的孤立中,他们每天上班,下班,睡觉,上班,下班,睡觉。——而这种钟表一样的生活,反过来压缩着他们社交的私人时间。"老乡会""同学会"这样的"非正式组织"(李金明语)在富士康几乎是没有的。"一旦工作上、生活上有了压力,便没有任何人可以倾诉和分担。"李金明说。

宿舍里一个新的"屌毛"来了,没有任何欢迎仪式。等到某天下班,发现10个人一间的宿舍空了一个铺位,才知道一个"屌毛"走了。"一个个都是熟悉的陌生人。"李金明说。

涂尔干在他的《自杀论》谈到,个体的社会关系越孤立、越疏离,便越容易自杀。"集体的力量,是最能遏制自杀的障碍之一。"

"嗜血的插针机"

红色绝对是这里"大凶"的颜色。把红单发给员工,是开除,永不叙用;而把红单贴上货箱,这一整板的货便须打回返工。当然,最重要的是,它意味着受伤和死亡。

"我原来用的那台插针机伤过三个人:一个普工、一个全技员和我们线长。有两个都是在运行的时候去调机器,结果把手指扎了。不过也怪,本来是很难开的机器,在扎伤人之后,连续十几天都没出过问题,线长说这机器'有鬼,吃血'。"李祥庆说。

在观澜的插针机流水线,人几乎被机器劫持了。曾在那里工作的李祥庆说:"就站在机器前,'罚站'8小时(一个班8小时),一直工作。站着的时候,有个东西掉了弯腰去捡,恨不得一直有东西掉,一直不用站起来。要是可以躺一分钟,那就是天大的享受。""广西佬"李加龙的工牌里照片下方,放了一朵用一毛钱折成的花,他说是"捡到的"。工牌边挂着指甲钳和一个小塑料盒,里面是两个工作时用的耳塞,一个辞工走的人送给他的。他在碎料的岗位上。如果没有这两个橘红色的软塑胶塞子,一个班下来,巨大的噪音,能让人的手脚不听使唤。而等到刚出厂门,打火机几乎同时作响,男工们不约而同点起烟,到这里,他们在机器前的一天的工作才算正式结束。

沉重的心理学分析

卢新死后第二日,富士康集团董事长郭台铭安排包括清华大学心理学系副主任樊富珉教授、北京大学医学部精神研究所前所长吕秋云教授等国内多名心理学专家空降深圳,会诊富士康。

樊富珉在富士康"七连跳"之际曾表示,目前中国的自杀率大概是十万分之十六左右,而富士康目前的自杀人数占40多万员工的比例约为十万分之二三,和大学生自杀率相差不多,富士康的自杀率仍低于全国平均自杀率,属于正常。此言一出,引起轩然大波。事实上,人们关注的不是自杀率,而是为什么如此密集的自杀事件是发生在富士康而不是其他企业。

"密集型工作容易磨损人的心理,如果再休息不好、缺乏情感交流,就会加重挫折感和孤独感,对生活丧失信心。因此企业员工出现自杀事件多发生在劳动强度较大、工作简单机械的行业。"山东精神卫生中心的心理专家张伯全认为,富士康员工的自杀和富士康的企业文化有关。

富士康的企业文化中第一条就是"辛勤工作的文化"。据央视经济半小时报道,在富士康生产线上有一个最普通的工序就是贴胶纸。在一个主板上,工人要贴上18条这样的小胶带纸,一个普通的工人,每天要完成220个主板,也就是说,这些工人每天要撕下3960张胶条,然后再粘贴3960下。这些重复动作,把这些普通工人与机器捆绑在了一起。尽管富士康称企业理念是"视员工为第一宝贵财富",但员工在工作期间随便与同事说话就会被上司批评,造成上下级关系紧张,同事间关系冷漠,甚至有同住近一年还不知道室友名字的情况。

"这种简单、机械的重复劳动会产生很不愉快的一种心理感受,一个人产生苦感的第一反应是寻找社会支持系统的帮助(亲戚、朋友、家人、上司等)。"张伯全说。绝大多数正常人,如果长期缺乏人际交流,就会出现"感觉剥夺",继而心理失衡。尽管富士康的工作环境特别是硬件设施比较完善,但高强度的工作和特有的企业文化造成员工相互交流极为有限,长期处于如此环境,对任何人都是危险的。

资料来源:《南方周末》。原文作者:《南方周末》实习生刘志毅、《南方周末》记者杨继斌,本文作者改写。

从组织设计的角度思考富士康员工连续自杀的原因以及该公司需要改进的地方。

第八章 组织变革

变革是组织的常态，也是管理者面对的常态。大型公司、小型企业、政府、医院、学校……所有的社会组织在日常运行中面对变革都不得不改变行为方式。虽然变革早已是管理者工作的一个组成部分，但是近年来变革越来越频繁。由于变革是无法消除的，管理者必须学会如何有效地应对和管理变革。

第一节 组织变革概述

一、组织变革的概念

组织的发展离不开组织变革，组织内外部环境的变化、组织资源的不断整合与变动，都会为组织带来不同的机遇与挑战。为了组织的生存和发展，组织必须适应环境的变化，不断进行改革。

组织变革（**Organizational Change**）是指各类组织对于组织权力结构、经营规模、管理理念、工作方式、人员配备以及组织成员的观念、态度、行为等进行有目的的、系统的调整和革新，以适应组织所处的内外环境、技术特征和组织任务等方面的变化，从而提高组织效能。

>>>>>> 管理故事 <<<<<<

一位年轻的炮兵军官上任后，到下属部队视察操练情况，发现有几个部队操练时有一个共同的情况：在操练中，总有一个士兵自始至终站在大炮的炮筒下，纹丝不动。经过询问，得到的答案是：操练条例就是这样规定的。原来，条例因循的是用马拉大炮时代的规则，当时站在炮筒下的士兵的任务是拉住马的缰绳，防止大炮发射后因后坐力产生的距离偏差，减少再次瞄准的时间。现在大炮不再需要这一角色了。但条例没有及时调整，出现了不拉马的士兵。这位军官的发现使他受到了国防部的表彰。

管理的首要工作就是科学分工。只有每个员工都明确自己的岗位职责，才不会产生推诿、扯皮等不良现象。如果公司像一个庞大的机器，那么每个员工就是一个个零件，只有他们爱岗敬业，公司的机器才能得以良性运转。公司是发展的，管理者应当根据实际动态情况对人员数量和分工及时做出相应调整。否则,队伍中就会出现"不拉马的士兵"。如果队伍中有人滥竽充数,给企业带来的不仅仅是工资的损失,而且会导致其他人员的心理不平衡,最终导致公司工作效率整体下降。

资料来源:网络。作者略有改动。

二、组织变革的动因

当今,由于组织面对的是一个动态的、变化不定的环境,为了组织的生存和发展,必须设法适应环境。从这个意义上讲,不仅是老化的组织需要变革,实际上处于每一个成长阶段的组织都需要考虑变革问题。促使组织变革的动因可以分为外部动因和内部动因两个方面。

(一)组织变革的外部动因

外部动因是指市场、资源、技术和社会环境的变化。

1. 市场的变化

市场的变化是非常复杂的,比如顾客的收入、价值观念、偏好发生变化,或者竞争对手推出了新产品、加强了广告宣传、降低了价格、改进了服务等,这些市场因素会使本企业的产品失去吸引力,从而威胁组织的生存。

2. 资源的变化

资源的变化主要指人力资源、能源、资金、原材料的供应和价格等变化,这些因素的变化会对组织的管理水平、效率、运营成本、生产规模和产品质量产生直接的影响。

3. 技术的变化

技术的变化主要指新技术、新工艺、新材料、新设备的出现,这些因素的变化会对组织的产品开发、设计、制造、生产方式、效率等产生重大的影响。比如,寻呼机被手机淘汰,电报被传真机、电子邮件等替代,这些都是整个行业的危机。同时,如果竞争者率先采用了新技术、新工艺、新材料、新设备,将会对组织的运营产生极大的冲击。

4. 社会环境的变化

社会环境的变化主要指国内外政治形势、经济形势、国家税收、产业政策等变化,这些环境因素的变化有时会给组织带来良好的机遇,有时则会带来极大的风险。比如,中国加入WTO,中国许多企业立刻面临国际市场竞争的威胁;人口老化、独生子女政策等对消费市场产生影响;国家支持环保产业发展、限制房地产业过热等都会对相关企业产生影响。

(二) 组织变革的内部动因

1. 组织中人员思想和行为的变化

比如新的领导上任后采用了新的经营理念、制定了新的战略目标；或者由于引进了一批科技人才和管理人才，使职工队伍的技术水平和思想观念等发生了变化，这些变化会极大地推动组织变革的进程。相反，组织中人员的思想和行为如果变为消极、不满、怠工，则往往会从反面迫使组织不得不进行变革。

2. 组织运行和成长中的矛盾。

组织在运行和成长中，会出现各种矛盾。如组织机构庞大臃肿、运行机制僵化缺乏弹性、对外界环境变化反应迟钝、决策缓慢或决策失误、组织内部不协调、指挥失灵等，伴随着这些矛盾的解决，组织的结构也将被调整。

(三) 组织老化的特征

组织和人一样，经过若干年以后必然会老化，特别是在组织环境变化剧烈的情况下，组织的寿命将大大缩短。有关资料显示，美国中小企业平均寿命不足7年，大型企业的平均寿命也不到40年。按照组织的生命周期理论，组织从成立走过几个阶段后逐渐趋于老化，如果不及时变革必然倒闭。下面列举一些组织老化的特征，便于组织老化的识别。

1. 机构臃肿

当组织的机构越来越多时，机关的管理人员越来越多，上级的协调工作量明显增大，整天忙碌却没有效果。

2. 反应迟钝

组织对环境的变化和内部的各种信息反应迟钝，办事效率低下，经常出现渎职、推诿等现象，很多重要的事情决策困难、执行不力。

3. 文山会海

随着机构的增多，需要协调的工作量也越来越大，突出表现在经常举行各种会议，下发的文件也越来越多，各级领导整天陷于会议和文件当中，苦不堪言。

4. 市场份额减少

对于一些企业来说，如果经营思路保守，技术设备落后，生产出来的产品缺乏竞争力，市场份额逐步减少，也说明该企业具有了老化的特征。

三、组织变革的理论

(一) 组织的生命周期理论

像任何有机体一样，组织也有其生命周期。按照学者格林纳（**Larry E. Greiner**）

的观点,可以将一个组织的成长过程分为5个阶段,即创业阶段、聚合阶段、规范化阶段、成熟阶段、成熟后阶段。每一个阶段后期都将会面临某种危机和管理问题,都需要采取一定的管理策略化解这些危机才能达到成长的目的。

1. 创业阶段

创业阶段是组织的幼年期,组织规模小,反应灵活,人员心齐,工作关系简单,组织的大小事情均由创业者直接决策指挥,创业者一般技术业务很好,但不太重视管理。然而,随着组织的壮大,管理对象越来越复杂,创业者常常感到难于驾驭整个组织,到了创业后期会出现领导危机,并直接导致组织的成长危机。

2. 聚合阶段

聚合阶段是组织的青年时期,组织人员迅速增多,组织规模不断壮大,获得了成功的经营业绩。在这过程中创业者不断得到磨炼,已具有丰富的管理经验和领导才能。为了适应组织不断扩大的新形势,组织有计划地招聘了若干有经验的专门管理人才,主持组织中各个层次的管理工作。在这阶段,创业者基本上仍以集权方式指挥控制中下层的管理者,严格控制着组织的各个部分,因而组织的成长主要依靠高级主管的集权和命令。到了本阶段的后期,中下层的管理人员由于长期无决策权和自主权,会产生不满情绪,这便会产生自主性危机。

3. 规范化阶段

规范化阶段是组织的中年期,此时组织已有相当的规模,有的甚至形成了跨不同地区、跨不同产品领域的多元化经营格局。为了使组织继续成长,必须采取分权式的组织结构,容许各级管理者拥有较大的决策权。但是,随着各种决策权、自治权的下放,各个部门常常会出现各自为政、本位主义的现象,组织又出现了控制性危机。

4. 成熟阶段

为了防止控制危机,管理者开始建立管理信息系统、协调委员会等,在高级主管的监督下,加强各个部门之间的协调与配合,制定新的规章制度和工作程序,这样既加强了高层管理者对整个组织的控制和监督,又充分发挥了中、基层的能动作用。因此在该阶段,组织的成长更多地依赖于组织各部门上下左右的协调。然而,该阶段后期,随着职能部门的增多、关系的复杂化以及各种规章制度的制定,在某种程度上降低了组织的运行效率和灵活性,这样便产生了僵化和官僚危机。

5. 成熟后阶段

在成熟后阶段组织已处于中年后期并逐渐进入老年期,因而具有很大的不确定性。通过组织的变革和创新,组织可能再获得发展,也可能由于环境的变化而走向衰退。为了使组织继续保持成熟、稳定,就必须进行组织变革。

(二)"静水行船"变革观和"激流泛舟"变革观

人们通常用两种比喻来形容对变革的认识。一种是"静水行船"观("Calm Waters" Metaphor),这种观点把组织描述成一艘在风平浪静的大海中航行的大船。船上的人都很清楚他们的目的地,因为以前曾经做过许多次同样的航行,只有偶尔遇到风暴时才会出现一些变化,但这种变化相对于整个平静、可以预见的、具有确定性的航程来说,只是一些短暂的小插曲。

另一种观点是"激流泛舟"观("White-water Rapids" Metaphor),这种观点把组织看作是一艘在不断出现险滩的湍急河流中漂流的小木筏。木筏上的人从来没有一起出过海,对这条湍急的河流一无所知,他们不知道目的地在哪里,不知道路途上还要经过多少艰难险滩,没有航标灯,一切要靠他们自己摸索着前进。[①]

1. 静水行船式的变革观

这种观点认为组织所处的环境是相对稳定的,变革只是对组织平衡状态的一种暂时打破。现状被打破之后,经过变革可以再建立起一种新的平衡状态。持这种观点的代表人物是库尔特·勒温(Kurt Lewin,又译为柯特·卢因),勒温根据这种观点把变革的过程分为三个步骤:解冻—变革—再冻结。

勒温认为,成功的变革首先是对现状的解冻,然后变革到一种新状态,并将其再冻结,使之保持一段时间。现状是一种平衡状态,要打破这种平衡,首先必须解冻。组织在解冻期间的中心任务是改变员工原有的观念和态度,通过积极的引导,激励员工更新观念、接受变革并参与变革。

第二个阶段是变革。在这个阶段,组织上下已经对变革做好了充分的准备,组织要把成员激发起来的改革热情转化为改革的行动,关键是要能运用一些策略和技巧减少对变革的抵制,进一步调动员工的积极性,使变革成为全体员工的共同事业。

一旦变革完成,就要开始第三个阶段:再冻结。如果不对新的状态进行冻结,让它保持一段相对稳定的时间,变革很有可能难以持久,员工很可能会返回到原来的状态。因此,再冻结的目的是通过采取一系列政策法规,使改革的成果巩固下来。

2. 激流泛舟式的变革观

勒温的静水行船式变革、三阶段变革模型遭到一些学者的批评,他们认为这种变革模型只有针对 20 世纪 50 至 70 年代初期处于相对稳定时期的组织才有可

---

① 斯蒂芬·P. 罗宾斯,大卫·A. 德森佐. 管理学原理[M]. 5 版. 毛蕴诗,主译. 大连:东北财经大学出版社,2004:217.

能适用。当今的组织处于急剧变化的环境中,组织具有很大的不确定性。管理者面临着一种持续不断、无序变化的环境,"静水行船"假定的组织环境的稳定性和可预见性是不存在的,组织打破现状进行变革绝不是偶然的、暂时性的行为,变革之后也不可能再返回到平静状态。当今的管理者都处于"激流泛舟"之中,他们面临不断的变化,与混乱为伍。如果管理者认识不到组织处在快速变化之中,必须不断地变革来适应环境,那就只能是自欺欺人,最后被竞争者淘汰。美国微软公司总裁比尔·盖茨有句名言非常形象地描述了不变革的后果,那就是:"我们距离破产永远只有18个月。"因此,在当今全球化的市场竞争中,组织只有不断地变革,才能始终保持竞争力,才能获得生存发展。

第二节　组织变革的管理

一、组织变革的方式

(一)以组织为中心的变革

以组织为中心的变革即通过改变组织结构形态、信息沟通渠道和方式、管理的规章制度等途径实现组织变革。以组织为中心的变革是人们采用较多的变革方式,其优点是操作起来相对容易,而且效果比较明显。

(二)以技术为中心的变革

以技术为中心的变革即通过引进新设备、新材料、新技术、新工艺等实现组织的变革。采用这种变革方式,要求组织必须具有现代的经营理念和雄厚的资金基础,否则难以实行。在这种变革过程中,对人员在素质、行为方式等方面都会产生巨大影响,主要表现在岗位的重新调配、新岗位对技术和技能的要求、工作程序和工作时间的改变等方面。以技术为中心的变革也是采用比较多的变革方式。

(三)以人为中心的变革

以人为中心的变革即通过改变员工的态度、价值观念、行为方式等途径实现组织变革。这种方式的变革,要求组织的管理者有目标、有计划、有步骤地对员工进行教育和培训,改变他们看问题的角度和方式,激发他们的工作热情,提高他们的技术,提高工作效率。这种变革一般需要较长的时间,其效果迟缓但具有持久性,与前两种组织变革方式相比有更大的难度。

(四)组织的再造

组织的再造又叫作"流程再造""组织再造工程"。再造工程这个术语源于电子业,意思是将原有的电子产品拆开,设计出更好的版本。将再造工程这个词引入组织,其含义是,管理人员应该一切从头开始,对组织现在用来进行价值创造和运作的程序方法重新加以考虑和设计,丢弃那些已经落伍、不再适应新形势的东西。

二、组织变革的步骤

(一)诊断组织状态

根据组织的表现和运营现状,认真地寻找组织在运行和发展过程中存在的问题,找出产生这些问题的根源和解决这些问题需要改变的因素,并初步确定组织变革的具体目标。

(二)选择变革方法

根据确定出的组织变革目标,确定变革的突破口和重点。如果组织的结构存在重大缺陷,可选择以组织为中心的变革方式。如果技术方面存在重大缺陷,在资金条件具备的情况下,可选择以技术为中心的变革方式。如果组织中的人员结构存在问题,则可选择以人为中心的变革方式。如果组织需要进行彻底的变革,就可以采用流程再造的方式,全面推行组织的变革。

(三)分析限制条件

为了使得组织变革获得成功,还应该认真分析组织变革有哪些困难、需要具体什么条件。具体来说,以下几点必须重视:

第一,上级主管部门是否支持、组织内部是否具备改革条件是最重要的。如果没有上级主管部门的支持和认可是很难成功的,因此要详细向上级主管部门汇报情况,努力争取他们的理解和支持。同时在组织内部要进行广泛的宣传活动,尽可能多地让员工了解变革的必要性、困难和改革的前景,鼓励他们献计献策、积极参与,尽可能地减少来自人员对组织变革的阻力。

第二,分析组织是否能承受改革的成本和代价,特别是以技术为中心的变革,在引进技术、设备或项目时应做好充分的论证和市场前景分析,决不能盲目从事,以免造成不可挽回的重大损失。

第三,分析、选择组织变革的最佳时机。组织变革应选择内部相对稳定、对组织运营影响较小时进行,变革的周期不宜太长,但也要尽量避免操之过急、突击完成。要循序渐进,讲求实际效果,尽量把改革引起的阵痛降到最低。

(四)制订变革计划

在进行了以上步骤之后,管理者最重要的工作就是制订一个变革计划。组织的变革计划应包括变革的目标、变革的方式、变革的步骤等内容。计划的制订要理由充分、思考周密、便于实施,要广泛征求各方面的意见,并对计划进行反复论证和修改,尽可能多地得到组织中员工的理解与支持。

(五) 实施变革计划

变革计划确定之后,组织就可以正式开始变革。变革的过程中要注意以下两点:第一,大胆推进,立场坚定。尽管在变革之前已经取得了大多数人的认同,但真正开始触及相关部门或个人的利益时,阻力一般会比变革者当初预期的要大很多。这时变革者如果稍显犹豫和退缩,就会使反抗力量大为增强,其结果就是变革尚未完成就遭阻击。第二,变革过程中既要严格按照变革的计划稳步推进,又要密切关注变革的动向,一旦发现失误,要立即暂停行动。对于变革计划的执行要有一定的灵活性,如果计划确实存在漏洞,就必须及时调整。当然,变革最忌讳朝令夕改,它会使变革者失去权威性和公信力,因此把握好变革行动的稳定性和执行计划的灵活性两者之间的关系至关重要。

三、组织变革应关注的问题

(一) 变革的成本和收益

所有改革都是有成本的。比如,采用一个新的工作程序会因为员工需要学习新技术而带来不便,新的工作规范和要求会干扰正常的工作,降低员工的工作成就感,装配新的机器设备需要货币成本,成立新的职能部门需要配备新的管理人员和管理设备,等等。这些成本有些是属于经济上的,有些是属于心理上的和社会意义上的。

正是因为变革需要付出成本,所以组织在变革前应该慎重分析、判断变革有没有价值,对每一项变革都要进行详细的成本收益分析。除非收益大于成本,否则就没有理由进行变革。

在考虑成本与收益时,所有类型的成本与收益都要考虑在内。管理者不能只分析经济上的成本和收益,因为有时尽管经济上有净收益,但付出的社会成本和心理成本却很大,改革仍然是得不偿失。尽管社会成本和心理成本很难用数字来进行量化分析,但决策时管理者一定要考虑这两方面的成本收益因素。

由于个体存在差异,不同的人对变革的反应和态度是不同的。现实中组织的变革不可能给所有的人都带来利益,总是有人受益、有人受损,因此管理者在每一次变革前,都要努力帮助员工理解改革的意义,虽然很难做到让每一个人都理解,但应该让绝大部分人认识到改革带来的收益和必须付出的代价。

(二) 变革的阻力

从个体和组织行为研究中，人们可以发现一个现象：组织和成员抵制变革。从某种意义上来说，这是具有积极意义的，改革阻力的存在可以使得组织的行为具有一定的稳定性和可预见性。如果没有阻力，组织的行为会变得随意而且混乱。变革存在阻力的另一个优点就是可以使人们对于改革方案更加谨慎，决策时会多方讨论，从而得到更加科学的决策方案。

当然，变革存在阻力的缺点也很明显，它阻碍了组织的适应能力和进步能力。造成变革的阻力原因是多方面的，大体可以分为两大类：个体阻力和组织阻力。

1. 个体阻力

(1) 习惯。人类是按照习惯进行活动的动物。社会生活非常复杂，人们每天都必须做很多动作，如果每次行动前都要评估思考之后再行动的话，人就没法活了。因此大多数情况下人们是依靠习惯行事的，习惯带给人们便利和简单，改革要让人们接受与以往习惯不同的东西，这就会让人产生不适应，人们惯常的反应就是抗拒。

(2) 安全。安全需要较高的人抵制变革会比较强烈，因为变革会给他们带来不确定性和不安全感。比如，我国政府机构改革和企业裁减冗员，许多人都会感到自己的工作受到威胁，尤其是年龄比较大的员工和女性员工压力更大，所以这些人特别容易抵制变革。

(3) 担心失去既得利益。改革会威胁到人们对现状的投资。人们对现行体制的投入越多，变革的阻力也就越大。因为人们害怕失去现有的职位、金钱、权力、人际关系、个人便利或其他利益，这也就是为什么老员工比新员工更反对变革，因为老员工通常对现行体制投入的更多，一旦调整到新状态往往失去的也会最多。

(4) 对未知的恐惧。变革是用模糊不清和不确定性来代替已知的东西。组织成员不喜欢不确定的东西。比如会计电算化的引进意味着财务科的员工们不得不放弃自己擅长的珠算技术，而来学习新的计算机技术，很多人担心自己不能掌握、不能胜任；组织结构的调整或裁并，会让员工面临新的工作岗位、新的工作标准和要求、新的人际环境，这些都会让员工感到不确定性、感到恐惧，于是员工本能地反对、抗拒一切给他们带来未知的变革。

>>> 相关链接

科奇(Coch)和弗伦奇(French):变革的阻力

关于组织变革最著名的研究之一发生在20世纪40年代一家名为哈沃德(Harwood)的喇叭裤制造厂。这家工厂雇佣了500名员工,每次进行变革的过程中,都会有一段较长的不稳定期。尽管这种变革通常是微小的,例如,当要求以前负责折叠裤头的员工(这一程序是在折叠裤脚之后)现在改为负责折叠裤脚时,他们就不停地抱怨,拼命抵制这种变革。于是生产效率、完成工作的数量下降,而抱怨、缺勤率在上升。

哈沃德的管理层通常是独裁式地推行这项变革。管理层做出决策,然后召开员工大会,宣布实施变革,于是变革也将迅速推行。之后,正如上文提到的,员工肯定会抵制。因此,哈沃德聘请了一位咨询人员作为推动者来解决这个问题。作为一种试验,咨询人员将下一次变革安排在三个群体里以不同的方式推行。在支配式群体里,变革是用常用的方式——独裁式发动。第二个群体通过选出员工代表参与变革。这些代表和管理层设计出变革的详细内容,然后尝试新方法并用新程序培训其他员工。在第三个群体里,所有的员工与管理层共同讨论设计新方法。

咨询人员——变革的推动者——每40天收集一次资料。他发现的结果有力地支持了参与的重要性。在支配型群体中,抵制的情况一如既往。在40天里,有17%的员工辞职,抱怨和缺勤率上升。然而,在代表参与和全员参与的群体中,没有辞职,只有一个人抱怨,也没有缺勤。此外,参与也与生产率呈正相关关系。在支配型群体中,试验期间的产出通常会从每小时平均60个单位下降到48个单位,而代表参与型群体的每小时产出是68个单位,全员参与型群体达到了每小时平均73个单位。

科奇和弗伦奇的研究体现了当今组织变革的一个重要问题,这就是:要实现设有广泛抵制的永久性变革,员工必须参与。如果员工不参与会直接影响其工作的变革,公司将遭受变革后一无所获的风险,甚至会使原来的问题更加严重恶化。

资料来源:斯蒂芬·P.罗宾斯,大卫·A.德森佐.管理学原理[M].5版.毛蕴诗,主译.大连:东北财经大学出版社,2004:220.

2. 组织阻力

组织,就其本质来说是保守的,它们积极地抵制变革。这种现象随处可见:比如政府机构想继续从事他们已经做了很多年的工作,而不管这种服务是否仍有必要;大多数学校仍然沿用多少年来一直使用的教学技术和方法,不管它已经多么

不适应新的时代;许多工商企业明明冗员众多、人浮于事,也就这样糊下去。抵制变革的组织阻力主要有:

(1) 组织结构惯性的反作用力。组织因为有固定的机制,从而保持了机构的稳定性。比如组织的规章制度、部门职责、工作说明书、员工条例等一方面保证了组织的制度规范化,但另一方面,当组织面临变革时,这些制度所形成的结构惯性就会充当维持稳定的反作用力。

(2) 对已有权力关系的威胁。任何决策权力的重新分配都会威胁到组织长期以来形成的权力关系。比如,在组织中进行改革,扩大员工决策权、下放权力、让工作团队进行自我管理,原来掌握审批权或管理权的部门就有可能裁并、取消,这些部门就会竭力抵抗改革。

(3) 对已有资源分配的威胁。组织中控制一定数量资源的群体常常把变革视为威胁,他们倾向于对现有利益分配格局保持不动,越是从现有资源分配格局中获利的人群,就越容易反对变革,因为他们是既得利益者。

(4) 对已有人际关系的影响。组织变革意味着组织原有关系结构的改变,组织成员之间的关系也随之需要调整。新旧人际关系的调整需要一个很漫长的磨合期,尤其是组织中非正式团体的存在更是使新人际关系的形成变得困难重重。人们普遍依恋原有的人际情感,越是历史悠久的组织这种情感越深,组织变革起来阻力也就越大。

(三) 消除阻力的方法

由于组织的变革存在以上阻力,为了使变革能够在组织中顺利进行,就必须克服变革的阻力,在这方面人们提供了以下几种常见的对付变革阻力的方法。如表 8-1 所示。

表 8-1 消除变革阻力的常见方法

方法	内容	适用环境	有利之处	不利之处
1. 教育和沟通	向员工个人、小组甚至整个企业说明变革的必要性和合理性	企业内部缺乏对变革的了解或正确理解和分析	人们一旦被说服,就会推动变革向前发展	涉及人很多的话就会很费时间
2. 参与和融合	让企业内部员工参与变革设计	变革发起者缺乏对变革的全面了解,来自其他人的阻力很强大	人们会积极参与变革,并且把自己的所知融入变革计划中	如果变革设计不当,就会很费时间

续表 8-1

方法	内容	适用环境	有利之处	不利之处
3. 促进和支持	为受变革影响的员工提供再培训、休假、感情支持和理解	人们由于不适应而阻挠变革	变革肯定会遇到适应问题	可能很费时间和精力,最后仍然失败
4. 商谈和协商	与有可能反对变革的人商谈,甚至可以提出条件赢得理解	有些坚决反对变革的人会在变革中被淘汰	这是一种相对容易的消除变革阻力的方法	如果引起别人提条件服从变革,代价就会更大
5. 操纵和合作	在变革设计和执行中赋予关键人物重要职位	如果其他手段不起作用或代价太大的话	有可能是一种对付阻力的便捷方法	如果人们意识到被操纵会给将来带来问题
6. 直接和间接的强制	用解雇、调换工作和不给晋升等手段相威胁	当变革进展是关键并且变革发起人拥有相当大的权力	能够迅速有效地消除任何阻力	如果引起人们对变革领导的不满,会带来很大的风险

资料来源:吴照云,等.管理学[M].5版.北京:中国社会科学出版社,2006:327.

朱兰在其《管理突破》一书中曾介绍过由行为科学家开发的一些处理文化阻力的例行规则,他认为这些规则同样适用于工业界及其他组织。其具体内容如下:

(1) 使受到变革影响的人们参与变革的计划与实施。这是引入变革的最重要的规则。缺乏参与会导致怨恨,进而成为变革的强劲阻力。

(2) 为人们接受变革提供足够的时间。人们需要足够的时间来评估变革的影响,即使变革看上去有利,人们也需要了解在文化价值方面他们必须付出什么代价。

(3) 从小规模开始。在全面推开之前首先进行小规模的试点和试行,这对于变革的提倡者和组织的成员双方都可以减少风险。

(4) 避免突然。文化模式的一个主要益处便是其可预见性。突然性对这种预见性是一个冲击,打破了平静。

(5) 选择适当的时机。在安排变革的时间上有好坏年份甚至好坏年代之分。

(6) 变革方案应当避免超负荷。应避免在提案中塞入过多的与结果无关的东西,否则会偏离主题。

(7) 做好文化领导者的工作。文化最能被其成员所理解,他们有自己的正式或非正式的领导者。说服其领导者是使人们接受变革的重大步骤。

(8) 尊重人们的尊严。这方面的经典例子是霍桑实验中的继电器组装工人,不管照明条件好与坏,他们的生产率都保持上升,因为在实验中他们受到了尊重。

(9) 试图站在对方的位置考虑问题。问自己这样一个问题:"作为该文化中的成员,我会持有何种立场?"用角色扮演的方式来理解他人的立场。

(10) 直接与阻力打交道。这方面有许多做法:
①采用劝说的方式。
②提供某种补偿以换取支持。
③修改方案以满足特定的要求。
④改变社会氛围使人们更容易接受变革。
⑤有些情况下只能选择放弃,人不可能永远成功。

资料来源:杨文士,焦叔斌,张雁,等.管理学[M].3版.北京:中国人民大学出版社,2009:196.

(四) 领导者在变革中的作用

领导者在组织的变革中起着非常重要的作用,没有领导者的领导和推动,改革就不可能成功。因此,为了使变革能够顺利进行并获得成功,领导者必须做到以下几点:

(1) 充满自信,表现出强烈的变革愿望和激情。领导者只有自身首先拥有变革的勇气和热情,才会心甘情愿地冒着政治风险(权力风险)去动员和说服组织成员进行变革,才会有勇气去面临变革后的各种不确定性;才会愿意去承受变革一旦失败给自己造成的各种非议乃至领导岗位的丢失。在这一点上,具有个人魅力的魅力型领导者往往比较突出,这类领导者会以极大的热忱向组织成员描绘变革的理想蓝图,强烈地激发组织成员的变革热情和希望。

(2) 足智多谋,行为稳健,对于变革有理性的思考、全盘的规划和周密的战略战术方案。这方面稳健型领导者比较具有这种特质,这类领导者深知变革不可能一蹴而就,他们善于对于各种变革的阻力进行分析和思考,想尽一切办法制订出尽可能完善的计划方案来予以推行。稳健型领导者会以顽强的毅力和惊人的耐心化解各种难题,持之以恒地推动变革,改革不达目标决不轻易放弃。

（3）既要大胆果断，又要温和谦逊。领导者既要认识到变革的阻力不可避免，因此必须行为果断，大胆决策，才能力排各种阻力，推动组织变革；但同时也要看到组织成员的忧虑和反对不无道理。好的领导者必须体察、体谅员工的不安心理，采用谦逊的态度仔细听取员工的意见和要求，尽可能在新的变革方案中吸纳员工的合理化建议，即使员工有些偏激的言辞和行为，也要予以宽容，要给员工足够的时间去适应变革带来的震荡和冲击。这方面，民主型领导者往往比较有优势。

由此可见，组织的变革对于领导者的领导艺术要求比较高，领导者要想变革成功，就必须克服自己以往熟悉或者习惯的各种领导方式，多方面地综合各种领导风格的优势，有针对性地加以施展，多管齐下，综合运用，变革才能以最少的代价、最小的震动取得最理想的效果。

第三节 流程再造

在组织设计完成后，组织的目标计划也不是一蹴而就的，必须通过逐步工作才能最终完成，这种工作活动间的顺序及其路径就是组织的工作流程。这么看来，实现组织目标和任务的工作流程可以是多种多样的，但是最佳工作流程往往能实现目标、技术、人员等因素间的动态均衡。当这些因素发生变化时，工作流程就需要改造，需要创新。

一、流程的特性与构造

工作流程是在组织中完成一项任务、做一件事、进行一项活动的全过程，这一全过程是由一系列工作环节或步骤组成，相互之间有先后顺序，有一定的指向。图8-1表示了从订单到生产发货的整个流程。其中，订单、核单、信用审核、工厂生产、发货是流程中的五个工作环节，每个环节都有指向，有相互间的先后顺序，这种先后顺序反映了这一工作流程的内在逻辑。而流程再造，就是对组织原有的工作流程进行全面再造，以适应组织环境的变化，提高组织效率。

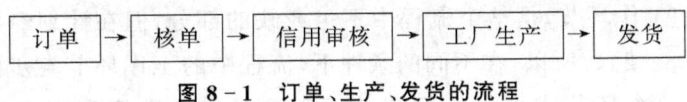

图8-1 订单、生产、发货的流程

关键词：流程

第四个关键词是流程(Process)。尽管这个词在我们所下的定义中是最重要的，但它是大多数公司的经理最难办到的。绝大多数的企业人员并不是"以流程为导向"。他们忙于任务，忙于本位工作，重视人事，重视结构，但不是流程。

我们把业务流程定义为一系列业务活动，其中包括投入某种或多种东西并创造出对顾客有价值的产品。我们曾以购货订单的执行流程为例行流程作了具体说明。换句话说，把顾客所订的货物送到顾客的手中，也就是流程创造的价值。

亚当·斯密的观点是，把工作分解成若干极其简单的任务，把每一种任务交给专门的人员去做。在这种观点的影响下，当代的公司及其管理层把工作的重点放在工作流程中的各种任务上，如接受购货订单、从仓库提货等，而往往忽视比较大的目标，也就是忽视想方设法把货物送到订货的顾客手中。整个流程中的各项任务固然是重要的，但如果整个流程不发挥作用，也就是说，如果它未能把货物发送到顾客的手中，那么，对顾客来说，上述任何一项任务都是白搭。

资料来源：迈克尔·哈默，詹姆斯·钱皮.企业再造：企业革命的宣言书[M].王珊珊，等译.上海：上海译文出版社，2007：32.

（一）工作流程的特性分析

1. 逻辑性

逻辑性是指工作流程的全过程中所包含的诸多工作环节和步骤间的指向关系以及先后关系。如果没有按照这种逻辑顺序一步一步进行，这项工作是难以有效完成的。事实上，每一项工作流程的逻辑性都是人们在完成同样的工作或任务中逐步摸索、总结得到的，因此流程往往带有一定的经验总结和行为习惯的含义。要强调的是，只有当这种习惯与完成任务的效率要求、费用要求、时间要求相吻合，且不违背科学的规范时，才会成为人们普遍遵守的规范。

尽管工作流程存在内在逻辑性，但这并不意味着一个流程中所有的工作环节一定就缺一不可。例如，图8-1中的信用审核这一工作环节在市场经济条件下是一定需要的工作环节，是整个流程中不可或缺的部分，但在计划经济条件下就不需要（如图8-2）。所以，在不同的条件下，流程中的工作环节与步骤可能不一定相同，但多一个环节或少一个环节并不影响其先后顺序和整个流程的内在逻辑。

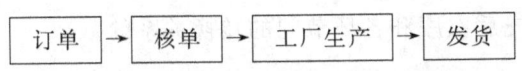

图 8-2　计划经济下的订单、生产、发货流程

2. 变动性

当组织的目标、战略、组织机构发生变动时,与之相关的组织任务必然也会发生变动,从而带来相关工作流程的变化。也正因如此,才会有组织流程再造一说。组织流程的变动特性从其内部来看也存在,即流程内部的工作环节、工作步骤的变动也是常见的,当然,变动的前提是不违背工作流程的内在逻辑。流程内部的变动性是由专业分工的深化带来的。例如亚当·斯密曾在其《国富论》中列举了一个大头针的制造流程,如图 8-3 所示。

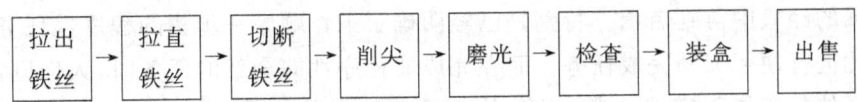

图 8-3　大头针的制造流程

这个制造过程原本由一个人完成,但效率较低,后来将流程分解为两个部分:第一部分从拉出铁丝至切断铁丝,第二部分从削尖至装盒。于是原本的一个流程变成了两个工作环节或工作步骤。随着制造技术的提高,分工的深化,结果便形成了如图 8-3 所示的具有许多工作环节或工作步骤的工作流程。在这个变动中,效率提高了,对工作者的技能要求相对简单了,生产质量得到更大的保证。

工业化进步将原来一个人完成的工作,分解为由多人分别完成其中一部分,最终组合成全部流程,这样的变动并未违背工作流程的内在逻辑性,同时也大大提高了生产效率。

3. 可分解性

从大头针的制造可以看出,流程可以按照工作顺序、工作步骤将原来基本的工作环节进行分解,形成独立的单个可由某个他人来完成的工作。分解出的环节的多少,由专业化要求和技术的可行性决定。因此,当专业分工的设想、技术条件等不一样时,同样一个流程在不同组织中,其分解的方法和分解的结果是不同的,这也就决定了各个组织不同的生产效率和不同的管理水平。同时,工作流程的具体分解也会受到分解的理念、人员素质、技术条件等一系列因素的影响。

(二)工作流程的构成要素[①]

组织的工作流程作为完成一项任务的全过程,它的构成要素是离不开工作本

---

① 陈传明,周小虎.管理学原理[M].2 版.北京:机械工业出版社,2012:317.

身和工作各环节的先后次序和各环节间的转换关系的。

1. 工作

组织的工作流程是由一些具体工作或步骤所组成,一个流程中含有的一些具体工作内容及要求,实际上是由这个流程所要完成的任务或事件的特性所决定的。

对于程序性任务人们已经有了明确的工作顺序和步骤,只要照此进行便可获得圆满成果。在非程序性的任务中,这些任务对于人们来说是偶然发生的、没有规律性、探索性的工作,没有既定的工作步骤,人们需要探索什么是应该做的工作,什么是不应该做的工作,什么是最佳的工作路线等问题。

任务和事件需要采用什么步骤,应先做什么后做什么,执行者往往可以从过去积累的经验中得到启示。特别是已经明确了工作顺序和步骤的程序性任务,只要照此进行便可圆满完成任务。而在完成非程序性即全新的任务时,人们则需要探知最佳的工作程序或步骤,以及什么是应该做的工作,什么是不应做的工作等等。

一个工作流程所完成的任务最初是可以由一个人完成的,但随着技术的进步、专业化分工的细化、协作可能性的增大,使得一个流程中的工作可以具体划定边界,并交给不同的合适人选来完成,从而更快、更省、更有效地完成任务。在传统工厂中,操作工必须在生产线的固定岗位上操作,不同岗位的操作工,进行的具体操作任务还是不一样的,而在现代工厂中,整个生产流程全自动化了,只需一个人操作机器就能完成整个生产过程。

2. 逻辑关系

逻辑关系是指工作流程中具体工作步骤之间客观存在着的先后顺序的关系。如图 8-4,在生产流程中,发单前必须进行信用审核,生产前必须完成发单程序,如果不按照这个先后顺序,这个工作流程必然无法顺利完成。但是,现实中一个工作流程的逻辑关系并不是唯一的,这不是说完成的任务或目标不唯一,而是指完成任务的途径具有可选择性。这种可选择性虽然没有改变工作流程指向目标的本质的内在逻辑,但每一条路径的基本工作及基本工作的逻辑关系都有相应的改变。这种可选择性赋予了工作流程可以改造和变动的特性,从而为人们探求最为满意的工作流程、追求高效地完成任务提供了可能。

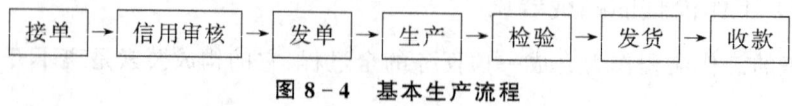

图 8-4 基本生产流程

图 8-5 就展示了与图 8-4 不同的从订单到生产,再到发货的基本流程的不同路径。这两条路径最终都是要按订单发货,本质的内在逻辑是没有变的,但是在图 8-4 中,企业自己生产;而在图 8-5 中,企业委托外部组织进行加工。从工作流程看,图 8-5 多了外加工、组装的环节,但最终仍然能够完成工作目标。

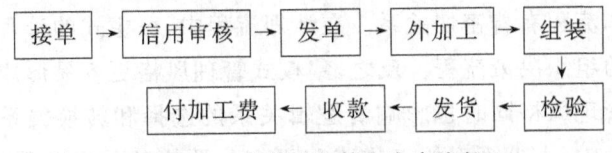

图 8-5 改变后的基本生产流程

3. 转换时间

转换时间是指流程的每一基本工作环节或基本工作完成后至下一个工作环节启动时的时间间隔,间隔越小,表明两个工作环节转换的时间愈短;反之则愈长。转换时间是工作环节转换中的基本因素,流程的转换时间越长则完成任务的效率就会越差。一个满意的工作流程既需要合理地确定基本工作单位,也需要基本工作单位的先后顺序环节,还需要工作单位间很快地衔接,充分节约转换过程的物质、能量、信息和时间。

(三) 影响工作流程构成的因素①

在工作流程中,无论是流程的工作步骤的划分,还是工作步骤的逻辑关系与转换关系的确定,都会受到组织文化、工艺技术特征、管理的风格等因素的制约。工作流程本身就是对这些因素在一定程度上的折射反映。

1. 组织文化

组织文化特别是组织的价值观念会带来工作流程中工作环节和工作步骤的明显差异,因此带来不同的效率。有许多组织尽管并没有明确的价值观念或是明确的理念口号,但在市场上、社会中的组织活动往往会反映出组织独特的如价值观似的表现。组织的价值观不同,会使组织的工作流程或是流程中所包含的工作环节、工作步骤有着明显的不同。

2. 工艺技术特征

工艺技术特征对于组织流程的影响在于它决定了组织工作流程中物质、能量和信息传递的内容。不同的工艺和技术要求不同的设备、不同的人员素质、不同的原材料投入,因此,它决定了工作环节的差异和逻辑关系与转换关系的差异。每次技术与工艺的变革都毫无例外地引发工作流程的变化。从生产流程来看,随

---

① 陈传明,周小虎.管理学原理[M].2 版.北京:机械工业出版社,2012:317.

着信息技术的发展,工业化的大规模的流水线生产正在让位于大规模定制生产。可以预见技术工艺未来的巨大进步,必然导致现有企业组织流程的改变。

3. 管理风格

管理风格是由领导的风格和方式,企业的组织结构和组织战略特性决定的,管理风格与工作流程有着密切关系。在计划流程中,民主式的管理风格会产生更多的由下而上的组织决策流程。反之,集权式管理风格更容易形成从上至下的命令服从过程。管理风格同时也影响着逻辑关系的选择和转换关系的安排。在低成本战略的企业中,人事管理的工作流程更多是严格的秩序关系、平稳的转换关系、程序对于人员的控制,而在差异化战略的企业中,它的人事管理流程则着重于发挥员工的积极性和创造性。

二、流程再造的基本观点

1990 年迈克尔·哈默(Michael Hammer)首次提出了业务流程再造(Business Process Reengineering,BPR)的概念,随后在 1993 年他又和詹姆斯·钱皮(James Champy)在《企业再造:企业革命的宣言书》一书中,对 BPR 做出了全面论述,并引起了世界范围内研究和探讨企业再造理论的热潮,极大地推动了企业界的再造尝试和实践。

海尔的业务流程再造

海尔是第一个走出国门的中国家电企业,应该说它很成功。可是,让人不可思议的是,早在若干年前,它就悄悄造起了自己的反。

在 1998 年 9 月 8 日,海尔集团首席执行官张瑞敏就在一次中层干部会上提出"业务流程再造"的概念。而此时,中国家电业的价格战正酣。

哈默说:"流程再造是一场革命,它意味着企业一切从头开始,一切从零开始。"

张瑞敏说:"流程再造对海尔来说,就是彻底打破原有的束缚着我们继续创新、继续发展的东西。这包括我们已经习惯了的管理模式,我们轻车熟路的流程,包括原来的成功。"

世界最新的管理理论普遍认为,企业再造适用于三类企业:第一类是问题丛生、已经面临危机的企业;第二类是业绩不错、但潜伏着危机的企业;第三类是正处于发展高峰的企业,再造是为了构建新的竞争优势,大幅度超越竞争对手,抢占下一竞争的制高点。

海尔的再造,无疑属于第三类。

资料来源:胡伟.管理学[M].北京:化学工业出版社,2009:39-40.

根据哈默和钱皮的定义,所谓流程再造就是:为了在诸如成本、质量、服务和速度这些关键的绩效指标方面实现剧烈的改进,而对业务过程进行的根本的再思考和激进的再设计。

流程再造可以从以下几方面进行理解:

(1) 流程再造是激烈的变革,不是小打小闹,不是修修补补。回顾迄今为止的企业发展史可以看出,亚当·斯密提出的分工思想形成了200多年来企业运营的基础。但是在变化了的环境中,过分强调专业化和工作细分妨碍了效率,也使机构臃肿、缺乏活力、丧失竞争力和创新力。业务过程再造强调的就是从根本上进行变革,进行彻底的再设计。

(2) 流程再造的对象是过程,或者业务过程,而不是某个部门。因为即使每个部门都完全改革好了,整体上也不见得就会好,部门优化得再好,也不过是一种局部的优化,局部的优化不等于整体的优化。再造活动中,组织把分散在各职能部门的作业整合成单一的过程,打破组织各部门之间的界限;再造强调尽可能以同步作业取代顺序作业,这样可以缩短满足顾客需要所需的时间;再造可以实现组织的扁平化,促进组织内的沟通效率,从而提高了工作效率。

(3) 流程再造以信息技术为物质基础。信息技术在再造活动中扮演着极为重要的角色。信息技术的进步正在影响着现代社会的各个方面。信息技术可使组织以完全不同的方式进行工作,可以帮助企业打破传统的制度,并创建完全不同的业务过程模式。企业应当深入思考信息技术所带来的无尽的可能性,应当立足于信息技术所提供的可能性来进行运作,而不应当仅仅满足于原有过程的自动化。

(4) 流程组织的再造还有其他一些特点。比如业务过程再造还有顾客至上、广泛授权等特点。

组织的流程再造要求管理人员围绕横向过程重新设计组织。大凡经历过组织再造工程而仍然保留住自己职位的员工会发现,他们所做的工作已经不再是原先所做的工作了,新的工作一般需要更广泛的技能,包括:需要与顾客和供应商保持更多的接触;做挑战性更强的工作,承担更大的责任,取得更高的报酬。他们要忍受新工作带来的不稳定性和焦虑感,而且不得不抛弃长期以来所得到的工作经验以及长期形成的正式社交关系网。

观察与思考 海尔集团的业务流程再造

海尔以市场链为纽带的 BPR

海尔作为国内著名的家电企业,其成功并非偶然。海尔的企业流程再造过程是分阶段完成的。

1. 作业层再造

在认识到产品的质量问题后,海尔开始了全面质量管理(TQM)的历程,在生产经营中提出了 OEC(Overall 全方位的;Everyone,Everything,Everyday 每个人,每件事,每一天;Control and Clear 控制与清理)的管理方法。通过进行 OEC,优化了局部业务流程,企业内的作业效率得到了提高,塑造了海尔品牌,并且为以后进一步的流程再造打下了思想和实践基础。在多元化战略的指导下,海尔将直线职能制的组织结构转变为事业部制,进而又转变为产品本部制。

2. 以市场链为纽带的经营层流程再造

随着企业规模的不断扩大,原有的经营流程和组织结构变得与企业的发展越来越不适合。为了将竞争机制引入企业内部,同时为了降低运作成本,贯彻国际化战略,1998 年底到 2000 年底,海尔在全集团范围内进行了以市场链为纽带的 BPR。所谓市场链,是把市场经济中的利益调节机制引入企业内部,把从前业务流程中不同岗位之间的上下级关系和同事关系改为市场订单关系,即把内部顾客外部化。

组织结构调整之前,海尔为纵向流程的事业本部制。集团下设 6 个产品本部,每个本部根据产品的不同分设不同的事业部,各事业部分设人事、销售等部门。进行了以市场链为纽带的 BPR 后,为了适应市场链式的流程,海尔建立了新型的横向网络化结构。海尔把原来分属于每个事业部的财务、采购、销售业务全部分离出来,整合成独立经营的资金流推进本部、物流推进本部和商流推进本部,实现统一结算、统一采购、统一营销;把原来的职能管理部门分离出来进行整合,以集团的职能中心为主体,注册成立独立经营的服务公司;最后将这些专业化的流程体系用市场链连接起来。再造后,原来的各职能部门被改造成了独立的子公司,以内部价格为基础接受其他子公司的订单,提供相关服务。通过 BPR,流程的效率提高了,职工的市场竞争意识增强了。海尔通过利用信息管理工具和实施并行工程、JIT 等,企业对内建立了 ERP 管理系统、CIMS 柔性制造系统,对外建立了 CRM 管理系统、B2B 和 B2C 电子商务平台,企业实现了按照用户个性化订单为用户订制产品,变刚性生产为柔性制造。

3. 战略层的改造

海尔集团在1999年3月达沃斯会议上就提出了国际化企业的3条标准,即企业内部组织结构必须适应外部市场的变化、造就一个全球化的品牌和要有一个基于网络系统的营销战略。围绕这3条标准,海尔在1999年3月份就提出企业必须完成3种转变:一是从职能型结构向以市场链为纽带的流程型结构转变;二是由主要经营国内市场向国外市场转变;三是从制造业向服务业转变。根据企业国际化发展的战略目标,海尔提出了扁平化、网络化和信息化原则;建立了全员战略事业单元SBU(Strategic Business Unit)的战略执行机制和SST(S索赔、S索酬和T跳闸)的市场激励机制;将企业的持续改善和不断创新的理念融合到企业的经营管理文化中,使之成为企业不断进化的不竭动力。

流程再造过程中的关键环节分析

1. 流程再造始终不离其初始目标

企业流程再造从根本上讲是为了生存发展,提高营业收益和增强企业核心竞争力。企业流程再造的目标不能脱离提高企业盈利能力,完善客户服务这一基本准则。海尔在流程再造的整个过程中都注意了这个原则,从产品质量的提高到可以满足个性化需求的柔性制造系统,从JIT到B2C的电子商务平台,无不是适应市场环境变化与提高顾客满意度的举措。然而,许多企业在实施流程再造的过程中过于注重过程本身的细枝末节。并行工程和信息化等技术手段的实施成为一种风尚,企业在强调效率提高的同时陷入了为改造而改造的陷阱中。这种思想必将导致对其他重要方面的忽视。

要使BPR见成效,有回报,流程再造的实施就要紧紧围绕顾客满意这个中心。质量管理学中质量回报ROQ(Return of Quality)原理认为,如果质量改进工作不能给企业带来好处,则质量改进就是浪费,不能改造服务或者不能增加额外收益的质量改进工作应该被抛弃。ROQ原理同样适用于对流程的改造。收益与成本的比例大小是衡量流程再造成败的重要标准,任何流程再造目标的制定都不要偏离这一标准;在制订流程再造计划和实施的过程中,始终要与初始制定的目标进行校准,以保证再造目标的实现。

2. 处理好企业BPR与企业战略的关系

海尔的流程再造过程与它的企业战略规划是紧密相连的。在初期名牌战略的指引下,海尔实施了TQM,提高业务流程的效率,改进产品质量;后来又在服务先导和多元化战略的指引下,改造了制造系统和经营流程,全面提高了对客户的服务水平,做到了准确、及时的个性化服务,增强了经营灵活性;在国际化战略的指引下,企业进行了组织结构的创新,变纵向组织结构为横向网络化结构,将市场危机感引入企业内部,建立了以市场链为纽带的新型流程体系。

BPR和企业战略是互动的关系。有意识的企业流程再造要在企业战略的框架之下进行;发源于基层的或者局部的再造会促进企业系统的再造,但是也必须在与组织战略协调一致的情况下才会被领导层采纳。流程再造解决的是企业内部的响应能力问题,而战略解决的是企业的方向问题。火车准点运行了,但是它将要驶向何方的比喻巧妙地反映出了流程再造与企业战略之间的关系。

3. 激进式再造和渐进式再造的选择

海尔集团业务流程再造采用的是一种渐进式的再造方式。Hammer和Champy在1993年的著作 *Reengineering the Corporation* 中提出,流程再造应当是根本性的、激进的,从而取得经营绩效戏剧性的变化。激进式的变革是指企业在较短的时间内,通过企业对现有工作流、组织结构和企业文化的变革来使企业盈利能力产生戏剧性的提升。渐进式的变革则是企业在较长时间内,通过不断地沟通和局部改善,采用阶段性的办法,以完成从局部到整个系统的变革。

在目前日渐激烈的市场竞争中,企业竞争优势的建立是一个持续改善的过程;仅凭一次BPR无法赢得持续的竞争优势,频繁的大规模改造由于风险过高而不现实。因此,采用激进式或渐进式业务流程再造要看企业面临的市场情况,两者都是BPR所允许的再造手段,企业应当根据企业所处的市场环境来综合运用这两种再造方式。

影响市场环境变动的主要因素可分为需求性因素和结构性因素两类,统称市场扰动因素。需求性因素包括消费者的价格意识、质量意识、时尚意识以及需求变化的速度等。结构性因素包括消费者的购买能力、经济周期的影响程度、市场竞争强度、替代产品的强弱以及产品生命周期的长短等。市场的扰动性越大,企业对市场的控制能力就越差,企业就越需要通过采取变革措施来适应这种变化。

海尔在开始进行流程再造的时候,我国还处于市场化进程的起步阶段,我国家电行业的竞争程度还不激烈,消费者的消费水平还不高,在这样的环境下,海尔开始对业务流程采用渐进式的方式进行整顿和改进,逐步提高作业的效率,将改进的思想融入企业文化当中,最后终于实现了流程的重新设计和彻底改造。

然而,随着我国市场体系日臻完善,居民的购买力水平较以前有了显著提高,消费意识明显增强,需求向多元化、个性化方向发展,再加上我国已于2001年底加入WTO,世界跨国企业纷纷抢滩中国,我国企业面临的市场扰动因素变化迅速加剧,企业不得不进行激进式改造,不进行激进式改造就没有出路。但是,在这种情况下,企业的激进式再造仍要详细规划,并在激进式的改造后继续实施渐进式的改造。

4. 处理好再造与组织变革的关系

海尔在分阶段进行流程再造的过程中，先后两次对组织结构进行变革，从一开始的直线职能制结构转变成产品本部制，又由产品本部制改造成为横向网络化结构。可以看出，即使是在渐进式的改造过程中，最终仍然不可避免地要进行组织变革才能使原来的流程模式彻底改造。

根据流程再造的思想，组织形式的设置必须以流程为导向进行必要的改造，根据流程的具体形式来制定相应的组织形式。总的原则就是要努力提高流程的运作效率、对顾客的服务水平和流程适应性。根据詹姆斯·哈林顿和佩帕德·罗兰的建议，企业进行系统性再造可采用 ESIA(Eliminate, Simply, Integrate and Automate)，即清除、简化、整合和信息化，其中整合是组织结构变革中常用的方法。

传统的理论认为，流程再造是对企业以职能为中心的组织结构的挑战。但是，职能具有专业化、效率高和能够快速吸收、创造该领域先进知识的特点，确立流程的中心地位并不代表要否定职能的优势和作用。以流程为中心是要从系统的角度整合跨流程的各个职能，对整个流程的投入和产出进行管理。调整组织结构并不一定是要破除或建立某种特定的组织形式，而是要根据企业的发展战略和流程再造的特点，设计出相应的组织形式。

海尔认为，企业的核心竞争力要通过两种整合来实现：一种是企业体制与市场机制的整合，一种是企业产品功能与用户需求的整合。海尔开始由于实行多元化经营战略，破坏了特定产品业务流程的完整性，于是围绕该产品的业务流程来整合组织资源，建立事业部制或产品本部制来理顺从设计到销售的整个流程。随着企业的规模进一步扩大，组织的职能部门数目过多，造成内部成本过高，就有必要对组织资源进行重新整合，建立形如横向网络化的组织结构。流程再造的基本原则和目标是要结合企业的战略，降低成本，增加收益。整合只是一种手段，并不是目的，提高客户满意度，增强企业核心竞争力才是目标。

5. 学习型企业文化的建立

流程再造的顺利实施必须通过全体员工的共同努力，良好的学习型企业文化是企业实施 BPR 的最好思想基础。海尔流程再造之所以能够顺利进行，得益于海尔在企业发展过程中形成的以 OEC 为基础的学习型企业文化。

对进行流程再造的企业来说，企业要建立持久的核心竞争力，持续不断地进行改善，需要建立一种学习型的企业文化，这是构成企业自我调节机制的基础。通过自我超越和团队学习，建立共同的心智模式和共同愿景，从而使员工对持续改善和系统思考达成深刻的理解和共同的认知。通过建立学习型的企业文化，可以提高全体员工对市场环境和企业经营策略的适应能力,从而有助于培养持久的竞争能力。

资料来源:杨世宏.海尔集团业务流程再造研究[J].武汉理工大学学报(信息与管理工程版),2006(02):92-95.

根据海尔的流程再造经验,试着分析影响企业流程再造的因素以及企业流程再造过程中应关注的重点。

第四篇

领导篇

第四章　　概　　述

第九章 领 导

在管理的整个过程中,领导是连接计划、组织和控制的纽带,是实现组织目标的关键环节之一。领导工作的实质是主管人员根据组织的目标和要求,在管理过程中对被管理者施加影响力,以统一意志、统一行动、保证组织目标的实现。领导工作的主要任务便是使人们自觉自愿地跟随领导,为实现组织和个人的目标而努力。

第一节 领导概述

一、领导的含义

领导活动是任何社会组织共有的现象,自从人类出现以来,领导现象就伴随和推动着人类社会的发展。大到一个国家,小到一个家庭,都存在着领导活动。人们在现实生活中也随处都能碰到领导。但要对领导这一概念做出准确的定义,却是一件较为困难的事,因为人们可以从不同的角度对领导做出不同的理解。

(一)领导的定义

在《辞海》里面是没有收录"领导"一词的,在《现代汉语词典》对"领导"一词的定义是:率领并引导朝一定方向前进。这个词仔细琢磨起来,还真有那么一点意思。首先"领导"是由"领"和"导"两个均有一定含义的字所组成的,缺一不可。按照《现代汉语词典》的定义,可以理解为"率领"+"引导",也可以理解为"带领"+"训导",即"领导"一词还包含了一层教练的意思。分析来看,首先,在事情的处理上,领导要有模范带头作用,要力争成为他人学习的楷模;另外很重要的一点就是对同业者的培养、培训和指导。两者之中缺少任何一点都是不恰当的。

在日常用语中,"领导"有两种词性含义:一种是名词属性的"领导"(Leader),即"领导者"的简称,指领导者、领导人;另一种是动词属性的"领导"(Lead),即"领导"是"领导者"所从事的活动。所以,领导既可以指一种类型的管理人员,也可以是作用于被领导者的一种活动。

从理论研究的角度来看,关于领导的定义更是众说纷纭,莫衷一是。据美国学者估计,目前世界上关于"领导"的定义大约有 350 种之多。每一种都涉及领导现象与其他现象的某种区别,但任何一个定义似乎都不能涵盖所有的领导现象。因此,我们不应期望能够给出一个尽善尽美的"领导"定义,而应当以尽可能简明的形式定义出领导现象与其他现象的最主要区别。

本书将领导(Leadership)概括为:组织或群体中的一些成员利用所拥有的权力(影响力)引领其他成员实现组织或群体目标的过程。因此,领导一词应包括以下几个方面内涵:

第一,领导者必须有下属和追随者。没有下属和追随者的领导谈不上是领导,领导在一个组织中起着核心的作用,是整个组织运作的枢纽。

第二,领导者拥有影响下属的能力。影响下属的能力包括组织赋予领导者的职位和权力,也包括领导者个人所具有的影响力。领导者要扮演好自己的角色,将组织赋予的权力和个人的优秀品质结合起来,真正发挥其影响下属的作用。领导者对下属的影响应该大于下属对领导者的影响,否则就不能成为有效的领导者。

第三,领导是一个过程也是一种艺术。领导是一个过程,是引导人们行为的过程,是对人们施加影响的过程;不仅如此,它还是一个艺术过程。这是因为,领导者面临着千变万化的组织内外环境,特别是面对着身份不同、受教育程度不同、文化和经历背景不同的各种各样的人,这些人进入组织或群体的目的和需要各不相同,而且人们的需要、目的等都处在动态的变化之中。所以,对人的领导与其说是一种过程,不如说是一种艺术。越是高层次的领导行为,艺术的成分就越多。

第四,领导活动的目的是为了实现一定的组织目标。组织的目标规定了领导活动的方向,也是领导活动的归宿。领导工作通过影响下属的行为使其能够自愿而有信心地为实现组织目标而努力。

领导活动是任何社会组织共有的社会现象,从人类出现以来,领导现象就伴随和推动着人类社会的发展。大到一个国家,小到一个家庭,都存在着领导活动。人们在现实生活中也随处都能碰到领导。但要对领导这一概念作准确的定义,却是一件较为困难的事,因为人们可以从不同的角度对领导做不同的理解。

关于领导的不同定义

有关领导的定义,学者们各有其说。著名学者伯纳德·巴斯(Bernard M. Bass)于1990年在他与拉尔夫·斯托格蒂尔(Ralph M. Stogdill)合著的《领导力手册》(Handbook of Leadership)一书中对领导这一概念归纳的12种定义最具代表性:

(1) 领导是组织的工作核心。强调领导者是组织活动的中心。

(2) 领导是人的个人品质及其产生的效力。这种定义认为：领导所表现出来的更多的是个人的品质，是领导者个人的人格魅力。伯纳德(Bernard)指出：每一个出类拔萃的人对他人来说都是一种心理上的鼓舞，因此，能够有效调节大众心理的人就是领导者。

(3) 领导是一种行为。在对领导的研究中有一个传统，即非常重视领导的行为并加以解释。领导者们到底做了些什么？沙特尔(Shartle)指出：领导就是能够带来相应的举动和反应的行为。

(4) 领导是为了达到目标所发出的各种指示和命令。即把领导看作一种起着指导作用的行为。按照克劳利(Crowley)的观点，领导者就是带领组织以一种特定的方式和程序向目标前进的人。

(5) 领导是相互作用产生的一种效果。有许多对领导的定义都认为：领导是组织内部相互作用的"效果或产物"。它不是组织行为的"起因"，而是组织内部的人员之间相互作用的一种结果。

(6) 领导是一种与众不同的角色。从组织理论出发，一个组织系统需要各种各样的角色，领导只是这些定义比较明确、为组织所需要并且与众不同的角色中的一个。组织中的不同角色为达到组织的目标作出了不同的贡献。

(7) 领导是组织结构的建立者。这种定义是对"角色理论"的延续，把领导者看成是一种独一无二的角色，是"组织结构的建立者"。斯托格蒂尔(Stogdill)认为"领导是基于期望相互作用来开创和维持组织结构的角色"。

(8) 领导是一种使他人服从的艺术。这种定义是把领导看作对集体的力量和意图以及领导者希望达到的目标进行的一种融合。它把领导看作是一个单向的影响过程，即从领导者到下级，而不需要考虑下级的意见。奥尔波特(Allport)把领导定义为"个人对组织的控制"。

(9) 领导是影响力的施加过程。这种对领导的定义应用了"影响力"这个概念，从而把领导与"统治、控制、强迫他人服从"区别开来。这种定义的范围包括了甘地的以身作则式的领导、"跟我来"式的雷厉风行的领导、以演讲和谈话的过程驱使他人式的领导，还包括了通过对追随者看法进行控制式的领导。

(10) 领导是劝说的一种形式。一些关于领导的定义认为：领导就是改变人们原本坚信的理念的过程。艾森豪威尔认为，领导就是决定该去做的事以及使他人也希望做这件事的能力。里夫曼也发表了类似的看法：对于领导者来说，最终的任务就是让人们建立起完成任务的信心和愿望。

(11) 领导是一种基于权力的关系。这种定义把权力作为关键性的因素。弗伦奇和雷文(French and Raven)从组织成员之间权力关系不同的角度对领导进行了定义。

(12) 有许多对于领导概念的理解实际上综合考虑了很多因素。迪普伊(Dupuy)把领导定义为：一种许多要素的综合体，这些要素包括服从、自信心、尊敬和忠诚的合作。

资料来源：网络。作者略有改动。

（二）领导的实质

从管理过程来看，管理的对象是人、财、物等各种资源。管理者要与人打交道，处理各种关系；要与事情打交道，决定各种事务，使组织活动正确、有条不紊地进行；要与时间打交道，掌握时间的进度，保持高效率。总之，管理者要通过计划、组织、领导和控制来实现管理工作的效果和效率。

领导作为管理的一项职能，主要表现为对人的管理，即研究人与人之间的关系。因为领导意味着领导者与被领导者的相互影响、相互作用，领导的基础是下属的追随与服从。从这个意义上说，它表现为一种人际关系。管理的领导职能或领导活动就是影响人们去努力实现组织目标的过程。对人们施加影响是领导活动的实质之所在。

孔茨等人把领导定义为影响力，就是引导人们心甘情愿地和满怀热情地为实现群体的目标而努力的艺术或过程。

美国最著名的领导学家斯蒂芬·柯维(Stephen R. Covey)认为，领导的本质是影响力，或者说"领导的才能就是影响力，真正的领导者是能够影响别人、使别人追随自己的人物"。他认为一个以身作则的领导者，要克制自己的冲动，培养自己的前瞻性、控制力和对他人的耐性；要以身作则，为下属树立榜样，用榜样来影响他人。

领导实质上是一种对他人的影响力，这种影响力也可以被称为领导力量。领导者的影响力不仅来源于他的职权，更多的来源于他的个人魅力、人格力量、专长、表率等。一个缺乏影响力的人即使身居要职，也未必能够发挥领导作用。

二、领导与管理的关系

领导现象与管理现象自古即有，不过"管理"一词出现的时间要远早于"领导"。在很长的一段时间内，"领导"与"管理"是合二为一使用的。在日常生活中，人们往往将领导者与管理者混为一谈。严格地来讲，领导者与管理者的含义不完全相同。第一，领导者不一定是管理者，管理者也不一定是领导者。领导者既存在于正式组织中,也存在于非正式组织中;管理者只存在于正式组织中。第二,管理的活动是多种多样的,它比领导活动的范围要广泛得多,而领导活动只是组织中若干类管理活动中的一种。

(一)领导和管理

领导与管理有什么区别?美国著名学者斯蒂芬·柯维曾做了这样一个生动的比喻:一群工人在丛林里清除低矮灌木。他们是生产者,解决的是实际问题。管理者在他们的后面拟定政策,引进技术,确定工作进程和补贴计划。领导者则爬上最高的那棵树,巡视全貌,然后大声嚷道:"不是这块丛林!"韦尔奇先生也以其丰富的领导实践和人生感悟,形象地指出:"把梯子正确地靠在墙上是管理的职责,领导的作用在于保证梯子靠在正确的墙上。"

事实上,领导和管理是两套各司其职而又相辅相成的行为。领导与管理的联系主要体现在以下两个方面:一方面,领导是从管理中分化出来的。领导与管理都是一种在组织内部通过影响他人的协调活动,实现组织目标的过程。另一方面,领导活动和管理活动在现实生活中,具有较强的复合性和相容性。在现实生活中,管理者在从事管理工作的同时,也承担了领导工作。如中层管理者,对上,他是作为某一级管理者的角色出现的,主要承担着执行上级领导决策的任务;对下,则充当着领导者的角色,对部门的发展承担着决策者的角色。因此,很难将领导活动与管理活动从一个管理者的行为中严格地区分出来。

领导与管理的联系说明,对于一个组织或群体来说,领导和管理犹如车之两轮,只有相辅相成才能相得益彰;反之,如果两者都不具备或都很弱或只具备其一,组织便很难生存和发展下去。

从差异上看,两者有着本质的区别:

1. 两者的职责范围不同

领导是管理的一个职能,组织中的领导行为仍然属于管理活动的范畴。从职能上看,管理的职能范畴比领导的职能范畴要宽得多,除了领导,管理还包括计划、组织、控制等。

2. 两者的权力基础不同

从本质上说,管理在公认的、正式权力的基础上对下属的行为进行指挥的过程,下属必须服从管理者的命令,但是下属在工作过程中可能尽自己最大努力也可能出工不出力;而领导除了职位权力之外,更多地是通过领导者的个人魅力与专长来影响追随者的行为,从本质上说,领导是一种影响力,或者说是对下属影响的过程,这种影响可以使下属自觉地为实现组织目标而努力工作。

3. 两者的工作重点不同

领导较多地探讨革新,是一种变革的力量,而管理更多地寻求稳定;是一种程序化的控制。领导更讲究艺术性;而管理则是一种技术性较强的工作。领导着重考虑战略、人才激励、沟通和协调;而管理更多地思考执行、计划、组织与控制。

领导和管理虽然存在着明显的区别(管理行为和领导行为的不同见图9-1),但二者还是有着密切的联系,各种管理活动都离不开有效的指导和引导,同时领导的思想和战略则需要有管理方面的有效实施和配合才能完成。两者的密切配合是保证一个组织取得良好绩效必不可少的条件。

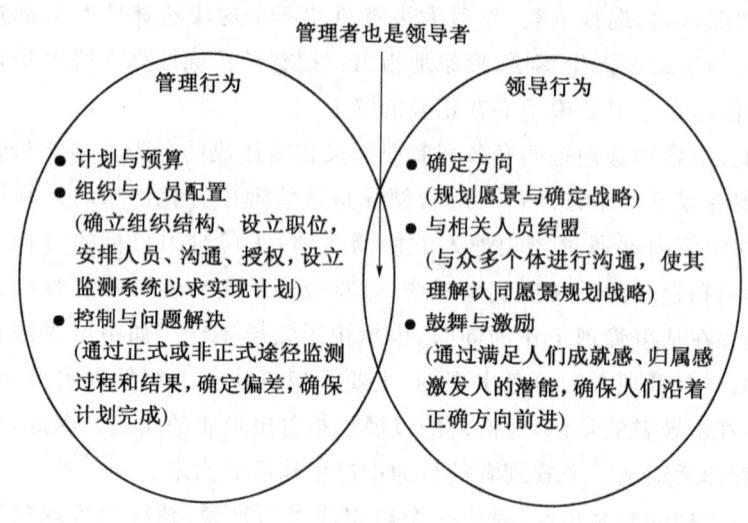

图9-1 管理行为和领导行为的不同

(二) 领导者和管理者

在日常生活中,人们往往将领导者与管理者混为一谈。严格地来讲,领导者与管理者的含义不完全相同。二者的区别主要表现在以下几个方面:

第一,管理者是由组织任命的,其对下属的影响主要来自职位赋予他们的正式权力;而领导者既可以是任命的,也可以是在群体中自发地产生出来的,并且领导者既用正式权力,也用非正式权力来影响他人的活动。

第二,管理者的作用在于通过管理在组织中建立良好的秩序,使无序管理变为有序管理;而领导者的作用在于引导组织不断地进行创新和变革,使组织能够长期生存和发展。

第三,管理者的工作偏重于计划、组织和控制等方面的工作;而领导者的工作偏重于人的工作,关注人的因素以及人与人之间的相互作用。

第四,管理者强调技术技能;而领导者贵在概念技能和人际技能。这是因为领导者在完成组织目标的过程中,关键要发挥自身的影响力,其核心凝聚力更多地要依赖个人魅力与专长。这一点在非正式组织中表现得更加突出。

综上所述,在理想情况下,所有的管理者都应是领导者。为了使组织更有效,应该选取领导者来从事管理工作,也应该把每个管理者培养成为好的领导者。若管理者只用正式权力影响下属,那么他充其量只能算个管理者,而不是领导者。当然,所有的领导者不一定都是管理者,如非正式组织中的领导者,组织并没有赋予他们职位和职权,但他们却能引导、激励甚至命令他们所领导的非正式组织的成员。

在实际工作中,只有二者密切配合,才能保证组织有效地运行和长期发展。管理者应该成为领导者,虽然管理者通过周密的计划、严密的组织、严格的控制也能取得一定的成效,但管理者如果加上有效领导的成分则收效会更大。管理者和领导者的特质见表9-1。

表9-1 管理者和领导者的特质

	管 理 者	领 导 者
1	关注特定时间段内的计划和预算	关注广泛的目标,为未来描述蓝图和提供战略
2	对组织形态负责	强调沟通
3	关注问题的解决	对属下提供激励和灵感
4	关注于完成预定的目标	创造和实施变革
5	关注个人实力和雇员的特殊技能	打破个体间的差异,构建共同的愿景
6	伟大的管理者倾向于打破规则和组织界限,并得到员工的认可	带领人们走向更好的未来,积极乐观,让人们相信未来会变得更好,在公共场所发言,对不可预料的问题提前做好准备
7	战术性的管理	注重战略和对员工的改造
8	控制	合作
9	关注于发现事实	关注于决策制定
10	把事情做对	做正确的事情
11	关注效率	关注效果
12	制定规则	建立原则
13	关注正在发生的事务	预料将要发生的事务
14	关注于答案和解决方法	关注于问题性质的确定
15	寻找过去问题和现在问题的相似之处	寻找差异

在本书中,将领导者与管理者认定为同一角色,领导者指的是那些拥有管理职位并能影响他人行为的人。

相关链接

现代管理学之父彼得·德鲁克在《未来的领导者》一书的序言中说:"所有成功的领导者都知道下面四个简单的事情:①领导者的唯一定义就是其后面有追随者。一些人是思想家,一些人是预言家,这些人都很重要,而且也很急需。但是,没有追随者,就不会有领导。②一个成功的领导者不一定是受人爱戴的人,而是使追随者做出正确的事情的人,结果才是最重要的。③领导者是受人瞩目的,因此必须以身作则。④领导地位并不意味着头衔、特权、级别或金钱,而是责任。"[①]而《成功领导者的本质研究》一书中指出:"领导者是权力的执掌者,他是被赋予了一定职权,通过决策、组织、指挥、协调、控制和影响等活动,率领被领导者实现既定目标的一种社会角色。"

【管理名言】
管理者的职责贵在"永远正确地做事",领导者的职责贵在"永远做正确的事"。
资料来源:网络。作者略有改动。

三、领导的作用

米切尔认为:"领导过程在效果上类似于将毛毛虫变为美丽蝴蝶的神秘化学物质,而蝴蝶的美丽就是毛毛虫的潜力。因此,领导就是将潜力变为现实的催化剂。在所有情况下,领导的根本任务是发现、发展、发挥和丰富组织和组织成员业已存在的潜力。"

领导的作用,就是指领导者在带领、引导和鼓舞下属为实现组织目标而努力的过程中,要具有决策、指挥、协调和激励四个方面的作用。

(一)决策作用

领导是组织的大脑,必须对组织重大的、全局性的工作负责,必须确定组织发展的近期目标、中期目标和长期目标,并制定出实现目标的方法、措施和步骤。领导在决策中的作用主要体现在三个方面:

1. 组织作用

领导在决策时通常要借助外脑,请组织内外的专家、学者、有经验者及其他人

[①] 德鲁克基金会. 未来的领导者[M]. 方海萍,等译. 北京:中国人民大学出版社,2006.

员出谋划策,形成可供选择的多种方案。

2. 抉择作用

抉择就是对多种方案的选择,在权衡利弊得失后,必须挑选出一套最佳方案。抉择的方式有两种:一种是主要领导一人拍板;另一种是领导班子集体决定。两者各有利弊。

3. 创造作用

在决策过程中领导者不仅是组织者、抉择者,还是创造者,由于领导具有信息的优势、大局观的优势和综合优势,其本身就能创造性地提出多种方案,还能修正和完善组织所采纳的最终方案。因此,领导者在决策中的作用具有不可替代性。

(二) 指挥作用

在组织活动中,领导者只有用自己的行为带领人们为实现目标而努力,才能真正起到指挥作用。因此,第一,领导者应帮助组织中的全体人员有效地领会组织目标并掌握实现目标的途径;第二,领导者还应引导下属,鼓励他们的热情,使他们尽最大的努力去实现既定目标。这是领导者的重要作用之一。

(三) 协调作用

领导者要协调好组织中的各种关系和活动,使组织的全体成员步调一致地为实现组织目标而努力。在组织中,由于人们知识能力的水平不同、各自的利益不同以及所处的地位不同,对目标的理解也就不同,进而就会影响组织目标的实现。领导者应帮助他们从整个组织的角度去理解目标,让他们体会到个人与组织的紧密联系,从而自觉地服从于组织目标。同时领导者还有责任协调好组织目标、部门目标和个人目标的关系,使三者得到统一,在保证实现组织目标的前提下,满足其各自的需求。

(四) 激励作用

领导者要调动其下属的积极性,使他们以持久、高昂的士气竭尽全力地、自觉地为组织作贡献。在许多情况下,人们的积极性不会自发产生,也不能长期保持,需要有人去激发他们,而激励就是领导者所应承担的责任和应发挥的作用。

管理故事

黄炳买饭

南宋嘉熙年间,江西一带山民叛乱,身为吉州万安县令的黄炳,调集了大批人马,严加守备。一天黎明前,探报来说,叛军即将杀到。

黄炳立即派巡尉率兵迎敌。巡尉问道："士兵还没吃饭怎么打仗?"黄炳却胸有成竹地说:"你们尽管出发,早饭随后送到。"黄炳并没有开"空头支票",他立刻带上一些差役,抬着竹箩木桶,沿着街市挨家挨户叫道:"知县老爷买饭来啦!"当时城内居民都在做早饭,听说知县亲自带人来买饭,便赶紧将刚烧好的饭端出来。黄炳命手下付足饭钱,将热气腾腾的米饭装进木桶就走。这样,士兵们既吃饱了肚子,又不耽误进军,打了一个大胜仗。这个县令黄炳,没有亲自捋袖做饭,也没有兴师动众劳民伤财,他只是借别人的人,烧自己的饭。县令买饭之举,算不上高明,看来平淡无奇,甚至有些荒唐,但却取得了很好的效果。

一个优秀的领导者,不在于你多么会做具体的事务,因为一个人的力量毕竟是有限的,只有发动集体的力量才能攻无不克、战无不胜。领导者尤其要注重加强培养自己驾驭人才的能力,知人善任,了解什么时候、什么力量是自己可以利用以助自己取得成功的。四两拨千斤,聪明的人总会利用别人的力量获得成功。领导者最大的本事是发动别人做事。

资料来源:网络。作者略有改动。

第二节 领导的权力、影响与领导方式

一、领导的权力

领导的权力指领导者有目的地影响和改变下属心理和行为的能力。权力是领导的基础,也是领导者发挥功能的基本条件。自古以来,人类社会总是凭借权力来维护秩序与稳定。在组织中,各级领导者之所以能对下级员工施加影响,率领和引导员工为实现组织目标而努力,原因就在于他们拥有相应的领导权力。组织中的权力可分为正式权力和非正式权力两大类。

(一)正式权力

正式权力是与组织中的职位联系在一起,从职位中派生出来的制度化了的权力。领导者在组织中的职位赋予了他们奖赏、惩罚和指挥下属的权力。这种权力与特定的个人没有必然的联系,它只同职位相联系,是管理者实施领导行为的基本条件。因此,正式权力又称职位权力,也称制度权力,亦称行政性权力。正式权力主要表现在以下三个方面:

1. 法定权力

法定权力①就是组织中等级制度所规定的正式权力。按照组织政策、规范或规则的规定,组织正式授予领导者一定的职位,使领导者具有正式的或是明确规定了的权势地位和支配地位,这样领导者就掌握了对下属所做工作的决定权和指挥权。一般情况下,职位越高,法定权力则越大。这种权利通过领导者向下属发布命令、下达指示的方式直接体现,有时也会借助于组织的政策、规则等的使用得以间接体现。

2. 强制权力

强制权力是和惩罚权相联系的迫使他人服从的力量,这种权力的基础是下属的惧怕。在企业环境中,当下属人员意识到违背上级的指示或意愿会导致某种惩罚,如降薪、扣发奖金、被分配不称心的工作、免职等,就会被动地遵从其领导,这种权力对那些认识到不服从命令就会受到惩罚或承担其他不良后果的下属是最有效的。

3. 奖励权力

奖励权力是决定给予还是取消奖励报酬的权力。这种奖励包括物质的,如奖金等,也包括精神的,如晋职等。奖励权建立在利益性遵从的基础上,当下属认识到服从领导者的意愿能带来更多的物质或非物质利益的满足时,就会自觉接受领导,领导者也因此享有了相当的权力。

只有一块黄油

布莱德利议员进入参议院的时候,他头上有两个光环,他不但是普林斯顿最优秀的学生,还曾经是美国职业篮球联赛的著名球星。有一次他被邀请去一个大型宴会发表演讲。这位自信的议员坐在贵宾席上,等着发表演讲。这个时候一个侍者走过来,将一块黄油放在他的盘子里。布莱德利立刻拦住了他:"打扰一下,能给我两块吗?"

"对不起,"侍者回答道:"一个人只有一块黄油。"

"我想你一定不知道我是谁吧。"布莱德利高傲地说道:"我是罗氏奖学金获得者、职业篮球联赛球员、世界冠军、美国议员比尔·布莱德利。"

听了这句话,侍者回答道:"那么,也许您也不知道我是谁吧?"

---

① 惯常语境和法律语境下的"法定权力"一般指由法律、法令所规定的权力,通常用英文表述为"legal authority"或"legal power",它与管理学语境下的"法定权力"(通常用英文表述为"legitimate power")是有区别的。

"这个啊,说实在的,我还真不知道。"布莱德利回答道,"您是谁呢?"

"我啊,"侍者不紧不慢地说:"我就是主管分黄油的人。"

启示:俗话说:"县官不如现管。"此则小故事幽默地道出了占据职位的法定权的重要性。

资料来源:网络。作者略有改动。

(二)非正式权力

非正式权力是由领导者自身的素质和行为造就的,也称非职位权力,又称个人权力。这种来自个人的权力在领导者从事管理工作时,能增强领导者的影响力;在不担任管理职务时,这些因素仍会对人们产生较大的影响。这种影响来源于下属服从的意愿,有时会比正式权力显得更有力量。非正式权力主要表现在以下两个方面。

1. 专长权力

专长权力是指领导者由于具有某种专门的知识和特殊的技能或学识渊博而获得同事及下属的尊重与佩服,从而在各项工作中显示出在学识上或专长上一言九鼎的影响力。专长权与职位没有直接的联系,许多专家学者,虽然没有什么行政职位,但是在组织和群体中具有很大的影响力,其基础就是专长权力。

2. 感召权力

感召权力是与个人的品质、魅力、经历、背景等相关的权力。感召权力是指领导者具有优良的领导作风、思想水平、品德修养,从而在组织工作中树立的德高望重的影响力。这种权力是建立在下属对领导者承认的基础之上的,它通常是与具有超凡魅力或卓著名声的领导者相联系的。

从以上分析可知,领导者权力的大小对其实施领导职能、做好管理工作有着十分重要的影响,特别是非正式权力形成的影响力,直接决定着领导成效。因为,即使一个领导者拥有了职位权力,形成了强制性的影响力,但如果下属不敬重他,不信任他,执行他的命令必然是勉强消极的,有时甚至是敷衍冲突的。这种领导者就不可能成为下属心甘情愿追随的领导者。

温馨提示

法定权力、强制权力和奖励权力属于职位权力,任何人只要有了一定的领导职位,就同时拥有了这种权力。专长权力和感召权力属于个人权力,是由个人的品质和才能决定的。这种个人权力是取得领导职位的客观基础,同时又是加强领导职位权力的重要保证。

领导者能否建立起真正的权威,有效地进行领导,主要不在于其正式权力的影响力,而决定于其非正式权力的影响力。领导者的职务和权力可以通过法定方式取得,威望、威信却只能靠自己的努力建立起来。当一个领导者有了很高的非正式权力的影响力,树立了很高的威信,其权力才能真正地发挥作用,其管理效率才能达到最佳的境界。

什么是森林之王

老虎当森林之王时,豹、狼、狐每天都送给他很多食物,有鹿、獐、山鸡、野兔,吃也吃不完。老虎老了,接替他的是狮子。每天,狮子也收到许多美味。

一天,狮子得意地对老虎说:"瞧,他们多么尊敬我啊!"

老虎微微一笑:"他们尊敬的不是你而是森林之王。"狮子不高兴地说:"森林之王就是我,我就是森林之王,怎么能分得开呢?"

老虎说:"等你到了我这个年纪时,你就会明白了。"

资料来源:刘松.管理智慧168[M].北京:机械工业出版社,2005:92.

二、领导的影响

在领导活动中,领导者运用权力的目的是对被领导者施加影响,使其心理和行为发生预期的改变。因此,权力是影响的基础,影响是权力的核心和实施过程。领导的这种影响表现在两个方面。

(一)外在影响

外在影响是以正式权力为基础的,主要采用推动、强制等方式发生作用,对被领导者的影响带有强迫性和不可抗拒性,被领导者的心理和行为表现为消极、被动的服从。外在影响包括传统观念的影响、利益满足的影响、惧怕心理的影响。

1. 传统观念的影响

几千年的社会生活,使人们对领导者形成了这样一种心理观念,即领导者不同于普通人,他们有权或者有才干,总之要比普通人强,由此产生了对领导者的服从感。在管理中,借助建立在权力基础上传统观念的影响,可以使员工对组织领导者产生敬畏感,自动听从其指挥命令,从而有助于增强领导者影响的强度。

2. 利益满足的影响

人们从事任何活动的目的都是为了获取一定利益,以满足自身的物质或精神需要。在组织中,当领导者运用奖励权力使员工的利益要求在不同程度和内容上得到满足时,可以有效地激励员工的工作动机,形成驱动力,鼓励他们自觉采取积极的行为方式,提高工作效率。

3. 惧怕心理的影响

趋利避害是人类的本能之一,当被领导者意识到领导者握有实权,可以左右其行为处境,甚至前途、命运时,会对领导者产生敬畏感,力求迎合领导者的愿望,遵从其旨意,以避免受到伤害。领导者则可以利用这种影响防止职工消极地违抗命令的行为发生。

(二)内在影响

内在影响建立在非正式权力的基础上,主要着眼于以领导者的良好素质和行为吸引、感化被领导者,通过激发内在的动力,对被领导者心理和行为产生影响。内在影响不带有任何强制、压服性因素,而是以潜移默化、自然渐近的方式发生作用,因此受到内在影响的被领导者多以积极、主动、自觉的态度接受领导。内在影响包括理性崇拜的影响、感情的影响。

1. 理性崇拜的影响

理性崇拜的影响是由于领导者个人的品格、才能、知识能力因素而形成的。品格是一个人本质的表现,好的品格能使人产生敬爱感,并能吸引人,使人模仿。才干通过实践来体现,反映在工作成果上。一个有才干的领导会给事业带来成功,从而使人们产生敬佩感。一个人的才干是与知识紧密联系在一起的。知识水平的高低主要表现为对自身和客观世界认识的程度,知识本身就是一种力量,知识丰富的领导者容易取得人们的信任。这种由领导者个人的品格、才干、知识等因素共同形成的影响力,可以使领导者在组织中赢得稳固的威信或声望,引发被领导者的尊敬、信服、敬佩其至崇拜感,因而能接受、遵从其领导,甚至效仿其言行。在这种情况下,领导者无须发布指示命令即可达到影响目的,并且能够引起被领导者深层心理活动的变化,从而产生持久强大的影响力。

2. 感情的影响

感情是人的一种心理现象,是人们对客观事物好恶倾向的内在反映,是联结人与人之间关系的稳固的纽带,也是影响他人心理与行为的有效途径。

领导者与被领导者之间建立了良好的感情关系,便能产生亲切感,相应地,吸引力越大,彼此的影响力也越大。因此,在组织中,一个领导者平时待人和蔼可亲,关心体贴下属,与群众的关系融洽就会使被领导者从感情上自愿接受、支持领导者。

从以上分析可以看出,内在影响与外在影响有着完全不同的权力基础和作用方式,因而影响的方面和结果也不同:外在影响表现为领导与服从的关系,被领导者仅被动地受影响,被动的服从方式使外在影响的效果受到极大限制;而内在影响表现为领导者与被领导者的双向沟通过程,被领导者以主动自愿的态度接受影响,并自觉融合于个人思想和行为之中,这样其影响的广度和深度就大大增强。因此,在领导的影响构成中,内在影响是具有决定意义的。明智的领导者应特别注意发挥内在影响的作用,通过内外影响合理结合与相应补充来提高领导的影响力。

三、领导方式的基本类型[①]

领导方式主要是指领导者在进行领导活动时对待下属的态度与行为的表现。在领导活动中,处于中心地位的领导者总是以自己特有的态度与行为对待下属,这种态度与行为自然对下属的态度与行为产生影响,进而决定了领导效能的高低。在研究领导行为的过程中,研究者们对领导者的态度与行为进行抽象与提升,总结出具有一定规律的类型与模式,这就是领导方式。领导方式可以按照领导者权力的集中与分散程度、领导者的工作作风和领导者的个性特点等不同的维度划分为不同的类型。

(一) 按照领导者权力的集中与分散程度划分

领导方式按照领导者权力的集中与分散程度进行划分,一般可以分为两类:集权式领导方式和民主式领导方式。

1. 集权式领导方式

所谓集权,是指领导者把管理的制度权力进行收敛的行为和过程。因此,集权式领导方式,就是领导者相对牢固地控制管理制度权力的一种领导方式。由于管理的制度权力是由多种权力如奖励权、强制权和收益的再分配权等构成的,这就意味着对被领导者或下属而言,受控制的力度较大。在这种领导方式下,整个组织内部的资源的流动及其效率主要取决于领导者对管理制度的理解和运用,同时,个人的专长权力和感召权力是他行使上述制度权力成功与否的重要基础,领导者把权力的获取和利用看成自我的人生价值。

显然,这种领导方式的优势在于,领导者能够在各种权力的助力下,有效控制组织的运行,并在遇到问题时迅速做出决策,从一定程度上看这种领导方式是能够提高组织的效率的。这对于处在发展初期或面临复杂突发状况的组织,是有益处的。但是,长期将下属视为某种可控制的工具,则不利于他们职业生涯的良性发展。

[①] 此小节内容参考了:葛红光,刘晓鹰.管理学[M].长春:东北师范大学出版社,2011.

2. 民主式领导方式

和集权式领导方式形成鲜明对比的是民主式领导方式。在这种领导方式下，领导者向被领导者授权，鼓励下属参与，并且主要依赖其个人的专长权力和感召权力影响下属。从管理学角度看，民主式领导方式意味着这样的领导者通过对管理制度权力的分解，进一步通过激励下属，去实现组织的目标。不过，由于这种权力的分散性，组织内部资源的流动速度减缓，因此权力的分散一般导致决策速度降低，进而增大了组织内部的资源配置成本。

这种领导方式为组织带来的好处也十分明显。通过激励下属，能够充分地积累和强化员工的凝聚力和责任感，员工的能力水平也会迅速得到提高。因此，相对于集权式领导方式，这种领导方式更能为组织培育越来越需要的智力资本。

（二）按照领导者的工作作风划分

领导方式按照领导者的工作作风可分为两类：事务型领导方式和战略型领导方式。

1. 事务型领导方式

事务型领导方式一般也称维持型领导方式，在这种领导方式下，领导者通过明确角色和任务要求，激励下属向着既定的目标活动，并且尽量考虑和满足下属的社会需要，通过协作活动提高下属的生产率。他们对组织的管理职能推崇备至，勤奋、谦和而且公正，以把事情理顺、工作有条不紊地进行而自豪。采用这种领导方式的领导者往往更重视非人格的绩效内容，如计划、日程和预算，对组织有使命感，并且严格遵守组织的规范和价值观。

2. 战略型领导方式

在战略型领导方式下，领导者拥有预见力、洞察力，时刻保持着灵活性并向他人授权，并以此创造战略变革所必需的能力。采用这种领导方式的领导者通常是组织的高层管理人员，尤其是首席行政长官（CEO）。他们利用战略思维进行决策，为了实现组织的长远目标，将领导的权力与全面调动组织的内外资源相结合，对组织的价值活动进行动态调整，在市场竞争中站稳脚跟的同时，积极抢占未来商机领域的制高点。

（三）按照领导者的个性特点划分

领导方式按照领导者的个性特点可分为魅力型领导方式和变革型领导方式。

1. 魅力型领导方式

魅力型领导方式强调领导者最重要的素质是公正无私、知行合一、言行一致、以身作则，并在具体的工作中做到：胸中有全局，办事有招数，控制有分寸，调控有办法。胸中有全局就是胸怀大局,考虑工作从整体出发;办事有招数就是出现问题不能束手无策,不怕出问题,就怕没办法,要做到"做一,备二,考虑三";控制有分寸就是不偏不倚,不过不及,做到调控有度,收发自如;调控有办法就是遵循规律,科学分析,系统思考,统筹兼顾,并学会引领和把握节奏、控制流程,学会借势和顺势。采用魅力型领导方式的领导者鼓励下属为了组织的利益而超越自身的利益,并能对下属产生深远而且不同寻常的影响,这种领导者关心每一个下属的日常生活和发展需要,帮助下属用新观念分析问题,进而改变他们对问题的看法,能够激励、唤醒和鼓舞下属为达到组织或群体目标而付出加倍的努力。

2. 变革型领导方式

采用变革型领导方式的领导者往往有着鼓励下属超越他们的预期绩效水平的能力。他们的影响力来自以下方面:有能力陈述一种下属可以识别的、富有想象力的未来愿景;有能力提炼出一种每个人都坚定不移地赞同的组织的价值观系统;信任下属并获取他们充分的信任回报;提升下属对新结果的意识,激励他们为了部门或组织的利益而超越自身的利益。变革性领导方式通过创造一种变革的氛围,提出新奇的、富有洞察力的想法,去刺激、激励和推动其他人勤奋工作。此外,领导者通过采用变革型领导方式,利用其感召力,鲜明地拥护某种达成共识的观念,与下属沟通,激励他们的工作方向。

第三节 领导理论

所谓领导理论,就是关于领导的有效性的理论。人们对领导有效性的研究主要从领导特质、领导行为、领导权变三个方面进行,相应地,领导理论也分为三大部分:领导特质理论、领导行为理论、领导权变理论,表9-2中所列即为三种领导理论各自的研究重点。

表9-2 三种领导理论的比较

领导理论	基本观点	研究目的	研究结果
领导特质理论	领导的有效性取决于领导者个人特性	好的领导者应当具备怎样的素质	各种优秀领导者的描述
领导行为理论	领导的有效性取决于领导行为和风格	怎样的领导行为和风格是最好的	各种最佳的领导行为和风格描述
领导权变理论	领导的有效性取决于领导者、被领导者和环境的影响	在不同的情况下,哪一种领导方式是最好的	各种领导行为权变模型描述

一、领导特质理论(Trait Theories of Leadership)

(一)领导特质理论的含义

特质是指继承下来的遗传的或习惯的因素、秉性。"世界上没有两片相同的树叶",人亦如此。每个人有不同的身高、体重、外貌和性格等生理、心理特点。有的人有很强的影响力,有的人则只能听之任之,追随他人之后。

领导特质理论,又称领导品质理论或领导特性理论,是西方研究领导者素质的成果。领导特质理论的根基是认为某些人具有与生俱来的某些特性,并且这些特性使他们成为领导者、伟人。领导特质理论侧重研究领导者的性格、品质方面的特征,作为描述和预测其领导成效的标准,它关心有效的领导者应该具有何种特质。通过研究,区分领导者与一般人的不同特点,以此来解释他们成为领导者的原因,并以此作为选拔领导者和预测其领导有效性的依据。"天生就是领导"这句话正是对这一理论的生动反映。

(二)领导特质理论的主要观点

传统的领导特质理论认为,领导者的特性或品质是先天的,天赋是一个人能否充当领导者的根本因素,古希腊哲学家亚里士多德就持这种观点。现代的领导特质理论认为领导者的个性特征和品质是在后天的实践中形成的,并且可以通过培养和训练加以造就。其中有三种主要的领导特质理论。

1. 斯托格蒂尔的个人因素论

拉尔夫·斯托格蒂尔(Ralph M. Stogdill)提出领导者应该具有以下几个方面的特征或品质:

(1) 5 种身体特征:如精力、外貌、身高、年龄、体重。

(2) 2 种社会特征:如社会经济地位、学历。

(3) 4 种智力特征:如性格果断、说话流利、知识渊博、判断分析能力强。

(4) 16 种个性特征:如适应性、进取心、热心、自信、独立性、外向、机警、支配力、有主见、急性、慢性、见解独到、情绪稳定、作风民主、不随波逐流、智慧。

(5) 6 种与工作有关的特征:如责任感、事业心、毅力、首创性、坚持、对人的关心。

(6) 9 种社交特征:如能力、合作、声誉、人际关系、老练程度、正直、诚实、权力的需要、与人共事的技巧。

2. 鲍莫尔的领导品质理论

美国普林斯顿大学的教授鲍莫尔(W. J. Baumol)认为企业领导应具备的 10

个条件为:合作精神、决策能力、组织能力、精于授权、善于应变、敢于求新、勇于负责、敢担风险、尊重他人、品德高尚。

3. 吉赛利的领导品质论

吉赛利(E. Chiselli)在对美国 90 个企业的 300 多名管理人员进行调查研究的基础上,根据个人性格与管理成功的关系,按重要性进行分类,提出了包括 3 种能力特征、5 种个性品质特征和 5 种激励特征共 13 种个人素质特征的领导者素质(见表 9-3),并测算出每个特征在管理中的相对重要性和在领导才能中体现的价值。

表 9-3 领导者素质表

一类:能力	二类:个性品质	三类:激励
管理能力 智力 创造力	自我督导 决策 成熟性 工作班子的亲和力 男女性别差异	职业成就需要 自我实现需要 行使权力需要 高度金钱奖励需要 工作安全需要

表 9-3 中所列素质因子的重要性并非同一。其中保证领导有效性最强有力的 6 个因子的等级顺序为:管理能力、职业成就需要、智力、自我实现需要、自我督导、决策。不太重要或作用较小的因子的等级顺序为:工作安全需要、工作班子的亲和力、创造力、高度金钱奖励需要、行使权力需要、成熟性、男女性别差异。

吉赛利的研究结果表明,一个有效的领导者的监察能力和决断能力十分重要,而对事业成功的追求以及个人才智和自我实现等个性特质是一个人能否取得事业的成功关键。

具有领袖魅力的领导者的特点

1. 自信。他们对自己的判断和能力充满信心。

2. 远见。他们有理想和目标,认为未来定会比现状更美好。理想目标与现状相差越大,下属越有可能认为领导者有远见卓识。

3. 清楚表述目标的能力。他们能够明确地陈述目标,使其他人都能明白。这种清晰的表达表明了对下属需要的了解,然后,它可以成为一种激励的力量。

4. 对目标的坚定信念。他们被认为具有强烈的奉献精神,愿意从事高冒险性的工作,承受高代价,为了实现目标能够自我牺牲。

5. 不循规蹈矩的行为。他们的行为被认为是新颖、反传统、反规范的。当获得成功时，这些行为令下属们惊诧而崇敬。

6. 作为变革的代言人出现。他们被认为是激进变革的代言人而不是传统现状的卫道士。

7. 环境敏感性。他们能够对需要变革的环境加以限制和对资源进行切实可行的评估。

资料来源：斯蒂芬·P.罗宾斯.组织行为学[M].孙健敏,李原,译.北京：中国人民大学出版社,2005:343.

（三）对领导特质理论的评价

领导特质理论侧重于比较领导者与被领导者、高层领导者与基层领导者、成功的领导者与不成功的领导者之间的个体差异，试图确定成功的领导者具有什么样的人格特质，也就是确定具有什么样特质的人适合做领导者，进而在此基础上确定进行什么样的训练能够培养出胜任领导工作的人。但是，大量研究使我们得出这样的结论：具备某些特质确实能提高领导者成功的可能性，但没有一种特质是成功的保证。

为什么领导特质理论在解释领导行为方面并不成功？原因有四个：第一，它忽视了下属的需要；第二，它没有指明各种特质之间的相对重要性；第三，它没有对因和果进行区分（例如到底是领导者的自信导致了成功，还是领导者的成功建立了自信）；第四，它忽视了情境因素。这些方面的欠缺使得研究者的注意力转向其他方向。从20世纪40年代开始，领导特质理论就不再处于主导地位。到20世纪60年代中期之前，有关领导的研究着重于对领导者偏爱的行为风格的考察。

温馨提示

具有成为领导的愿望和自律精神是成为领导的关键。领导素质都是可以学习得来的。如果有天生的领导人物，他们同样需要学习和培养基本的领导素质，如同油画大师要学基本的绘画基础一样。德鲁克指出：有效性是一种后天的习惯，是一系列实践的综合。实践总是可以学会的。领导特质理论为我们学习和培养领导素质提供了可借鉴的方面。领导特质理论也可以用于自我认识和评价。领导者通过分析自己的特质，可以了解自身的优点与不足以及组织中他人是如何看待自己的。领导特质理论的个性特质测量可以帮助管理者确定，他们在组织中能否得到提升或调动到其他岗位。这会给领导者一个清晰的自我认识和评价，并意识到如何去学习、去发展自己，去适应整个组织系统及其变化。在他们不具备优势的那些领域,领导者可以尽力改变他们工作的内容和地点,以做到扬长避短,发挥领导者的特质。

> **相关链接**
>
> 美国管理大师德鲁克在《有效的管理者》中认为有效领导者有五个共同点:
> 1. 善于处理和利用自己的时间,知道他们的时间花在什么地方。
> 2. 重视自己的工作对别人有益处,关注工作的成果。
> 3. 能扬长避短。
> 4. 集中精力于少数关键的领域,对所做的事情排出优先顺序,并按优先顺序做出决定。
> 5. 做出有效的决策。
>
> 资料来源:网络。作者略有改动。

二、领导行为理论(Behavior Theories of Leadership)

由于管理学者从领导特质理论中没有找到更好的答案,他们开始把目光转向领导者表现出的具体行为上,希望有效地了解领导者行为方面的独到之处。研究者希望领导行为理论的观点不仅能够提供更为明确的有关领导本质的答案,而且如果成功的话,它所带来的实际意义将与领导特质理论截然不同。如果领导特质理论成功,则会提供一个为组织中的正式领导岗位选拔正确人员的基础;如果领导行为理论成功,则能够指导组织找到决定领导力的关键行为因素,进而可以通过训练使人们成为领导者。

领导行为理论着重分析领导者的领导行为与领导风格对组织成员的影响,目的是找到最佳的领导行为和风格。这方面的研究包括两个方面:一方面,按照领导行为的基本倾向,找到描述领导行为的一般模式;另一方面,研究领导的各种模式的行为与下属人员的表现、满足度之间的关系。

下面我们简要介绍几种具有代表性的领导行为理论。

(一)勒温的领导风格理论

关于领导风格的研究最早是由美国心理学家库尔特·勒温(Kurt Lewin,1890—1947)进行的,他以权力定位为基本变量,通过各种实验,把领导者在领导过程中表现出来的工作风格分为三种基本类型:专制型、民主型和放任型。

库尔特·勒温
(Kurt Lewin)

1. 专制型领导风格

专制型领导风格是指依靠权力和强制命令让人服从的领导风格,它把权力定位于领导者个人。

专制型领导风格的主要特点为:(1) 独断专行,从不考虑别人的意见,所有的决定都由领导者自己做出。(2) 领导者自己设计工作计划,指定工作内容和实行人员的安排,从不把任何消息告诉下属,下属没有参与决定的机会,只能察言观色,奉命行事。(3) 主要依靠行政命令、纪律约束、训斥和惩罚,只有偶尔的奖励。有人统计,具有专制风格的领导人和别人谈话时,有 60% 左右采取命令和指示的口吻。(4) 领导者很少参加群众活动,与下属保持一定的心理距离,没有感情交流。

专制型领导风格的主要优点是:决策制定和执行速度快,可以使问题在较短的时间内得到解决。其主要缺点是:下属依赖性大,领导者负担较重,容易抑制下属的创造性和工作积极性。鉴于这些优缺点,专制式领导适用于任务简单且经常重复,领导者只需与部属保持短期的关系,或者要求问题得到尽快解决的场合。

专断的福特爷孙

1903 年,亨利·福特聘请了著名的汽车专家詹姆斯·库兹恩斯出任总经理。库兹恩斯采取装配流水线、完善销售网等措施,使福特牌汽车风靡市场,畅销全世界。亨利·福特被胜利冲昏了头脑,突然辞退了库兹恩斯,自己担任了总经理。他专横跋扈,独断专行,听不进不同意见,也不愿接受建设性的咨询。这种家长式的领导作风,使福特公司的经营管理陷入了极度的混乱之中。1929 年,福特汽车在美国汽车市场占有率降至 31.3%,后来跌至 18.9%。到 1945 年,福特公司每月亏损 900 万美元,濒临破产。

1945 年 9 月 30 日,老福特在破产的威胁下,把一个接近"死亡公司"的权杖交给了 28 岁的孙子威廉·福特。福特"三顾茅庐",聘请原通用公司前总裁欧内斯特·蒲里奇担任总经理。当年,公司便扭亏为盈,第二年就取得了 6 636.7 万美元的净收入,尔后利润逐年上升。经数年努力,福特汽车公司在销售额上成为美国最大的公司。但是,这时威廉·福特又犯了他爷爷的错误。也许独断专行、酷爱权力是福特家族的传统,少年时代的锦衣玉食、奴仆成群的生活又使得福特更加刚愎自用、专横霸道。1960 年,他毫不客气地对蒲里奇说:"搞这行当,我已经毕业了!"随即掌握了公司的全部权力。他不管大事小事,一切自己说了算,不与董事会商量,也不征求下属意见,甚至连个招呼都不打,事后更不做解释。当然,威廉·福特也做了一件好事,就是在1970年将管理天才——李·艾柯卡推上了福特汽车公司的宝座,但又无法容忍艾柯卡比他本事大。在一次有100多个银行家和股票分析师参加的会议上,艾柯卡的一席话受到大家的赞赏,这直接惹怒了威廉·福特。威廉·福特对艾柯卡说:"你跟太多的人讲了话,他们以为公司主事的是你,这种情况我是不能忍受的。"终于在1973年的一次董事会上,威廉·福特对艾柯卡突然冒出一句"我想你可以离开了"。就这样,一脚把艾柯卡踢出了福特汽车公司。

福特家长式的管理使公司人才纷纷离去,市场占有率一年低于一年,几年时间公司就亏损30亿美元。福特汽车公司又一次面临破产的危险,威廉·福特感到山穷水尽,不得不宣布辞去福特公司董事长的职务,把掌管35年之久的经营大权交给了家族以外的人。77年的福特王朝终于结束了,福特公司在没有福特的情况下才又逐渐恢复了生机。

资料来源:崔卫国,刘学虎.管理学故事会[M].北京:中华工商联合出版社,2005:130-131.

2. 民主型领导风格

民主型领导风格是指以理服人、以身作则的领导风格,它把权力定位于群体。

民主型领导风格的具体特点是:(1)所有的政策都是在领导者的鼓励下由群众讨论决定的,是领导者及其下属共同智慧的结晶。(2)分配工作时,尽量照顾到个人的能力、兴趣和爱好,对其下属的工作不安排得太具体,下属具有较大的工作自由、较高的选择性和灵活性。(3)主要依靠个人权力和威信,而不是靠职位权力和命令使人服从,谈话时多使用商量、建议和请求的口气,下命令仅占5%左右。(4)领导者积极参与团体活动,与下属无任何心理上的距离。

这种领导风格的优点是:能够发挥下级的积极作用,有利于集思广益,制定出质量更好的决策;同时还能使决策得到广泛的认可和接受,从而减少执行的阻力,并增进部属的自尊心和自信心,提高他们的工作热诚和工作满足感。其不足之处是:决策制定过程长,耗用时间多;领导者周旋于各派意见之间,容易优柔寡断、唯唯诺诺。尽管民主式领导备受人们推崇,但它也不是无条件适用的,需考虑领导工作所处的具体情境,以便发挥其所长而避其所短。

3. 放任型领导风格

放任型领导风格是将权力定位于组织中的每一个成员,靠一切悉听尊便进行领导的领导风格。放任型领导极少行使职权,而留给下属很大的自由度,让其自行处理事情。他们撒手不管,听凭下属自己设定工作目标和决定实现目标的手段,很少或基本上不参与下属的活动,只是偶尔与他们有些联系,且常处于被动地位。

放任型领导风格的主要特点是：极少运用权力，给下属高度的独立性；工作事先无布置，事后无检查；无可循的规章制度，整个组织处在一种无政府主义状态。这种领导方式虽能培养下属的独立性，但由于领导者的无作为，下属各自为政，容易造成意见分歧，决策难以统一。因此，放任型领导方式很少被提倡，除非被领导者是专家人物且具有高度的工作热诚（如软件分析师、艺术工作者等）才可在少数情况下采取这种无为而治的领导方式。

勒温认为，放任型领导方式效率最低，只达到社交目的而完不成工作目标；专制型领导方式虽然通过严格的管理达到了组织目标，但群体成员缺少责任感，情绪消极、士气低落；民主型领导方式工作效率最高，不但完成工作目标，而且群体成员关系融洽，工作积极主动、富于创造性。因此，勒温认为民主型的领导风格可能是最有效的领导风格。但不幸的是，研究者们后来发现了更为复杂的结果。民主型的领导风格在有些情况下会比专制型的领导风格产生更好的工作绩效，而在另外一些情况下却不尽然。

在实际的组织管理中，很少有极端型的领导者，大多数领导者都是介于专制型、民主型和放任型之间的混合型。因此实际的领导者风格类型可以用图 9-2 表示。

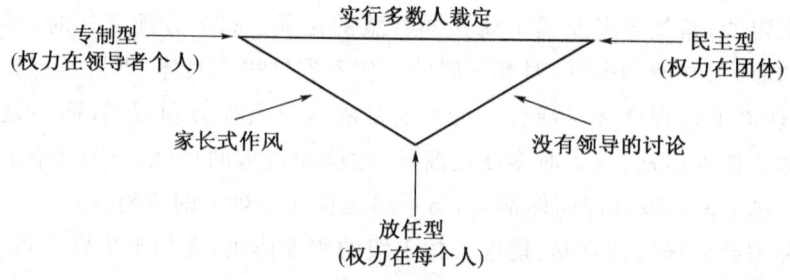

图 9-2　现实中的领导风格类型

（二）利克特的领导风格理论

密歇根大学的伦西斯·利克特（Rensis Likert，1903—1981）及其同事在 1947 年开始对企业的领导模式进行了长期研究。

1. "工作中心"与"员工中心"理论

他们在研究初期是对"以工作为中心"与"以员工为中心"两种领导方式进行比较。

"以工作为中心"的领导方式关心工作的过程和结果，并

伦西斯·利克特
(Rensis Likert)

用密切监督和施加压力的办法来实现。对这种领导者而言,下属是实现目标或任务绩效的工具,而不是和他们一样有着情感和需要的人,群体任务的完成情况是领导行为的中心。

"以员工为中心"的领导方式表现为关心员工,重视人际关系。"以员工为中心"的领导者把他们的行为集中在对人员的监督,而不是对生产的提高上,他们关心员工的需要、晋级和职业生涯的发展。

他们以数百的组织机构为对象,对公司的高级管理人员和一般员工都进行了研究。经过长期研究,他们得出结论:生产效率的高低与领导者对职工关心、领导者与下属的接触程度、授权等有相关关系。

2. 四种领导风格理论

1961年,利克特领导的小组将企业管理的领导方式归结为四种类型或者说四种系统:专制权威式、温和专制式、民主协商式以及民主参与式。最后一种民主参与式就是著名的"第四系统"(见表9-4)。

表9-4 利克特领导风格系统

第一系统	第二系统	第三系统	第四系统
专制权威式	温和专制式	民主协商式	民主参与式

第一系统,专制权威式领导方式。其基本特征为:(1)管理层自行决策并经常采取威胁和强制性措施下达与执行决策;(2)管理者与下属之间关系紧张,彼此互不信任;(3)这是一种僵化的、效率最低的领导方式。

第二系统,温和专制式领导方式。其基本特征为:(1)决策主要由高层管理者做出,部分决策由较低层的管理者做出;(2)管理者与下属的关系较为和谐,但不自然,类似主仆关系;(3)虽然管理者态度较为谦和,但下属仍对上司存有戒心,不充分信任。

第三系统,民主协商式领导方式。其基本特征为:(1)允许较低层管理者以及下属参与对一些具体问题的决策;(2)管理者与下属的关系和谐,彼此有较高的信任。

第四系统,民主参与式领导方式。基本特征为:(1)实行高度分权决策;(2)管理者与其下属的关系和谐、自然,彼此充分信任;(3)组织内信息沟通畅顺,鼓励下属参与管理。

通过对四种系统的分析,利克特认为只有第四系统才能实现真正有效的领导,才能正确地设定组织目标和有效地实现目标。

(三)俄亥俄州立大学领导行为四分图理论(二维度理论)

大约在密歇根大学对领导方式展开研究的同一时期,美国俄亥俄州立大学的研究人员弗莱西曼(E. A. Fleishman)和他的同事们也在进行关于领导方式的比较研究。他们的研究样本是国际收割机公司的一家卡车生产厂。他们的研究结果本来罗列了十种不同的领导方式,但最后,他们把这十种类型进一步分为两个维度,即领导方式的关怀维度(Consideration of Structure)和定规维度(Initiation of Structure)。

关怀维度代表领导者对员工之间以及领导者与追随者之间的相互信任、尊重和友谊的关系,即领导者信任和尊重下属的观念程度。定规维度代表领导者构建任务、明察群体之间的关系和明晰沟通渠道的倾向,或者说,为了达到组织目标,领导者界定和构造自己与下属的角色的倾向程度。该项研究说明,一个领导者的行为在每一种维度中都可以出现很大的变化。领导者在每种维度中的位置,可通过对两种维度的问卷调查测度。根据这样的分类,领导者可以分为四种基本类型,即高关怀高定规、高关怀低定规、低关怀高定规和低关怀低定规,如图9-3所示。

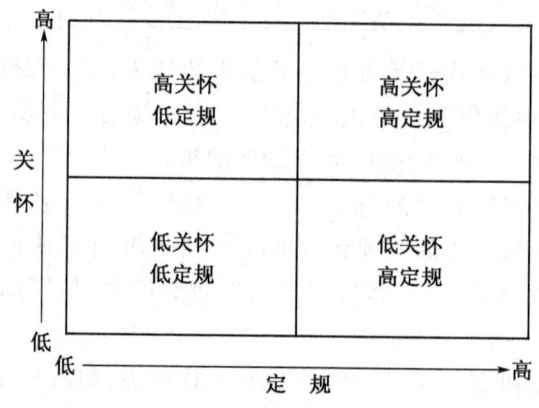

图 9-3 俄亥俄州立大学领导行为坐标

1. 高关怀低定规的领导者

该种领导者注意关心爱护下属,经常与下属交换思想、交换信息,与下属感情融洽,但是组织内规章制度不严,工作秩序不佳。这是一个较仁慈的领导者。

2. 低关怀高定规的领导者

该种领导者注意严格执行规章制度,建立良好的工作秩序和责任制,但不注意关心爱护下属,不与下属交流信息,与下属关系不融洽。这是一个较为严厉的领导者。

3. 高关怀高定规的领导者

该种领导者注意严格执行规章制度,建立良好的工作秩序和责任制,同时关心爱护下属,经常与下属交流信息,沟通思想,想方设法调动组织成员的积极性,在下属心目中可敬又可亲。这是一个高效成功的领导者。

4. 低关怀低定规的领导者

该种领导者不注意关心爱护下属,不与下属交换思想、交流信息,与下属关系不太融洽,也不注意执行规章制度,工作无序,效率低下。这是一个无能、不合格的领导者。

起初,研究者们认为在这两种行为方面均表现出高水平的领导者,即高关怀高定规的领导者是更有效的领导者,往往比其他三种类型的领导者更能使下属达到高绩效和高满意度。但是,高关怀高定规的领导者也并不总是产生积极效果的。比如,当工人从事常规工作时,高定规的领导行为则会导致较多的抱怨、缺勤率和离职率,工作的满意度也不高。在生产部门内,工作技巧评定结果与定规程度呈正相关,而与关怀程度呈负相关。但在非生产部门内,这种关系恰恰相反。因此后续研究表明,在实践中这一理论的运用必须考虑具体的情境因素。

(四)领导方式连续统一体理论

在人类历史上,记载了领导人的各种不同的领导行为方式,从强制、威胁和要求到花言巧语、恳求、贿赂和乞讨,从彻底的独裁到完全的民主,各种领导行为形成了一个连续统一体(Continuum)。领导方式连续统一体理论的代表人物是美国学者罗伯特·坦南鲍姆(Robert Tannenbaum)和沃伦·施密特(Warren Schmidt),他们在1958年发表的《怎样选择一种领导模式》一文中,提出了领导方式连续统一体理论。

罗伯特·坦南鲍姆
(Robert Tannenbaum)

他们认为领导风格并不是只有独裁和民主两种极端的方式,而是在这两种极端的方式之间存在一系列领导方式,这种领导方式是随着领导者或主管人员授予下属的自主权程度(即从以领导者为中心到以下属为中心)而连续变化的,如图9-4所示。图中列出了七种典型的领导方式,民主与独裁是两个极端的情况,从左到右,领导者运用职权逐渐减少,下属的自由度逐渐加大,从以工作为重逐渐变为以关系为重。领导方式续统一体理论中的领导方式包括以下几种:

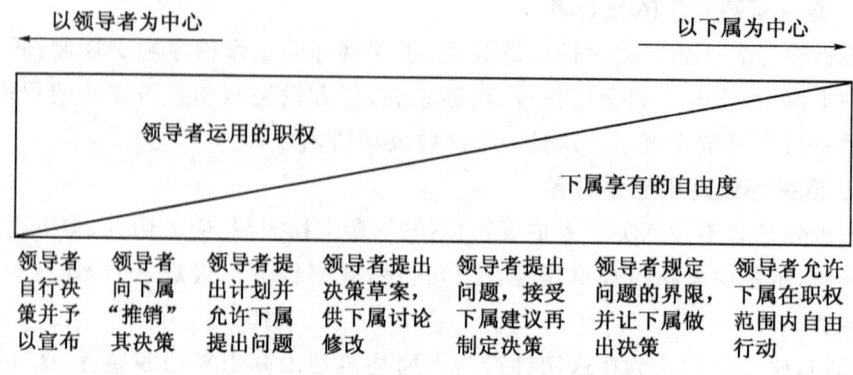

图 9-4 领导方式连续统一体理论

第一，领导者自行决策并予以宣布。在这种方式中，领导者确认一个问题，考虑各种可行的方案并从中选择一个，然后向下属宣布，以便执行。下属没有参与决策的机会，只有无条件地服从，不折不扣地执行。

第二，领导者向下属"推销"其决策。在这种方式中，仍然由领导者做出决策，但领导者不是简单地宣布决策，而是要说服下属接受他的决策。领导者对自己的决策坚信不疑，无意去修改、调整自己的决策，其所关心的是如何让下属了解他的战略思想，更好地贯彻执行。

第三，领导者提出计划并允许下属提出问题。领导者确定了大的方针、路线后，在一些局部问题和细节上听取下属的建议，并适当地进行微调。

第四，领导者提出决策草案，供下属讨论修改。在这种方式中，领导者先对问题进行思考，并提出一个方案，然后交给有关人员讨论，广泛听取意见后再做出决策，决策权仍然掌握在领导者手中。

第五，领导者提出问题，接受下属建议再制定决策。在这种方式中，领导先不提任何方案，以免束缚下属，下属根据领导所提的问题，提出各种解决的方案，领导者从中选择较满意的方案，再运用自己的优势加以完善。

第六，领导者规定问题的界限，并让下属做出决策。在这种方式中，领导者主要解释需要解决的问题，如何解决则由集体讨论，再由集体表决通过，领导者也只是具体成员中的一分子。

第七，领导者允许下属在职权范围内自由行动。在这种方式中，团体有极度的自由，唯一的界限是上级所做的规定。

在这一系列的领导方式中，何种领导方式是最适合的，取决于领导者的能力、下属的能力和当时的情境。此外，组织环境和社会环境也会对领导风格产生影响。

经过研究，坦南鲍姆和施密特认为没有一种领导方式总是正确的，而另一种总是错误的；也没有哪一种是最好的或最坏的。因为领导方式实际上有以领导为中心到以下属为中心的多种多样的方式,故不应仅在专制和民主这两种领导方式中做出选择,而是应该在这一系列连续变化的领导方式中做出选择。

(五) 布莱克和穆顿的管理方格理论

作为行为理论代表的管理方格理论(Managerial Grid)是由美国得克萨斯大学教授、行为科学家罗伯特·布莱克(Robert Rogers Blake,1918—2004)和简·穆顿(Jane S. Mouton,1930—1987)在1964年提出的。他们认为,领导者在对生产(工作)关心与对人关心之间存在着多种复杂的领导方式,因此,用两维坐标图来加以表示。横坐标和纵坐标分别表示对工作和对人的关心程度。每个方格表示"关心生产"(Concern for Production)和"关心人"(Concern for People)这两个基本因素以不同程度相结合的一个领导方式。对工作的关心表示领导者对各种事务所持的态度,如决策的质量、程序与过程、研究的创造性、职能人员的服务质量、工作效率及产品质量等。对人的关心表示领导者对组织中的个人所持的态度,如个人对实现目标所承担的责任;保持职工的自尊;建立在信任而非顺从基础上的职责;保持良好的工作环境以及满意的人际关系等。管理方格图如图9-5所示。

罗伯特·布莱克
(Robert Rogers Blake)

简·穆顿
(Jane S. Mouton)

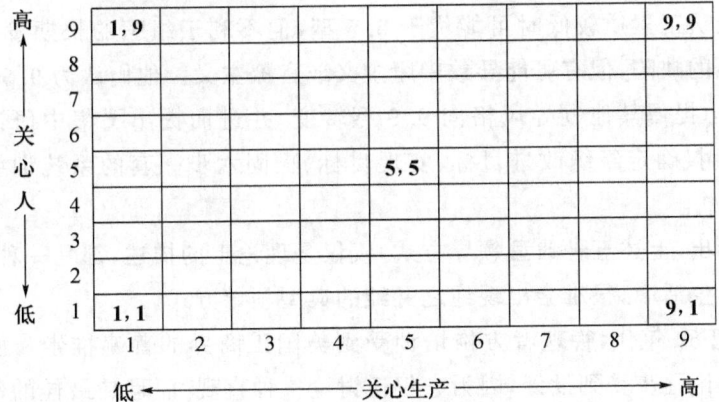

图 9-5 管理方格图

尽管在管理方格中存在81种类型,但布莱克和穆顿主要阐述了5种最具代表性的类型:

1.1型管理——贫乏型:表示对工作和人都极不关心,这种方式的领导者只做一些维持自己职务的最低限度的工作,也就是只要不出差错,多一事不如少一事,因而被称为"贫乏型的管理"。

9.1型管理——任务型:表示对工作极为关心,但忽略对人的关心,也就是不关心工作人员的需求和满足,并尽可能使后者不至于干扰工作。这种方式的领导者拥有很大的权力,强调有效地控制下属,努力完成各项工作,因而被称为"独裁的、重任务型的管理"。

1.9型管理——乡村俱乐部型:表示对人极为关心,也就是关心工作人员的需求是否获得满足,重视搞好关系并强调同事和下级同自己的感情,但忽略工作的效果,因而被称为"乡村俱乐部型的管理"。

9.9型管理——团队型:表示领导者通过协调和综合工作相关活动而提高任务效率与士气。这种方式的领导者能使组织的目标与个人的需求最有效地结合起来,既高度重视组织的各项工作,又能通过沟通和激励,使群体合作,下属人员共同参与管理,使工作成为组织成员自觉自愿的行动,从而获得高的工作效率,因而被称为"团队型管理方式"。

5.5型管理——中庸型:表示既对工作关心,也对人关心,兼而顾之,程度适中,强调适可而止。这种方式的领导者既对工作的质量和数量有一定要求,又强调通过引导和激励去使下属完成任务。但是这种领导往往缺乏进取心,乐意维持现状,因而被称为"中庸型管理"。

布莱克和穆顿认为,在五种典型领导风格中,1.1型效果最差,1.9型次差,5.5型和9.1型在不同情境下的效果不同。9.1型在短期内工作效率较高,或在任务紧急及员工素质较低时可能优于5.5型,但不利于组织的长期发展;5.5型没有太明显的缺陷,但有可能导致中庸主义或官僚主义。他们认为9.9型的效果最佳,故大力提倡其他领导风格向9.9型转变,并进而提出了集中研讨、建立小组、相互作用、确定组织改进目标、实现目标、巩固六步一套的系统训练,以达到9.9型的方式。

应该指出,上述五种典型领导方式,仅仅是理论上的描述,都是一种极端的情况。在实际生活中,很难会出现纯之又纯的典型领导方式。

20世纪60年代,管理者方格培训受到美国工商界的普遍推崇。但在后来,管理方格理论逐步受到批评,因为它仅仅讨论一种直观、而且是最佳的领导方式。同时,管理方格理论并未对如何培养管理者提供答案,只是为领导方式的概念化提供了框架。另外,也没有实质性证据支持在所有情况下,9.9型领导方式都是最有效的方式。例如,在不同的社会、经济、文化和政治背景中,管理者领导方式的优劣,并不是简单地通过中性或平衡的9.9分布能够陈述的。这说明,管理方格理论并不是对某种领导方式的最佳选择,领导方式的研究应是多角度的。

三、领导权变理论(Contingency Theories of Leadership)

领导权变理论是继领导行为理论研究之后发展起来的领导科学理论。这一理论的出现,标志着现代西方领导学研究进入了一个新的发展阶段。

"权变"一词有"随具体情境而变"或"依具体情况而定"的意思。领导权变理论主要研究与领导行为有关的情境因素对领导效力的潜在影响。该理论认为,在不同的情境中,不同的领导行为有不同的效果,所以又被称为领导情境理论。

领导权变理论认为不存在一种普遍适用的、最好的领导方式,有效的领导方式是因情境而改变的。领导行为效果的好坏,不仅取决于领导者本人的素质和能力,而且还取决于诸多客观因素,如被领导者的特点、领导的环境等,它们是诸多因素相互作用、相互影响的过程。这个观点可用公式表示如下:

$$S = f(L, F, E)。$$

其中,S代表领导方式,f代表函数,L代表领导者特征,F代表追随者特征,E代表环境。即领导方式是领导者特征、追随者特征和环境的函数。

领导者特征主要指领导者的个人品质、价值观和工作经历。追随者特征主要指追随者的个人品质、工作能力、价值观等。环境主要指工作特征、组织特征、社会状况、文化影响等等。工作是具有创造性还是简单重复,组织的规章制度是比较严格还是宽松,社会时尚是倾向于追随服从还是推崇个人能力等,都会对领导方式产生强烈的影响。

(一)菲德勒的权变理论

美国伊利诺伊大学的弗雷德·菲德勒(Fred Fiedler)是权变理论的创始人。他从1951年开始,经过长达15年的调查实验,提出了"有效领导的权变模式",即菲德勒模型。

菲德勒的领导权变理论是比较有代表性的一种权变理论。该理论认为各种领导方式都可能在一定环境下有效,这种环境是多种外部与内部因素的综合作用。菲德勒指出,对领导者的工作影响最大的三个因素是职位权力、任务结构和上下级关系。

弗雷德·菲德勒
(Fred Fiedler)

1. 职位权力（Position Power）

职位权力指的是与领导者职位相关联的正式职权和从上级和整个组织各个方面所得到的支持程度，这一职位权力由领导者对下属所拥有的实有权力决定。领导者拥有这种明确的职位权力时，组织成员将会更顺从他的领导，有利于提高工作效率。

2. 任务结构（Task Structure）

任务结构是指工作任务明确程度和有关人员对工作任务的职责明确程度。当工作任务本身十分明确，组织成员对工作任务的职责明确时，领导者对工作过程易于控制，整个组织完成工作任务的方向就更加明确。

3. 上下级关系（Leader Member Relations）

上下级关系是指下属对一位领导者的信任爱戴和愿意追随的程度以及领导者对下属的吸引力。下级对上级越尊重，并且乐于追随，则上下级关系越好，领导环境也越好；反之，则越差。菲德勒认为，上下级关系是决定领导者在群体中的控制力和影响力的主要因素。

菲德勒设计了一种问卷来测定领导者的领导方式。该问卷的主要内容是询问领导者对"最不与自己合作的同事（Least Preferred Co-worker Questionnaire，LPC）"的评价。如果领导者对其最难共事的同事仍给予好评，则其是关心人的关系导向型、支持型（高 LPC 型）；相反，那些对其最难共事的同事给予低评价的领导者是任务导向型、指令型（低 LPC 型）。

根据以上三个因素，领导者所处的环境从最有利到最不利共分为八种类型（见图 9-6）。三个条件均具备的是最有利的环境，三个条件都缺乏的是最不利的环境。菲德勒对 1 200 个团体的领导者进行了调查分析，得出如下结论：在组织情况极有利或极不利时，任务导向型是有效的领导形态；在组织情况一般时，关系导向型是有效的领导形态。具体的研究结果如图 9-6 所示。

这些研究结果表明，对某一领导风格，不能简单地区分优劣，因为在不同条件下可能都取得好的领导绩效。换言之，在不同情境下，应采取不同的领导方式。

菲德勒认为领导人的风格或领导方式基本上是固定不变的。当一个领导人的领导风格与情境不相适应时，解决办法是改变情境，使之与领导的风格相适应。总之，此模型有助于管理者认识情境因素的重要性，并努力使之适应自己的领导风格。

上下级关系	好				差			
任务结构	明确		不明确		明确		不明确	
职位权力	强	弱	强	弱	强	弱	强	弱
情境类型	1	2	3	4	5	6	7	8
情境特征	有利				中间状态			不利
有效的领导方式	任务型				关系型			任务型

关系导向型（高 LPC 型）

任务导向型（低 LPC 型）

图 9-6　菲德勒的权变领导模型

菲德勒的研究也遭到了一些评论家的批评。如一些实证研究对菲德勒模型的有效性进行了考察，却得出不同的结论：调查对象答案的 LPC 值很不稳定，且 LPC 值与业绩高低之间并不存在因果关系；在实践中，很难判定上下级关系的密切性、任务结构的明确度、职位权力的大小，即无法明确断定领导所处的环境类型。尽管如此，菲德勒理论仍具有非常重要的指导意义，为 20 世纪 70 年代和 80 年代领导问题的研究提供了一个好的开端。

（二）赫塞和布兰查德的生命周期领导理论

生命周期领导理论是由保罗·赫塞（Paul Hersey）和肯尼斯·布兰查德（Kenneth Blanchard）于 20 世纪 60 年代提出的。这种理论认为领导者的领导风格应适应其下属的成熟程度；在被领导者渐趋成熟时，领导者的领导行为要做相应的调整，这样才能成为有效的领导。

赫塞和布兰查德将成熟度定义为，个体对自己的直接行为负责任的能力和意愿。它包括两项要素，工作成熟度（Job Maturity）与心理成熟度（Psychological Maturity）。工作成熟度是下属完成任务时具有的相关技能和技术知识水平,工作成熟度高的个体拥有足够的知识、能力和经验完成他们的工作任务而不需要他人的指导。心理成熟度是下属的自信心和自尊心,指的是一个人做某事的意愿和动机,心理成熟

保罗·赫塞
(Paul Hersey)

度高的个体不需要太多的外部鼓励,他们靠内部动机激励。

赫塞和布兰查德的生命周期领导理论定义了成熟度的四个阶段。第一阶段,这些人对于执行某工作既无能力又不情愿。他们既不胜任工作又不能被信任。第二阶段,这些人缺乏能力,但却愿意从事必要的工作。他们有积极性,但目前尚缺乏足够的技能。第三阶段,这些人有能力却不愿意做领导者希望他们做的工作。第四阶段,这些人既有能力又愿意做让他们做的工作。

虽然生命周期领导理论使用的两个领导维度——任务行为和关系行为与菲德勒的划分相同,但是,赫塞和布兰查德更向前迈进了一步,他们认为每一维度有低有高,从而组合出以下4种具体的领导风格。

(1) 指导型(Telling)领导,表现为高工作低关系型领导方式。领导者对下属进行分工并具体指点下属应当干什么、如何干、何时干,它强调直接指挥。因为在这一阶段,下属缺乏接受和承担任务的能力和愿望,既不能胜任又缺乏自觉性。

(2) 推销型(Selling)领导,表现为高工作高关系型领导方式。领导者既给下属以一定的指导,又注意保护和鼓励下属的积极性。因为在这一阶段,下属愿意承担任务,但缺乏足够的能力,有积极性但没有完成任务所需的技能。

(3) 参与型(Participating)领导,表现为低工作高关系型领导方式。领导者与下属共同参与决策,领导者着重给下属以支持及其内部的协调沟通。因为在这一阶段,下属具有完成领导者所交给任务的能力,但没有足够的积极性。

(4) 授权型(Delegating)领导,表现为低工作低关系型领导方式。领导者几乎不加指点,由下属自己独立地开展工作,完成任务。因为在这一阶段,下属能够而且愿意去做领导者要他们做的事。

在此基础上,领导方式和下属的成熟度之间的关系如图9-7所示。

图9-7中上面部分的曲线S表示变动着的领导方式,下面部分表示下属的成熟度,右边代表不成熟,由右向左逐渐成熟,可用$M1$、$M2$、$M3$、$M4$表示不同的成熟度。

这样一来,赫塞和布兰查德就把领导方式和员工的行为关系通过成熟度联系起来,形成一种周期性的领导方式。当下属的成熟度水平不断提高时,领导者不但可以减少对活动的控制,还可以不断减少关系行为。如指导型领导方式$S1$,是对低成熟度的下属而言的,表示下属需要得到明确而具体的指导。推销型领导方式$S2$方式表示领导者需要高任务高关系行为。高任务行为能够弥补下属能力的欠缺,高关系行为则试图使下属在心理上领悟领导者的意图。参与型领导方式$S3$表示可以运用支持性、非指导性的参与风格有效激励下属。授权型领导方式$S4$是对高成熟度的下属而言的,表示下属既有意愿又有能力完成任务。

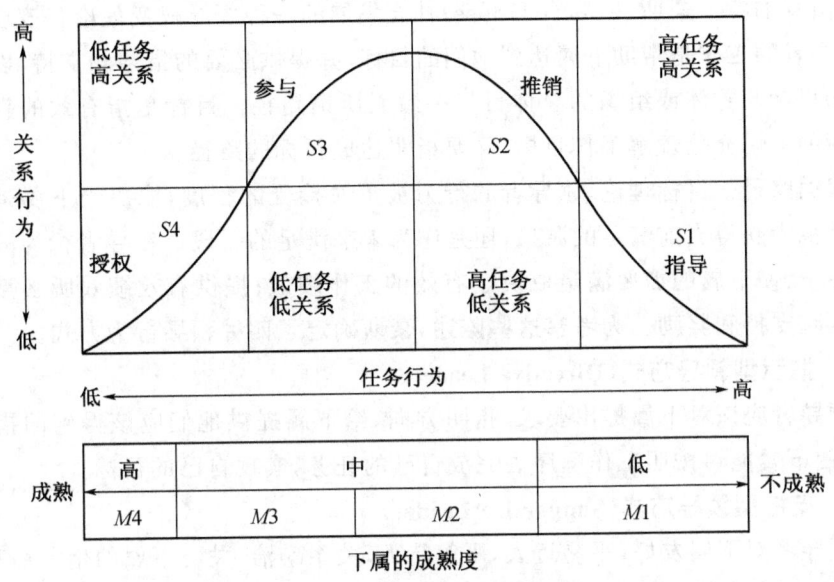

图9-7 领导方式和下属的成熟度之间的关系

根据下属成熟度和组织所面临的环境,领导生命周期理论认为随着下属从不成熟走向成熟,领导者不仅要减少对活动的控制,也要减少对下属的帮助。当下属成熟度不高时,领导者要给予明确的指导和严格的控制;当下属成熟度较高时,领导者只要给出明确的目标和工作要求即可,由下属自我控制和完成工作。

斯隆与德鲁克

美国通用汽车公司总经理斯隆,在聘请了著名管理专家德鲁克担任公司管理顾问以后,第一天上班就告诉他:"我不知道我们要你研究什么,要你写什么,也不知道该得出什么结果。这些都应该是你的任务。我唯一的要求,只是希望你把认为正确的东西写下来。你不必顾虑我们的反应,也不必怕我们不同意,尤其重要的是,你不必为了使你的建议易于我们接受而想到调和和折中。在我们公司里,人人都会调和和折中,不必劳驾你。"斯隆对德鲁克采取的领导方式就是授权式。之所以这样,是因为德鲁克是著名的管理专家,他既有能力,也愿意挑重担。而换了别人,斯隆是不会这么放手的。

资料来源:网络。作者略有改动。

(三)豪斯的路径—目标理论

路径—目标理论是由加拿大多伦多大学的伊凡斯(M. Evans)于1968年提

出，后由罗伯特·豪斯(Robert House)补充发展的一种领导权变理论。该理论认为，领导者的工作是帮助下属达到他们的目标，并提供必要的指导和支持，以确保个人的目标与群体或组织的总体目标一致。所谓路径—目标是指有效的领导者既要帮助下属充分理解工作目标，又要指明达成目标的路径。

根据路径—目标理论，领导者的行为被下属接受的程度，取决于下属是将这种行为视为获得当前满足的源泉，还是作为未来满足的手段。领导者行为的激励作用在于：使下属的需要满足取决于有效的工作绩效；提供有效绩效所必需的辅导、指导、支持和奖励。为考察这些陈述，豪斯确定了四种领导行为方式。

1. 指示型领导方式(Directive Leader)

领导者应该对下属提出要求，指明方向，给下属提供他们应该得到的指导和帮助，使下属能够按照工作程序去完成自己的任务，实现自己的目标。

2. 支持型领导方式(Supportive Leader)

领导者对下属友好，平易近人，平等待人，关系融洽，关心下属的生活福利。

3. 参与型领导方式(Participative Leader)

领导者经常与下属沟通信息，商量工作，虚心听取下属的意见，让下属参与决策，参与管理。

4. 成就取向型领导方式(Achievement-oriented Leader)

领导者做的一项重要工作就是树立具有挑战性的组织目标，激励下属想方设法去实现目标，迎接挑战。

路径—目标理论提出了两类情境变量作为领导行为—结果关系的中间变量，即环境的权变因素(任务结构、正式权力系统和工作群体)和下属的权变因素(控制点、经验和认知能力)，见图9-8。

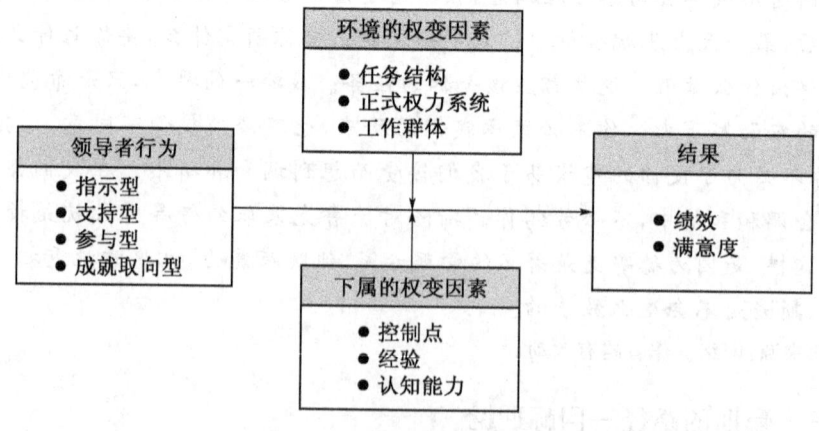

图9-8 路径—目标理论模型

豪斯认为,领导者是灵活的,同一领导者可以根据不同的情境表现出任何一种领导风格。因此豪斯强调,领导者的责任就是根据不同的环境因素来选择不同的领导方式。例如,当下属本身的能力较差,又愿意接受领导时,或者工作尚未处于程序化而较复杂时,则采用指示型领导方式最为有效。当任务结构程度较高,职工的能力又较强时,就不宜采用指示型领导方式。如果强行用某一种领导方式在所有环境条件下实施领导行为,必然会导致领导活动的失败。在现实中领导者究竟采用哪种领导方式,要根据下属特性和环境变量而定。

> **观察与思考** 狼性领导力和羊性领导力

在竞争激烈的商业市场中,为了更好地适应市场的变化,塑造企业的核心竞争力,保持企业已取得的优势地位,公司需要更加专业的领导带领企业在动荡的环境之中保持基本的弹性。领导的领导风格会对员工的工作积极性起到非常重要的作用,进而也会对企业的经营发展带来影响。

两种领导力

狼性领导力更多地体现出狼群的特征。狼在哺乳动物中以团队合作能力强、不达目的不罢休的坚韧不拔和不怕牺牲的拼搏精神而著称。狼性领导力以狼的智慧与精神作为领导的指导精神,具体体现为以下几点:一是像狼一样敏锐,狼性领导力表现为能够敏感地发现商业市场中的变化,善于抓住企业发展的有利时机;二是像狼一样坚定,能够执著地向着计划的发展目标前进,不断鞭策,不断进步;三是像狼一样智慧,狼群拥有着捕猎的高超智慧,熟悉各种捕猎战术,同理,狼性领导也十分擅长根据市场的变化,制定不同的发展战略,及时调整,适应环境;四是像狼一样合作,狼性领导往往注重团队合作,擅长将企业的整体发展目标分解成为每位企业成员需要完成的工作任务,打造战斗力极强的合作团队。总而言之,狼性领导强调的是对于企业的强势和刚性领导。

与狼性领导力相对应的是羊性领导力。羊性领导力指的是将羊性中的奉献、和谐、温柔等特性应用于企业管理过程中。羊性领导在管理时强调以春风化雨的领导风格感化员工,在公司管理的过程中重视员工的主体地位,突出"以人为本"的管理理念,鼓励员工融入企业发展过程之中,通过建设企业文化,形成企业内部协调一致的价值观,从而在公司内部形成和谐的工作氛围,重视员工之间融洽的人际关系对于工作本身的促进作用。羊性领导在管理过程中往往注重对员工强调组织的集体利益,引导员工形成为企业发展牺牲自我的奉献精神和牺牲精神。总而言之,羊性领导善于采用更加柔和的感化等方式,增强员工努力工作的内驱力。通过分析,可以发现与狼性领导不同的是,羊性领导更加强调柔性的领导和管理方式,主张将刚性的管理目标以柔和的管理方式施与员工。

两种领导目标

不同的领导方式必然带来不同的领导目标。通常来说,狼性领导力更加关注员工的工作成绩与绩效考核结果,即员工的工作任务完成情况,这些工作任务往往是能够被精准量化的,也就是说,狼性领导力运用刚性较强的领导方式和领导工具,也更加关注员工工作的量化完成情况,对于按时超额完成工作任务的员工予以物质奖励,激励员工不断提高工作效率,为企业的发展作出更大的贡献;对于不能按时完成或者不能完成工作任务的员工,则采取罚款或者扣除部分薪酬的方式予以惩罚,以奖励和惩罚相结合的方式从正面和反面两方面激励员工不断提高工作效率。可以说,具有狼性领导力的领导目标也就是员工生产力、工作绩效的不断提高,这样的目标在短期内是完全可以实现的,且能够用数据等信息来量化的。

与狼性领导力不同的是,羊性领导力在员工工作绩效方面的效果不会像狼性领导力带来的量化结果一样立竿见影,因此,对于具有羊性领导力的领导来说,其关注的领导目标除了员工短期内的工作绩效成果之外,还包括员工是否从内心深处认同企业的价值观,能否适应企业文化,是否能够成为企业文化坚定的践行者和宣传者,是否有为企业奉献的意识等文化、精神和价值观层面的内容,这些内容相对量化难度较大,但对于具有羊性领导力的领导来说,员工只有从内心深处认同企业文化并自觉践行企业价值观,才能够以企业主人翁的姿态自居,认为企业的发展与否与自己息息相关,只有这样,员工才会有更强的工作动力,也会有更强的创新动力,这对于企业的持续发展来说是至关重要的。

两种领导行为

由于狼性领导更加重视员工的工作成绩,关注员工的工作结果是否达到了企业的标准。为了确保工作目标的顺利完成,领导往往会采用较为全面的工作考核手段,对员工的工作成绩进行评价,在员工工作的全过程中,也会采用监督手段,对员工的工作进行监督。具体来说,狼性领导通常运用绩效考核指标、人事晋升制度等刚性的政策工具影响员工,即用事业发展前景与物质奖励等激励员工的工作积极性,提高员工的工作自觉性,当员工完成企业规定的工作目标时,将会得到应有的报酬,超过既定目标时,则会得到奖励,而如果没有达到绩效标准,则会被扣除原有的一部分报酬。

与狼性领导不同的是,羊性领导更加重视员工工作的内驱力,他们希望员工是发自内心地认同企业的价值观,自愿加入企业发展这项事业中来,将企业的发展前景与公司的组织集体利益放在私人利益之上。因此,羊性领导通常采用企业文化、员工关怀等方式提高员工的工作积极性对员工施加影响。羊性领导希望通过柔性的管理方式提高员工对公司的满意程度,进而从情感等感性层面增强对于公司的认可,进而提高工作的积极性,促使员工更加努力地完成工作任务,甚至超额完成工作任务。

华为和格力的狼性影响力

以华为公司为例,华为公司曾经是运用狼性领导力开展公司领导活动的典型企业。华为公司成立于1987年,主营业务为生产及销售电子通信设备。华为公司成立以来,多年间一直保持着高速的发展速度。近年来,华为公司更是在电子通信设备和芯片方面取得了飞速发展,并运用在关键领域。在华为公司的创业时期,公司实行军事化的管理方式,激发每一位员工的拼搏奋斗精神,同时也格外强调团队的协作能力。为加强管理的刚性,华为甚至采用制定企业内部"法规"的方式将管理制度进行固定,制定了《华为基本法》。在高强度的管理制度下,华为在较短的发展时间内取得了惊人的发展,甚至成为巨头企业认为"最惊人"的公司。与华为公司相类似的是珠海格力电器公司,格力电器在董明珠女士的带领下,能够敏锐地察觉到市场的变化,捕捉到未来发展的机遇,在国内一众家电企业中率先打破原有的销售模式。正是这种对于市场敏锐、准确的把握能力,帮助格力电器在变幻莫测的市场中,调整发展方向,做出适应市场变化的创新行为,不仅产品销量持续增长,还能一直保持着较高的市场占有率,并形成了家电销售的"格力模式",也形成了一支业务能力过硬、工作效率高的高效团队。

沃尔玛的羊性影响力

多年间,沃尔玛百货公司坚持以"为顾客省钱"为服务宗旨,在保证产品物美价廉的基础上提高服务质量。除此之外,沃尔玛还积极开展社会公益活动,坚持向中国需要帮助的地区和人群提供帮助,其中包括向慈善机构捐款捐物、向困难员工提供帮助等,在员工和社会上树立起了良好的社会形象,即民众认为沃尔玛是一家充满爱心、坚持以人为本的人性化管理企业,这种高度的社会责任感,使得在沃尔玛工作的员工在公司内工作能够感受到企业对于弱势群体的关怀和爱护,还能够被公司崇高的奉献精神所感化,为在公司中工作感受到高度的自豪感,员工始终以自己为沃尔玛中的一员而自豪和骄傲。一方面,这种自豪感能够使员工自觉提高对自己的工作要求,不断鞭策自己高标准地完成工作。另一方面,这种自豪感还能够促使员工自觉地以"沃尔玛人"自居,积极地参与到企业的管理过程中去,为企业的经营管理建言献策。无论是员工的促进性建言还是抑制性建言对于公司都具有促进作用,而员工的积极参与也是企业博采众长、集思广益的过程,这将促进企业的良性发展。同样,在社会上的良好声誉也将有助于提高消费者对于沃尔玛的好评度,提高消费者的消费和购买欲望,有助于提高沃尔玛的市场占有率,久而久之,沃尔玛的良好社会声誉和企业文化也就成为沃尔玛的核心竞争力。

狼性领导和羊性领导不论是在内涵、目标还是行为上都存在较大的差异,对于企业的发展来说也会带来不同的积极影响,但事实上,两种领导方式并不是绝对对立的,两种领导方式都具有不同的优势和特点,事实上,这两种不同的领导方式完全可以适用于同一家企业,以促进企业的发展。

资料来源:徐佳晶.狼性领导力和羊性领导力:中西方领导力对比和影响[J].中国商论,2021(17):140-142.

从领导权力和领导方式的角度,试着谈一谈你对这两种领导力的看法。

第十章 激 励

第一节 激励概述

　　在组织中,成员是否能保持旺盛的士气、高昂的工作积极性,对于组织目标的实现具有至关重要的作用。管理者不仅需要有领导组织的本领,更要知道如何去激励成员,使之在组织的各项活动中发挥最大的潜能。激励,是指从研究组织中的个体、群体的行为影响因素出发,发现个体和群体的行为规律,探索不同行为的激励方式,以使组织的领导者能针对组织中个体和群体的行为特征,采取行之有效的激励措施。因此,一个有效的管理者,必须掌握激励理论、技巧,对成员进行激励,这样才能实现组织的目标。

赞美的力量

　　某足球队教练将该队队员分成三个集训小组,并在训练时做一个心理实验。教练对第一小组的队员的表现大加赞赏,说:"你们表现卓越,配合度非常高,太棒了!你们是一流的球员。"他对第二小组的队员则说:"你们也不错,如果你们运球速度再快一点,步伐再稳一点,就更好了。"而对第三小组的队员他却说:"你们怎么搞的,总是抓不住要领,靠你们,我什么时候才有出头之日呀!"

　　其实,这三个小组成员的素质、能力都一样。但是经过这样一个实验之后,结果第一小组获得了最好的成绩,第二小组次之,第三小组最差。

　　管理启示:这是个完美的管理员工的例子。怎样激发员工的工作热情呢?是指出他们的不足,然后让他们奋勇改变呢?还是用大量的赞美语言,让他们更加努力呢?其实很多时候赞美比批评更能激发一个人的潜能和积极配合的愿望。

　　资料来源:网络。作者略有改动。

一、激励的定义与对象

　　可以说,每个人都需要激励,需要来自自身、同事、领导等方面的激励。管理人员如果不知道怎样激励人,便不能胜任这个工作。如何激发人的工作积极性,是管理学的关键问题。因此,对激励的研究,就成了各国管理学家、心理学家、社会学家的重要研究课题。

（一）激励的定义

人们加入一个组织或群体，都是为了达到个人单干不能达到的目标。然而，进入组织的人不一定都会努力工作，因为人们为组织服务的意愿程度有高低之分，有人表现积极，有人一般努力，有人表现消极。要使组织中的成员为实现组织目标而努力工作，最大限度地发挥其积极性和创造性，就需要采取某些措施进行激励。

激励是激发、鼓励之意，原是心理学的概念，是表示某种动机所产生的原因。所以，激励是一种精神力量或状态，起加强、激发和推动作用，并且指导和引导人们的行为指向目标。从管理学的角度出发，激励（Motivation）是指管理者运用各种管理手段，刺激被管理者的需要，激发其动机，使其朝着组织所期望的目标前进的过程。

激励是对人的一种刺激，是促进和改变人的行为的一种有效手段。它可以激发人的内在潜力，开发人的能力，充分发挥人的积极性和创造性。在管理中，每个人都需要激励，这种激励可以来自自我，也可以来自同事、领导、群体和组织。一个人的行为，必须受到外界的推动力或吸引力的影响，并通过个体自身的消化吸收，产生出自动力，使个体由消极的"要我做"转化为积极的"我要做"。激励有以下三个层面的含义。

第一，激励的目的性。任何激励行为都具有目的性，这个目的可能是一个结果，也可能是一个过程，但必须是一个现实的、明确的目的。从这个意义上说，虽然一般来说激励是领导者的工作，但任何希望达到某个目的的人都可以将激励作为手段。

第二，激励过程受内外因素的制约。各种外在的管理措施，都应与被激励者的需要、理想、价值观和责任感等内在的因素相吻合，才能产生较强的合力，从而激发和强化工作动机，否则不会产生激励作用。

第三，激励是一个过程。人的很多的行为都是在某种动机的推动下完成的。对人的行为的激励，实质上就是通过采用能满足人需要的诱因条件，引起行为动机，从而推动人采取相应的行为以实现目标，然后再根据人们新的需要设置诱因，如此循环往复。

（二）激励的对象

从激励的定义可以看出，激励是一个适用于各种动机、欲望、需要以及其他相类似的力量的通用术语。因而，激励的对象主要是人，或者准确地说，是组织范围中的成员或被领导者。

正确认识激励的对象,有助于体现管理学的领导职能。从内涵看,激励意味着组织中的领导者应该从行为科学和心理学的基础出发,认识成员对组织的贡献行为,即认识到人的行为是由动机决定的,而动机是由需要引起的。动机产生以后,人们就会寻找能够满足需要的目标,而目标一旦确定,就会进行满足需要的活动。从需要到目标,人的行为过程是一个周而复始、不断进行、不断升华的循环。通过认识激励的对象,可以认识到,需要是人类行为的基础,不同的需要在不同的条件下会诱发出不同的行为。

二、激励的要素与过程

(一)激励的要素

管理学中的激励,广泛地结合了心理学和社会学的相关知识。心理学的研究表明:人的行为是由动机支配的,动机是由需要引起的,行为的方向是寻求目标,满足需要。一般而言,激励具有以下四个基本要素:

1. 需要

需要是激励的起点与基础,人的需要是人们积极性的源泉和实质。研究激励,先要了解人的需要。所谓需要,是指人对某种目标的渴求或欲望。需要是个体的一种主观状态,是个体自身或外部生活条件的要求在人脑中的反映。人的一切活动最终都是为了满足自己的某种需要,需要是人们行为的出发点。

2. 动机

动机是推动人从事某种行为的心理动力。激励的核心要素就是动机。动机是由需要引起的、促进个体采取某种满足需要行为的内在驱动力。动机是需要和行为的中介。需要被人所认识到就会产生动机,动机的产生就会激发人的行为。一个人会同时具有许多种动机,动机之间不仅有强弱之分,而且会有矛盾,一般来说,只有最强烈的动机才可以引发行为。

3. 刺激

刺激是指个体自身以及个体所处的外部环境中,各种能够影响需要的条件与因素。每个个体都具有感受刺激的能力,但刺激能否引起个体的反应,则与刺激的性质、强度、持续时间以及个体的自身特点有着密切关系。

4. 行为

行为是指个体在环境影响下所引起的内在生理和心理变化的外在反应。人的行为是人的内在因素和外在因素相互影响的结果。一般情况下,内在因素是根本,起着决定作用;外在因素是条件,起着导火线的作用。因而行为会因时、因地、因个体所处的环境和内在的身心状况而表现出不同的反应。同一行为也可以出自不同的动机。合理的动机引发合理的行为,也可能引发不合理的甚至是错误的行为。当人们通过某种行为实现了目标,获得了生理和心理的满足后,紧张的心理状态就会消除,这时又会产生新的需要、新的动机,指向新的目标、这是一个循环往复、连续不断的过程。

如上所述,个体在一定的社会环境中,受到某种诱因的刺激后,产生与此相关联的某种需要,由此出现心理上的不安与紧张,进而产生消除这种不安或紧张的动机。有了动机,个体便会开展各种具体切实的满足需要的活动,这时行为便出现了。人的任何动机与行为都是在需要的基础上产生的,没有需要,也就无所谓动机和行为。而只有当这种需要受到特定刺激,此时的需要才会诱发动机,由此,动机才会引起人们的行为。需要提出的是,并不是每个动机都必然会引起行为,在多种动机下,只有优势动机才会引发行为。管理者实施激励,就是想方设法做好需要引导和目标引导,强化员工的动机,刺激员工的行为,从而实现组织目标。

(二)激励的过程

人们在内外各种因素的刺激下会产生一系列的需要(物质、经济方面的或精神、文化方面的),这些需要会激发人们满足需要的动机;在一定的条件下,满足需要的动机会转化为相应的行为。如果相应的行为受到鼓励,满足了相关需要,则会进一步转化为新的激励力量或激励因素(新的刺激),进而产生新的需要,激发新的动机及相应的行为。需要未被满足,则会出现以下两种情况。其一,行为及其方向是正确的,或是受到鼓励的,也具备相应的客观条件,但因主观努力不够而导致行为结果未能达到相关的要求。在这种情况下,只要主观方面进一步努力,行为的结果和需要满足仍是值得期待的,因而仍具有正向激励的效果。其二,行为及其方向是错误的或受到禁止的,或者是客观条件不具备的。在这种情况下,主观努力与行为只能得到负面的结果,因而是一种负向的激励。无论是正向还是负向的激励,最终都会对激励对象形成一定的反馈作用。正向激励会形成正向反馈,对激励对象的行为会进一步产生鼓励的积极效果;负向激励会形成负向反馈,对激励对象的行为产生禁止的消极效果。这就是激励的整个过程,如图 10-1 所示。

由此可见,激励的一般过程可分为三个阶段。第一,需要激发阶段:通过行为指向物的恰当设计,激发和强化激励对象的相关需要。第二,动机转化阶段:通过目标与制度的合理设计,促使激励对象将满足相关需要的动机转化为相应的行动。第三,行为强化阶段:通过奖励和惩罚的方式对激励对象的相关行为进行激励或者禁止,以影响激励对象的进一步行为。

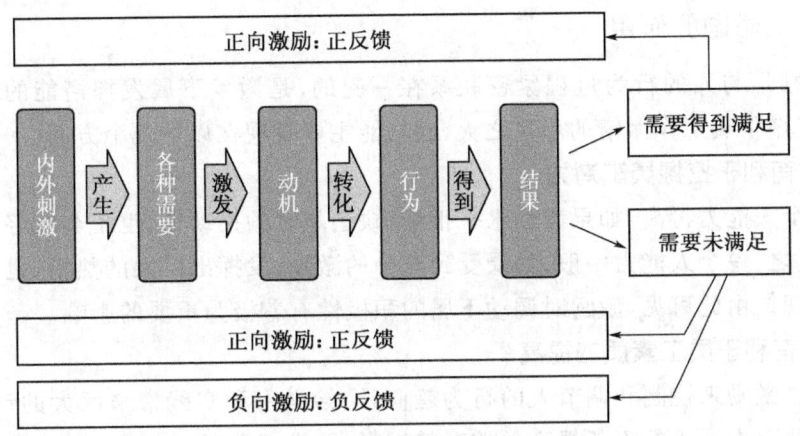

图 10-1　激励的过程

这三个阶段实际上也是有效激励的三个关键环节。首先,需要是决定行为的根本因素,人们之所以会有这样那样的行为,归根到底是因为他们有这样那样的需要。因此,把握和激发人们的需要就是把握和激励人们行为的第一环。其次,虽然说有了需要就会有满足需要的动机,但动机并不一定就会必然地转化为相应的行为。很多情况下,人们虽然有需要,并有满足需要的强烈愿望,但因各种主客观的因素而无法真正将这一愿望付诸行动。因此,如何通过目标和制度的合理设计,促使激励对象将满足相关需要的动机转化为相应的行为无疑就构成了激励的第二环。最后,行为发生后最为关键的是要对行为结果进行及时的评价,并给出鼓励和禁止的信号,如此方能对激励对象的进一步行为起到相应的强化作用。激励的过程表现为刺激、需要、动机与行为四者之间的逻辑关系,这四个环节相互关联,共同构成了激励—行为的良性循环。

三、激励的目标与作用

（一）激励的目标

激励的目标就是要正确地诱导员工的工作动机,调动他们的工作积极性和创造性,使他们在实现组织目标的同时实现自身的需要,增加其满意程度,以使他们的积极性和创造性继续保持和发扬下去。

激励作为一种管理职能,是促使组织目标得以顺利实现的手段和途径。其实质就是针对人的行为产生变化的内在性规律,利用能够激发、引导、强化和修正人的行为的各种力量,对人的行为施加影响的活动过程。

（二）激励的作用

激励是与人的行为过程紧密联系在一起的，是激发下属发挥潜能的基本措施，是点燃下属工作激情的星星之火，其功能主要表现在以下几个方面。

1. 有利于挖掘员工潜力

一个人能力再高，如果激励水平很低，缺乏足够的推动力，也不会有好的工作效绩；反之，一个人能力一般，如果受到充分的激励，发挥出巨大的热情，也会有出色的表现。由此可见，激励对调动下属的积极性有着极为重要的影响。

2. 有利于员工素质的提高

通过激励来控制和调节人的行为趋向，会给学习和实践带来巨大的动力，从而会导致个人素质的不断提高。如对精诚敬业、业务熟练、贡献突出的员工进行奖励，对马虎应付、没有业绩、屡教不改的员工给予适当的惩罚，无疑能发挥奖一励百、惩一儆百的作用，有助于全体员工业务素质的提高。

3. 有利于增强组织的凝聚力

行为学家研究表明：对一种个体行为的激励，会导致或消除某种群体行为的产生。也就是说，激励不仅仅直接作用于个人，而且还间接影响其周围的人。激励有助于形成一种竞争气氛，对整个组织都有着至关重要的影响。

4. 激励有助于将员工的个人目标与组织目标相统一

个人目标和个人利益是员工行动的基本动力，它既与组织目标和组织利益有一致性，也存在着诸多差异。当两者发生背离时，个人目标往往会干预组织目标的实现。激励的功能就在于以组织目标和组织利益的满足为基本作用力，引导员工把个人目标统一于组织目标，将个人利益和组织利益相协调，推动员工为完成组织目标作出贡献，从而促进个人目标和组织目标的实现。

相关链接

美国哈佛大学的心理学家威廉·詹姆斯在对职工的激励的研究中发现，按时计酬的职工仅能发挥其能力的 $20\%\sim30\%$。而受到充分激励的职工其能力可发挥到 $80\%\sim90\%$，甚至更高。这就是说，同样一个人在通过充分激励后所发挥的作用相当于激励前的 $3\sim4$ 倍。由此他得出一个公式：工作绩效＝能力×动机激发。这就是说，在个体能力不变的条件下，工作成绩的大小取决于激励程度的高低。激励程度越高，工作绩效越大；反之，激励程度越低，工作绩效就越小。

资料来源：李品媛. 管理学[M]. 大连：东北财经大学出版社，2005.

第二节 人性假设及有关理论

一、人性假设

从激励的定义不难看出,激励是针对人的行为动机而进行的工作,激励的对象主要是人。因此在开展激励工作之前,管理者首先要正确地认识人,这正如人们操纵一台机器之前必须首先了解它的工作原理一样。作为管理者,他的人性观以及他对被管理者人性方面的基本认识,决定着他将追求的目标、为实现目标可能采取的行为以及对被管理者所采取的基本态度。

人究竟是为了什么样的利益而采取行动呢?不同时期的管理学者和组织行为研究者们都提出了各自的见解,从而形成了不同的人性假设观点。

(一)"经济人"假设

1. "经济人"假设的主要观点

"经济人"假设认为:组织中人的行为的目的是追求自身利益,工作动机是为了获得经济报酬,人的行为主要是由经济因素推动和激发的,个人在组织中处于被动的、受控制的地位。这是对人性的一种早期的、传统的认识。

2. "经济人"假设在管理中的应用

基于这种人性假设的管理者采取了"命令与统一""权威与服从"的管理方式,采用软硬兼施的管理方法,即"胡萝卜加大棒"。

依据"经济人"假设的观点,管理者激励下属的主要手段就是"胡萝卜加大棒",即运用奖励和惩罚的手段来激发和诱导人们按组织或管理者所期望的方式来行事,做出组织或管理者所要求的行为。他们把被管理者看成是物件一样,忽视人的自身特征和精神需要,只满足其物质和安全的需要,把金钱看作主要的激励手段,把惩罚作为有效的管理方式。需要指出的是,亚当·斯密最先提出了"经济人"假设的思想,泰勒则把"经济人"假设作为其科学管理体系的基石,他的一切管理制度,都着眼于如何根据工人的劳动量给予恰当的报酬。

(二)"社会人"假设

1. "社会人"假设的主要观点

这种观点认为:人不只是为经济利益而存在的,人还有社会方面的需求,即人是"社会人"。所谓社会人是指人在进行工作时,将物质利益看成次要的因素;人们更重视的是和周围人的友好相处,满足社会和归属的需要。把人看作社会人是根据霍桑实验提出来的,是一种初期的人际关系论的思想。其基本内容为:交往的需要是人们行为的主要动机,也是人与人的关系形成整体感的主要因素。如果工人在企业、家庭、社会中与他人关系不协调,其工作情绪就会受影响。

2. "社会人"假设在管理中的应用

与根据"经济人"假设的管理方式完全不同,基于"社会人"假设的管理方式强调除了应注意工作目标的完成外,更应注意从事工作的人们的要求。管理者要重视员工在社会交往方面的需要,关心和体贴员工,重视人们之间的社会交往关系,通过培养和形成组织成员的归属感来调动人的积极性,以此促进生产率的提高。应该说"社会人"假设比"经济人"假设更贴近组织中员工的心理现状。

(三)"自我实现人"假设

1. "自我实现人"假设的主要观点

"自我实现人"的假设是美国管理学家、心理学家马斯洛提出的。所谓自我实现,是指人们除了社会需要之外,还有一种想充分运用自己的各种能力、发挥自身潜力、实现自己理想的欲望。这种观点认为:人除了有社会交往需要外,还有充分发挥自己能力等多种不同层次的需求,具有自我激励、自我指导和自我控制的特征,人们要求提高自己和发展自己,期望获取个人的成功。

2. "自我实现人"假设在管理中的应用

基于"自我实现人"假设,管理者的任务就是把人当作宝贵的资源来看待,通过提供富有挑战性的工作,使人的个性不断成熟并体验到工作的内在激励。而一旦工作被设计得富有意义、具有吸引力,足够引起人们的成就感,那么按照"自我实现人"假设,人就可以在高强度的自我激励之下,不需要借助其他外来的激励力,自动、自愿地将自己的才能发挥出来,为组织作出贡献。可以说,彼得·德鲁克的目标管理中对人的认知就属于"自我实现人"假设。

(四)"复杂人"假设

1. "复杂人"假设的主要观点

"复杂人"假设是20世纪60年代末70年代初以后出现的一种体现权变思想的人性观。他们认为上述三种假设对人的本性的看法过于简单化和一般化,其实人性是复杂多变的。"复杂人"假设认为现实组织中存在着各种各样的人,工作动机不仅因人而异,而且一个人在不同的年龄、时间、地点,其工作动机也会有所不同。

2. "复杂人"假设在管理中的应用

依据"复杂人"假设的观点,管理者必须具体了解不同员工在需要和能力方面存在的差异,并按照不同人的不同情况,采取相应的激励方法,才能取得预期的效果。由于"复杂人"假设强调对人性的认识要根据具体情况具体分析,因此对实际工作具有更强的实用价值。这种针对不同的人和不同的情况采取不同的管理方式的观点,是权变管理理论的研究基础。

在上述4种人性的假设所提出的管理主张和管理措施中,有许多观点至今对世人仍有借鉴作用。"经济人"假设提出的工作方法标准化、制定劳动定额、实行有差别的计件工资、建立严格的管理制度等,至今仍是管理的基础工作;"社会人"假设提出的尊重人、关心人、满足人的需要,培养员工的归属感、整体感,主张实行参与管理等至今仍有现实意义;"自我实现人"假设提出给员工创造一个发挥才能的环境和条件,重视人力资源的开发,重视内在奖励等,这些都是现代管理应遵循和坚持的基本原理和原则;"复杂人"假设提出的因人、因事、因时而异的管理,是具有辩证思想的管理原则。

二、从 X 理论和 Y 理论到 Z 理论

对人性不同的看法和假设,引出了各种管理理论和方法。这些理论从考察管理者和其他人关系这一基本问题着手来探讨领导行为,形成了 X 理论、Y 理论以及超 Y 理论等。

道格拉斯·麦格雷戈
(Douglas M. McGregor)

(一) X 理论和 Y 理论

X 理论和 Y 理论是由在美国哈佛大学和麻省理工学院长期从事心理学与科研工作的教授道格拉斯·麦格雷戈(Douglas M. McGregor,1906—1964)提出的。他围绕人的本性论述了人类行为的规律及其对管理的影响。

1. X 理论

X 理论是对传统管理的人性假设的概括。其主要观点是:

(1) 多数人天生是懒惰的,只要有可能,他们便会尽量逃避工作。

(2) 多数人没有雄心大志,不愿承担任何责任,心甘情愿受别人领导。

(3) 多数人的个人目标都是与组织目标相矛盾的,所以必须用强制、惩罚的办法才能迫使他们为达到组织的目标而工作。

(4) 多数人工作都是为了满足基本的需要,只有金钱和地位才能鼓励他们工作。

根据 X 理论,人的一切行为都是为了最大限度地满足自己的利益,工作的动机是为了获得经济报酬。可见,X 理论集中概括了"经济人"假设的特点。因此,

组织就以权力与控制体系来保护组织本身及引导员工,以经济报酬来使人们服从和做出绩效。麦格雷戈认为,在物质条件已经改善、人的基本的生理需求已经获得满足、工作环境已经有较大改进的现代社会中,再用 X 理论对待人并施以严格的管理,显然就难以收到预期的效果,于是麦克雷戈又提出与 X 理论相反的假设,即 Y 理论。

2. Y 理论

与 X 理论相反,Y 理论的主要观点是:

(1) 一般人是勤奋的,如果环境条件有利,工作就如同游戏或休息一样自然。

(2) 外来的控制和惩罚不是实现组织目标的唯一手段,人们在执行任务中能够自我指导和自我控制。

(3) 人是有责任心的,在适当的条件下,人们不仅会接受和承担一定的责任,而且还会主动追求责任。

(4) 大多数人在解决组织的各种问题时,能发挥出较丰富的想象力和创造性。

(5) 人的自我实现的要求与组织需要的行动之间是没有矛盾的,对目标执著追求而取得成功本身就是一种报酬。

(6) 在现代社会条件下,一般人的智能潜力只得到了部分的发挥。

Y 理论实际是以积极的态度来看待人,注意发挥人的主观能动作用。因此,Y 理论是与马斯洛的"自我实现人"假设相对应的。

麦格雷戈认为,Y 理论是管理人员应坚持的哲学。他指出,按 X 理论来进行管理的传统方式,需要向体现 Y 理论观点的新模式转变。需要指出的是,尽管麦格雷戈认为管理方式应向新模式转变,但他并不是否定 X 理论,不是说 X 理论和 Y 理论哪一个绝对正确或哪一个绝对错误,一切取决于管理对象和环境的特点。

(二) 超 Y 理论

在麦格雷戈提出 X 理论和 Y 理论之后,美国的管理学家洛希(Jay W. Lorsch)和莫尔斯(John J. Morse)对此进行了实验并提出了超 Y 理论。他们选了两个工厂和两个研究所作为实验对象,其中一个工厂和一个研究所按照 X 理论实施严密的组织和监督管理;另一个工厂和研究所则按照 Y 理论实施松弛的组织和参与式管理,并以诱导鼓励为主。实验结果表明,采用 X 理论的组织和采用 Y 理论的组织都有效率高和效率低的。可见,Y 理论不一定比 X 理论好。他们认识到,组织中有效的领导方式应该依组织成员的素质而定。由此他们提出了"超 Y 理论"。超 Y 理论的主要观点是:

(1) 人们加入组织的需要和目的是不同的。有人需要明确的规章制度,不喜欢参与决定和承担责任;有人却不怕承担更多的责任,需要有更多的发挥个人创造性的机会。

(2) 组织的目标、工作性质、员工的素质等影响组织的结构和管理方式。所以应采取权变的方式确定组织结构和管理层次、员工的培训和工作分配、工资报酬和控制程度等,使之与工作性质和员工素质相适应。

(3) 要使工作性质与从事工作的人们的需要相结合,采取适当的组织形式和领导方式。

(4) 一个目标达到后,会激起员工的胜任感和满足感,激发他们为达到新的更高的目标而努力。

超 Y 理论认为,管理方式要由工作性质、成员素质等来决定。不同的人对管理方式的要求不同。有的人希望有正规化的组织与规章条例来要求自己的工作,而不愿去承担责任,这种人欢迎 X 理论指导管理工作。有的人却需要更多的自治和发挥个人创造性的机会,这种人则欢迎以 Y 理论为指导的管理方式。在工作方面,任务明确、易于测定的工作适用 X 理论指导管理;而任务复杂且不明确、不易测定的工作用 Y 理论进行管理将会取得较高的效率。

根据超 Y 理论,某一种人性假设不能适用于一切人。由于人是复杂的,人的需要随着各种变化而变化,因此要求管理者根据不同的人,因人因时而异,灵活采取不同的管理措施,即用"权变理论"作指导,来达到激励人的目的。

(三) Z 理论

1981 年,美国加州大学教授日裔美籍学者威廉·大内(William Ouchi)把美国型的企业组织和日本型的企业组织做了对比,综合美、日企业的长处后设计了所谓 Z 型企业组织模型,并相应地提出了 Z 理论。其基本出发点是,以前的理论都是在假设管理部门和员工分离甚至对立这一前提下提出的,而 Z 理论则认为企业管理当局同员工的利益是一致的,所以能把两者的积极性融为一体,该理论的主要观点是:

(1) 企业对职工的雇佣应该是长期的而不是短期的。企业在经济不佳或遇到困难的情况下,一般不采取解雇职工的办法,而是动员大家"节衣缩食"共渡难关。

(2) 上下结合制定决策。鼓励职工参与企业管理工作、关心企业的利益和前途。

(3) 实行个人负责制。要求基层管理人员不机械地执行上级的命令,而要敏锐地体会上级命令的实质,创造性地执行。

(4) 上下级关系要融洽。企业管理当局要处处显示对职工的全面关心,使职工心情舒畅、愉快。

（5）对职工要进行全面的培训,使职工有多方面的工作经验。

（6）评价与稳步提拔。强调对职工进行长期而全面的考察,不以"一时一事"为根据对职工的表现擅下结论。

（7）控制机制要较为含蓄,而且不必太正规,但检测手段要明确而又正规。

不同的管理环境需要有不同的管理模式。Z理论的观点正是与日本的社会、经济、文化背景相适应的,所以,这种管理模式在日本取得了成功。

温馨提示

各国的社会文化背景具有较大差异,实际生活中的人也千差万别,绝不是用几种类型就能简单归纳的。实践证明偏信某种人性假设或理论都可能会陷入误区。但是也应该看到,这些人性假设理论对管理工作还是具有很大的启示和帮助作用的,至少每种假设都给管理者提供了一种识别人们需要的重要标准。综合这些假设,可以把以下两点认识作为激励工作的依据。

（1）人的需求是复杂的。人的需求是多样而复杂的,有经济的、社会的等,因此,不能单纯地将人当作经济人、社会人、自我实现的人来对待,人在不同程度或不同时期,这些特性可能都具备,所以如何全面、综合地识别人的需求,成了激励工作中的重要问题。

（2）人的需求是变化的。人的需求是因人而异、因时而异的,是处在变化中的,这就使得在激励过程中对人的需求的引导和改变成为可能。

第三节　激励理论

自从管理理论产生以来,特别是20世纪50、60年代行为科学管理理论产生后,众多心理学家、社会学家和管理学家从不同的角度研究了如何激励人的问题,并提出了许多有关激励的观点、模型与方法,逐渐构造起当代激励理论体系。这些激励理论可以归纳划分为三大理论群,即内容型激励理论、过程型激励理论和行为改造型激励理论。

内容型激励理论主要从行为动机的内在驱动力——需要的角度出发来研究激励问题,其研究的重点放在研究人的需要类型及其相互关系上,这方面的杰出代表包括马斯洛的需要层次理论和赫兹伯格的双因素理论等。过程型激励理论则重点讨论诱因与行为的关系,即从激励手段的有效性来讨论激励问题,有期望理论、公平理论等。行为改造型激励理论主要从行为的结果出发来研究行为是否受到激励,有强化理论、归因理论等。

一、内容型激励理论

内容型激励理论是最基础的激励理论,主要研究激励的内容构成,是研究激励过程的初始阶段,即人们的需要部分,着重研究激励对象的未满足需要的种类。它主要包含四种类型:马斯洛的需要层次理论、赫兹伯格的双因素理论、麦克利兰的成就需要理论、奥尔德弗的 ERG 理论。

(一)马斯洛的需要层次理论

需要层次理论(Hierarchy of Needs Theory)是由美国心理学家亚伯拉罕·哈罗德·马斯洛(Abraham Harold Maslow)在 1943 年所著的《人的动机理论》一书中提出来的,因而也称为马斯洛需要层次理论。马斯洛提出,人类都是有需要的,其未满足的需要产生他们工作的动机,也是激励他们工作的因素。这些需要又是以层次的形式出现的,由低级到高级分为五个层次。1954 年马斯洛又

亚伯拉罕·哈罗德·马斯洛
(Abraham Harold Maslow)

在《激励与个性》一书中提出了求知和求美两个层次的需要,进而把人的需要层次划分为七个层次,但一般在提到需要层次理论时,主要都强调五个层次。

需要层次理论主要试图回答这样的问题:决定人的行为的尚未得到满足的需要是什么。通过对需要的分类,他找出了人类一般的需要层次及对人进行激励的途径,即激励可以看成对具体的社会系统中未满足的需要进行刺激的行为过程。

1. 需要层次理论的内容

(1)两个基本论点。第一个基本论点是人是有需要的动物,其需要取决于他已经得到了什么、还缺少什么,只有尚未满足的需要能够影响行为。换言之,已经得到满足的需要不再起激励作用。另一个基本论点是人的需要都是有层次的,某一层次的需要得到满足后,另一层次的需要才会出现。在这两个基本论点的基础上,马斯洛认为,在特定的时刻,人的一切需要如果都未能得到满足,那么满足最主要的需要就比满足其他需要更迫切。只有前面的需要得到充分的满足后,后面的需要才显示出其激励作用。

（2）需要的五个层次。马斯洛认为每个人都有五个层次的需要：生理的需要、安全的需要、社交的需要、尊重的需要、自我实现的需要，如图10-2所示。

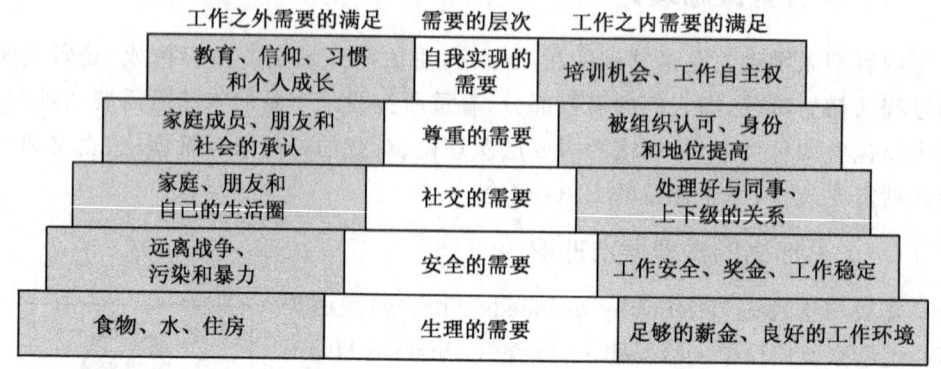

图10-2 马斯洛需要层次

第一层需要为生理的需要，是指一个人对生存所需要的衣、食、住等基本的生活条件的需要。在一切需要中，生理的需要是人类生存最基本的需要，当一个人什么也没有时，首先要求满足的就是生理的需要。在组织环境中，这些需要表现为对足够的食物、空气和基本工资的需要，以维持人的生存。这是动力最强大的需要，如果这些需要得不到满足，人类就无法生存，也就谈不上其他的需要。

第二层需要为安全的需要，是指保护自己免受身体和情感伤害的需要。这种需要体现在社会生活中是多方面的，如要求摆脱失业的威胁，要求在生病及年老时生活有保障，要求工作安全并免除职业病的危害，希望解除严格的监督以及不公正的待遇，希望免除战争和意外的灾害，等等。

第三层需要为社交的需要，也称感情和归属方面的需要，是指包括对社会交往、友谊、情感以及归属感等方面的需要。人是社会人，他需要与社会交往，希望成为"社会的一员"，否则就会郁郁寡欢。在组织里，社交的需要表现为人们希望与同事建立良好的人际关系，参与团队工作，与上级友好相处等。这种需要比前两种需要更细致，需要的程度因每个人的性格、经历、受教育程度不同而不同。这一层次的需要得不到满足，可能会影响人精神上的健康。

第四层需要为尊重的需要，是指希望自己有稳固的地位、得到别人高度的评价或为他人所尊重。它包括两个方面：一是内在的尊重要求，如自尊、自主等；二是外在的尊重要求，如社会地位、社会认可、受他人尊敬等。在组织中，这种需要体现为期望有一定的地位以及职责的扩大、对组织有一定的贡献并获得相应的荣誉等。这一层次的需要一旦得以满足，必然信心倍增；否则就易产生自卑感。

第五层需要为自我实现的需要，这是最高一级的需要，是指个人成长与发展，发挥自身潜能、实现理想的需要。即希望成为自己所期望的人,在工作上有所成就,在事业上有所建树,实现自己的理想或抱负。组织可以通过多种途径来满足员工自我实现的需要,如提供良好的职业规划、给予发挥创造力的机会、加强培训等等。自我实现需要会产生巨大的动力,使其努力去实现目标。

(3) 需要层次的分类。马斯洛还将这五个层次的需要划分为高、低两级。生理的需要和安全的需要称为较低层级的需要,而社交的需要、尊重的需要与自我实现的需要称为较高层级的需要。区分这两个层级基于这样的基础:较高层级的需要通过个体内在的内容使人得到满足,是内在性需要;较低层级的需求则主要通过外部使人得到满足,是外在性需要,如报酬、任职时间、安全福利等这些内容是通过外部的给予使人得到满足的。

马斯洛指出,人在每个时期都有一种需要占主导地位,其他需要处于从属地位,启发管理者在管理中要了解员工的主导需要。人都潜藏着这五种不同层次的需要,但在不同的时期表现出来的各种需要的迫切程度是不同的。人的最迫切的需要才是激励人行动的主要原因和动力,我们称之为主导需要。主导需要决定着人的行为,人的需要是从外部得来的满足逐渐向内在得到的满足转化。低层次的需要基本得到满足以后,它的激励作用就会降低,其优势地位将不再保持下去,高层次的需要会取代它成为推动行为的主要原因。需要一经满足,便不能成为激发人们行为的起因,于是被其他需要取而代之。高层次的需要比低层次的需要具有更大的价值。

2. 需要层次理论的贡献

马斯洛的需要层次理论第一次从理论上系统地阐述了人的需要与行为之间的关系,把人的需要看作是多层次的动态系统,反映了人的需要由低级到高级发展的趋势等,为管理者调动员工积极性方法的运用指明了方向,即要求管理者将对人的需要的重视和关心作为做好激励工作的永久出发点。马斯洛从人的需要出发探索人的激励和研究人的行为,抓住了问题的关键;马斯洛指出了人的需要是从物质到精神、由低级向高级不断发展的,这一趋势基本上符合需要发展的规律。因此,需要层次理论对管理者如何有效地调动人的积极性有启发作用。

3. 需要层次理论的不足

马斯洛的需要层次理论概括了人的基本需要层次,无论在理论上还是在实践中都具有相当重要的价值,为激励理论的研究奠定了基础。但随着激励理论研究的深入,有些学者对此提出了批评。

(1) 马斯洛把五个层次的需要看作人类生而俱有的,把自我发展看成是个体人的自然成熟过程,完全否认社会实践活动对人成长的决定性影响,带有唯心色彩。

(2) 马斯洛的需要发展观带有一定的机械主义色彩。他认为需要的发展是逐层递进的,只有低层次需要得到满足之后,高层次需要才会显现。实际上,人的需要的发展很复杂,人有主观能动性能自主调整需要的结构和内容。

4. 需要层次理论对管理工作的启示

从马斯洛的需要层次理论,我们可以得到启示:没有满足的需要是激励的开端,而需要的满足则是激励过程的完成。可见,需要是人类行为的出发点、基础和最根本的原因。管理者只有了解了员工的需要以及员工之间需要的差异,然后有针对性地采取管理措施,才能收到良好的激励效果,充分调动员工的工作积极性。表 10-1 列出了不同层次的需要在企业中的具体应用。

表 10-1 需要层次在企业中的应用

需要层次	激励因素(追求的目标)	应 用
生理的需要	工资和奖金 各种福利 工作环境	足够的薪金、舒适的工作环境、适度的工作时间、住房和福利设施、医疗保险等
安全的需要	职业保障 意外事故的防止	雇佣保证、退休养老金制度、意外保险制度、安全生产制度、危险工种营养福利制度等
社交的需要	友谊 团体的接纳 组织的认同	建立和谐的工作团队、建立协商和对话制度、互助金制度、联谊小组、教育培养制度等
尊重的需要	名誉和地位 权力和责任	人事考核制度、职衔、表彰制度、责任制度、授权等
自我实现的需要	能发挥个人特长的环境 具有挑战性的工作	决策参与制度、提案制度、破格晋升制度、目标管理、工作自主权等

(二) 赫兹伯格的双因素理论

双因素理论,又称激励—保健因素理论(Motivation-hygiene Theory),是由美国心理学家弗雷德里克·赫兹伯格(Frederick Herzberg,1923—2000)于 20 世纪 50 年代后期提出的。赫兹伯格及其同事在匹兹堡地区对一些工商业机构中的 203 位工程师和会计师进行了工作满意感方面的访问调查,要求他们详细回答"什么情况下你对工作特别满

弗雷德里克·赫兹伯格
(Frederick Herzberg)

意""什么情况下你对工作特别不满意"等问题。他们按满意与不满意的因素对调查结果作了综合分析,结果表明,与对工作不满相关的因素和与对工作满意相关的因素截然不同。据此,他们提出了双因素理论。

1. 双因素理论的基本内容

首先,赫兹伯格提出了新的工作满意感观点。传统观点认为,满意的对立面就是不满意。赫兹伯格指出满意的对立面应该是没有满意,而不是不满意;不满意的对立面应该是没有不满意,而不是满意。满意—不满意观点的对比如图10-3所示。

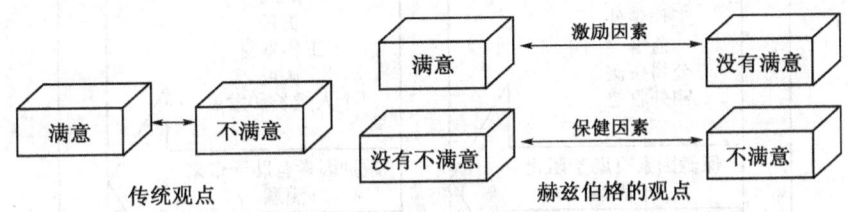

图10-3 满意—不满意观点的对比

其次,调查发现,导致工作满意的因素与导致工作不满意的因素是有区别的。使人们感到满意的因素往往与工作本身的特点和工作内容有关,如成就、赏识、工作挑战性等。这类因素能提高人们的工作积极性,称之为激励(Motivator)因素。与激励因素有关的工作处理得好,能够使人们产生满意情绪;如果处理不当,其不利效果顶多只是没有满意情绪,而不会导致不满。使人们感到不满意的因素主要是与工作环境或外部因素有关,如公司政策与行政管理、工作的环境条件、薪金等。这些因素的缺少会引起不满和消极情绪,如果改进则能预防和消除不满,不能直接起到激励作用,就像卫生保健对身体健康所起的作用一样,因而将其称为保健(Hygiene)因素。保健因素处理不好,会引发对工作的不满情绪;处理得好可以预防或消除这种不满。但这类因素并不能对员工起激励的作用,只能起到保持人的积极性、维持工作现状的作用,因此保健因素又称维持因素。

再次,调动人的积极性首先要注意保健因素,防止因员工的不满情绪带来的负激励。但更要注意发挥激励因素的作用,切忌将激励因素降低为保健因素。激励因素与保健因素不存在严格的界限,不同国度、不同组织、不同成员以及同一组织在不同时期,两类因素的内容都是有所差异的,应具体问题具体分析。

最后,保健因素有时也能起到一定的激励作用,属外在激励;而激励因素如工作本身给人的激励属内在激励。

赫兹伯格的双因素理论(见图10-4)和马斯洛的需要层次理论是密切相关的。它们既有联系,又有区别。需要层次理论针对人类的需要和动机;而双因素理论则针对满足这些需要的目标和诱因。将两者结合起来看,保健因素相当于需要层次中的低层次需要,这些需要的满足仅能消除不满,不能导致满意;激励因素则相当于需要层次中的高层次需要,这类需要的满足才能真正导致满意感,真正有效、持久、充分地激励人们。

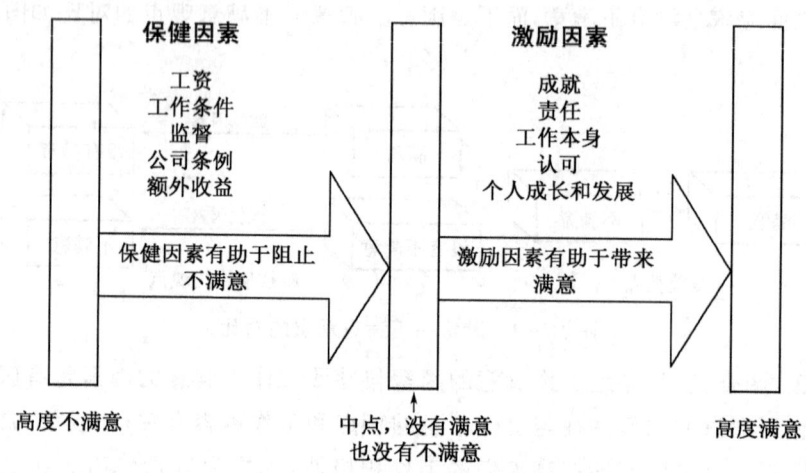

图10-4 赫兹伯格的双因素理论

2. 赫兹伯格的双因素理论对管理工作的启示

根据赫兹伯格的双因素理论,管理者的任务就是要消除员工的不满意因素,即提供足以满足人们基本需要的保健因素,然后再运用激励因素来满足员工较高层次的需要,进而推动员工达到更好的工作业绩,同时获得更大的满足感。

(1) 采取了某项激励的措施并不一定就带来满意,要提高员工的积极性首先得注意保健因素,以消除员工的不满、怠工和对抗,但保健因素并不能使员工变得非常满意,也不能激发他们的工作积极性,所以更重要的是要利用激励因素来激发员工的工作热情和工作效率。因此,管理者如果只考虑到保健因素而没有充分利用激励因素,就只能使员工感到没有不满意,却不能使员工变得非常满意,这样组织就很难创造一流的业绩。

(2) 工资和奖金并不仅仅是保健因素,工资和奖金的多少关系个人的切身利益和自身价值的实现,如果运用得当,也会表现出明显的激励作用。在管理实践中,欲使奖金成为激励因素,必须使奖金与员工的工作绩效相联系。如果采取不讲部门和员工绩效的平均主义"大锅饭"做法,奖金就会变成保健因素,奖金发得再多也难以起到激励的作用。

（3）双因素理论是在美国的社会和文化背景下提出的，与我国的国情不尽相同，因而，在管理中，管理者在对员工进行激励时，必须考虑这种文化差异，因地制宜，制定有效的激励措施和采取有效的激励手段。

（三）麦克利兰的成就需要理论

马斯洛的需要层次理论和赫兹伯格的双因素理论这两种激励理论出现于20世纪50年代，对它们的一些明显不足之处进行补充，一般认为就构成了当代激励理论。在激励的内容理论方面，有一种较有名的理论，就是我们要介绍的第三种激励理论——成就需要理论。

美国心理学家戴维·麦克利兰（David C. McClelland）及其学生们对成就需要这一因素做了大量研究，提出了三种需要理论（Three Needs Theory），一般也称成就需要理论。该理论主要研究在人的生理需要基本得到满足的条件下，人还有哪些需要。麦克利兰认为，人们在生理需要得到满足后，还有三种基本需要，即成就需要、权力需要和社交需要。经过大量研究，麦克利兰对这三类基本需要作了以下的描述：

戴维·麦克利兰
(David C.McClelland)

1. 成就需要（Need for Achievement）

成就需要是指争取成功，希望做到最好的需要。麦克利兰认为，具有强烈的成就需要的人渴望将事情做得更为完美，提高工作效率，获得更大的成功。他们追求的是在争取成功的过程中克服困难、解决难题、努力奋斗的乐趣以及成功之后的个人成就感，他们并不看重成功所带来的物质奖励。个体的成就需要与他们所处的经济、文化、社会、政府的发展程度有关，社会风气也制约着人们的成就需要。

2. 权力需要（Need for Power）

权力需要是指影响或控制他人且不受他人控制的需要。权力需要是影响和控制别人的一种愿望或驱动力。不同人对权力的渴望程度也有所不同。权力需要较高的人对影响和控制别人表现出很大的兴趣，喜欢对别人发号施令，注重争取地位和影响力。他们常常表现出喜欢争辩、健谈、直率和头脑冷静，善于提出问题和要求，喜欢教训别人并乐于演讲。他们喜欢具有竞争性和能体现较高地位的场合或情境，他们也会追求出色的成绩，但他们这样做并不像高成就需要的人那样是为了个人的成就感，而是为了获得地位和权力，或与自己已具有的权力和地位相称。权力需要是管理成功的基本要素之一。

3. 归属需要(Need for Affiliation)

归属需要是指建立友好亲密的人际关系的需要。归属需要就是寻求被他人喜爱和接纳的一种愿望。归属需要强的人更倾向于与他人进行交往,至少是为他人着想,这种交往会给他带来愉快。归属需要者渴望亲和,喜欢合作而不是竞争的工作环境,希望彼此之间的沟通与理解,他们对环境中的人际关系更为敏感。有时,归属需要也表现为对失去某些亲密关系的恐惧和对人际冲突的回避。归属需要是保持社会交往和人际关系和谐的重要条件。

成就需要理论是对需要层次理论的补充与发展,深入探讨了高层次需要的内容与作用。成就需要理论对于帮助我们理解高成就需要者的特征及管理者如何提高下属的成就愿望方面是非常有用的。麦克利兰认为在对员工实施激励时需要考虑这三种需要的强烈程度,以便提供能够满足这些需要的激励措施。对成就动机高的个人应在其工作中提供个人的责任感、承担适度风险以及及时的工作情况反馈;选择高权力需要者作为组织的管理者,从而提高管理的有效性;根据员工的合群需要特征来安排工作,可提高工作效率。

实际上,人们在不同程度上都有以上三种需要,但各种需要的强弱程度则因人而异,理想的管理者应是三种需要兼备的。但麦克利兰的调查对象是物质生活条件较好和社会地位较高的人,将其结论推广有一定的局限性。

(四)奥尔德弗的 ERG 理论

在马斯洛提出需要层次理论以后,美国耶鲁大学的著名学者克雷顿·奥尔德弗(Clayton Alderfer)又提出了另一种需要层次理论,被称为 ERG 理论(Existence:生存,Relatedness:关系,Growth:成长)。

克雷顿·奥尔德弗
(Clayton Alderfer)

该理论把马斯洛的需要层次理论压缩为三个层次:生存需要,包括一切物质和生理上的欲望,它和马斯洛的生理的需要和安全的需要相对应;关系需要强调了人们和社会环境的联系,包括与感兴趣的人发展关系,它和马斯洛理论中的社交的需要和尊重的需要相对应;最高层次的成长需要主要是指所有努力改善自身环境的需要,它包括了自尊的需要和自我实现的需要。这些需要,不仅有先天因素,也有后天因素。

ERG 理论假设激励行为是遵循一定的等级层次的,在这点上虽和马斯洛提出的论点相类似,但它又有两个重要的区别:

第一,ERG 理论认为在任何时间里,多种层次的需要会同时发挥激励作用。所以它承认人们可能同时受赚钱的欲望(生存需要)、友谊(关系需要)和学习新技能的机会(成长需要)等多种需要的激励。

第二,ERG 理论明确提出了"气馁性回归"的概念。马斯洛理论认为人的低层次需要得到满足后,就会上升出现更高层次的需要,受高层次需要的激励。可是奥尔德弗认为,如果上一层次的需要一直得不到满足的话,个人就会感到沮丧,然后回归到对低层次需要的追求。如有人在工资水平达到一定程度后(生存需要得到了满足),就希望能和同事伙伴们建立更深层的友谊来满足关系需要。但不管什么理由,假如他发现在单位中不能成为他人的好朋友,最终他会有受挫感而回归到追求更多的金钱,为生存的需要所激励(见图 10-5)。所以人类的行为很难预测。

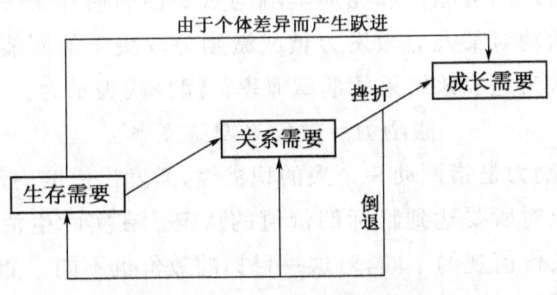

图 10-5　奥尔德弗的 ERG 理论

ERG 理论较之马斯洛的需要层次理论来说相对更灵活、更有效地解释了组织中的激励问题。当然,管理人员不应只局限于用一两个理论来指导他们对职工的激励工作。但通过对内容型激励理论的学习,应该看到个人的需要重点是不同的,当某种需要得到满足后,人们可能会改变他们的行为。因此,激励时应注意人的不同需要,注意激励手段的多样化。

二、过程型激励理论

内容型激励理论探讨研究的是什么因素会激发人的动机,只是确定内心的需要会引导行为,但没有解释这当中包含的思考过程。过程激励理论探讨研究的是动机被激发后,如何选择行为并实现行为目标。也就是说,过程激励理论要关注被激励后的行为过程。侧重研究激励过程的理论有弗鲁姆的期望理论、亚当斯的公平理论和波特-劳勒激励模型等。

（一）弗鲁姆的期望理论

1964年，美国心理学家维克托·弗鲁姆（Victor H. Vroom）在他的《工作与激励》一书中，首先提出了期望理论（Expectancy Theory），这种理论一出现，就受到国内外管理学家和管理工作者的普遍重视。目前，人们已经把期望理论作为最主要的激励理论之一。

维克托·弗鲁姆
(Victor H. Vroom)

1. 期望理论的基本内容

期望理论的基本观点是：只有当人们预期到某一行为能给他们带来有吸引力的结果时，人们才会采取特定的行动。有效的激励取决于个体对完成工作任务以及获得预期奖赏的期望，人就是根据他对某种行为结果实现的可能性和相应奖酬的重要性的估计来决定其是否采取某种行为的。某一活动对某人的激发力量或激励力取决于他所能得到结果的全部预期价值乘以他认为达成该结果的期望概率。用公式表示为：

$$激励力 = 效价 \times 期望概率$$

该公式中，激励力是指调动一个人的积极性，激发出人的内部潜力的强度；效价是指被激励对象对所要达到目标的价值的认定。在实际生活中，对同一目标，不同的人由于个人价值观的不同，对这一目标的效价也不同。如对于晋升职务这一目标，喜欢当官的人希望通过努力工作得到提拔，晋升职务这一目标在他心目中的效价就高；有人对当官不感兴趣，晋升职务这一目标在他的心目中效价就低。期望概率是指被激励对象对目标能够实现的可能性大小的估计。

该公式实际上提出了管理者在进行激励时要处理好三方面的关系，这些也是调动人们工作积极性的三个条件。

第一，努力与绩效的关系，即个人感到通过一定程度的努力可以达到某种绩效水平的可能性，如销售人员衡量通过自己的努力是否可以争取到更多的订单的可能性。一个人往往是根据过去的经验来判断一定行为能够导致某种结果或满足某种需要的可能性的大小的。如果个人主观认为通过自己的努力达到预期目标的可能性较高，就会有信心，就可能激发出很强的工作动力。但是如果他认为目标太高，通过努力也不会有很好的绩效时，就失去了内在的动力，导致工作消极。

第二，绩效与奖励的关系，即个人相信达到一定绩效水平后即可获得组织奖励的可能性。如销售员争取到一定数量的订单后是否能得到组织给予的奖励，包括物质奖励和个人地位提升等的可能性。如果他认为取得绩效后能够获得合理的奖励，就有可能产生工作热情；否则就可能没有积极性。

第三，奖励与满足个人需要的关系，即组织奖励可以满足个人目标或个人需要，潜在的奖励对个人具有吸引力。从效价这个指标可以反映这个问题。某人对某种结果越是向往，该结果对此人而言其效价就越大；如果这一结果对他来说无足轻重，他对结果也漠不关心，那么此结果的效价对他来说就越小；如果他害怕这一结果的出现，那么效价就是负值。因而对于不同的人，采用同一种办法给予奖励能满足的需要程度不同，能激发出来的工作动力也就不同。

可以说，弗鲁姆对于组织通常出现的这样一种情况给予了解释，即面对同一种需要以及满足同一种需要的活动，为什么不同的组织成员会有不同的反应：有的人热情高昂，而另一些人却无动于衷。这表明组织管理想收到预期的激励效果，要以激励手段的效价和激励对象获得这种满足的期望值都足够高为前提。只要效价和期望值中有一项的值较低，就难以使激励对象在工作岗位上表现出足够的积极性。

2. 期望理论对管理工作的启示

弗鲁姆的期望理论对于有效地调动人的积极性，具有一定的启发和借鉴意义。期望理论是在目标尚未实现的情况下研究目标对人的动机影响的。一个好的管理者，应该充分地研究目标的设置、效价和期望值对激发力量的影响。

（1）设置适当的目标，激发期望心理。根据弗鲁姆的期望理论，为了使激发力量达到最佳效果，首先应当注意目标的设置。心理学认为，恰当的目标能给人以期望，使人产生心理动力，从而激发起热情并且产生积极行为。在目标的设置时，还应该考虑以下四点：

第一，组织目标和员工个人目标的一致性。目标既有组织目标，又有个人所追求的目标。二者既有一致性，又有差异性。管理者要善于使员工的个人目标与组织目标结合起来，使组织目标能够包含员工更多的共同需求，使更多的员工能在组织目标中看到自己的切身利益，从而把组织目标的完成看成与自己休戚相关的事。

第二，目标的科学性。一般地说，目标应该带有挑战性，适当地高于个人的能力。但要注意，切不可使目标过高，以免造成心理上的挫折，失去取胜的信心；也不可使目标过低，以免鼓不起干劲，失去内部的动力。

第三，目标的阶段性。组织的总目标，往往使员工感到"遥远"，应该将总目标分成若干阶段性的小目标。一方面，小目标易于实现，从而能够提高员工的期望概率；另一方面，小目标便于通过信息反馈检查落实，从而能够实行有效的定向控制，逐步将员工导向既定的总体目标。

第四，目标的可变性。目标设立以后，一方面要认真执行；另一方面要根据情境的变化,做适当的修正或调整,使之更加符合变化了的主客观条件,更好地激励人们的积极进取精神。当然,也应注意不要轻易、频繁地调整目标。因为过于频繁的变化,容易降低目标在人们心目中的效价和期望值。所以,在一般情况下,应该维护目标的严肃性。

(2) 全面理解"效价"的作用。同样的目标,在不同人的心目中,往往会有不同的效价,这主要是由各人的理想、信念、价值观不同造成的,也与人的文化水平、道德观念、知识能力、兴趣爱好以及个性特点有关。要全面地理解"效价"的作用和意义。

组织和员工不能单纯地只看目标的价值"对自己有没有好处"或"对组织本身有没有好处",还应该看到目标的价值对社会有多少贡献。如果对效价的理解,仅仅局限于"对自己有没有好处",很容易使人走上追逐个人名利的邪路;如果对效价的理解只是"对组织本身有没有好处",就会把组织引向歧途。

(3) 帮助员工确立适当的期望值估计,调动积极性。期望值的估计,即对实现目标可能性大小的估计。对期望值的估计应该恰如其分。估计过高会盲目乐观,一旦实现不了,容易产生心理挫折;估计过低容易悲观泄气,会影响信心,放弃努力。因此管理者要善于帮助员工调整期望值。

对期望值的估计,人与人之间也存在着很大的差异,这主要与一个人的兴趣、愿望、知识、能力和生活经验等因素有关。一般来说,如果目标符合组织需要,又不脱离自身的实际,达到的可能性就大。在这种情况下,就要设法提高员工的期望值,鼓舞士气,增强信心。相反,如果目标违背发展规律,就要劝说和引导员工降低期望值,直至最终放弃这个目标。

为了实现组织目标,作为管理者或领导者,既要设法提高目标在员工心目中的效价,又要设法提高员工对目标的期望值。除此之外,还应该采取切实可行的措施,建立有效的保证体系。只有这样,才能从总体上提高实现目标的最大可能性。

(二) 亚当斯的公平理论

公平理论(Equity Theory)是美国心理学家约翰·斯塔西·亚当斯(John Stacey Adams)在1965年发表的《社会交换中的不公平》一书中首先提出来的,也称为社会比较理论。公平理论着重研究奖酬分配的公平性、合理性对员工工作积极性的影响。

这种理论的基础在于员工不是在真空中工作的,他们总是在进行比较,把自己的境况与他人的境况加以比较,把自己现在的境况与自己过去的境况加以比较,以此来判断自己的状况是否公平。比较的结果对于他们在工作中的努力程度有影响。大量事实表明,员工经常将自己的付出和所得与他人进行比较,而由此产生的不公平感将影响他们以后付出的努力。这种理论主要讨论报酬的公平性对人们工作积极性的影响。

1. 公平理论的基本内容

公平理论的基本观点是,当一个人做出了成绩并取得报酬以后,他不仅关心所得报酬的绝对值,而且关心自己所得报酬的相对值。即每个人不仅关心自己收入的绝对值,也关心自己收入所得与他人收入所得比较的相对值;或自己当前所得与以往所得比较的相对值。通过比较来确定自己所得报酬是否合理,比较的结果将直接影响其今后工作的积极性。亚当斯的公平理论如图10-6所示。

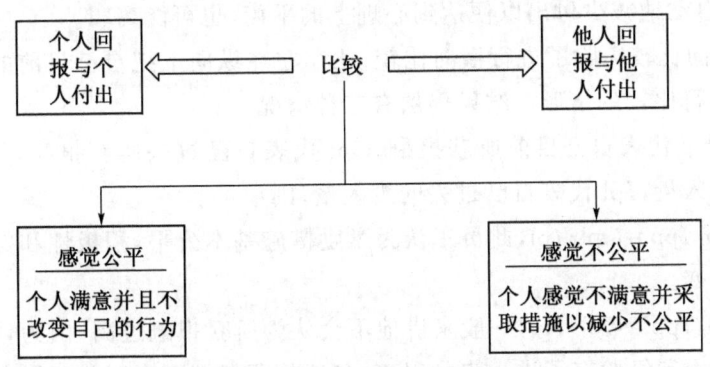

图10-6 亚当斯的公平理论

员工选择与自己进行比较的参照类型有三种,分别是"其他人""制度"和"自我"。"其他人"包括在本组织中从事相似工作的其他人以及别的组织中与自己能力相当的同类人,包括朋友、同事、学生甚至自己的配偶等。"制度"是指组织中的工资政策与程序以及这种制度的运作。"自我"是指自己在工作中付出与所得的比率。

对某项工作的付出(Inputs),包括教育、经验、努力水平和能力。通过工作获得的所得或报酬(Outcomes),包括工资、表彰、信任和升职等。

亚当斯用"公平指数"来描述员工在横向和纵向两方面对所获报酬的比较以及对工作态度的影响。用公式表示为:

$$Op/Ip=Ox/Ix \text{ 或 }; Op/Ip=Oh/Ih$$

在上式中,Op 表示对自己报酬的感觉;Ox 表示对他人报酬的感觉;Ip 表示对自己投入的感觉;Ix 表示对他人投入的感觉;Oh 表示对自己过去报酬的感觉;Ih 表示对自己过去投入的感觉。

(1) 横向比较。所谓横向比较,就是将"自我"与"他人"相比较来判断自己所获报酬的公平性,从而对此做出相对应的反应。

①如果这个等式成立,那么进行比较的员工会认为报酬是公平的,他可能会为此而保持工作的积极性和努力程度。

②如果该等式不成立,就有两种情况发生:一是 $Op/Ip>Ox/Ix$,说明此员工得到了过高的报酬或付出的努力较少。在这种情况下,一般来说,他不会要求减少报酬,而有可能会自觉地增加自我的付出。但过一段时间他就会因重新过高估计自己的付出而对高报酬心安理得,于是其产出又会回到原先的水平。如果 $Op/Ip<Ox/Ix$,则说明员工对组织的激励措施感到不公平。此时他可能会要求增加报酬,或者自动地减少付出以便达到心理上的平衡,也可能离职。

(2) 纵向比较。除了进行横向比较,还存在在纵向上把自己目前的状况与过去的状况进行比较的情形。结果仍然有三种情况。

如以 Opp 代表自己目前所获报酬,Opl 代表自己过去所获报酬,Ipp 代表自己目前的投入量,Ipl 代表自己过去的投入量,则:

① $Opp/Ipp=Opl/Ipl$,此员工认为激励措施基本公平,积极性和努力程度可能会保持不变。

② $Opp/Ipp>Opl/Ipl$,一般来讲他不会认为所获报酬过高,因为他可能会认为自己的能力和经验有了进一步的提高,其工作积极性不会因此而提高多少。

③ $Opp/Ipp<Opl/Ipl$,此时他认为很不公平,工作积极性会下降,除非管理者给他增加报酬。

上述分析表明,公平理论认为组织中员工不仅关心从自己的工作努力中所得的绝对报酬,还关心自己的报酬与他人报酬之间的关系。他们对自己的付出与所得和别人的付出与所得之间的关系进行比较,做出判断。如果发现这种比率和其他人相比不平衡,就会感到紧张,这样的心理是进一步驱使员工追求公平和平等的动机基础。

因此,一个人对工作的报酬是否满意,不仅受到报酬绝对值的影响,而且还受到报酬相对值的影响,同时还会受到这个相对值与可以比较的范围相对值的影响。只有当报酬公平时,组织结构才能保持稳定;否则,就会出现矛盾。

2. 公平理论对管理工作的启示

亚当斯的公平理论不仅就员工对自己所得奖酬比较后的心理状态作了详尽的描述,而且还对比较后可能引起的行为变化进行了预测。这些研究结果对管理者客观地评价工作业绩和确定合理的工作报酬以及敏锐地估计员工的行为是非常重要的。

(1) 最为重要的是管理者要尽可能公平地对待每一个员工。公平与否源于个人的感觉。人们在心理上通常会低估他人的贡献，高估别人的所得，如果员工错误地认为受到不公平的对待时，他们就会试图采取行动来改变境况，减轻不公平的感觉。这对组织对个人都是不利的。所以，管理者应该以敏锐的感觉来体察员工的心情，如确有不公，应尽快解决；否则，也应进行必要的解释，从心理上进行疏导，帮助他们树立正确的公平观，选择客观的公平标准，走出不公平感的阴影。

(2) 管理者用报酬或奖励作为激励手段时，应该注意实际比较的全面性。员工是否满意，除了与其所得绝对量有关以外，还取决于他们比较的参照系。所以，作为管理者在进行激励时，除了对员工进行纵向比较外，还要注意横向比较，才能起到激励的真正的效果。这对于组织留住人才、吸引人才是有很大借鉴作用的。

(3) 管理者应该制定一个能够让员工感到公平并且乐于参与和保持的报酬分配制度。公平感与个人所持有的公平标准有关，而不同的人有着不同的公平标准。因此，在制定分配制度时，管理者应该尽可能了解组织中员工所持有的公平标准是什么，明确什么样的分配原则才最能够让员工产生公平感。管理者要在客观调查的基础上，选择在最大限度上能够让员工产生公平感的分配原则。这样，才能让员工受到激励，并且产生良好的工作绩效。

社会情况比较复杂，要做到绝对公平是不可能的，对公平的理解不同的人也有不同的标准。现实生活中难以做到公平合理，但绝不是不要在这方面努力。

(三) 波特-劳勒激励模型

美国心理学家和管理学家莱曼·W. 波特(L. W. Porter)和爱德华·E. 劳勒(E. E. Lawler)在期望理论和公平理论的基础上发展出了一个更全面的激励模型，如10-7所示。

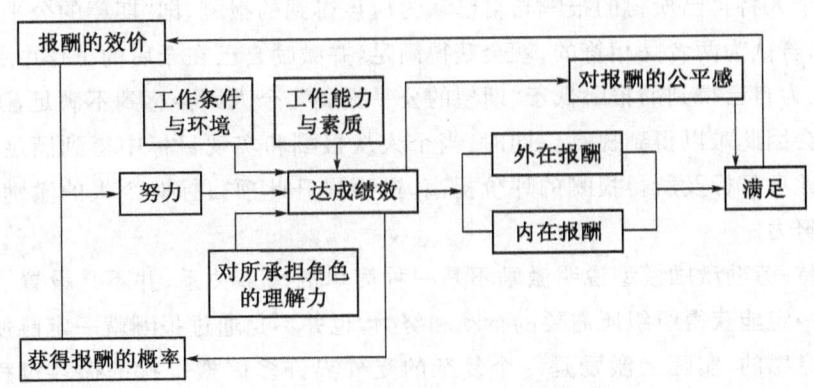

图10-7 波特-劳勒激励模型

波特-劳勒激励模型主要包括四个变量：努力、绩效、报酬和满足。

1. 努力

努力相当于期望理论的激励力。努力一方面取决于个人对报酬价值的主观评价（效价），另一方面还取决于个人对可能获得报酬的期望概率。个人通过努力来获取报酬的可能性实际是受经验和绩效的影响的。当个人依据过去的经验明确判断他有把握完成任务时，则更愿意付出努力。

2. 绩效

绩效是个人的工作表现和实际成果，其不仅受个人努力程度决定，还受以下几个因素的影响：第一，个人的工作能力和素质，主要表现在完成特定任务所需的必要业务知识和技能等；第二，个人对所承担角色的理解力，主要表现为个人对在某项工作中应发挥的作用的认识；第三，外在的工作条件与环境的限制。

3. 报酬

报酬是取得绩效后个人所得到的奖励，分为内在报酬和外在报酬两种：内在报酬指工作本身产生的报酬，如尊重、自我实现等需要的满足；外在报酬指工作之外的工资、工作条件、职业保障等方面需要的满足。按照马斯洛的需求层次理论，外在报酬主要满足的是一些低层次的需要，而内在报酬对应的是一些高层次的需要的满足。报酬的获得是要以绩效为前提的，只有先完成组织任务才能获得各类报酬。当个体无法感知报酬与绩效间的正相关关系时，报酬则无法刺激绩效使其得以提升。

4. 满足

满足是个人的一种内在的认知状态，表明个人在实现了预期的目标和报酬之后所得到的满意感觉。报酬同个人对报酬的公平感结合在一起，影响着个人的满足感。个人将自己所得的报酬与自己认为应该得到的报酬，即"期望的公平报酬"相比较，若认为两者是相符的，就会获得满足，并激励自己在今后的工作中更加努力；若认为自己得到的报酬低于"期望的公平报酬"，个人则会感到不满足，工作积极性也会因此难以得到提高。同时，当个人从报酬和实现目标中得到满足时，会使他对此项目标及所得报酬的评价提高，进而提升此项目标对个人的激励力，使他更加努力。

波特-劳勒激励模型说明激励不是一种简单的因果关系，并不是设置了激励目标就一定能获得组织所需要的行动和努力，也并不是通过报酬就一定能使员工获得满意感的，实际上激励是一个复杂的受外界许多因素干扰的循环过程。波特-劳勒激励模型将期望理论和公平理论有机地结合起来，形成了系统化的激励过程。

三、行为改造型激励理论

除了上述的过程型激励理论,行为改造型激励理论也从另一个角度对激励行为做了一定的研究。过程型激励理论主要着眼于如何激发人的动机,使其产生组织所希望的行为;而行为型激励理论则主要着眼于如何引导和改造人的行为,使其朝向组织所希望的方向发展,因此行为改造型激励理论也称行为矫正型激励理论、行为塑造型激励理论。这类研究的代表性理论有强化理论和归因理论。

(一) 斯金纳的强化理论

强化理论(Reinforcement Theory)主要着眼于如何引导人的行为,使它朝着组织所希望的方向进行。这一理论是由美国心理学家伯尔赫斯·弗雷德里克·斯金纳(Burrhus Frederic Skinner,1904—1990)首先提出来的。斯金纳最初把它应用于训练动物上,后来又将它进一步发展并用于人的学习上。现在,强化理论又被广泛地应用于激励人和改造人的行为上。该理论回避了内容型激励理论和过程型激励理论中所提到的员工需要与思维过程等问题,而只研究行为与其结果之间的关系。

伯尔赫斯·弗雷德里克·斯金纳
(Burrhus Frederic Skinner)

1. 强化理论的主要内容

强化理论认为,人的行为是其后果的函数,只要控制行为的后果(奖惩)就可以达到控制和预测人的行为的目的。该理论认为如果说引起行为是靠动机的话,那么巩固、保持或减弱、消退这个行为就靠强化。强化就是对一种行为给予肯定或否定的后果(奖励或惩罚),在一定程度上可以影响、控制该行为是否重复再现。也就是说,当行为的结果有利于个体时,这种行为就可能重复出现;当行动的结果对他不利时,这种行为就会趋向于消退或终止。对行为有强化作用的后果(奖惩)称为强化物。这样,人们就可以通过控制强化物来控制行为,引起行为的改变。由于这一理论的中心思想在于通过强化刺激来改变人们的行为方向,故又称行为改造理论。

斯金纳提出了四种行为改造方式:正强化、负强化、惩罚、废止。图10-8概括了这几种强化方式。

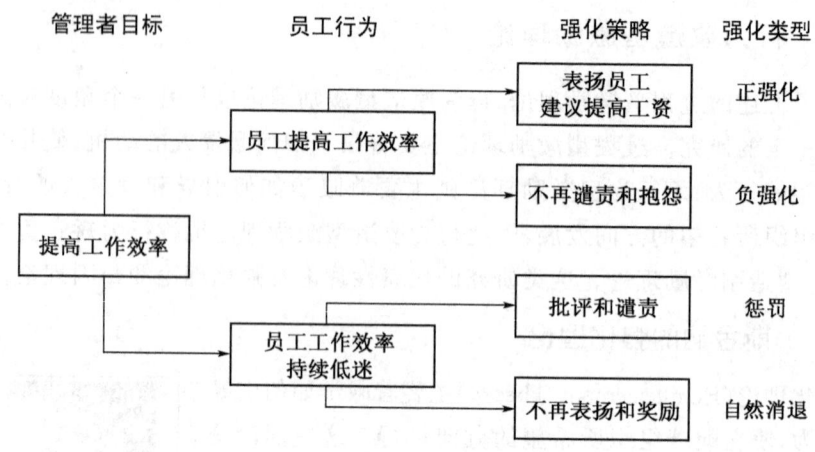

图 10-8 通过强化改变行为

(1) 正强化，又称积极强化。这是指通过给予被强化者适当报酬的方式，借以肯定某种行为，使其重复此种行为。报酬的内容可以多种多样，如增加工资、提升职位、对其工作成果的承认和赞赏等。在各类强化方式中，正强化是最常用而且最有效的方式。

(2) 负强化，又称消极强化。这是指预先告知人们某种不符合要求的行为可能引起的不良后果（如批评、惩罚等），以使人们采取符合要求的行为或回避不符合要求的行为，从而避免或消除不良后果。通过这种强化方式能从反面促使人们重复符合要求的行为，达到与正强化同样的目的。例如，员工知道随意迟到、缺勤会受到处罚，于是就会避免迟到、缺勤，学会按要求行事。在组织中负强化的强化物主要表现为规章制度。

(3) 惩罚。这是指在消极行为发生后，以某种带有强制性、威慑性的手段给人带来不愉快的结果，或者取消现有的令人愉快和满意的条件，以表示对某种不符合要求的行为的否定，借以消除此种行为重复发生的可能性。惩罚的方式也是多种多样的，如批评、降职、降薪、行政处分、经济处罚、解雇等。

(4) 自然消退，又称忽略。这是指对某种行为不予理睬，既不奖励也不惩罚，表示对该种行为的轻视或某种程度的否定，这是一种消除不合理行为的策略。因为倘若一种行为得不到强化，那么这种行为的重复率就会下降，直至自然消失。如果一个人经常很积极地向组织提出一些合理化改进建议，但管理者却总是置之不理，长此以往，他也就不再提建议了。

2. 强化理论对管理工作的启示

强化理论只讨论外部因素或环境刺激对行为的影响，忽略人的内在因素和主观能动性对环境的反作用，具有机械论的色彩。但是，许多管理学家认为，强化理论有助于对人们行为的理解和引导。因为一种行为必然会有后果,而这些后果在一定程度上会决定这种行为将来是否重复发生。那么,与其对这种行为和后果的关系采取一种碰运气的态度,就不如加以分析和控制,使大家都知道应该有什么后果最好。这并不是对员工进行操纵,而是使员工有一个最好的机会在各种明确规定的备选方案中进行选择。因而,强化理论已被广泛地应用在激励和人的行为的改造上。强化理论对管理实践有重要的指导作用。

应用强化理论时要注意以下几点:

(1) 奖励与惩罚相结合。即对正确的行为,对有成绩的个人或群体给予适当的奖励;同时,对于不良行为,对于一切不利于组织工作的行为则要给予处罚。大量实践证明,奖惩结合的方法优于只奖不罚或只罚不奖的方法。

(2) 以奖为主,以罚为辅。强调奖励与惩罚并用,并不等于奖励与惩罚并重,而是应以奖为主,以罚为辅,因为过多运用惩罚的方法,会带来许多消极的作用,运用时必须慎重。

(3) 及时强化,正确强化。及时强化是指让人们尽快知道其行为结果的好坏或进展情况,并尽量予以相应的奖励。正确强化就是要"赏罚分明",即当出现良好行为时就给予适当的奖励,而出现不良行为时就给予适当的惩罚。及时强化能给人们以鼓励,使其增强信心并迅速地激发工作热情,但这种积极性的效果是以正确强化为前提的;相反,乱赏乱罚绝不会产生激励效果。

(4) 奖人所需,罚人所惧。要使奖励成为真正强化因素,就必须因人制宜地进行奖励。每个人都有自己的特点和个性,其需要也各不相同,因而他们对具体奖励的反应也会大不一样。同样地,个人也会因为自身或外界原因,对具体的惩罚手段或措施有着不同的反应。所以无论是奖励还是惩罚,都应该尽量不搞"一刀切",而是应该奖人之所需、罚人之所惧,做到形式多样化,只有这样才能收到奖惩的效果。

拿破仑一次打猎的时候,看到一个落水男孩,一边拼命挣扎,一边高呼救命。这河面并不宽,拿破仑不但没有跳水救人,反而端起猎枪,对准落水者,大声喊道:"你若不自己爬上来,我就把你打死在水中。"那男孩见求救无用,反而增添了一层危险,便更加拼命地奋力自救,终于游上岸。

可见,对待自觉性比较差的员工,一味地为他创造良好的软环境、去帮助他,并不一定让他感受到"萝卜"的重要,有时还需要"大棒"的威胁。偶尔利用你的权威对他们进行威胁,会及时制止他们消极散漫的心态,激发他们发挥出自身的潜力。自觉性强的员工也有满足、停滞、消沉的时候，也有依赖性，适当的批评和惩罚能够帮助他们认清自我，重新激发新的工作斗志。

资料来源：龙吻.世界上最神奇的30个经典定律[M].北京：朝华出版社，2009.

使用强化理论的九大规则

1. 以想要的行为为目标。
2. 选择一种恰当的奖赏或惩罚。
3. 提供充分的反馈。
4. 不要给每个人同等水平的奖赏。
5. 找到一个建设性行为加以强化。
6. 确定间歇性地给予奖励的时间表。
7. 确保奖赏和惩罚在时间上要紧跟在行为后面。
8. 周期性地改变奖赏。
9. 使奖赏可见化，惩罚让大家都知道。

资料来源：赵惠芳，李沛强.管理学[M].杭州：浙江大学出版社，2011.

（二）海德和韦纳等人的归因理论

归因理论由美国心理学家海德（F. Heider）、韦纳（B. Weiner）等人提出的。归因是指根据行为或事件的结果，对他人或自己的行为进行分析，确认其性质或推论其原因的过程。归因就其字面含义来说，是指"原因归属"，即将行为或事件的结果归属于某种原因。通俗地讲，归因就是寻找导致结果的原因。归因理论是探讨人们行为的原因与分析出因果关系的各种理论和方法的总称。它试图根据不同的归因过程及其作用，阐明归因的各种原理。归因理论的主要观点如下。

第一，人们总是试图去解释事件发生的原因，为成功或失败寻求能力、努力、态度、运气等方面的原因。人类行为的归因不单由饥、渴、性等驱力或需要所驱使，而且也由其认识（尤其是思维）所控制。

第二，从产生成败的原因中确定几种可觉察的主要原因，分析原因的构成成分，并探讨它们与行为和情绪的关系。韦纳提出了归因的三个维度，即控制点（内部与外部）、稳定性（稳定与不稳定）和控制性（可控制性与不可控制性）。用这三个维度可构成不同原因成分的分类组合，由此找出归因与行为、情感相互作用的规律。韦纳发现原因的稳定性影响人的期望，原因的部位和控制性影响人的情感等等。

第三,分析归因时不仅要从行为上进行分析,而且要从认知、思维、情感和人际关系来分析。成败的原因主要是能力、努力、任务难度和机遇,这为改变行为提供了理论依据。

这样,我们可以通过分析人们的认识过程来说明内因和外因与人们所产生的行为之间的关系。

表 10-2　归因理论分析

	控制点维度		稳定性维度		可控性维度	
	内部因素	外部因素	稳定因素	不稳定因素	可控因素	不可控因素
成功	自豪感	侥幸心理	自豪感	侥幸心理	积极争取	动力不足
失败	羞愧感	生气	绝望	生气	继续努力	绝望

根据控制点维度,可将原因分成内部的和外部的。能力和努力是内部因素,任务难度和运气则是外部因素。在内外维度上,如果一个人将成功归因于内部因素,则会产生自豪感,从而积极性提高;归因于外部因素,则会产生惊奇和感激心理。如果将失败归因于内部因素,则会产生内疚和羞愧;归因于外部因素,则会产生气愤和敌意。

根据稳定性维度,可将原因分为稳定的和不稳定的,能力和任务难度是稳定因素,努力和运气则是不稳定因素。在稳定维度上,如果一个人将成功归因于稳定因素,会产生自信,从而积极性提高;归因于不稳定因素,则会产生侥幸心理。将失败归因于稳定因素,将会产生绝望的感觉,降低工作积极性;将失败归因于不稳定因素,则会抱怨,但心理会得到解脱。

根据可控性维度,又可将原因分为可控的和不可控的。努力是可控的,任务难度和运气则是不可控的;能力是长期可控而短期不可控的。在控制性维度上,如果将成功归因于可控因素,则会积极地去争取成功;归因于不可控因素,则不会产生多大的动力。将失败归因于可控因素,则会继续努力;归因于不可控因素,则会产生绝望情绪。

归因理论有助于领导者了解下属的归因倾向,以便正确指导和训练正确的归因倾向,调动下属的积极性。

(三)爱德温·亚当斯的挫折理论

20世纪50年代,美国心理学家爱德温·亚当斯提出了挫折理论,又称挫折的 ABC 理论:A 指诱发性事件,即挫折事件本身;B 指对挫折产生的认识和信念,即个体对某件事的想法、解释和评价;C 指在特定的情境中,个体的情绪反应及行为的后果。挫折理论为我们客观、辩证地看待挫折的积极价值提供了理论依据。

挫折理论专门研究人们遇到挫折后会有一些什么行为反应，研究阻碍人们发挥积极性的各种因素，了解挫折产生的原因、挫折的表现以及应付挫折的方法，管理人员应如何针对员工的挫折采取相应措施以及如何引导员工走出挫折的阴影，积极努力地对待工作。

挫折有两种含义：一是指阻碍个体动机性活动的情况；二是指个体遭受阻碍后所引起的心理状态。总的来说，挫折可表述为：当个体从事有目的的活动时，在环境中遇到阻碍或干扰，致使其动机不能获得满足时的情绪状态。

引起挫折的原因是多种多样的，人们受挫折的程度也各不相同，但归纳起来不外乎有两种原因：客观原因和主观原因。由客观原因产生的挫折是指由于外界事物或情况阻碍人们达到目标而产生的挫折，包括自然环境和社会环境两个方面。由主观原因产生的挫折则是指个人所具备的条件以及个人动机的冲突。例如，由于个人体力和智力条件的限制，不能达到目标；或由于个人健康不佳或生理上有缺陷，不能胜任某种工作；或由于知识经验不足和智力水平较差，在工作中遭到失败等等。

挫折是一种普遍存在的社会心理现象，任何人一生中不可能事事一帆风顺，因而挫折的产生是不以人的意志为转移的。通常一个人在受到挫折后，心理上、生理上都将产生种种反应，从而影响人的生活和工作的正常进行。面对挫折，有的人采取积极态度，但有的人却采取消极态度，甚至是对抗态度。挫折理论提出采用改变环境、分清是非、心理咨询等多种方法引导人们在挫折面前避免消极的、甚至是对抗的态度，而采用积极的态度，以改变人的行为朝积极方向发展。

挫折理论之所以能归于激励范畴，就是因为成功与挫折是个体行为的两种可能结果。目标达成了，要加以积极引导从而保持激励的效果；遭受挫折了，同样要积极引导，保护积极性，使之不产生消极的对抗性行为。

挫折理论对管理工作实践有较强的实用价值。作为管理者应耐心细致地帮助受挫折者分析挫折原因，及时给予他们关心、劝慰和鼓励，使他们重新振作精神，以利再战；当受挫折者的行为不理智时，要有容忍的态度，弄清事实真相，先缓解挫折因素，再分析他的防卫机制，以理服人。对犯错误的员工要创造一种情境，使他们感到集体的温暖，感到自己不会受到集体的排斥，可以成为集体的成员。可采取精神发泄方法；还可通过谈心活动等，使受挫折者自由表达他们受压抑的情感，从而摆脱阴影，由紧张情绪恢复到理智状态等。

失败是成功之母

　　古今中外的成功者大都历经坎坷、命运多舛，是从不幸的境遇中奋起的人。贝弗里奇说得好："人们最出色的工作往往是在处于逆境的情况下做出的。思想上的压力、肉体上的痛苦都可能成为精神上的兴奋剂。很多杰出的伟人都曾遭受心理上的打击及形形色色的困难。若非如此，他们也许不会付出超群出众所必需的那种劳动。"他还指出："忍受痛苦而不气馁，是青年科学家必修的严峻的一课。"勇历艰险，不怕挫折，这是一切发展积极心态，有志于成功的人的必修课。这一课仅知道道理是很不够的，还必须要具有一种意识。当我们面临荆棘丛生的困境时，就要想到这是摘取成功之花的必由之路。

　　成功与失败是事物发展的两个轮子，失败是成功之母，是成功的先导。这些话可以说人人皆知。但在实际生活中，只有自信主动、心态积极、坚持开发自己潜能的人才能真正领会它的含义。你做一件事情失败了，这意味着什么呢？无非有三种可能：一是此路不通，你需要另外开辟一条路；二是某种故障作怪，应该想办法解决；三是还差一两步，需要你做更多的探索。这三种可能都会引导你走向成功。失败有什么可怕呢？成功与失败，相隔只是一线。即使你认为失败了，只要有"置之死地而后生"的心态和自信，还是可以反败为胜的。有人说，过分自信也会导致失败，但所否定的只是"过分"，而不是自信本身。如果你不是怕丢面子，怕别人说三道四，那么失败传递给你的信息只是需要再探索、再努力，而不是你不行。

　　爱迪生做了一万多次实验。在每次失败后他都能不断寻求更多的东西。当他把原来的未知变成已知的时候，无数的灯泡就被制造出来了。所以他认为那么多的失败实质上都不能算是失败，"我只是发现了9 999种无法适用的方法而已"。这位伟大的科学家从自己"屡败屡战"的经历中总结出一条宝贵的经验。他说："失败也是我需要的，它和成功一样对我有价值。只有在我知道一切做不好的方法之后，我才知道做好一件工作的方法是什么。"这不正是深知从各种损失中也能获益的意义吗？从这个意义上，我们认识到只有不怕失败，深知失败意味着什么的人才配享受，也才可能享受到成功的欢乐。

　　美国有个奇怪的企业家，他专门收买濒临破产的企业。而这类企业一到他手中，就会一个个起死回生，变得虎虎有生气。他叫保罗·密道尔。此人什么技术也没有，但很有自信心与心计。有人问他你为什么爱买一些失败的企业来经营？密道尔说："别人经营失败了，接过来就容易找到它失败的原因，只要把缺点改过来,自然就会赚钱。这比自己从头干起来省力得多。"一语道破"专买失败"的天机。由此可见,挫折和险境未必不是福祉,我们不仅要把成功视为珍宝,也要把失败看作财富。

资料来源:赵惠芳,李沛强.管理学[M].杭州:浙江大学出版社,2011.

第四节 激励实务

一、实施激励须遵循的原则

由于人的心理、需求和行为的复杂性以及外部环境的多样性,决定了在不同的情形下对不同的人进行激励的复杂性和困难性。同时,激励总是存在一定的风险性,所以在制定和实施激励政策时,一定要谨慎。尽管如此,在管理中仍然有一些共同的激励原则可以遵循和参考。

"热炉"规则

屋子中间生着炙热旺盛的火炉,围坐的人们如果只顾烤火而不小心翼翼,就很有可能手脚触碰到火炉并被烫伤。

管理启示:

(1) 炉子火红,一般情况下每个人不用手摸也都知道是热烫的——警告原则。每个组织都有相应的"天条",领导者要经常通过各种方式警告或劝诫属下遵守组织的章程与规范,不要去轻易触犯"天条",以维护组织的严格律治与权威。

(2) 每当你碰到热炉,肯定会被灼伤——惩戒原则。也就是说只要触犯组织的规章制度,就一定会受到惩处。

(3) 只要碰到炉子,灼痛就马上发生——即时原则。任何惩处必须在个人错误行为发生后对其立即执行,绝不能拖泥带水、贻误时间,以便达到及时纠正、警醒的目的,将组织中的人为失误减至最少状态。

(4) 不管谁碰到炉子,肯定会被烫伤——公平原则。组织的制度适用每一个人,即使管理层也不例外。不管是谁,违背了规章制度,都一定要受到惩处。领导者要以身作则,做出表率,才能最大限度信服于员工。只有营造人人平等公平至上的氛围,才能形成由上至下凝聚一心的无敌战斗力。

资料来源:网络。作者略有改动。

（一）坚持物质激励与精神激励相结合的原则

员工存在物质需要和精神需要，相应地，激励方式也应该是物质与精神激励相结合。随着生产力水平和人员素质的提高，应该把重心转移到满足较高层次需要即社交、尊重、自我实现需要的精神激励上去，但也要兼顾好物质激励。

物质激励是基础，精神激励是根本，在两者结合的基础上，逐步过渡到以精神激励为主。将精神激励和物质激励组合使用，可以大大激发员工的成就感、自豪感，使激励效果倍增。

士为赞赏者死

韩国某大型公司的一个清洁工人，本来是一个最被人忽视、最被人看不起的角色。但是这样一个人，却在一天晚上公司保险箱被窃时，与小偷进行了殊死搏斗。

事后，有人问他为什么如此英勇时，他的回答出人意料：当公司的总经理从他身边走时，总会不时赞美他"你扫得真干净"。

启示：精神激励的作用是无穷的，我们要重视人有被赏识的需求。

资料来源：网络。作者略有改动。

（二）坚持个人目标与组织目标相结合的原则

在激励中设置目标是一个关键环节。目标是员工产生动力的源泉，管理者要善于为每一个员工设置适当的目标。目标越能体现组织、个人的共同利益，就越能激励员工，实现的可能性就越大。

那么，应如何将员工个人目标与组织的目标结合起来呢？一是把组织目标转化为员工个人目标，明确组织目标的实现将给员工带来的好处，使员工自觉地从关心自身利益变为关心企业的利益，从而提高影响个人激励水平的效价；二是善于把组织、个人目标展现在员工眼前，不断增强员工实现目标的自信心，提高员工实现目标的期望值；三是制定具有一定挑战性的目标，对员工起到激励的作用。

（三）坚持奖励与惩罚相结合的原则

有功则奖，有过则罚。对有贡献者奖励是必需的，而对有过失者实施适当的惩罚也是必要的。要坚持以正激励为主、负激励为辅。

在进行奖惩时要注意奖惩分明，以奖为主。同时，对于无功无过者也不能采取不闻不问的态度。一般来说，无功无过者大都甘居中游，多是思想消极、缺乏热情、不求进取的平庸之人。因此,对无功无过者也必须给予适当的批评、教育,让他们懂得无功便是过,激发他们的热情,促使他们进取。

(四)坚持因人而异、区别对待的原则

激励的起点是满足员工的需要,但员工的需要存在着个体的差异性和动态性,因人而异,因时而异,并且只有满足最迫切需要的措施,其效价才高,激励强度才大。

在制定和实施激励措施时,首先要调查清楚每个员工的真正需求,将这些需求合理地整理归纳,然后再制定相应的激励措施。对处于不同需求层次的人,应该使用不同的激励手段。而且,同样经济成本下不同的激励方式对人的激励程度也是有差别的。因此,对员工进行激励时不能过分依赖经验及惯例。激励不存在一劳永逸的解决方法,必须用动态的眼光看问题,深入调查研究,不断了解员工变化了的需要,有针对性地采取激励措施。

(五)坚持公开、公平、公正的原则

激励应坚持公开、公平、公正的原则,切忌平均。公开是公平公正的基础,公开的核心是信息的公开,包括制度、程序及结果的公开。公平性是员工管理中一个很重要的原则,员工感到的任何不公的待遇都会影响其工作效率和工作情绪,并且影响激励效果。

公平、公正一方面意味着所有相关员工在激励面前享有平等的权利和义务,另一方面也意味奖励的程度与价值贡献度对等。公平公正必然导致价值分配实际上的不平均,而这种不平均正好体现了制度和程序的公平公正。追求成果分享的平均主义,是一种实质上的不公平,得不到很好的激励效果,而且可能产生副作用,打击优秀员工的积极性。

(六)坚持奖惩得当、适度激励的原则

激励要适度,奖励和惩罚不适度都会影响激励效果,同时增加激励成本。奖励过度会使员工产生骄傲和满足的情绪,失去进一步提高自己的欲望;奖励过轻则起不到激励效果,或者让员工产生不被重视的感觉。惩罚过重会让员工感到不公,或者失去对组织的认同,甚至产生怠工或破坏的情绪;惩罚过轻会让员工轻视错误的严重性,从而可能还会再犯同样的错误。

二、实施激励的常规方法

激励的方法是实现激励目标的途径和具体形式。由于激励分为外在激励和

内在激励,激励的方法相应地也分为外在激励方法和内在激励方法两大类。

(一) 外在激励方法

凡是满足员工对工资、福利、安全环境、人际关系等方面需要的激励,称为外在激励。外在激励方法包括薪酬激励、培训、惩罚等。

美国特别重视人才的引进,它从世界各国吸引了大量有才能的专家、学者,这正是美国在许多科学技术领域保持领先地位的重要原因之一。为了吸引人才,美国不惜采用支付高酬金、创造良好的工作条件等很多激励办法。如美国商用机器公司有许多有效的激励办法:提供养老金、集体人寿保险和优厚的医疗待遇;减免那些愿意重返学校学习知识和技能的员工的学费等。

资料来源:网络。作者略有改动。

1. 薪酬激励

薪酬是指组织成员通过完成组织所安排的工作任务而获得的经济方面的报酬,一般包括基本工资、奖金、津贴和补贴等。薪酬对员工很重要,不仅因为它是员工谋生的一种手段,而且它能满足员工的价值感,在很大程度上决定了员工的满足度。所谓薪酬激励就是通过合理设计薪酬体系,对员工进行激励的方法。相对于其他激励方法,该方法是最直接最常用的方法。常见的薪酬激励方法如下:

(1) 直接增加薪酬量。直接增加薪酬量包括增加工资、津贴、货币性福利等。金钱并不是唯一能激励人的力量,但在现实生活中,金钱作为一种很重要的激励因素是不可忽视的。美国有一名叫米契尔·拉伯福的管理专家,是一个从车间里成长起来的管理者。在长期的管理实践中,他悟出了一条他所说的"最简单、最明白然而也是最伟大的管理原则",那就是:"人们会去做受到奖励的事情"。

(2) 间接增加薪酬量。这是一种通过间接方式增加薪酬收益的方法,在实践中也受到了员工的欢迎。

①带薪休假。这种方法对很多员工都有一定的吸引力,特别是对那些追求丰富精神生活的员工来说,激励效果更好。

②员工持股。这种方法的主要形式是员工持有一定数量的股票和股票期权等。这是一种有效的长期激励方式,特别是对于一些重要的管理者。有的公司采取期权激励方式,用未来的股权代替金钱分配,以此来激励管理者,促使公司股价提高。通过该激励措施,能克服员工的短期行为,保证组织的持续发展。

③在职消费。这是通常使用的对管理人员的激励方法。比如,为其配备高档

办公室、到风景名胜地做经常的商业旅游、增加手下的员工等。但使用在职消费方法,要注意激励的度的问题,不能激励强度过高。

④特别福利。这也是针对管理人员采用的激励措施。一定职位上的管理人员享有一些特别的福利待遇,如无偿使用组织的车辆、从组织获得无息或低息贷款等。

2. 培训

给个人提供各种学习、锻炼的机会是一种有效的激励方式。培训意味着自身能力和素质的提高、自身人才资本的增值以及为将来更好的发展提供机会和条件。当今社会的学习是终身学习,教育是终身教育。员工虽然在实践中不断丰富和积累着知识,但他们仍然需要提升学历水平、专业证书学习、短期培训、出国进修等,这种培训可以充实他们的知识,培养他们的能力,给他们提供进一步发展的机会,提高他们在现代社会中的适应能力和竞争能力,满足他们自我实现的需要。

3. 惩罚

激励并不全是鼓励,它包含许多负激励措施。在经济上对员工进行处罚是一种管理上的负激励,属于一种特殊形式的激励。惩罚是指组织利用惩罚手段,诱导员工采取符合组织需要的行为的一种激励。在惩罚激励中,组织要制定一系列的员工行为规范,并规定假如逾越了这些行为规范,根据不同的逾越程度,确定惩罚的不同标准。惩罚不但对被处罚者有一定的作用,而且可以对他人发挥警示作用。

(二) 内在激励方法

满足员工自尊、成就、晋升等方面需要的激励称为内在激励。内在激励方法包括目标激励、工作激励、参与激励、形象与荣誉激励等。

1. 目标激励

所谓目标激励就是指给员工确定一定的目标,以目标为诱因驱使员工去努力工作,以实现自己的目标。任何组织的发展都需要有自己的目标,任何个人在自己需要的驱使下也会具有个人目标。目标激励必须以组织的目标为基础,要求把组织的目标与员工的个人目标结合起来,使组织目标和员工目标相一致。

目标激励以目标为诱因,通过设置适当的目标,把组织的需求转化为组织成员个人的需求,进而激发成员的工作动机,调动其积极性。目标是活动的未来状态,人们在从事工作时,都期望取得一定的成就,得到一定的报酬。因而领导者在调动下属的积极性时,可以设置适当的目标来激发下属的动机。

通常可用以激励的目标有三类:工作目标、个人成长目标、个人生活目标。领导者在对下属进行目标激励的过程中,最为关键的是设置合理的目标,既要突出目标的社会意义,又要确保目标的挑战性与可实现性。目标的价值越大,它所起到的激励作用也会越大,让下属感到只要付出一定的努力,目标就有实现的可能,这样才能激励下属为实现这个目标而努力奋斗。

2. 工作激励

按照赫兹伯格的双因素理论,对人最有效的激励因素来自工作本身,即满意于自己的工作是最大的激励。日本著名企业家道山嘉宽在回答"工作的报酬是什么"时指出:"工作的报酬就是工作本身。"这也表明工作本身就具有激励力量。因此,为了更好地发挥员工工作的积极性,管理者要善于调整和运用各种工作因素,进行工作设计,如使工作内容丰富化和扩大化,并创造良好的工作环境;还可通过员工与岗位的双向选择,使其对自己的工作有一定的选择权等。通过一系列措施,使工作本身变成更具有内在意义和高的挑战,让下级满足于自身的工作,给员工一种自我实现感,以实现最有效的激励。

工作本身就是一种报酬

一个硕士研究生毕业后,在北京一家大公司找到了工作。但进去后他发现,周围的8个同事中,有6名硕士,2名博士。作为新来的,他一点优势也没有,整天被呼来唤去,忙于事务性的工作,渐渐地他感到委屈、乏味。于是,这个硕士心一狠,辞了职,又回大学里攻读博士学位。

取得学位后,博士来到沿海经济区求职,很多用人单位抢着要他。对比之下,一家私营企业老板心最诚,开价最高,博士挺满意,就去了。这个私营企业老板文化程度虽低,但十分尊重人才,对博士总是笑脸相迎,博士很感动,决心要为企业贡献自己的才学。

久而久之,博士发现:老板虽尊敬他,却从来不要他做实实在在的工作,倒是常常拉着他去赴商界朋友们的宴席、打高尔夫球、洗芬兰浴什么的。遇到朋友,老板总不忘介绍:这是我聘请来的某某名牌大学的经济学博士……博士花了数月时间,对所在企业全面考察,并呕心沥血搞出了一份厚厚的《企业未来发展规划》,本以为老板会大喜过望,但事实上他对此并无兴趣,依然拉着博士会见自己的商界朋友,逢人就要介绍:这是我聘请来的某某名牌大学的经济学博士。

终于有一天,博士忍无可忍了,向老板递交了辞呈。老板很惊讶:我给你的报酬还不够吗?博士摇摇头,给他讲了一个小故事:英国有位大科学家叫法拉第,被推选进皇家科学院。知情人告诉他,在那里工作是十分劳累的,而报酬却相当少。法拉第毫不在乎地说:"工作本身就是一种报酬。"

资料来源:网络。作者略有改动。

3. 参与激励

所谓参与激励,是指在不同程度上让员工和下级参与组织决策和各级管理工作的研究和讨论,调动员工和下级的积极性和创造性。现代管理的实践经验和研究表明,现代的员工都有参与管理的要求和愿望,创造和提供一切机会让员工参与管理是调动他们积极性的有效方法。参与管理可以从三个方面达到有效激励的目的:

第一,通过参与管理活动,员工可以全面了解组织的有关情况,如发展规划、人事变动、财务状况、利润分配等,从而提高环境的透明度,使员工获得安全感和信任感,保持稳定的心理状态和工作情绪。

第二,通过直接参加决策制定过程并充分发表意见,可以提高员工对组织决策的承认和接受程度,形成心理上的认同感和归属感,增强其作为主人的自我感受,并在执行决策中采取主动合作的积极态度。

第三,通过参与管理,可以充分调动员工的个人潜能,发挥其聪明才智,同时提高员工对自身地位及存在价值的认识,从而增强其自尊心与自信心,使其获得成就感及自我实现需要的满足。

4. 形象与荣誉激励

一个人通过视觉感受到的信息,占全部信息量的80%。因此,充分利用视觉形象的作用,如照片、资料张榜公布、企业闭路电视系统的宣传等,激发员工的荣誉感、成就感、自豪感,也是一种行之有效的激励方法。

荣誉是众人或组织对个体或群体的崇高评价(如发奖状、证书,记功,表扬等),荣誉激励是满足人们自尊需要、激发人们奋力进取的重要手段,它可以调动人们的积极性,形成一种内在的精神力量。从人的动机上看,人人都有荣誉感,具有自我肯定、光荣、争取荣誉的需要,因此管理者要设法让员工们感觉到、认识到荣誉感的崇高性。

领导者应该明白,激励的运用有一定的风险性,如果它不能给组织正面的影响,就很可能带来负面的影响。所以在制定和实施激励政策时,一定要谨慎,要注意遵循一定的原则,讲究一定的方法技巧。

观察与思考 "跑在最前面的人,就要给他两块大洋"

华为之所以能够取得如此优异的业绩,是因为华为科学地设计奖励机制。任正非在2014年人力资源工作汇报会上的讲话中形象地说:"跑在最前面的人,就要给他两块大洋。"

任正非这个形象的"两块大洋",源于诸多中国电影,每当国民党军队冲锋时,长官经常大声喊叫:"兄弟们,冲上去给两块大洋。"

此刻,当兵的立刻就跟打了兴奋剂一样斗志昂扬。如果喊给三块大洋,那是连命都不要了。基于此,任正非说奖励跑在最前面的人,就要给他两块大洋,其内涵是,但凡华为公司里绩效好、表现突出的员工,都应获得良好、及时的回报,这里的回报指的是物质奖励和非物质激励。

任正非在内部讲话中分四个部分介绍了华为的激励制度,具体内容如下。

(1)社会保障机制是基础,上面的"获取分享制"是一个个发动机,合理规划劳动所得和资本所得,导向冲锋,公司就一定会持续发展。我提出四个假设。第一个假设:流程组织优化,在5年内是否会逐渐有进步?进步的标志就是人员减少,工作效率提高,利润增加。第二个假设:针尖战略是否将增加我们定价和议价的能力?第三个假设:3~5年内,有的竞争对手在衰退,我们的商业生态环境是否在改变?第四个假设:现在人力资源改革产生的动力,特别是分享机制形成以后,会不会提高生产力?如果这四个假设成立,意味着利润会增加,我们可分配的薪酬包也就增加了。股东、劳动者收益分配要有合理比例。未来为华为创造价值,要承认资本的力量,但更主要是靠劳动者的力量,特别在互联网时代,年轻人的作战能力提升很迅速。有了合理的资本/劳动分配比例、劳动者创造新价值这几点,那么分钱的方法就出来了,要敢于涨工资。这样人力资源改革的胆子就大一些,底气就足一些。所有细胞都被激活,这个人就不会衰落。拿什么激活?血液就是薪酬制度。社会保障机制是基础,上面的获取分享制是一个个发动机,两者确保以后,公司一定会持续发展。"先有鸡,后有蛋"这就是我们的假设。因为我们对未来有信心,所以我们敢于先给予,再让他去创造价值。只要我们的激励是导向冲锋,将来一定会越来越厉害。

(2)逐步实施岗位职级循环晋升,激发各单位争当先进。第一,我们实际已有的薪酬标准就不要改变了,动的是个人职级。第二,以岗定级不能僵化。以后有少部分优秀人员,没岗位但允许有个人职级,要看重这些人有使命感、创造力。如果脱岗定级的问题现在找不到合适的方法来操作,就把优秀人员的岗位职级先调整了,然后他自己再去人岗匹配,程序还是不变,这个机制可以叫作"岗位职级循环晋升"。如原来20级的组织,其中做得优秀的那30%可以转到21级,每三年转一圈,做得好的才动。每年拿30%优秀部门来评价,如果下一年这个岗位还在先进名单里,就更先进了,还要涨。落后的没涨,就会去争先进,争先进的最后结果,我们把钞票发出去了,而且主要发给优秀单位。实行全球P50标准工资的人员范围应该还要向下覆盖。若当公司出现危机时,不是一两百人就能够救公司的。具体如何操作法，扩大到多大规模，我不知道。

（3）差异化管理各类人员薪酬，激发员工的活力。特殊专业人群可以采用特殊方式的用工和激励方式，如厨师可以按提成制，多劳多得，抢着出单，才能促进服务质量的提高；法务、翻译等人群，可保留和激励自己的骨干作战队伍，也可以临时用社会上的资源，比如同声翻译，短期雇用一次，表面上看起来会花不少钱，实际使用起来的总成本还是降低了；文字翻译，只要能及时交付翻译稿件，也可以家里上班。建立这样的社会平台组织，我们自己的组织就缩小了。在海外薪酬福利管理要简单化，逐步走向像西方的市场化管理。已经实行全球 P50 高工资的人很多补贴要取消，要建立一个制约措施，不能让大家比赛浪费，过多的补贴不一定让战斗力增强，可能还是惰怠的，不是激励性的。若大家不愿意去利比亚、伊拉克等地区，可以提高特有的激励待遇体系，这是激励措施不是补贴……

（4）非物质激励就是要把英雄的盘子画大，敢于表彰，重视员工的长期自我激励。第一，非物质激励就是要把英雄的盘子画大。毛泽东说"遍地英雄下夕烟"，现在我们要把英雄先进比例保持 60%～70%，剩下 30%～40%，每年淘汰走掉一部分。这样逼着大家前进。第二，敢于花点钱做一些典礼，发奖典礼上的精神激励，一定会有人记住的，这就是对他长期的自我激励。美军海军学院的毕业典礼很独特，在方尖塔上涂满猪油，让大家爬这个塔，大家一层层地攻，欢庆这个典礼。华为大学也要构思一个华为自己的典礼形式，不要总是扔帽子。

正是多种激励方式，才打造了充满狼性的华为员工。事实证明，在当下的企业较量中，由于竞争较为激烈，只有士气高昂的企业才能够赢得胜利，正所谓"两军相遇勇者胜"，勇者，胆识、士气也。在这样的势态下，士气低落的企业是无法赢得胜利的。

著名管理顾问尼尔森为此提出："未来企业经营的重要趋势之一，是企业经营管理者不再像过去那样扮演权威角色，而是要设法以更有效的方法激发员工士气，间接引爆员工潜力，创造企业最高效益。"在尼尔森看来，以激发员工士气为目的的激励，就必须需要全新的激励理念，而不是传统的物质激励。通常，心理学原理把企业员工的需求分为两大类，即物质需求和精神需求。物质需求是人类生存的起码条件和基础，而精神需求则是人类所特有的一种精神现象。常用的五大激励措施见图 10-9。员工激励中，物质激励只是其中的一个，要想把激励效果最大化，就必须结合其他几个。

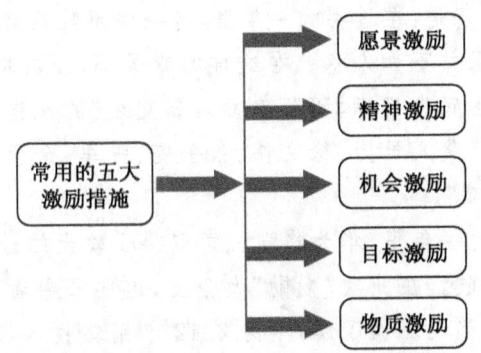

图 10-9 常用的五大激励措施

"从零起飞奖"

在"两块大洋理论"中,就包括物质和非物质激励。在这里,我们要搞清楚什么是物质激励。所谓物质激励,是指企业管理者通过物质手段满足员工的物质需求,从而进一步调动企业员工的积极性、主动性和创造性。

在物质激励中,一般包括资金、奖品等。当然企业管理者通过满足员工的物质需求,其目的是激发员工努力工作的动机。

马斯洛的激励理论显示,处在底层生理需求和安全需求的员工就需要企业管理者对其进行物质激励。根据马斯洛的激励理论,在华为,其激励机制主要体现在,适应业务与管理变化,有针对性地管理各类人才,有效地激活各级队伍。

在内部讲话中,任正非解释道:"要将高层干部'洞察客户、洞察市场、洞察技术、洞察国际商业生态环境'的发展要求改为'洞察市场、洞察技术、洞察客户、洞察国际商业生态环境'。我们要从客户需求导向转变为社会结构导向了,整个行业转变,客户也有可能会落后于我们对社会的认识,要超越客户前进。"

任正非认为,在绩效文化的华为,谁贡献多谁就多拿钱。这样的薪酬体系确保华为稳健地向前发展。不仅如此,华为重视各种精神奖励,有效设计各种奖项鼓励员工,比如"从零起飞奖"。

在 2013 年市场大会"优秀小国表彰会"上,任正非给徐文伟、张平安、陈军、余承东、万飚颁发了一项特殊的表彰——"从零起飞奖"。"从零起飞奖",就是这些获奖的人员 2012 年年终奖金为"零"。2013 年 1 月 14 日,华为召开了 2013 年市场大会。在"优秀小国表彰会"上,华为一如既往地对取得优秀经营成果的小国办事处进行隆重表彰。共有 11 个小国办事处因此获得二等奖,9 个小国办事处获得一等奖,两个小国办事处获得特等奖,同时还分别颁发了奖盘、奖牌和高额奖金。

与以往不同的是,此次表彰会设立了一项特殊的表彰——"从零起飞奖"。颁发"从零起飞奖"的用意是：在过去的一年里，有一些团队虽然经历奋勇拼搏，取得重大突破，但是其结果并不如人意。在这样的背景下，没有取得理想业绩的团队负责人践行当初"不达底线目标，团队负责人零奖金"的承诺。其后，主持人李杰宣布，"从零起飞奖"获奖人员为：徐文伟、张平安、陈军、余承东、万飚。获奖人员2012年年终奖金为"零"。

实际上，在过去的一年里，华为终端公司取得了较大的进步，企业业务BG也在重大项目上屡屡突破。在此次"授勋"大会上，这些领导者自愿放弃奖金，意味着他们将来有更大的起飞。据了解，华为2012年销售收入仅差2亿多美元没有完成任务。按制度规定，此次轮值CEO郭平、胡厚崑、徐直军，CFO孟晚舟，还有片联总裁李杰，包括任正非和孙亚芳，都没有年度奖金，即2012年年终奖金为"零"。

任正非在为他们颁发"从零起飞奖"后，发表讲话："我很兴奋给他们颁发了'从零起飞奖'，因为他们5个人都是在作出重大贡献后自愿放弃年终奖的，他们的这种行为就是英雄。他们的英雄行为和我们刚才获奖的那些人，再加上公司全体员工的努力，我们除了胜利，还有什么路可走？未来人力资源政策的改进还会更加激励我们。我们在讲热力学第二定律的时候，就是反复说要拉开差距，现在人力资源政策刚刚拉开差距，以后人力资源政策还会有进一步改进，会让优秀员工得到更多的鼓励。"

据了解，给徐文伟、张平安、陈军、余承东、万飚颁发"从零起飞奖"的主要原因是消费者BG和企业业务BG两位CEO因为没有达到年初的个人承诺，余承东等人主动放弃了高额奖金。同时，华为此措施只针对核心管理层，员工不包括在内。相反，员工有着高达125亿元的总奖金，比2011年增长了38%。

资料来源：周锡冰.华为方法论：以奋斗者为本[M].北京：现代出版社，2018.

从激励理论、激励原则、激励方式的角度，试着对华为的激励制度和措施进行评价。

第十一章 沟 通

生活中处处需要沟通，组织管理也不例外。正如著名管理大师彼得·德鲁克所指出的：沟通是管理的一项基本职能。他强调了沟通在所有管理职能中的中心位置。企业的各种经营管理活动必须借助沟通得以展开，一个组织为达到管理的最终目的，必须依赖各种形式的沟通活动，而这些沟通活动成功与否则决定了管理的成效。

在日常管理工作中，管理者平均花费约70%的时间用于沟通，管理中出现的问题，大约有70%来自沟通的障碍，可见沟通技能的重要性以及沟通障碍的普遍性。200名世界五百强的CEO被问到，你认为职业经理人最重要的职业技能是什么？70%的人回答是沟通技能，因为管理工作大多数是沟通工作，无法沟通当然也就无法管理。

管理工作的各个方面，都需要运用沟通。要成为一个优秀的管理人员，必须具备良好的沟通能力。沟通是人们社会生活的基本要求之一，也是组织得以生存、运行和发展的必备功能之一。

第一节 沟通概述

一、沟通的定义

《大英百科全书》将沟通定义为：沟通（Communication）就是用任何方法（以视觉、符号、电话、电报、收音机、电视、网络或其他工具为媒介），彼此交换信息。《韦氏大词典》认为，沟通就是文字、文句或消息之交通，思想或意见之交换。

从管理的角度出发，沟通是发送者通过一定渠道，以某种表现形式为载体，与接收者进行信息、思想和情感的传递和交流，并寻求反馈以达到相互理解的过程。

沟通的定义包含了三个方面的内涵：

（1）沟通包含着信息的传递，如果信息没有被传送到，那就意味着沟通没有发生，也就是说只有发送者没有接收者就不能构成沟通。

（2）要使沟通成功，信息不仅需要被传递，还要被理解。比如一个不懂英文的人要阅读英文原版小说，那么他所从事的这个活动就无法称为沟通。

(3) 有效的沟通是一个双向的互动的反馈和理解的过程。也就是说，接收者所认知的想法或思想恰好与发送者所发出来的信息完全一致，那么这个时候的沟通就是有效的。

二、沟通在管理中的作用

(1) 沟通是润滑剂。不同的员工具有不同的个性、价值观、生活经历等，这些个体间的差异必然会导致出现一些矛盾，产生一些冲突。通过沟通，可以使得员工懂得尊重对方和自己，不仅了解自己的需要和愿望，也能通过换位思考，彼此理解，建立信任，融洽工作关系。

(2) 沟通是黏合剂。沟通可以将组织中的个体聚集在一起，将个体与组织黏合在一起，使组织中的员工在公司的发展蓝图中实现自己的理想，在构建自身的人生道路中促进组织的发展，同时与其他个体紧密协调合作，在实现公司愿景的努力和工作中，追求个人的理想和人生价值。

(3) 沟通是催化剂。通过沟通可以激发员工的士气，引导员工发挥潜能，施展才华。研究表明，一些规模中等、制度健全的组织，其员工平均只将15%的潜力施展在工作之中。

沃尔玛成功的关键

美国沃尔玛公司总裁萨姆·沃尔顿曾说过："如果你必须将沃尔玛管理体制浓缩成一种思想，那可能就是沟通。因为它是我们成功的真正关键之一。"沟通就是为了达成共识，而实现沟通的前提就是让所有员工一起面对现实。沃尔玛决心要做的，就是通过信息共享、责任分担实现良好的沟通交流。

沃尔玛公司总部设在美国阿肯色州本顿维尔市，公司的行政管理人员每周花费大部分时间飞往各地的商店，通报公司所有业务情况，让所有员工共同掌握沃尔玛公司的业务指标。在任何一个沃尔玛商店里，都定时公布该店的利润、进货、销售和减价的情况，并且不只是向经理及其助理们公布，也向每个员工、计时工和兼职雇员公布各种信息，鼓励他们争取更好的成绩。

沃尔玛公司的股东大会是全美最大的股东大会，每次大会公司都尽可能让更多的商店经理和员工参加，让他们看到公司全貌，做到心中有数。萨姆·沃尔顿在每次股东大会结束后，都和妻子邀请所有出席会议的员工约2 500人到自己的家里举办野餐会，在野餐会上与众多员工聊天，大家一起畅所欲言，讨论公司的现在和未来。为保持整个组织信息渠道的通畅，他们还与各工作团队成员全面注重收集员工的想法和意见,通常还带领所有人参加"沃尔玛公司联欢会"等。

萨姆·沃尔顿认为让员工们了解公司业务进展情况,与员工共享信息,是让员工最大限度地干好其本职工作的重要途径,是与员工沟通和联络感情的核心。而沃尔玛也正是借用共享信息和分担责任,适应了员工的沟通与交流需求,达到了自己的目的:使员工产生责任感和参与感,意识到自己的工作在公司的重要性,感觉自己得到了公司的尊重和信任,积极主动地努力争取更好的成绩。

资料来源:网络。作者略有改动。

三、沟通的过程

沟通过程中,涉及沟通主体(发送者和接收者)和沟通客体(信息)的关系。沟通的起始点是信息的发送者,终结点是信息的接收者。当终结点上的接收者做出反馈时,信息的接收者又转变为信息的发送者,最初的起点上的发送者就成了信息的接收者,沟通就是这样一个轮回反复的过程,如图11-1所示,一个完整的沟通过程,包括

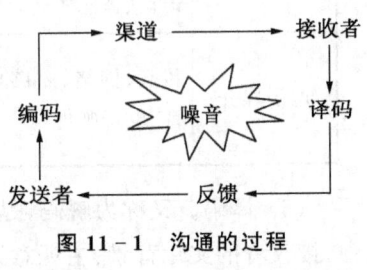

图11-1 沟通的过程

发送者、编码、渠道,接收者、译码、反馈六个环节和噪音。

(1) 发送者。信息的发送者即发出信息的人,也称作信息的来源,是沟通的起点,发送者可以是个人也可以是组织。发送者的主要任务是信息的收集、加工以及传播。

(2) 编码。将信息以相应的语言、文字、符号、图形或其他形式表达出来的过程就是编码。为了有效地沟通,发送者需要将信息编辑成接收者能够理解的符号形式,也就是说,要选择合适的编码形式向接收者发出信息,以便其接收和理解。

(3) 渠道。渠道是传送信息的媒介物,不同沟通渠道的沟通效率是不一样的。对于一个组织来说,不仅要建立完整的沟通渠道,而且要使沟通渠道保持畅通无阻的状态。在实际的管理过程当中,沟通的渠道可以是书面语言、口头语言、非语言以及电子媒介等多种方式(见表11-1)。

(4) 接收者。接收者是信息发送的对象,其不同的接收方式和态度,会直接影响到信息的接收效果。在双向沟通的过程当中,信息发送者和信息接收者的身份会不断地改变,双方既要充当发送者又要充当信息的接收者。

表 11-1 各种沟通渠道的优缺点

沟通方式	实例	优点	缺点
口头沟通	交谈、讲座、讨论会、电话	快速传递 快速反馈 信息量很大	失真严重 核实困难
书面沟通	报告、备忘录、文件、通知、信件、内部期刊等	持久 有形 可以复核	效率低 缺乏反馈
非语言沟通	声、光信号、表情、语调、体态等	信息意义明确 内涵丰富、灵活	传递距离有限,界限模糊。 只能意会,不能言传
电子媒介	传真、网络、闭路电视、电子邮件	快速传递、信息量大 一份信息可同时传递多人,廉价	单向传递

(5) 译码。又称为解码,是接收者理解所获得的信息的过程。在解码的过程中,接收者的文化背景、主观意识、态度、技能等对解码过程都有显著的影响。这意味着信息发送者所表达的信息不一定能够使接收者完全理解,因此,在编码和译码的过程当中,发送者和接收者双方应尽量使用共同语言或符号来保证沟通的有效性。

秀才买柴

大唐末年,正值兵荒马乱之时,物资奇缺。隆冬时节,有一秀才去买柴。他对卖柴的人说:"荷薪者过来!"卖柴的人虽然听不懂"荷薪者"(担柴的人)三个字,但是听得懂"过来"两个字,于是把柴担到秀才前面。秀才开口便问:"其价如何?"卖柴的人听不太懂这句话,但是听得懂"价"这个字,于是就告诉秀才价钱。秀才接着说:"外实而内虚,烟多而焰少,请损之。(你的木材外表是干的,里头却是湿的,燃烧起来,浓烟多而火焰小,请减些价钱吧。)"卖柴的人愣了半天,还是听不懂秀才的话,于是担着柴就走了。寒风中等柴烧的秀才大感不解。

启示:是不是一个高水平的沟通者,并不是看用的词有多华丽,说的话有多文雅,而是看其能否准确快速地传达信息。沟通者沟通时最好用简单易懂的语言,而且对于说话的对象、时机要有所掌握,有时过分的修饰反而达不到沟通的目的,而是适得其反。

资料来源:网络。作者略有改动。

（6）反馈。信息接收者对于收到的信息所做出的反应就是反馈。通过反馈，发送者可以了解信息是否被接收和正确理解。反馈成为区分单向沟通和双向沟通的一个重要特征。有效的沟通应该是双向的，接收者将他的想法和意见反馈给发送者，发送者也可以主动地获取反馈。鼓励反馈的发送者比不注重反馈的发送者，往往能够更有效地进行沟通。

（7）噪音。噪音是指一切干扰信息传递过程的因素。很多情况下，信息沟通都会受到噪音的影响，噪音对信息传递的干扰会导致信息的失真。沟通过程当中的每一步都可能产生噪音，噪音可分为外部噪音、内部噪音和语义噪音等。

外部噪音指的是在沟通过程中，影响沟通效果的一切客观外在环境干扰因素。如当人们用语言进行沟通时，周围马达轰鸣或人声嘈杂会带来干扰，影响语言的传递。或者当人们用道具如旗语进行沟通时，天有大雾或夜色太暗会导致无法看清。又如人们在夜总会或酒吧举行具有重大意义和严肃认真内容的公司董事会等等，会在沟通的过程产生噪音，对沟通的预期效果产生不利影响。

内部噪音是指影响沟通效果的一切主观因素，主要体现为沟通双方的素质，如思想感情、注意力、理解能力、心理期望、社会角色地位、人生阅历、编码与解码能力等因素的影响。如信息编码逻辑混乱，词不达意，或编码太艰深晦涩，就会令人一头雾水；聋哑人和不懂手语的陌生人沟通，就会不知所云；一个英语盲要看英语文档，就只能望文兴叹。

语义噪音指信息内容与沟通中的情感、态度方面的问题。沟通时避免语义噪音就要注意使用语言必须词义明确、合乎语法逻辑、通俗易懂，同时还要把握词义的情感色彩和褒贬倾向。语言要适应环境、气氛，要区别对待沟通对象，要讲礼貌，注意民俗，不能信口开河。否则，沟通会失败。

第二节　沟通的类型

按照不同的标准，可以把沟通分为不同的类型。

一、按照沟通的渠道分类

（一）语言沟通

语言沟通建立在语言文字的基础上，又可细分为口头沟通和书面沟通两种形式。

1. 口头沟通

人们之间最常见的沟通方式就是交谈,也就是口头沟通。口头沟通方式灵活多样,既包括人与人之间面谈、电话、开讨论会、演讲、小组讨论,也包括非正式的讨论以及传闻或小道消息传播等。口头沟通是所有沟通形式当中最直接的方式,其优点是快速传递,及时反馈,比较灵活,简便易行,有亲切感。信息可以在短时间内被传递,并在短时间内得到对方回复。双方可以自由交换意见,便于双向沟通。在交谈时,可借助于手势体态表情来表达思想,有利于对方更好地理解信息。

口头沟通也存在一些不足之处:一是沟通范围有限;二是沟通过程受时间限制,沟通完成后缺乏反复性;三是沟通当中可能存在信息失真。在口头沟通的过程当中,如果信息是采用一段一段接力式传送,那么就会存在信息失真的可能性。因为每个人都按照自己的偏好增减信息,以自己的方式加工信息,当信息传达到最终接收者时,其内容往往与最初的含义存在较大偏差。

2. 书面沟通

书面沟通是指以书面或电子邮件作为载体,运用文字、图式进行的信息传递过程。书面沟通可分为备忘录、电子邮件、商务信函、建议书、报告和摘要等。

很多管理工作都是通过书面沟通进行的。在美国《沟通》杂志刊登的一篇文章中,管理学家克莱姆和史尼德指出,管理者将他们89%的时间花在与沟通有关活动的事务上,其中59%的时间花在"听"和"说"上,19%的时间花在"读"上,22%的时间花在"写"上。由此可见,管理者必须精通书面沟通技能。

书面沟通的优点在于,具有准确性、权威性,比较正式,不受时间地点限制,信息便于长期保存,便于回顾查看、反复核对,减少因传递解释所造成的失真。通过书面信息沟通,可以促使人们对自己所要表达的东西进行更加认真的思考,传递者对要传递的信息所采用的语言可以仔细琢磨,以便用最好的方式表达出来。

但书面沟通也存在一些缺点。相对口头沟通来说,书面沟通耗费时间较长,同等时间的交流,口头沟通比书面沟通所表达的信息要多得多。另外,书面沟通不能及时提供信息的反馈,无法确保所发出的信息能被接收到,即使被接收到,也无法确保接收者对信息的解释正好是发送者的本意。

口头沟通与书面沟通在管理工作当中同样重要,两者各有其优缺点,见表11-2。

表 11-2　口头沟通与书面沟通的对比

	书面沟通	口头沟通
优点	适合传达事实和意见 适合传达复杂或困难的信息 可以进行回顾 便于存档保管以便日后查证 在发送信息前可以进行细致的考虑和检查	适合表达感觉和感情 更加个性化 成本较低 可以根据语言和非语言的反馈，及时进行改正和调整
缺点	耗时 反馈有限且缓慢 缺乏有助于理解的非语言暗示 有时人们不愿意阅读书面的东西 你无法了解你所写的内容是否被人阅读	说话时较难进行快速思考 话一出口就很难收回 有时难以控制时间 容易带有过多的个人色彩而影响信息的可靠性

（二）非语言沟通

非语言沟通指的是除语言沟通以外的各种人际沟通方式，包括肢体语言、副语言、空间利用、时间安排以及沟通的物理环境等。

非语言沟通涉及人们面对面沟通中的诸多方面，可以用来加强或替代所说的话。例如，面部露出的微笑、眉头紧皱、开会入席的座位、办公室的大小及室内陈设，凡此种种，都表达着各种信息：高兴或苦恼、权势或地位等。人们有时候有意识地运用非语言沟通技巧，而有时候却是下意识地做出某些行为。

非语言沟通在实际沟通活动中起着非常重要的作用，甚至比通过语言表达的信息更重要。有关研究表明，在实际沟通过程中，非语言所包含的信息远远超出语言所提供的信息（见图 11-2）。比如上课时，学生们无精打采或者做其他事情，传递给老师的信息是学生们已经开始厌倦了；当大家纷纷把笔记本合上时，则意味着该下课了。

非语言沟通中最常见的是身体动作和语音语调。身体动作包括手势、面部表情和其他部位动作。语音语调指的是个体对词汇或词语的强调。假设一名学生问老师一个问题，老师听完，反问了一句："你这是什么意思？"老师发问的表情动作不同，语音语调不同，学生的理解和反应都不一样。

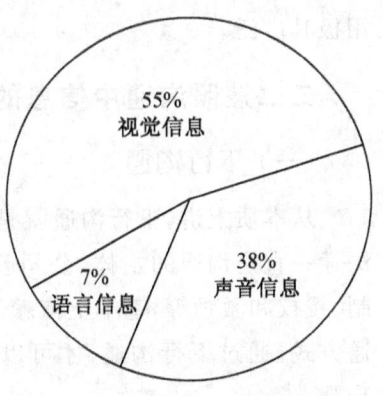

图 11-2　沟通信息含量的分布

非语言沟通与语言沟通密切相关。在实际沟通过程中,当语言信息与非语言信息不一致时,人们往往会更相信非语言信息。

非语言沟通有各种类型,主要包括身体动作、空间利用、副语言等,见表11-3。

表 11-3 非语言沟通的类型

基本类型	解析和例子
身体动作	手势、脸部表情、眼神、触摸手臂以及身体其他部位的动作等
个人身体特征	体形、体格、姿势、体味、气味、高度、体重、头发颜色及肤色等
副语言	音质、音量、语速、语调、大笑或打哈欠等
空间利用	人们利用和理解空间的方式,包括座位的布置、谈话的距离等
时间安排	迟到或早到、让他人等候、文化差异对时间的不同理解等
物理环境	大楼及房间的构造、家具和其他摆设、内部装潢、整洁度、光线及噪音等

(三)电子媒介沟通

电子媒介沟通是指在沟通中依赖各种各样复杂的电子媒介来传递信息。传统媒介包括报纸、杂志、电视等,而常见的电子媒介则包括互联网、电子邮件、计算机、传真机等一系列电子技术信息载体。这些电子技术信息载体与语言和纸张结合起来,就产生了更有效的沟通方式,具有交互性、趣味性和综合性。互联网技术的发展,使得沟通突破了时间和空间的限制,电子媒介沟通在现代组织管理中应用极其广泛。

二、按照沟通中信息的流向分类

(一)下行沟通

从本质上讲,下行沟通就是指上级向下级进行的信息传递。在传统上,下行沟通一直是沟通的主体,公司管理所涉及的种种职能的运作,如计划的实施、控制、授权和激励等,基本上依赖下行沟通来实现。下行沟通是组织中最重要的沟通方式,通过下行沟通,才可以使下级明确组织的计划、任务、工作方针、程序和步骤。

下行沟通主要有三种形式:一是书面形式,如指南、声明、企业政策、公告、报告、信函、备忘录等;二是面谈形式,如口头指示、谈话、电话指示、广播、各种会议(评估会、发布信息形式会议、咨询会、批评会等)、小组演示乃至口口相传的小道消息等;三是电子形式,如闭路电信系统新闻广播、电话会议、传真、电子信箱等。

（二）上行沟通

上行沟通指下级向上级进行的信息传递。上行沟通的目的就是开辟一条让管理者听取员工意见、想法和建议的渠道，同时，上行沟通可以达到有效管理的目的。上行沟通是领导了解实际情况的重要手段，是掌握决策执行情况的重要途径，上层管理部门特别需要了解生产的业绩、市场营销信息、财务数据，以及基层员工在做什么、在想什么，因此，客观地传递信息至关重要。所以领导不仅要鼓励上行沟通，还要注意上行沟通的信息真实性、全面性，防止报喜不报忧的情况。正规的上行沟通包括意见反馈系统、员工座谈会、巡视员制度等。

（三）横向沟通

横向沟通指的是沿着组织结构中的横线进行的信息传递。它包括同一层面上的管理者或员工进行的跨部门、跨职能沟通。横向沟通中不存在上下级关系，沟通双方均为同一层面的同事。横向沟通是为了增强部门间的合作，减少部门间的摩擦，最终实现组织的总体目标，这对组织的整体利益有着重要的作用。横向沟通是在分工基础上产生的，是协作的前提，做好横向沟通工作，在规模较大、层次较多的组织中尤为重要，它有利于及时协调各部门之间的工作步调，减少矛盾。横向沟通担当起了组织内部同一层面成员沟通的重任。随着组织结构越来越扁平化，这种跨职能、跨部门的沟通正受到绝大多数组织的关注，因为它已成为组织成功的关键。

部门管理者之间的横向沟通通常采用会议、备忘录、报告等沟通形式，其中会议是最经常采用的沟通形式。部门内员工的横向沟通，则更多地采用面谈、备忘录等形式。

（四）斜向沟通

斜向沟通是指发生在组织中不属于同一部门和等级层次的人员之间的信息沟通，主要目的是为了加快信息的传递，所以主要用于相互之间的情况通报、协商和支持。这种沟通方式，有利于加速信息的流动，促进理解，并为实现组织目标而协调各方面的努力。为了克服其对等级链的冲击，斜向沟通往往伴随着由上而下的沟通或自下而上的沟通。

三、按照沟通网络的基本形态分类

沟通网络主要有链式沟通、环式沟通、Y式沟通、轮式沟通和全通道式沟通五种基本形态，如图11-3所示。

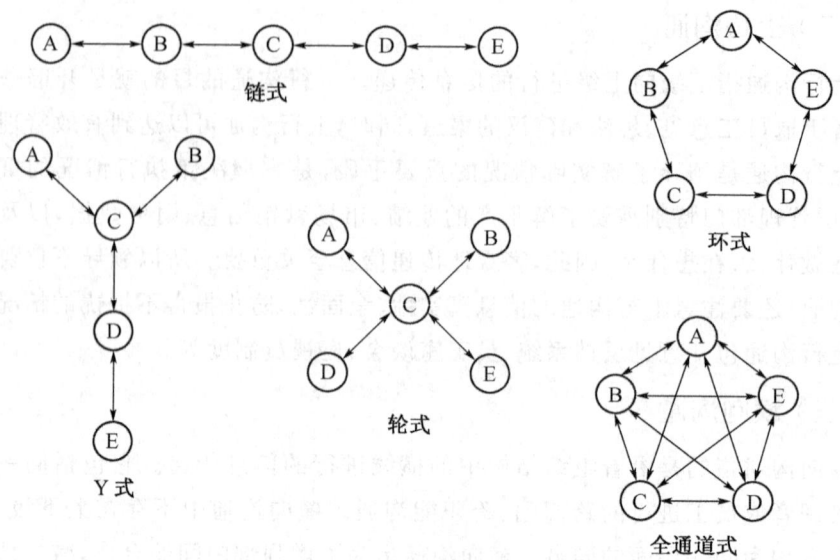

图 11-3 沟通网络的基本形态

（一）链式沟通

这是一个平行网络，其中居于两端的人只能与内侧的一个成员联系，网络中的其他人则可分别与同自己相邻的两个人沟通信息。在一个组织系统中，它相当于一个纵向沟通网络，具有多个层次，逐级传递，信息可自上而下或自下而上进行传递。此外，这种网络还可以表示组织中主管人员和下属之间的组织系统，属控制型结构。

（二）环式沟通

这种网络形态可以看成是链式形态的一个封闭式控制结构，表示几个人之间依次联络和沟通。其中，每个人都可以同时与两侧的人沟通信息。这个网络可以创造出比较高昂的士气。

（三）Y 式沟通

这是一个纵向沟通网络，其中只有一个成员位于沟通网络的中心，成为沟通的媒介。这种网络集中化程度高，解决问题速度快。除中心人员外，组织成员的平均满意程度较低。此网络用于主管人员的工作任务十分繁重，需要有人选择信息提供决策依据的情形。

（四）轮式沟通

在这种沟通网络中，只有一名成员是信息的汇集发布中心，相当于一个领导直接管理几个部门的权威控制系统。这种沟通形式集中程度高,信息传递快,但由于沟通渠道单一,组织成员满意程度相对降低,往往容易影响士气。这种沟通形式适合组织面临紧急任务,要进行严密控制的情况。

(五)全通道式沟通

这是一个开放型网络,其中每个成员之间都有一定的联系,彼此了解。网络中的沟通渠道很多,组织成员士气高昂,合作气氛浓厚。学习型组织及高效的自治型团队一般采用这种形态。

这五种沟通网络形态的特点比较见表11-4。

表11-4 沟通网络形态的特点比较

	集中性	速度	准确性	领导控制力	成员满意度
链式	适中	适中	易失真	适中	适中
轮式	高	快	高	很高	低
Y式	较高	快	较高	高	较低
环式	低	慢	低	低	高
全通道式	很低	慢	适中	很低	很高

四、按照沟通的组织系统分类

(一)正式沟通

正式沟通一般指在组织系统内,依据组织明文规定的原则进行的信息传递与交流。正式沟通是通过正规的组织程序,按照权力等级链进行的沟通,或为完成某项任务所必需的信息交流。通过正式组织的沟通网络,如组织层次联系、横向协作关系进行沟通。

正式沟通是组织内部信息传递的主要方式。大量的信息都是通过正式沟通网络传递的。具体形式包括组织与组织之间的公函来往、组织内部的文件传达、召开会议、上下级之间的定期情报交换等。正式沟通的优点是沟通效果好、严肃可靠、约束力强、易于保密、沟通信息量大,并且具有权威性。但其也有不足之处,因为正式沟通依靠组织层次系统层层传递,沟通速度一般比较慢。

(二)非正式沟通

尽管正式沟通在组织中占据重要地位,但它并不是组织沟通形式的全部,组织内的非正式沟通也起着不容忽视的作用。非正式沟通是指在正式沟通渠道之外的信息沟通。非正式沟通是正式沟通不可缺少的补充,也是一个正式组织中不可消除的沟通方式。其沟通途径是通过组织类的各种社会关系,与组织等级的权力没有任何关系。

一般地,非正式沟通具有下列共同特点:不受管理层控制;被大多数员工视为可信的;信息传播迅速;关系到人们的切身利益。非正式沟通的优点是:传递信息的速度快,形式不拘一格,并能提供一些正式沟通所不能传递的内幕消息。缺点是传递信息容易失真,传递越广,失真就越多,容易在组织内部引起矛盾,更有可能造成小道消息的传播和蔓延。

小道消息是非正式沟通的重要组成部分,小道消息可以暂时缓解组织成员因不确定性而导致的焦虑情绪,满足他们的愿望和期待。但是,假如组织成员的焦虑和期望得不到及时的缓解或满足,那么,小道消息便会失控而四处蔓延,谣言四起,从而导致组织中人心涣散、缺乏凝聚力、成员士气低落。

因此,组织各级管理者应该将小道消息的范围和影响限定在一定区域内,公布进行重大决策的时间安排,公开解释那些看起来不一致或隐秘的决策行为,对目前的决策和未来的计划,在强调其积极一面的同时,也指出其不利的一面,公开讨论事情可能的最差结果,减少由猜测引起的焦虑,并使小道消息的消极影响减少到最低限度。

均瑶集团对待小道消息

在上海康桥的均瑶基地食堂里,你会看到这样一块小黑板,上面写着正在公司流传的小道消息,后面是公司管理层或员工的答复和想法。小道消息一旦公开,对组织的负面影响就会大大降低,公司的领导者就能察觉到并及时处理。透明的组织文化,使得大家可以畅所欲言。

公司领导者十分重视小道消息,努力使小道消息明朗化。对不同的小道消息,依照事情的轻重缓急,分别由不同层级的管理者进行解释。一些比较大的小道消息,诸如与谣言有关的重大人事任免、兼并重组的,甚至会由董事长亲自向大家做解释。一些比较小的小道消息,就由基层经理来澄清。均瑶集团由于倡导透明、平等的企业文化,在消除小道消息对企业产生的负面影响方面下了很大的功夫,也找到了一些很好的方法。

资料来源:网络。作者略有改动。

第三节 有效沟通的策略

一、沟通的障碍

在管理学中,有一个沟通漏斗原理,沟通漏斗呈现的是一种由上至下逐渐减少的趋势。对沟通者来说,如果一个人心里想的是100%的东西,到你在众人面前在公开场合用语言表达时,这些东西已经漏掉了20%,你说出来的只剩80%了;而当这80%的东西进入别人的耳朵时,由于文化水平、知识背景的关系,只存活了60%,而实际上真正被别人理解了、消化了的东西,大概只有40%。等到这些人按照理解的40%具体行动时,结果可能已经变成了20%。这就是所谓的沟通漏斗。这样的漏斗现象时时刻刻发生在我们周围,也就是说,在信息沟通过程中,我们常常会受到各种因素的影响和干扰,使沟通受到阻碍。因此我们需要了解沟通过程中主要存在哪些障碍,并掌握一定的沟通技巧,尽可能地去消除这些障碍的负面影响。

(一)源于发送者方面的障碍

1. 目的不明

发送者不清楚自己要说些什么,对自己将要传递的信息内容、交流的目的不明确,这是沟通过程当中遇到的第一障碍,将导致沟通的其他环节无法正常进行。因此,发送者在信息交流之前就必须明确沟通的目的,即明确"我要通过什么渠道向谁传递什么信息并达到什么目的"。

2. 表达不清

发送者如果口齿不清、词不达意或者字体模糊,都会产生噪音,并造成传递失真,使接收者无法了解对方所要传递的真实信息。如果使用方言,可能会使接收者无法理解。发送者如果对信息进行缩减,也会使信息变得模糊不清。因此无论是口头沟通还是书面沟通,都要求思路清晰、条理分明,减少曲解和误解的发生。当我们选择用语言信息和非语言信息结合起来表达的时候,如果相互之间不协调,会使接收者难以理解传递的信息内容。如领导表扬下属时面部表情很严肃,甚至皱眉头,会让下属觉得很迷惑。

3. 过滤信息

过滤是指故意操纵信息,在编码时存在"过滤",那么发出的信息就不再是完整全面的信息了。如管理者向上级传递的信息都是对方想听到的东西,那么管理者就是在过滤信息。过滤的程度与组织结构层次和组织文化有关,组织中纵向管理层次越多,过滤的机会就越多。组织文化则通过奖励系统鼓励或抑制这类过滤行为。如果奖励只注重形式与外表,管理者便会有意识地按照上级的习惯品位,调整和改变信息内容,现实生活中"报喜不报忧"就是典型的信息过滤行为。

4. 选择失误

如果沟通时机选择失误或把握不准,信息传递不及时,传递过早或过晚都会影响沟通效果。如果沟通对象选择失误,则有可能造成"对牛弹琴"的局面,直接影响信息交流的效果。如果沟通形式选择失误,则会导致信息传递受阻,或者延误沟通的恰当时机。例如,领导在批评下级的错误时,态度不严肃,就可能使下级难以认识到错误的严重性。正式重大的事件用很平常的方式传递,就可能使人怀疑信息的真实性。

(二)源于接收者方面的障碍

1. 知觉偏差

接收者的个人特征,诸如个性特点、兴趣、需要、动机、态度、价值观、权力地位、社会阶层、文化修养等,会使人们在不知不觉、有意无意之中产生知觉的选择性,即知觉偏差。知觉偏差会直接影响到对被知觉对象即发送者的正确认识。人们在信息交流或人际沟通中,往往习惯于以自己为准则,对不利于自己的信息要么视而不见,要么熟视无睹,甚至颠倒黑白,以达到防御的目的。人们往往观其所想看到的和闻其所想听到的,而不是客观事实,因而容易做出以偏概全、以点带面的结论。

2. 加工信息

接收者在信息交流过程中,受知觉选择性的影响,在解码时有时会根据自己的知识经验去理解,按照自己的需要对信息进行选择,从而可能会使许多信息内容被丢弃造成信息的不完整。接收者有时会按照自己的主观意愿对信息进行加工,有可能对收到的信息"添枝加叶",从而导致接收的信息与发出的原信息不符。

3. 心理障碍

在接收信息时,接收者的心理感受会影响到他对信息的解释,不同的情绪感受会使个体对同一信息的解释完全不同。接收者对发送者不信任、敌视或者冷漠、厌烦,或者接收者心理紧张、恐惧都会歪曲或拒绝接收信息。当人们处于狂喜或盛怒的状态时,由于不能进行客观理性的思维活动,而代之以情绪性的判断,这就会有碍沟通。

第十一章 / 沟　通

52号航班的悲剧

仅仅几句话就能决定生与死的命运？1990年1月25日恰恰发生了这种事件。那一天，由于阿维安卡52号航班飞行员与纽约肯尼迪机场航空交通管理员之间的沟通障碍，导致了一场空难事故，机上73名人员全部遇难。

1990年1月25日晚7点40分，阿维安卡52号航班飞行在南新泽西海岸上空11 277.7米的高空。机上的油量可以维持近两个小时的航程，在正常情况下飞机降落至纽约肯尼迪机场仅需不到半小时的时间，可以说飞机上的油量足够维持飞机的飞行直至降落。然而，此后发生了一系列耽搁。

晚上8点整，机场管理人员通知52号航班，由于严重的交通问题，他们必须在机场上空盘旋待命。晚上8点45分，52号航班的副驾驶员向肯尼迪机场报告他们的"燃料快用完了"。管理员收到了这一信息，但在晚上9点24分之前，没有批准飞机降落。在此之前，阿维安卡机组成员再没有向肯尼迪机场传递任何情况十分危急的信息。

晚上9点24分，由于飞行高度太低以及能见度太差，飞机第一次试降失败。当机场指示飞机进行第二次试降时，机组成员再次提醒燃料将要用尽，但飞行员却告诉管理员新分配的跑道"可行"。晚上9点32分，飞机的两个引擎失灵，1分钟后，另两个也停止工作，耗尽燃料的飞机于晚上9点34分坠毁于长岛。

调查人员找到了失事飞机的黑匣子，并与当事的管理员进行了交谈，他们发现导致这场悲剧的原因是沟通的障碍。

首先，飞行员一直说他们"燃料不足"，交通管理员告诉调查者这是飞行员们经常使用的一句话。当时间延误时，管理员认为每架飞机都存在燃料问题。但是，如果飞行员发出"燃料危急"的呼声，管理员有义务优先为其导航，并尽可能迅速地允许其着陆。遗憾的是，52号航班的飞行员从未说过"情况紧急"，所以肯尼迪机场的管理员一直未能理解到飞行员所面对的是真正的困境。

其次，飞行员的语调也并未向管理员传递燃料紧急的严重信息。许多管理员接受过专门的训练，可以在各种情境下捕捉到飞行员声音中极细微的语调变化。尽管机组成员相互之间表现出对燃料问题的极大忧虑，但他们向机场传达信息的语调却是冷静而职业化的。

最后，飞行员的文化、传统以及职业习惯也使飞行员不愿意声明情况紧急。如正式报告紧急情况之后，飞行员需要写出大量的书面汇报；同时，如果发现飞行员在计算飞行油量方面疏忽大意，联邦飞行管理局就会吊销其驾驶执照。这些消

359

极措施极大地阻碍了飞行员发出紧急呼救的信息。在这种情况下,飞行员的专业技能和荣誉感不必要地变成了决定生死命运的赌注。

资料来源:网络。作者略有改动。

二、克服沟通障碍的策略

(一) 改进沟通的态度

信息沟通不仅仅是信息符号的传递,它包含着更多的情感因素,所以在沟通过程中,沟通双方采取的态度对于沟通效果有很大的影响。只有双方坦诚相待时,才能消除彼此的隔阂,从而求得对方的合作。另外,在信息沟通过程中,还要以积极的开放的心态对待沟通,要愿意并且有勇气用恰当的方法展示自己的真实想法。发送者要努力地缩短与信息接收者之间的心理距离,比如一位作风民主、密切联系群众的领导者,常常会被下属看成是自己人而愿意去与之沟通,并自觉接受他的观点。

(二) 积极地倾听

沟通是双向的行为,要使沟通有效,双方都应当积极投入交流。当员工发表自己的见解时,管理者也应当认真地倾听。美国的一项研究表明,多数公司的员工把60%的时间用在倾听上,经理们平均把57%的时间用在倾听上,而人们在四种沟通技术上的时间分配依次是:倾听占53%,读占17%,说占16%,写占14%。积极的倾听要求管理者把自己置于员工的角色上,积极倾听意味着提出问题、表示兴趣以及不时地用自己的话说出对方的想法,积极倾听还意味着向发送者反馈已完成的沟通循环。

老太太买李子

一位老太太每天去菜市场买菜买水果。

一天早晨,老太太来到菜市场,遇到第一个小贩,卖水果的,问她:"你要不要买一些水果?"老太太说:"你有什么水果?"小贩说:"我这里有李子、桃子、苹果、香蕉,你要买哪种呢?"老太太说:"我正要买李子。"小贩赶忙介绍这个李子,又红又甜又大,特好吃。老太太仔细一看,果然如此。但老太太却摇摇头,没有买,走了。

老太太继续在菜市场转,遇到第二个小贩。这个小贩也像第一个小贩一样,问老太太买什么水果,老太太说买李子。小贩接着问:"我这里有很多李子,有大的,有小的,有酸的,有甜的,你要什么样的呢?"老太太说:"要买酸李子。"小贩说:

"我这堆李子特别酸,你尝尝?"老太太一咬,果然很酸,满口的酸水。老太太受不了了,但越酸越高兴,马上买了一斤李子。

但老太太没有回家,继续在市场转,遇到第三个小贩,同样问老太太买什么,老太太说买李子。小贩接着问:"你买什么李子?"老太太说:"要买酸李子。"但他很好奇,又接着问:"别人都买又甜又大的李子,你为什么要买酸李子?"老太太说:"我儿媳妇怀孕了,想吃酸的。"小贩马上说:"老太太,你对儿媳妇真好!"小贩又问:"那你知道不知道这个孕妇最需要什么样的营养?"老太太说不知道。小贩说:"其实孕妇最需要的是维生素,因为她需要供给这个胎儿维生素。所以光吃酸的还不够,还要多补充维生素。水果之中,猕猴桃含维生素最丰富,所以你要经常给儿媳妇买猕猴桃才行。这样的话,你确保你儿媳妇生出一个漂亮健康的宝宝。"老太太一听很高兴,马上买了一斤猕猴桃。当老太太要离开的时候,小贩说我天天在这里摆摊,每天进的水果都是最新鲜的,下次来就到我这里来买,还能给你优惠。从此以后,这个老太太每天在他这里买水果。

启示:有效的沟通者必须具有同理心,能够感同身受,换位思考,站在接收者的立场,积极倾听,以接受者的观点需求来考虑问题。如果接收者拒绝其观点与意见,那么发送者必须耐心、持续地做工作来改变接收者的想法。

资料来源:网络。作者略有改动。

(三)确保内容的完整准确

信息的发送者应当努力提高自身的文字和语言表达能力,沟通的内容要有针对性,语义确切,条理清楚,观点明确,避免使用模棱两可的语言,否则容易造成接收者理解上的失误和偏差。同时信息沟通的双方要相互了解对方的接受能力,根据对方的具体情况来确定自己表达的方式和用语。选择正确的词汇、语调、标点符号,注意逻辑性和条理性,对重要的地方要加上强调性的说明,借助于体态语言来表达完整的思想和感情的沟通,加深双方的理解。

(四)选择合适的沟通渠道

发送者要注意根据信息的重要程度、时效性、是否需要长期保存的因素,选择合适的沟通渠道。例如对有重要保存价值的文件资料,一定要采用书面沟通形式,避免信息丢失;而对于时效性很强的信息,则要采取口头沟通的形式,甚至借助于电子媒体的形式迅速扩大影响。

另外,在信息渠道的选择上,应尽量减少沟通的中间环节,缩小信息的传递链,减少信息的损耗。要充分运用现代信息技术,提高沟通的速度、广度和宣传效果,同时避免信息传递过程当中噪音的干扰。

（五）充分利用反馈机制

在沟通时，要避免出现只传递而没有反馈的状况。一个完整的沟通过程，必须包括信息接收者对信息做出反应，只有确认接收者接收并理解了传送者所发送的信息，沟通才算完整完成。要检验沟通是否达到目标，发送者只有通过获得接收者的反馈才能确定，可以采用提问、倾听、观察、感受等方式。

在倾听他人的发言时，应当注意通过非语言信号来表示你对对方说话的关注，例如赞许性的点头、恰当的面部表情、积极的目光相配合。如果员工认为管理者对他的话很关心，他就乐于向管理者提供更多的信息，否则员工有可能把自己知道的信息不向上汇报。管理者可以使用目光接触，展现恰当的面部表情，选择合适的沟通空间距离等技巧来使沟通获得积极的反馈。

观察与思考　议而不决，错失良机

周一的早晨，南方通用电子公司总经理李群召集公司各个部门的负责人开了一个会，对由研发部第一组组长顾杰提出的一个新型空调机概念进行可行性论证。与会者包括研发部经理朱哲、市场部经理胡波、生产部经理周俊、人事部经理田静和财务部经理金羚，当然还有顾杰。顾杰早在年初就提出了这个新产品动议，但李群需要在高层的经理者对这个动议进行充分讨论后再做决策。李群的秘书安排了三次，这个会议才得以召开。

会议的第一个发言人当然是顾杰。他说："这个新产品有三大优势，其一，这个产品具有环保功能，现在市场上绿色产品受到消费者的青睐。其二，这个产品能够迎合我国家庭住房现代化的发展趋势。统计表明，越来越多的家庭住上了多居室成套住宅，单套住宅对空调的数量需求上升，却希望减少室外机的数量，我们的新产品正可以满足这一需要。其三，我们的产品由于改进了制冷模式，极大地提高了工作效率，降低了工作电耗，这也是我们新的优势。因此，我们建议尽早进行该产品的研制，并赶在今年的销售旺季来临之前投产。"

听完他的介绍后，研发部的经理朱哲做了补充。他说："而且，在技术上，我们的力量雄厚，开发不成问题。我很看好这个产品。甚至，我们可以一边开发一边申请专利，提高我们公司的竞争力。"

说完，朱哲环顾会议室，期待有人回应。但其他的几个经理都在观望，没人接话。这时，李群发话了："你们市场部怎么看？"胡波有点担心地说："这个产品听上去不错，但前年我们向市场投入了两个新产品，发现市场并不看好。我们那两个新产品的开发也是技术推动的，而不是市场拉动的。我认为，必须真正搞清楚市场对这种产品的需求大不大。因此,在没有进行深入的市场调查之前不能贸然开发。"

"周俊,你有何看法?"李群将目光转向生产部经理。周俊面露难色地说:"我们生产作业线的工人已经在穷于应付去年年底引进的流水线的新技术和新工艺造成的问题和困难,我很怀疑他们是否可以胜任新产品的生产。"

当李群掉头去看财务部的金羚时,她马上接过话:"老板,问题是我们的预算中没有这个新产品开发的资金。而且,这两个月来应收账款的催收情况不尽如人意,我还在为这种状况发愁呢。"

最后一个发言的田静若有所思地说:"我对技术不在行,但是你看,最近我们收到许多求职信,眼下正值大学生毕业择业的季节,我们正在与各个部门讨论空缺和要求的事。正好,就研发部的空缺的事宜我要与朱经理碰头商量。朱经理,你看你这两天什么时候有空,我们讨论一下?"

李群面对着种种意见,最后说:"请市场部先对新产品做个市场调查,以后我们再做讨论,今天先到这儿吧。"

后来,就这个动议又开过两次会,但都没有突破性的进展,最后不了了之。3个月后,北方的一家公司率先推出了这种新概念产品,在市场上引起强烈反响……

资料来源:网络。作者略有改动。

根据沟通的相关知识,试着分析导致沟通失败的主要障碍及保证有效沟通的策略。

第五篇

控制篇

第十二章 控制原理

第一节 控制的概述

一、控制的含义

所谓控制,就是使事情按计划进行,就是纠偏,纠正实际执行情况与所计划的理想状态之间的偏差。用管理学术语来讲,所谓控制,就是根据事先规定的标准,监督检查各项活动,并根据偏差,或调整行动,或调整计划,使两者相吻合的过程。换句话说,控制就是管理者确保实际活动与规划活动相一致的过程。

管理科学的先驱法约尔曾经这样描述控制:"在一个企业中,控制就是核实所发生的每一件事是否符合所规定的计划、已发布的指示及所制定的原则,其目的是要指出计划实施过程中所出现的缺点和错误,以便纠正和避免再犯。对一切的事、人和工作活动都要控制。"

控制工作是使组织活动达到预期目标的保证。控制是日常生活中的常见现象。许多女孩子希望身材苗条,就要定期称称体重。高血压患者经常量量血压以免身体出现问题。人们在上班途中经常时不时看表、调整行走速度,以便能按时到达工作地点、不迟到。这些都属于某种形式的控制。

二、控制的必要性

斯蒂芬·罗宾斯曾这样描述控制的作用:"我们能够制订计划;我们能够设计组织结构以有效地促进目标的实现;我们能够指导和激励员工。然而,我们无法保证活动正如事前计划的那样进行并达到其目标。控制是管理职能链中的最后一环。"[1]理想的状态是不可能成为企业管理的现实的。无论计划制订得如何周密,由于各种各样的原因,人们在执行计划的活动中总是会或多或少地出现与计划不一致的现象。这些原因包括:

(一)环境的变化

假如企业面对的是一个完全静态的市场,其中各个影响企业活动的因素永不

---

[1] 斯蒂芬·P.罗宾斯,大卫·A.德森佐.管理学原理[M].5版.毛蕴诗,主译.大连:东北财经大学出版社,2004:384.

发生变化,例如,市场供求、产业结构、技术水平等,那么,企业管理人员便可以年复一年、日复一日地以相同方式组织企业的生产经营,员工可以以相同的技术和方法进行生产作业。因而,不仅控制工作,甚至管理的计划职能都将成为完全多余的东西。显然,这样的静态环境是不存在的。组织的外部环境在变化,内部条件也在变化,组织运行实际情况与预期目标必然会经常性出现偏差。管理者必须通过控制工作,及时发现已经发生的偏差,并立刻采取措施加以纠正,以保证实现组织的预期目标。

(二) 管理权力的分散

组织管理在纵向上是分层次、分权进行管理的,因为当企业经营达到一定规模后,企业主管就不可能直接地、面对面地指挥全体员工的劳动。管理幅度的限制要求组织的高层管理者必须把一部分管理事务委托给下属去管理,基于同样的原因,这些下属又会把一部分管理事务再委托给他们的下属去处理,这就是管理层级的由来。为了使这些下属们有效地完成分配给他们的管理事务,上一级主管必然要授予他们相应的权力;为了保证这些授予下属的权力得到正确的利用,每个层级的管理者都必须定期或不定期地检查下属的工作,即对下属进行控制,只有这样才能确保各级管理者的工作符合计划要求和组织目标。如果没有控制,并且没有在组织中建立起来相应的控制系统,管理者就不能检查下级的工作情况,即使出现下级滥用权力、员工玩忽职守、组织行动不符合计划要求等情况,管理者也无法发现问题,更无法采取行动予以纠正。因此,控制是组织分权管理的必然产物,组织分权化程度越高,控制就越重要。

(三) 工作能力的差异

由于组织中每一个成员在认识能力和工作能力上存在着差异,当他们在不同的时间段和不同的部门中进行工作时,由于认识能力不同,对计划要求的理解就有可能发生差异;即使每个员工都能完全正确地理解计划的要求,但由于工作能力的差异,他们的实际工作结果也可能在质量和数量上与计划要求不符。只要某个部门、某个员工在某个环节上出现一点偏差,就会对整个计划活动造成冲击。而组织要想达成计划目标,每个部门、每个环节的工作都必须按照计划要求协调进行,因此加强对组织成员的工作控制必不可少。

三、控制与计划的关系

控制是管理的一项不可缺少的职能。如前所述,管理工作的第一步首先就是制订计划,然后是组织和领导计划的实施。但是计划实施的结果怎样?计划目标能否顺利实现？计划目标本身制定得是否科学合理？要弄清楚这些问题，就离不开控制。控制是管理职能的最后一环，计划能否实现取决于控制是否有效。控制和计划的关系相当密切，计划和控制实际上是一个问题的两面。控制和计划的关系具体表现在以下3点：

第一，计划为控制提供衡量的标准，没有计划，控制就成了无本之木；而控制是计划得以实现的必要保证，离开了适当、必要的控制，计划就会流于形式。美国管理学家哈罗德·孔茨把计划和控制比喻为一把剪刀的两个刃，缺少了任何一个刃，剪刀都无法发挥作用。

第二，计划和控制的效果分别依赖于对方。计划越明确、详细和全面，控制工作就越容易进行，控制的效果也就越好；而控制越准确、合理和有效，就越能保证计划的实现。

第三，许多有效的控制方法本身就是计划方法，如规划、预算、目标管理等。

四、影响控制的权变因素

控制会受到许多环境因素的影响，包括组织的规模、被控制者在组织层级中的地位、组织分权的程度、组织文化以及组织活动的重要性。

（一）组织的规模

控制应该根据组织的规模而有所区别。小企业最经济的控制方法是依靠非正式的、个人化的控制手段，通过直接监督进行同步控制。而当组织的规模扩大时，控制就需要一个正式的系统来支持，所以往往采用组织机构进行高度正式而且非个人化的事前控制或事后控制。

（二）被控制者在组织层级中的地位

被控制者在组织层级中的地位越高，越需要对其采用多重控制标准。这是因为当员工沿着组织层级向上升迁时，其业绩衡量的模糊性将提高，控制工作的难度相对就比较大。相反，越是底层员工的作业工作业绩越容易定义，标准也更单一和容易确定，控制工作相对就比较简单。

（三）组织分权的程度

组织分权的程度越高，管理者就越需要掌握员工的业绩情况。因为授权的管理者需要对被授权人的行动负最终责任，所以管理者有必要采取措施以保证员工的行动正确有效。

（四）组织文化

组织文化如果以开放、民主、信任为特征，管理者往往可以采用非正式的自我控制;组织文化如果以警惕、怀疑为特征,管理者往往会依赖正式的组织控制机构来进行控制,确保员工业绩符合要求。

(五) 组织活动的重要性

组织活动本身的重要性会影响到该项工作是否应该受到控制以及怎样进行控制。如果控制的成本高昂,而错误对组织产生的影响又很小,就不必要使用严格又详尽的控制系统;但如果该项活动一旦发生错误会严重影响到组织,那么,就必须实施严格又广泛的控制,即使控制成本很高也应在所不惜。

第二节 控制的类型

按照不同的分类标准,控制可以分为多种类型。

一、根据控制的时点划分

根据控制的时点不同,可以将控制分为反馈控制、同期控制和预先控制。

(一) 反馈控制(Feedback Control)

1. 反馈控制的含义

反馈控制也称事后控制,是一种在工作结束后进行的控制。其特点是把注意力集中在工作的结果之上,通过对前一阶段工作的总结,对比标准进行测量、比较、分析和评价,发现存在的问题,并以此作为改进下一次工作的依据。很显然,反馈控制的目的不是要改进本次工作,而是力求"吃一堑,长一智",改进下次工作质量。

反馈控制是一种最主要、最传统的控制类型。在实际工作中,反馈控制的例子非常多,如产品的质检、人事的考评、财务报表的分析等,都是典型的反馈控制。这类控制对提高组织的经营管理水平发挥了很大的作用。但反馈控制也存在着一些致命的缺陷。

2. 反馈控制的缺陷

(1) 损失已经造成。由于反馈控制作用在工作结束之后,而此时偏差已经产生,实际的业务活动已经造成了对组织的损害。

(2) 存在时间滞后问题。从衡量实际工作绩效、同标准进行比较并分析偏差产生的原因到制定纠偏措施并实施,需要花费一定的时间。这样就很可能出现这种情况:在纠偏时,实际状况又发生了新的变化,导致刚刚制定的纠偏措施可能又跟新的状况不相适应,从而影响了纠偏效果。

（二）同期控制（Concurrent Control）

1. 同期控制的含义

同期控制也称现场控制、现时控制、同步控制、事中控制等等，顾名思义，它是一种在工作进行之中同步进行的控制。其特点是在工作进行过程中，一旦发生偏差，马上予以纠正。目的是及时纠正工作中发生的偏差，改进本次工作（而不是下次工作）的质量。

2. 同期控制的应用与要求

（1）同期控制是一种主要为基层管理人员所采用的控制方法。基层管理人员通过在现场对正在进行的活动给予监督和指导，以保证活动按规定的政策、程序和方法进行。

（2）同步控制最常见的形式是直接监督。主管人员通过深入现场亲自监督检查、指导和控制下属人员的活动。具体包括：第一，向下级指出并示范正确的工作方法和工作过程；第二，监督下级的工作以保证计划目标的实现；第三，发现不合标准的偏差时，立即采取纠正措施。

当管理者在现场直接监督员工的行动时，能在失误刚一出现时就对其进行纠正。虽然在员工的活动和管理者的纠偏反应之间存在一定的时差，但这时差非常小，可以把对组织的损害降到最低程度。

（3）同期控制对于实施控制的管理人员的管理水平和领导能力要求非常高。管理人员的个人素质、工作作风、语言表达能力、跟员工的沟通方式以及被控制者对这些指导的理解程度，决定了同期控制的有效程度。其中，主管人员的"言传身教"尤为重要。例如，工人的操作发生错误时，工段长有责任向其指出并做出正确的示范动作帮助其改正；新兵训练时，带兵军官必须进行现场动作示范等等。另外，管理者在进行现场控制时，要注意避免单凭主观意志进行控制。管理人员必须加强自身的学习和提高，亲临第一线进行认真仔细的观察和监督。以计划（或标准）为依据，根据事实进行控制。最后，管理者还必须服从组织原则，遵从正式指挥系统的统一指挥，实施逐级控制，不越级下达命令。

（4）同期控制对于信息获取的时间性和准确性要求特别高。由于同期控制是一种同步控制，因此控制效果取决于实时信息的获取。当前信息技术的发展为实时信息的收集和传递提供了有力的保证，从而大大提高了同期控制的应用范围和控制效果。例如，超市和百货商场里的电子收款机能够把每天的销售额的数据立刻传送到一个中心数据存储装置，从而能立即取得有关库存、销售量、总利润以及其他各种数据资料。城市交通管理部门可以根据遍布全市道路的摄像头自动拍摄装置以及电脑系统，对违规驾驶人员进行处罚，并对全市的道路交通状况进行及时的疏导。

（5）同期控制方法的采用与被控制的对象密切相关。对于简单劳动或标准化程度很高的工作，同期控制这种严格的现场监督可以收到比较理想的效果；但对于高级的创造性劳动，比如软件编程人员的编程工作、艺术家的创作工作，则不宜采用同期控制，管理者更应该采取激励而非直接监督的手段，比如营造良好的工作环境和氛围，这样才更有利于组织目标的实现。

（三）预先控制（Feedforward Control）

1. 预先控制的含义

预先控制也称前馈控制、事前控制，是一种在工作开始之前进行的控制。其特点是能在偏差发生之前就告知管理者，使他们一开始就采取各种预防措施，预防或尽可能减少偏差的出现，从而把偏差带来的损失降到最低程度。预先控制的目的是在开始之前就把问题的隐患排除掉，做到防患于未然。

2. 预先控制的要求

预先控制主要是控制"过程"的影响因素，使这些因素处于控制状态，从而预防偏差的出现，或把偏差出现而带来的损失降低到最低限度。比如，为了保证经营过程的顺利进行，管理人员必须在经营开始以前就检查企业是否已经筹措到在质和量上符合计划要求的各类经营资源。如果预先检查的结果是资源在数量或质量上无法得到保证，那么就必须修改企业的活动计划和目标，改变企业产品加工的方式或内容。

在现实生活中，人们实际上有很多预先控制的经验，比如当骑自行车上坡时，人们通常会在还没有上坡之前就开始加速蹬车了，因为他知道上坡过程中会由于重力的作用而减速，如果到那时蹬车会更加费力。组织中运用预先控制的例子就更多了，比如生产空调的企业在夏季需求高峰来临之前，已经添置机器，安排人员，加大生产量，以防止产品的供不应求；军队在战争尚未爆发之前，就开始筹备后勤，也就是人们常说的"兵马未动粮草先行"。从上述例子中，我们可以看出，预先控制的控制作用发生在行动之前，其特点是将注意力放在行动的输入端上，放在影响行动的每个因素上，使得一开始就能将问题产生的各种隐患消除掉。

二、根据控制的结构划分

根据控制的结构不同可以将控制分为集中控制和分散控制。

（一）集中控制

1. 集中控制的含义

集中控制的特点是由一个集中控制机构对整个企业进行控制。在这种控制方式中,把各种信息都集中传送到集中控制机构,由该机构进行统一加工处理。在此基础上,集中控制机构根据整个企业的状态和控制目标,直接发出控制指令,控制和操纵所有部门和成员活动。

2. 集中控制的优缺点

集中控制方式比较简单,控制指标统一,便于整体协调。当企业规模不很大且信息的获取、存储、加工和处理方面的效率和可靠性很高时,能够进行有效、及时的整体最优控制。但企业规模较大较复杂,集中控制就会暴露出不少弊病:第一,信息量增加,会增加传输费用,导致决策延迟和失误。第二,缺乏灵活性和适应性,机构的变革和创新较困难。

(二) 分散控制

1. 分散控制的含义

分散控制的特点是由若干分散的控制机构来共同完成企业的总目标。在这种控制方式中,各种决策及控制指令通常由各局部控制机构分散发出,各局部控制机构主要是根据自己的实际情况,按照局部最优的原则对各部门进行控制。

2. 分散控制的优缺点

分散控制适应企业结构复杂、职能分工细的特点。

分散控制的优点是:第一,每个控制机构接受的信息量较少,便于及时处理和更快做出决策。第二,分散控制对信息存储和处理能力的要求相对较低,控制机构可以较小,便于改革。第三,由于决策分散,各局部控制机构可以平行运行,不仅在一个给定的时间内可以同时处理更多的工作,而且使控制的风险也分散了,个别控制机构的工作失误不会影响整个控制工作的进行。

分散控制的缺点是:分散控制对部门间的协调比较困难,横向联系较差。每个控制部门都从自己的最优原则出发进行控制,一旦协调不好,就会导致各项控制指标的矛盾和冲突。比如,生产部门为了完成生产计划,不惜减少加工生产的工序和时间;而质量检验部门又有可能为了产品质量精益求精,一再增加检测的次数和抽检的产品数量,并且提高产品的质量标准。产品设计部门为了使产品优良要求使用最昂贵的原材料,而采购部门则为了降低成本只愿意采购普通原材料。这些都会导致部门冲突,最后无法形成整体的有效控制。

三、根据控制的来源划分

根据控制的来源不同可以将控制分为正式组织控制、群体控制和自我控制三种类型。

（一）正式组织控制

正式组织控制是由管理人员设计和建立起来的一些机构或人员来进行控制。如规划、预算和审计部门都是正式组织控制的典型例子。组织可以通过规划指导成员的活动，通过预算来控制费用，通过审计来检查各部门或各成员是否按规定进行活动，并提出更正措施。

（二）群体控制

群体控制基于群体成员们的价值观念和行为准则，它是由非正式组织发展和维持的。非正式组织有自己的一套行为规范，虽然这些规范往往是不成文的，但其对成员却有很大的约束力。群体控制可能有利于达成组织目标，但也可能会给组织带来危害，所以要对其加以引导。

（三）自我控制

自我控制就是指个人有意识地按某一行为规范进行活动。这种控制成本低、效果好。但它要求组织成员有较高的素质，要求上级给下级以充分的信任和授权，还要把个人的工作绩效与奖励、经济报酬等联系起来。

四、根据控制的手段划分

根据控制所用的手段可以将控制分为直接控制和间接控制。

（一）直接控制

管理中的直接控制是指主要通过行政命令和手段对被控制对象直接进行控制。直接控制要想取得成效，关键是要精心选择实施控制的管理人员并对其进行有针对性的培养，只有政策水平高、工作能力强、综合素质高的施控人员，才能保证高质量的控制效果。比如一个自身腐败的官员被派去做廉政工作，后果可想而知，结果肯定是"派老鼠看米仓"——监守自盗。

（二）间接控制

间接控制是相对于直接控制而言的，通常是指不对运行过程直接干预，而是通过间接手段，如税收、信贷、价格等措施和政策、企业奖励分配政策等手段来引导和影响运行过程，从而达到控制目的。比如国家出台房产税，就是力图抑制房地产投资过热，引导房地产回归它的居住属性而不再成为现阶段人们主要的投资手段。

第三节 控制的对象

控制的对象或者说控制的内容实际反映了控制过程中,管理者控制的焦点和重心所在。一般来说可以分为以下几类:对人员的控制;对财务的控制;对作业的控制;对信息的控制;对组织绩效的控制;对控制者的控制。

一、对人员的控制

我们知道"管理就是通过他人完成组织目标的活动",从这个基本的定义中,我们可以看出,本质上对任何对象的控制,最终都可以落实到对人的行为的控制。因此掌握对人员的控制方法、技巧是管理者最基本的工作技能之一。对人员进行控制有两种方法:一是直接巡视、观察,发现问题,现场解决;二是对员工进行系统评估,找出原因,寻求系统解决方案。具体来说,对员工行为的控制手段有:

(1) 甄选。识别和雇用那些价值观、态度和个性符合组织期望的人。

(2) 目标。为员工设定工作目标,用目标引导和约束他们的行为。

(3) 职务设计。通过职务设计决定人们的工作内容、进度、权责范围,从而影响其行为。为了减少组织内部舞弊现象的发生,常常使某些职务分离以达到相互牵制的效果,比如在财务部门会计与审计就会由不同的员工来担任。

(4) 直接监督。监督人员现场检查、控制员工的行动。

(5) 培训与传授。通过正规的教育培训以及新老员工之间的经验交流与传授,向员工灌输正确的工作知识和操作方式。

(6) 制度化。制定规章制度来规范员工行为。

(7) 绩效评估。定期对员工进行考核,确保员工行为符合组织要求。

(8) 报酬系统。制定奖勤罚懒的报酬制度,强化和鼓励员工符合组织期望的行为,弱化甚至消除员工非组织期望行为的发生。

(9) 组织文化。通过组织的故事、仪式和高层的表率作用,影响员工的价值观和行为模式。

二、对财务的控制

任何组织要生存、发展,投入和产出之间就要实现一种平衡关系,而这种关系的实现要依赖对组织财务的控制。对财务进行控制主要包括:控制会计记录信息的准确性,定期审核财务会计报告,保证财务目标的实现等几个方面的工作。当然财务控制不仅仅局限于企业,对非营利性组织同样适用,如预算控制对于学校、医院和政府也是极为重要的控制手段。

三、对作业的控制

所谓作业,就是指从劳动力、原材料等原始资源到成品或服务的转换过程。组织的作业效率和效果很大程度上决定着企业是否能够成功,作业控制为此提供保证。典型的作业控制包括:

(1) 生产控制:监督生产活动以保证其按计划进行。

(2) 采购(库存)控制:评价购买能力,以尽可能低的价格按所需要的质量和数量提供原材料。

(3) 质量控制:监督组织所提供的产品或服务的质量,以满足预定的标准。

(4) 维护控制:对组织生产所使用的设备质量加以控制,保证生产的顺利进行。

近年来,作业控制中出现了很多新技术和新工具,如全面质量管理(TQM)、精益生产等,这些新技术和新工具甚至成为一些企业竞争优势的直接源泉。

四、对信息的控制

随着人类进入信息时代,信息(包括组织内部和外部的信息)在组织运行中发挥着越来越大的作用。对信息的控制就是要建立一整套运转有效的管理信息系统,解决组织内部对各类信息的获取、加工、传递和存储之要求。值得一提的是,知识经济的来临,使得组织对知识管理水平提出了更高的要求,创建学习型组织、把信息管理系统转换为知识管理系统已经成为21世纪企业通过创新谋求生存和发展的必由之路。凡是不能掌握新的信息、新的技术、新的知识的企业,不管以前多么辉煌,都难以逃脱灭亡的厄运。2012年1月,世界影像巨头柯达公司黯然宣布破产,退出历史舞台,充分昭示了这一不可逆转的企业竞争趋势。当前很多学者的研究表明,对信息(知识)的有效控制和利用已经成为企业的核心竞争力。

五、对组织绩效的控制

长期以来,组织的高层管理者始终面临一个难题,就是怎样衡量组织的绩效才能更好地促进组织目标的实现。管理者经常会采用单一的指标来衡量组织的绩效,这不仅不能全面反映组织的绩效,反而会引导员工的行为出现谬误。比如仅仅用销售额来衡量一个销售员的工作业绩,就会使他采用种种损害企业形象的做法去销售产品;用论文发表与引用的数量来衡量一个大学的教学水平,就会导致大学不重视课堂教学、炮制大量的学术垃圾;用死亡率来衡量一个医院的医疗水平,就会使许多医院把急重病人拒之门外,等等,类似的例子不胜枚举。显然,合理的控制方法应该是通过一套完整的指标体系对组织绩效加以全面的衡量。

目前有两种方法控制组织的绩效比较受企业青睐,它们是:

(1) 平衡计分法(Balanced Score)。平衡计分法是1992年由美国哈佛大学的卡普兰教授(R. S. Kaplan)等人提出的一种全新的企业绩效评价体系。平衡计分法主要从三个方面来构建衡量企业绩效的指标:第一,从股东的角度,也即传统的股东财务评价指标;第二,从顾客的角度,看企业的产品或服务是否真正满足了顾客的需要,其中甚至包括了企业对所在社区的环境影响;第三,从员工的角度,看企业是否为员工提供了成长和福利。

平衡计分法有其合理的一面,但不足之处是这种方法要求管理者面面俱到,关注各方面的利益,管理者很难避免顾此失彼,因此有时反而不利于组织绩效的控制。

(2) 标杆管理法(Benchmarking)。标杆管理法的基本原理是,从生产成本、周期时间、营销成本、零售价格等领域,找出一些明确的衡量标准或项目,然后将本公司在这些项目中的表现,和主要竞争对手进行排名比较,将企业所在行业中最好的公司的各项绩效指标作为控制的标准,争取成为行业中做得最好的。

与其他控制方法一样,标杆控制也存在着不足:第一,标杆管理和控制容易导致企业的竞争战略趋同。标杆控制方法鼓励企业相互学习和模仿,因此在奉行标杆控制的行业中,可能所有的企业都企图通过采取类似行动来改进绩效,在竞争的某个关键方面超过竞争对手。模仿可能使得企业之间相对效率差距日益缩小,但却导致各个企业在战略上趋于一致,各个企业的产品、质量、服务甚至供应销售渠道大同小异,结果是企业运作效率上升的同时,利润率却在下降。第二,标杆控制容易使企业陷入"落后—标杆—又落后—再标杆"的"标杆管理陷阱"之中。如果标杆控制活动不能使企业跨越与领先企业之间的技术鸿沟,单纯为赶超先进而继续推行标杆控制,反而会使企业陷入繁杂的"标杆管理陷阱"。例如IBM和通用电气公司在复印机刚刚问世时,曾标杆于复印机领先者施乐公司,结果陷入了无休止的追赶游戏之中,最终不得不退出复印机行业。

管理案例

梅克伦堡县的平衡计分卡实践

梅克伦堡(Mecklenburg)县隶属美国北卡罗来纳州,由于财政困难,经常面临着压缩预算的情况。常用的做法是按比例压缩,结果导致最重要的项目开支不足,严重影响公共服务的质量。另一个严重的问题源于该县政治不稳定,两年一次的改选县议会几乎总是发生政治力量上的变动,而新议会则会推选与前一届完全不同的优先事项原则。

2000年,新任县长琼斯(Harry Jones)决定采用一种新的模式来避免经济状况和政治立场的变动导致政府运行上的低效。首先,由议会建立起2015年的梅县愿景,"成为人民喜爱的生活、工作和休闲的社区"。新的愿景聚焦于社区的需要,而不仅仅是对政府职能的考核,这意味着不能仅仅从政府服务的具体客户角度评估绩效,更要从社区整体利益的角度来评估。除了财务指标与私营部门不同,政府部门的平衡计分卡同样包括其他三项主要内容,即客户维度、内部业务流程和学习与成长。

2003年,梅县议会再次面临削减预算或增税的选择。由于政府预算是按职能部门编制的,很难计算某项服务在该部门预算中的份额,同样也很难计算这项服务在平衡计分卡标准下的得分。县议会决定,不再按职能部门进行评估,而是按计分卡的指标对每项服务进行评估。采用手工方法根据计分卡的指标将预算与服务项目进行配比,共区分出50个项目(直接对应计分卡上的指标),包括267项服务。这一工作让议会、县长和公众了解到有哪些服务、在怎样的程度上得到资金支持,预期的目标是什么,实际的结果是什么。

议会接下来将优先事项分为7个级别,将50个项目分给这些级别,每个级别不超过8项。在讨论优先级别时不是按传统的客户需求(避免纠缠于部门客户的需求),而是提出了基于计分卡指标的3项原则:

(1) 相关性:梅县当前如何提供这些服务,应当如何提供这一项服务项目?

(2) 绩效:实现了哪些成果?

(3) 效率:公共资金在这一服务项目中的使用效率如何?

只有在优先顺序排列完成后才开始进一步的资金分配,图12-1显示了2007—2008年度资金分配的优先顺序。这一方法避免了传统预算方法关注资金分配而不是资金效果的弊端,保证了将资金用到最符合战略目标的方向,体现出以平衡计分卡为依据的绩效衡量如何在战略控制中发挥有效的作用。到2008

年,梅县的绩效评估表明,2015年绩效目标的51%已经实现。

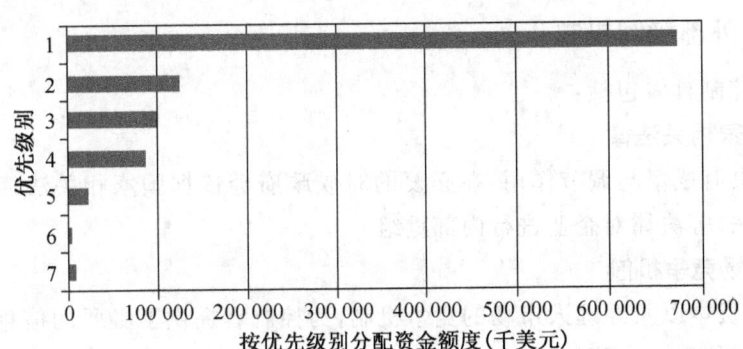

图12-1 资金分配的优先顺序

资料来源:韩瑞.管理学原理:国际思考·本地行动·中国案例[M].北京:中国市场出版社,2013:307-308.

六、对控制者的控制

在前面关于控制的所有论述中,我们实际上做了一个假定,就是控制的主体与客体都很清楚,即控制的主体就是领导,控制的客体就是下级员工。但如果我们进一步追问,组织领导(包括最高领导)是否也要接受控制呢?或者说组织是否需要建立对控制者的控制机制呢?显然,只要我们承认组织领导者的个人目标与组织目标存在冲突的可能性,也就承认了这种控制机制存在的必要性。事实上,西方国家三权分立的政治体制、企业内部的股东会、董事会与总经理之间的权力制衡安排等等,都说明了对控制者的控制是组织控制系统的重要组成部分。

不仅如此,组织控制对象中最重要的就应该是对控制者的控制,即对组织高层管理者的控制。原因是:第一,控制者一旦失控,其导致的问题可能是组织能否生存的重大问题。如美国安然、世通等公司的破产案,其中最主要的原因就在于对高层管理者的控制机制失灵。第二,对控制者的控制往往由于被控制者(组织领导者)的特殊地位而被忽视。例如一些国有企业的经理,重则以权谋私、侵吞国家财产;轻则无所作为、居其位而不谋其事,使企业坐失良机,逐渐走向衰落。

因此,衡量一个组织成熟完善的最重要的标志就是建立了对控制者的控制机制。以现代企业为例,对控制者的控制机制主要可以由以下几个方面构成:

(一)内部控制机制

内部控制具体包括:公司的内部规章制度,如股东大会、董事会、监事会以及经理人员之间的权力分配、职权界定;使经理人与组织目标激励相一致的制度安排,如经理人部分持股计划。

(二)外部控制机制

外部控制具体包括:

1. 国家相关法律

法律具有威慑与调节作用,在必要的时候政府会依据国家相关法律如《公司法》《破产法》等法律对企业进行内部重组。

2. 市场竞争机制

产品、资本以及经理人市场的竞争机制,为控制者提供了必要的信息,如产品市场经营的好坏、公司资本市场的价值等都间接反映了企业领导者的能力,从而为控制提供了信息依据。

3. 外部审计机构

企业可以使用外部审计机构来协助审核,如社会上各类独立的会计师事务所、律师事务所参与企业内部审计活动,从而监督检查最高管理者的实际工作绩效。

4. 社会舆论监督

在其他机制失灵的情况下,新闻媒体出于社会责任对企业进行各种报道与真相披露,当前,自媒体发展风起云涌,对管理者更是形成强大的社会舆论监督,起到了特殊的控制作用。

不同的国家在不同的时期,企业对控制者的控制的形式会有所不同,目前主要有两种企业控制模式:一种以日德企业为代表,属于以内部控制机制为主导的控制模式;另一种以英美企业为代表,是以外部控制机制为主导的控制模式。两种模式各有利弊,互为补充。

观察与思考 苏宁易购的企业内部控制

苏宁易购是苏宁云商集团股份有限公司(原"苏宁电器")旗下的电子商务企业。自2009年上线以来,该企业扩大自主经营品牌,加速从电器行业向零售行业转型进程。为能实现高速发展,苏宁易购充分认识到内部控制的重要性,并且将内部控制融入企业的战略实施中去。苏宁云商按照《企业内部控制基本规范》及《内部控制评价指引》向苏宁易购下达内控实施工作,制定相关内控制度,对内控设计与运行进行评价,以保证集团与子公司之间内部控制目标一致性、控制进程同步性。根据COSO的五要素框架理论,对苏宁易购内部控制的具体实施进行分析。

1. 控制环境

结构治理方面，苏宁云商严格按照决策、执行、监督等方面的职责要求建构规范的有效治理结构，明确股东大会、董事会、管理层和监事会之间的权责范围。公司重视内控制度的贯彻落实，成立了由内控规划组、检查管理组和直属检查组构成的内控部门，对经营管理、关联交易、信息披露等方面加强监管力度。2012年公司内控管理平台上线，实现内控检查、自评工作的系统化与自动化，有效防范和控制商业风险。

人力资源方面，公司制定中长期人才规划方案，包括建立系统化的招聘、培训、考核、奖惩组成的激励约束机制，坚持"自主培养，内部提拔"的人才培养方针。苏宁易购开展电子商务专业培训、企业文化培训、领导班子培训及内控兼职专员的培训等工作，强化能力培养，对全员开展资质认证，近期为提升员工专业素质结合 E-LEARNING 系统开展培训项目近7 000期。

社会责任方面，公司《2012年企业社会责任报告》披露了企业社会责任模型，即基于"阳光使命"下的价值使命、共赢使命、服务使命等，建立社会责任管理机构和相关制度，为社会责任项目实施统一的预算管理。

2. 风险识别

第一，来自同行业的竞争成为苏宁易购主要识别的风险之一。艾瑞咨询2013年1月25日提供的数据报告中显示，2012年中国自主销售为主的购物网站中市场份额排名第一的是京东商城(49%)，苏宁易购(13.6%)排第二，超过亚马逊中国(6.8%)和当当网(4.8%)。就交易的规模和市场份额来看，苏宁易购还远不及京东的三分之一，但仍有发展空间。

第二，企业缺乏良好的成长环境。电商行业缺乏相关执法职能的监管，缺乏统一规范的经营秩序。甚至电商间为抢占市场占有率，不计成本地依靠价格战竞争。

第三，企业资产运营能力有所下降，主要表现在存货和流动资金的周转能力下降。根据苏宁云商2012年年报显示，由于大力推广年末促销，公司增加了存货规模，存货资产较2011年年底提高了28.7%，但是销售增长放缓，存货周转天数较往年增加了约14天，流动资产周转天数增加了近28天。电子商务企业除了承担传统企业的管理风险和财务风险之外，还要承担电子商务环境下的新风险，即网络风险和信息技术风险：如网络瘫痪、系统崩溃、黑客入侵、信息传输过程中的数据丢失等风险。由于对网络环境的依赖，这些风险对于电商企业来讲是不容忽视的。为保证正常的网络销售，企业对网络环境进行必要的控制，其中包括设置防火墙、对企业的非公开商业信息加密限制访问，以及建立财务上的查账、报税和审计等远程监控系统等。

3. 成本控制

由于还处于投入和培育期,成本费用的支出主要在人力资源、广告营销、信息技术等方面,资金投入量较大。苏宁易购三年来在销售费用率、管理费用率及财务费用率一直呈上升趋势。另外,2012年公司为建立电子商务系统、企业信息管理系统,加大了研发支出,比往年支出额增加了30.6%。有投入必然有回报,2012年的销售收入实现152.16亿元,同比增长157.9%。在物流成本的控制上,苏宁易购具备了先天优势。苏宁云商旗下连锁经营网络覆盖全国30余个省市,拥有1000多个配送点,3000多个售后服务点。零售店的网络体系解决了电商行业在物流运输方面的地域局限性问题。二十多年来与供应商建立的紧密合作关系为企业提供了稳定的供货资源,建立了遍布全国的仓储网络和配送服务网点体系。另外,公司联合连锁经营模式建立了面向线上线下的采购共享体系,同时对供应商引进流程机制以加强企业采购流程的有效管理。因此加强企业物流管理,优化供应链网络,实现本地化运输,有利于苏宁易购控制物流成本。

4. 信息与沟通

不同于实体店形式,电子商务通过信息系统平台的支持,来实现企业将一系列经营活动。管理者的信息管理与决策都依赖于现代信息系统,因此建立一套完善的信息管理系统,不仅能够让消费者得到良好的购物体验,还能够让内部管理层及时获取经营状况的信息,做出有效决策及相应措施。为此,苏宁打造国内一流规模的超过2000人的信息技术研发团队,建立了现代化信息管理系统,其中包括集成核心商业功能的SAP/ERP系统、连接供应商信息交流的SCS供应链协同系统、实现自动化的OA、SOA等协同办公系统,以及实现内控规范系统化操作的ICMS内控管理平台,这些系统实现了工作流程的自动化和高效化,同时也保证了公司管理工作的信息透明度。可见,电子商务企业的内部控制内容,除了传统会计控制和管理控制,还包括了IT控制,即通过系统的研发维护来保证数据的安全性和及时性。IT控制系统的良好性能是会计控制与管理控制得以实现的前提条件,同时会计控制和管理控制的实施要求必须能够在IT控制系统中体现,以便管理层通过电子信息平台实时获取业务发生时的动态数据,保证信息沟通的及时性和安全性,达到事前、事中控制以及全程监控的目的。

5. 内部监督

2012年苏宁公司主动申请成为江苏省上市公司实施内控规范试点公司,每年进行两次自评,将内控自评工作渗透到每个部门,提倡"全员内控",实现部门内部控制管理常规化、透明化、专业化。公司总部设立监事会,行使监督职能,具体实施的监督方法包括日常监督和专项监督。日常监督是指公司董事会和管理层加强信息沟通,通过及时获取日常经营活动中的信息来验证内部控制的实施是否达到预期效果;专项监督则是对目前苏宁的发展战略、组织结构、业务流程等较大调整和变化的情况,有针对性地对内控实施阶段加以监督。

资料来源:倪苏.电子商务企业内部控制研究:以苏宁易购为例[J].电子商务,2013(12):45-46.

运用控制的相关知识,试着分析苏宁易购内部控制的具体措施带来的启示。

第十三章 控制的过程与方法

第一节 控制的过程

控制有各种各样的类型,如进度控制、库存控制、出勤控制、现金流控制、质量控制、设备控制,等等。抛开这些控制的外在形式,抽象出它们的共同本质来看,任何类型的控制都是由 4 个步骤构成(有的教材把第三、第四两个步骤合为一个),即确定控制标准、衡量实际工作绩效、将实际工作绩效与标准进行比较并分析偏差、采取管理行动纠正偏差。

减肥的女孩子控制体重也不外乎这 4 个步骤。第一步,先找一个健康秤,在上面确定好自己理想的一个重量刻度,比如 50 公斤;第二步,每天早上要称一称,并且把结果跟这个标准体重 50 公斤进行比较。如果结果超出了标准,变成 52 公斤,就意味着出现了偏差;第三步,分析偏差产生的原因,是零食吃多了,还是运动不够;第四步,确定原因之后,采取措施纠正偏差,比如加大每天运动量,以保证体重迅速下降达到 50 公斤的标准。

一、确定控制标准

(一) 控制标准的作用

简单地说,标准就是评定工作绩效的尺度。标准是控制的基础,离开了标准就无法对活动进行评价,控制工作也就无从谈起。因此,控制标准是控制能否有效实行的关键,没有切实可行的标准,控制就可能流于形式。

控制的标准来源于计划,但不同于计划。由于计划的详细程度和复杂程度不一样,计划的标准不一定适合控制工作的要求。大多数的计划相对来说比较抽象、概括,所以必须把计划目标转换为更具体、可测量和考核的标准。例如,某个生产车间计划将本季度产量提高 10%,但这个目标往往要等到计划期快要结束时才可以衡量是否已经达到要求,因此这类计划对平时工作的考核性较差。如果能够将"本季度生产产量提高 10%"的目标转换为"每个员工每班生产 100 个部件"这样的标准,无疑更便于日常检查和评价。同样,麦当劳快餐厅制定的工作标准就非常详尽、具体:①顾客进入店内排队时间不能超过 2 分钟;②顾客点餐后,服务员要在 1 分钟内把食物送到顾客手中;③炸薯条超过 7 分钟、汉堡包超过 10

分钟没有卖掉就必须扔掉。麦当劳就是以这种详细、具体的控制标准来保证让顾客享受到最快捷的服务和最新鲜、味道最纯正的食品。

控制工作不可能面面俱到,它不需要计划方案中的全部标准和指标,而只需要其中的关键点。因此,管理者实施控制的第一步便是以计划为基础,制定出适宜的控制标准。一个周密完整的标准体系是控制工作的质量保证。

(二) 常见的控制标准

控制的标准多种多样,有定量和定性两大类。相比较而言,定量化的标准更能够保证控制的准确性。因此,在实际控制工作中,应尽可能地采用定量化的标准。常见的控制标准主要有:

1. 实物量标准

实物量标准即非货币标准,如耗用的原材料、劳动力、完成的产品产量等。

2. 价值标准

价值标准即货币标准,用来反映组织的经营状况,包括成本标准、收益标准、资金标准等。

3. 时间标准

时间标准指完成一定工作所需要花费的时间限度,如工时定额、交货期、工程周期等。

4. 质量标准

质量标准指工作应达到的要求或产品与服务所应达到的品质标准,如产品等级、合格率、精密度等。

(三) 控制标准的要求

控制的标准必须满足一定的要求,才能保证控制工作的有效性。控制的标准首先必须是可行的,如果标准太高或不合理,就会产生负面作用。由于大多数员工都不愿意被视为无能,他们不会去指责上级指定的标准过高并要求修改标准,宁可采用一些不道德或不合法的方法去达到标准。比如一些销售人员为了完成不合理的销售指标,开始采用坑蒙拐骗的形式销售产品,侵害消费者利益。有时生产工人为了完成不合理的生产任务,偷工减料或者弄虚作假。因此,控制应该采用切实合理的标准,推动员工去达到更高的业绩水平,而不能因标准过低以致员工消极应付,或者因标准过高导致员工进行弄虚作假。

好的控制标准应该符合以下要求:

第一,适用。标准要以计划为基础,要有利于组织目标的实现。

第二,可行。标准不能过高,也不能过低,应该是绝大多数员工经过努力可以达到的。

第三,简明。对标准的说明和表述要明确,通俗易懂,容易理解和接受。

第四,易于操作。标准要便于比较、衡量、考核过程中的使用。

二、衡量实际工作绩效

衡量实际工作绩效是控制工作的第二个阶段,也是控制过程中工作量最大的阶段。该阶段的主要内容就是通过采集实际工作的数据和信息,了解和掌握工作的实际情况。衡量实际工作绩效的两个核心问题是衡量什么和如何衡量。

(一)衡量内容

对于控制过程来说,衡量什么比怎样衡量更加重要,因为衡量的内容在很大程度上决定了组织成员努力的方向,衡量的内容如果存在问题,人们的行为就会出现偏差。例如,老师告诉学生,"管理学课程"一共要做10次作业,每次作业计10分,最后考试不计分,想必每一个学生都会认真对待每次作业而不把最后考试放在心上;反之,如果告诉学生平时作业不计入考核,成绩只以最后考试为依据,那么每个学生都不会认真对待平时作业,只是等到最后考试时才加以重视。所以控制什么、衡量什么就是指挥人们行动的指挥棒。在确定衡量内容时,管理者应注意以下问题:

1. 衡量是手段而不是目的

衡量是为了使组织活动按计划进行,是为了保证组织成员的努力指向正确的方向,从而使人们工作得更好。衡量很重要,但衡量本身不是目的,只是实现目的的手段,不能为衡量而衡量。正如老师经常会对学生说,考试不是目的,而只是督促大家好好学习的一个手段。

2. 衡量经常存在的误区

管理者应当衡量什么?这是个大问题,也是个大难题。在实践中,这方面存在的问题不胜枚举。政府用GDP来衡量地方官员的政绩,于是地方政府不惜大肆消耗资源、污染环境来搞面子工程;医院用手术次数来衡量医生的工作量,结果造成有些医生篡改患者的化验结果,让患者小病大治,有些产妇能够顺产也被剖腹生产;大学和科研院所测量员工论文数量,结果制造了大量的学术垃圾和作假论文。所以,衡量指标不适当,就会让人们的行为出现偏差,甚至走火入魔。

3. 衡量指标体系的要求

一个合理的衡量指标体系必须满足4个方面的要求,即与目标的一致性、均衡性、完整性和可控性。

(1) 与目标的一致性

衡量指标必须与组织的目标一致。衡量指标好比是交通警察手中的指挥棒。如果人们希望通过衡量来调整和引导组织成员的行为,那么所选指标就必须与组织的目标相一致,应当能够促进组织目标的实现。

(2) 均衡性

众所周知,飞行员在驾驶飞机的过程中,为了保证航向正确、飞行安全,必须随时关注仪表盘上显示的各种数据:高度、速度、油量、气压等。飞行员通过各种操作行为,使得这些数据之间保持均衡的关系,才能保证飞行的正常。同样的道理,在现实的管理实践中,对于工作绩效的衡量也必须从多个方面综合地进行,才能避免组织的行为发生偏颇。不少组织只有一个测量指标,这就如同操纵一架只有一个仪表的飞机一样荒唐。组织制定的控制标准不能是单一性的,单一的衡量指标很难反映出组织的绩效全貌,只有建立一个由多个指标构成的指标体系,才能把组织的行为引导到正确的方向。因此正确的控制标准应该是一整套均衡的绩效指标体系,既要有财务指标,也要有非财务指标;既要重视数量指标,也要重视质量指标;既要关注职能,也应关注过程;等等。

但必须指出,绩效的衡量指标并不是越多越好,衡量指标的数量增加会降低衡量的边际效益。很多情况下,指标过多反而会引起负面的效果。因为考评是要花钱的,人们收集数据、处理信息都需要费用。另外,人们只能对有限的信息加以理解和做出反应,衡量指标如果过多、超出人们的接受范围,反而会导致人们麻木不仁、视若无睹。

(3) 完整性

完整性是指衡量指标要能够全面反映出整个组织的绩效情况。缺乏完整性的指标只能局部地反映出一个单位的活动及其影响,未被衡量的方面则得不到重视。指标缺乏完整性,人们就不能全面地认识自身决策和行动的影响,从而导致次优化的决策;人们也不能意识到自己的行动对其他部门的负面影响,导致在无意中对其他部门造成损害。

(4) 可控性

如果衡量某部门的指标只受到该部门可控制因素的影响,这个指标就是可控的,它对该部门绩效的反映就是可靠的。很多情况下,这种理想状况是难以实现的。例如,推销员的销售业绩与其努力有关系,但也受到市场波动的影响,而这种波动是推销员无法控制的。衡量指标受到外部因素的影响越大,人们的努力就越容易被这些不可控力量所压倒,这些指标所反映出的绩效状况与该部门的努力之间的关联性就会越差。理论上说,对员工的衡量只应针对他们可以控制的部分。

不同工作之间的依存度越高,各自的绩效就越难以衡量。

4. 基于外部比较的控制

在高度竞争的环境中,很多情况下,一个人的快还是慢、情况是好还是坏并不是由这个人自己的状况或判断决定的,而是取决于这个人与其他人的比较。如果只是自己"照镜子"衡量难免会错误地判断形势,甚至会导致错误的决策和行动。比如,一个公司产品的不合格率上个月还是8%,这个月下降到了只有4%,而如果该公司的竞争对手不合格率只有2%,行业平均不合格率也只有3%,该公司管理者还应该为此高兴吗?

所以,在设定控制标准时,不能仅仅着眼于组织内部来考虑,还应当经常看一看外部,跟外部进行比较之后再确定控制标准。管理者必须知道主要竞争对手的情况如何、业界的标杆如何。天外有天,管理人员只有知己知彼,才能百战不殆。

(二)衡量方法

在实际控制工作中,衡量的方法应该根据具体情况具体分析再加以采用。常用的衡量方法有以下几种:

1. 口头汇报

口头汇报分正式汇报和非正式汇报两种。正式汇报往往在某些公众场合,如会议等。非正式汇报往往是一对一的、情况通报和信息沟通式的,如电话交谈、个别交谈等等。口头汇报的优点是方便快捷,能立即得到反馈。在以前,口头汇报的一个最大的缺点是无法将信息记载下来以留着日后存档查找和重复使用,但现在技术发展非常快,口头汇报能够被有效地记录下来,而且能够像书面材料一样永久保存,所以这一点已不是问题。目前口头汇报最大的缺陷是汇报内容容易受到汇报者个人的情感、好恶、个性偏好、价值观等因素的主观影响。

2. 书面汇报

书面汇报往往在计划结束后或计划告一段落后形成,是将实际工作中采集到的数据以一定的方法进行加工处理后得到的文字资料,如会计报表、经济报表等。书面汇报的优点是节省时间、效率较高,易于保存;其缺点是资料的应用价值受到原始数据真实性和全面性的影响。

3. 统计报告

当组织规模逐渐扩大,组织外部环境的不确定性和复杂性日益增加,各种因素相互交织在一起时,仅仅凭借管理者的经验,有时很难发现导致偏差的原因。如果能使用一些统计学知识,建立分析模型,对把握控制关键点会有很大帮助。比如当月的销售额有所下降,可能是季节、竞争对手的出现、消费者偏好的变化等等各种因素的影响,如果能够对相应的数据资料采用统计上的相关分析、假设检验技术,就能较快地发现到底是什么因素显著影响了销售、各因素与销售之间的数量关系如何等等,统计报告对管理者的经营决策有很大帮助。因此对企业经营管理的各个方面所做的统计分析和统计数据资料,对于控制十分重要。

4. 直接观察

直接观察又叫走动式管理,是由负责控制的人员亲临工作现场,通过观察、与工作人员现场交谈来了解工作的实际情况。这种方法的优点是:给管理者提供了关于实际工作情况的第一手资料,从而避免了可能出现的遗漏、忽略和信息的失真。特别是对基层工作人员的工作情况进行控制时,直接观察是一种非常有效的方法。但这种方法的缺点也比较明显:首先,直接观察会耗费管理者大量的时间和精力,即使这样也不能保证管理者看到所有他需要了解的真实情况,有时甚至会误导管理者以偏概全,不能全面了解和判断各方面真实的工作情况。其次,很多时候员工会对管理者的公开视察表现出排斥和敌意,因为他们认为自己受到怀疑,不被信任。比如很多教师非常排斥校领导听课,就是他们在心理上认为领导不信任他,有监督的嫌疑。

三、将实际工作绩效与标准进行比较并分析偏差

获得了实际工作绩效的结果后,接下来第三个阶段就是:将衡量结果与标准进行比较,并对比较的结果进行分析。

(一)正偏差和负偏差

比较的结果无非有两种可能:一种是存在偏差,另一种是不存在偏差。偏差又可以分为两种情况:一是正偏差,即实际工作绩效优于控制标准;另一种是负偏差,即实际工作绩效劣于控制标准。出现正偏差,表明实际工作取得了良好的绩效,应该及时总结经验,肯定成绩。但正偏差如果太大也要引起注意,这可能是控制标准定得太低,这时应对其进行认真分析。出现负偏差,表明实际工作效果不理想,应该迅速准确地分析其中的原因,为纠正偏差提供依据。

(二)偏差产生的原因

偏差产生的原因是多种多样的,例如某企业某个月的销售额低于计划的销售额,原因可能是销售部门工作不力,也可能是生产部门产品质量下降,也可能是竞争对手降低了产品价格,也可能是宏观经济因素引起的需求疲软,还可能是销售计划制订得不切实际。因此,对于偏差产生的原因,管理者应该仔细分析。一般来说,造成偏差的原因可以归结为三类:①计划制订不合理或标准制定不合理;②组织内部因素变化;③组织外部环境因素变化。

四、采取管理行动纠正偏差

采取管理行动纠正偏差是控制工作的最后一个阶段。通过采取一定的管理行动纠正偏差，使工作的实际情况和计划相一致。由于偏差是由控制标准与实际工作绩效之间的差距所造成的，因此纠正偏差的方法也不外乎以下两种：要么改进工作绩效，要么修改标准。

（一）改进工作绩效

如果偏差分析的结果表明，计划或标准是符合实际情况的，偏差是由于实际工作绩效不理想产生的，那么管理者就应该采取一定的纠正行动来改善实际工作绩效。比如，发现造成销售收入下降的原因是由于产品技术陈旧，就要通过增加研发投入来改变这种状况；当发现工人完不成生产任务的原因是操作不当，就需要对他们进行额外的培训，使其熟练掌握操作技术。

（二）修订标准

如前所述，产生偏差的原因可能来自不合理的标准，标准制定得过高或过低都会造成偏差的出现。当发现控制标准不切实际时，管理者应仔细分析，重新修订标准，使其符合实际情况。

但是在修订标准时，管理者应该认识到，员工中经常存在着这样一种倾向：当员工的绩效达不到标准时，他们的矛头往往会对准标准进行攻击。例如，在考试中不及格的学生常常责怪题目太难，超出考核要求，他们一般不接受自己表现不好这一事实，而是认为标准制定得不合理。同样，未能完成销售指标的销售员经常把不良的工作业绩归结于领导把销售指标定得太高。所以，如果管理者坚信标准是合理的，就应该坚持立场，解释其观点，向员工重申提高业绩的要求，并采取切实的纠偏措施，使员工业绩达到控制标准。只有确定标准制定得不合理，才可以动手重新修订控制标准。

第二节 有效控制的基本原则

所谓有效控制，就是以比较少的人力、物力和时间使企业的各项活动处于控制状态。一旦企业的某项活动出现偏差，能及时纠正偏差，而且能使偏差导致的损失降低到最低限度。

一、有效控制的原则

(一) 反映计划要求原则

控制的目标是为了实现计划,每项计划各有其特点,因此在确定控制标准、控制的关键点、收集的信息、如何收集信息、采用什么方法来评定绩效以及由谁来实施控制等,需要按照不同计划的特殊要求和具体情况来设计。控制工作越是考虑到计划的特点,就越能更好地发挥作用。

(二) 组织适宜原则

控制必须反映组织结构的类型和状况。组织结构是对组织内各个成员担任的职务、拥有的权力和责任的一种规定。控制工作只有适应企业的组织结构并由健全的组织结构来保证,才能够顺利进行。

(三) 适度控制原则

适度控制原则是指控制的范围、程度和频度要恰到好处,既要防止控制过度,又要防止控制不足。控制常常会给被控制者带来某种不愉快,但是缺乏控制又可能导致组织活动的混乱。有效的控制应该既能满足管理者对组织活动监督和检查的需要,又能防止与组织成员发生强烈的冲突。一方面,如果控制过度、控制过多,就会对组织成员的行为造成过多的限制,其结果就是扼杀了员工的积极性、主动性和创造性,抑制了他们的首创精神,从而影响个人能力的发挥和工作热情的提高,最终影响到企业的效率。另一方面,如果控制不足,组织的各项活动就不能有序地进行,各部门的活动进度、工作要求就不能保证成比例的协调,就会造成资源的浪费;过少的控制还可能使组织中的个人无视组织的要求,我行我素,不提供组织所需的工作业绩,甚至利用在组织中的便利地位谋求个人利益,最终导致组织的涣散和崩溃。

控制程度适当与否,受许多因素的影响。判断控制程度或额度是否适当,通常要随活动性质、管理层次以及下属受培训程度等因素而变化。一般来说,对科研机构的控制程度要比对生产劳动组织的控制程度小;企业对科室人员工作的控制要比对现场生产作业的工人少,对受过严格训练、能力较强的管理人员的控制要比缺乏训练的新任管理者要少。另外,企业外部环境的特点也会影响控制的程度;在市场疲软时期,为了共渡难关,员工往往愿意接受比较严格的行为控制;而在经济繁荣时期,员工则希望工作中有比较大的自由度,更多地采用自我控制。

(四) 控制关键点原则

任何组织都不可能对每一个部门、每一个环节中的每一个人在每一个时刻的工作情况进行全面的控制。而且由于还存在着对控制者的工作再进行控制的问题,如果进行全面控制,必然会造成组织中控制人员反而大大超过现场作业人员的不正常现象。因此,对一个主管人员来说,随时注意执行情况的每一个细节、全面系统进行控制,通常是浪费时间和精力,不仅成本高昂,而且是不可能也是不必要的。控制关键点原则就是要求管理者将注意力集中于计划执行中的一些主要因素(即关键点)上,抓住影响企业经营成果的关键环节和关键因素,进行重点控制。事实上,控制住了关键点,也就控制住了全局。这是提高控制工作效率的要求。

管理故事

18世纪末期,英国政府决定把犯了罪的英国人统统发配到澳洲去。

一些私人船主承包从英国往澳洲大规模地运送犯人的工作。英国政府实行的办法是以上船的犯人数支付船主费用。当时,那些运送犯人的船只大多是一些很破旧的货船改装的,船上设备简陋,没有什么医疗药品,更没有医生,船主为了牟取暴利,尽可能地多装人,使船上条件十分恶劣。一旦船只离开了岸,船主按人数拿到了政府的钱,对于这些人能否远涉重洋活着到达澳洲就不管不问了。有的船主为了降低费用,甚至故意断水断粮。三年以后,英国政府发现:运往澳洲的犯人在船上的死亡率达12%,其中最严重的一艘船上424个犯人死了158个,死亡率高达37%。英国政府花了大笔资金,却没能达到大批移民的目的。

英国政府想了很多办法。每一艘船上都派一名政府官员监督,再派一名医生负责犯人的医疗卫生,同时,对犯人在船上的生活标准做了硬性规定。但是,死亡率不仅没有降下来,有的船上的监督官员和医生竟然也不明不白地死了。原来一些船主为了贪图暴利,贿赂官员,如果官员不同流合污,就被扔到大海里喂鱼了。政府支出了监督费用,却照样死人。

政府又采取新办法,把船主都召集起来进行教育培训,教育他们要珍惜生命,要理解去澳洲开发是为了英国的长远大计,不要把金钱看得比生命还重要,但是情况依然没有好转,死亡率一直居高不下。

一位英国议员认为问题出在控制的关键点没有掌握好,以前政府给予船主的报酬是以上船人数来计算,由于那些不良船主拿到钱后就不再受政府控制,于是他们就可以胡作非为而不须承担责任。该议员提出改变政府对船主控制的关键点,由原来以英国上船人数计算报酬,改为以到达澳洲人数为报酬计算的依据,这样一来实际上从出发到最后到达,船主始终处在控制状态(用经济手段间接控制)。

控制的关键点找到后,问题迅速迎刃而解。船主主动请医生跟船,在船上准备药品,改善生活,增强犯人体质,尽可能让每一个上船的人都能健康地到达澳洲。因为多一个人就意味着多一份收入,死一个人就意味着损失了一个人的运费。自从采用新的控制方法后,船上的死亡率一下子降到了1‰以下。有些运载几百人的船只经过几个月的航行竟然没有一个人死亡。

资料来源:网络。作者略有改动。

(五)控制例外原则

例外原则是指管理者要特别注意例外偏差,即那些超过一般情况的特别好或特别坏的情况。不过对于例外的关注,不应仅仅依据偏差的大小而定,必须考虑相应的工作或标准的重要性,即强调例外必须跟关键点结合起来,关键点上的例外偏差是最应该予以重视的。例如,管理成本高出预算的5%可能影响不大,而产品的不合格率上升1%却可能造成产品的滞销与竞争失败。

(六)控制趋势原则

有时控制现状比较容易,但控制现状所预示的变化趋势则比较困难。然而要使控制有效,控制变化趋势就非常重要。趋势往往不容易被觉察,也不易控制和扭转,而且当趋势已经明朗时,再进行控制就晚了。所以控制趋势的关键在于,在趋势刚显露苗头时就敏锐地觉察到,并且立即采取行动纠正偏差,以便扭转不利的趋势。

(七)控制效益原则

任何控制都需要一定的费用。衡量工作绩效、分析偏差产生的原因、采取新的措施纠正偏差等等,都需要付出成本;同时任何一项控制,由于纠正了组织活动的偏差,都会带来一定的收益,所以衡量一项控制工作是否需要,一定要把它带来的收益与控制所付出的成本进行比较分析,只有当收益大于控制所需成本时,这项控制工作才是值得的,有效益的。控制必须有效益,否则不如不控制。控制费用与收益的比较分析,实际上是从经济角度考察控制的程度与范围问题。

(八)弹性控制原则

企业在生产经营过程中经常可能遇到某种突发的、无力抗拒的变化,这种变化使企业原先制订的计划与现实条件严重背离。有效的控制系统应该是在这样的条件下仍然能发挥作用,维持企业的运行。也就是说,控制应该具有灵活性或弹性。

弹性控制通常与控制的标准有关。比如说,预算控制通常规定了企业各部门的主管人员在既定规模下能够用来购买原材料或生产设备的经费额度。这个额度如果规定得绝对化，那么一旦组织内部或外部环境发生变化，预算控制就可能失去意义。比如经济通货膨胀，原材料价格上涨，经营部门就会感到经费不足，要么降低购买产品质量，要么缩小生产规模；如果价格下降，又会使该部门经费过于宽裕、造成浪费。

所以弹性控制原则要求企业制订一个弹性的计划，制定弹性的衡量标准。

二、有效控制的技巧

（一）采用积极而有效的控制艺术

控制是上级主管部门对下级工作的控制。上级在下级心目中的形象、工作能力等直接影响到下级对控制的态度和看法，因而必须要注意控制艺术，如领导艺术、语言艺术、批评艺术等，采用积极而有效的控制艺术去控制。

（二）不带偏见的控制态度与做法

每一位控制者与被控制者都会因感情、爱好及习惯等，而对另外的人有一定的看法甚至偏见，因此在控制过程中，一定要坚持客观公正而不能带有偏见。

（三）利用人际关系实施控制

在企业的诸多人际关系中，有一些由于感情、偏好、亲戚、同学、校友等自发形成的良好的关系。在这种关系中，如果其中某个有影响力的人同其他人都有较好的关系，该人的行动对其他人的行动就会产生影响作用。因此，要实施有效控制就要注意利用这种关系来进行控制。

（四）鼓励员工参与制定目标及控制标准

美国管理学大师德鲁克在目标管理法中提出，员工通过参与目标以及控制标准的制定，一方面，他可以了解到制定这一目标和工作标准的由来以及必要性，因而在态度上容易产生认同感；另一方面，对于自己参与制定的目标及标准，他必然会努力去实现它并自愿接受监督与控制。

（五）运用"事实控制"

这是指在制定纠正措施时，管理者必须根据偏差及其产生后果的实际情况进行分析，坚持从实际出发、从问题出发，要让事实说话，而不能根据主管人员的权威或主观臆断来分析。

第三节　控制的方法

在管理实践中,常见的控制方法可以分为两大类:预算控制和非预算控制。

一、预算控制

(一)预算的概念

预算是一种计划技术,是未来某一个时期具体的、数字化的计划。同时,预算也是一种控制技术,并且是管理工作中使用最广泛的一种控制方法。编制预算实际上就是控制过程的第一步:制定控制标准。由于预算是以数字化的方式来表明管理工作的标准,具有很强的可考核性,因此可以根据预算来评定实际工作绩效,找出偏差。

(二)预算的种类

按照内容不同,预算可以分为经营预算、投资预算和财务预算三大类。

1. 经营预算

经营预算指企业日常发生的各项基本活动的预算,主要包括销售预算、生产预算、人工预算、管理费用预算等。其中最基本和最关键的就是销售预算,其他各项预算都是在销售预算的基础上编制的。

2. 投资预算

投资预算是对企业各类投资活动所做出的预算,包括新建厂房、购买机器设备、上新的产品项目以及其他方面的投资预算等。

3. 财务预算

财务预算指企业在计划期内对企业的资金收入、损益情况以及财务状况的预算。由于企业的经营预算和投资预算的内容最终都将反映在财务预算中,所以财务预算也被称为总预算。

(三)预算控制的一般程序

对于企业来说,进行预算控制一般需要经过以下程序:

(1)深入了解企业在过去财政年度的预算执行情况和企业在未来年度的战略规划,以此作为企业编制预算的重要依据。

(2)围绕企业的战略规划和企业内外的环境条件,制定出企业的总预算。

(3)将企业总预算确定的任务层层分解,由各部门、各人员参照制定本部门、本岗位的预算,上报企业高层管理部门。

(4) 企业高层决策者在综合企业各个部门实际上报的预算之后,调整部门预算,然后将最终确定的预算方案下发企业执行。

(5) 组织贯彻落实预算确定的各项目标,在实施过程中予以监控,及时发现问题并采取相应的措施。

(四) 有效预算控制的保障

预算是一种很好的控制工具,但要很好地发挥预算的控制作用,还必须做到以下几点:

1. 高层主管部门的支持

有效的预算控制离不开高层主管部门对预算编制和执行的支持,只有高层主管部门真正支持预算的编制和执行,才会使预算真正成为行动的标准,达到控制的目的。

2. 让各级预算执行部门参与预算编制

让各级预算执行部门参与预算的编制工作,一方面能保证预算的合理性和可行性;另一方面会使各个执行部门对预算有一个全面的了解,从而能自觉地执行预算。

3. 掌握充分、准确、全面的信息

预算的编制和执行都需要充分、准确、全面的信息。充分、准确、全面的信息是编制合理的预算的必要条件。而要保证预算的有效执行,同样需要充分、准确、全面的信息。

(五) 预算控制的优缺点

1. 预算控制的优点

(1) 明确。各项工作成果数字化,使人一目了然。

(2) 便于控制。因为有了明确的标准,所以有利于控制工作的开展。

(3) 便于授权。在预算的编制工作中,需要各执行部门的参与,因此预算的编制过程实际上也是一种授权过程。

2. 预算控制的缺点

(1) 预算目标取代企业目标

预算是实现企业目标的一种手段。但是在现实中,组织中各个部门和成员在执行预算时,往往把实现预算作为自己所追求的唯一目标,忘记了自己的首要职责是保证组织目标的实现。这就造成计划执行过程中各个部门之间以及局部利益与整体利益之间协调的困难。

(2) 缺乏灵活性

计划一旦数字化成为预算后,就会给人一种计划不可更改的感觉,从而使得预算控制缺乏灵活性。

(3) 成为某些效率低下的管理人员的保护伞

在编制预算时,大部分管理人员会大大提高所需费用的申请数,即使这个申请数在审批时被削减,也会使列入预算的费用最终高于实际所需的费用数量,从而造成组织费用支出的增加。如果上年底大大虚报预算数量,到了年底根本用不完,于是各部门就会突击消费,否则下一年度就会被削减预算。这就造成了组织资金的巨大浪费。由于一般情况下最后确定的预算总会比原先申请的费用有所削减,所以经常会出现这样的情况:一旦工作绩效不理想,管理人员就会以预算紧张来推卸责任。

二、非预算控制

(一) 监督检查

监督检查是一种最古老、最常见和最直接的控制方式,由于监督检查是一种直接的、面对面的控制,因此它具有以下优点:第一,上级管理人员获得的信息具有相当高的真实性和及时性,这就能从根本上保证控制工作的有效性。第二,有助于上级管理人员与下级人员之间的沟通和了解,创造出一个良好的组织氛围。

不过监督检查也有不足,即如果上级的监督检查不能被下级人员所理解,下级的自尊心会受到伤害,会认为受到怀疑、不被信任,从而产生消极抵触情绪。比如人们经常可以看到这样的现象:教师对于校领导进入课堂听课抱有反感和抵触心理;公司白领强烈质疑管理者在办公场所安装摄像装置。因此监督检查要想产生理想效果,管理者必须做到以下两点:

第一,态度上绝对尊重被控制者,心存友善,注意沟通的方式与技巧,用跟被控制者平等的姿态来取得被控制者的谅解与合作。第二,监督检查采用的手段人性化,不使用有可能触犯被控制者隐私的手段与方法,慎用、少用突击检查和各种暗访。

(二) 报告制度

报告是用来向负责实施计划的主管人员全面、系统地阐述计划实施情况的一种方式。报告也是主管人员掌握计划执行情况和实施控制的基本方式,因此任何一个组织都必须建立起一整套有效的、规范化的报告制度,形成时间上定期、任务上定性、格式上定型的格局。此外,对于重点活动和重要项目,还要能做到随时报告。

运用报告制度进行控制,取决于报告的质量。优秀的报告必须是:适时;突出重点;指出例外情况;简明扼要。

(三)程序控制

1. 程序控制的必要性

我们在前面讲述计划时,就已经介绍过程序的概念。程序是对操作或事务处理流程的一种描述、计划和规定,比如决策程序、投资审批程序、会计核算程序、操作程序、工作程序等。凡是连续进行的、由多道工序组成的管理活动或生产技术活动,只要它具有重复发生的性质,就都应该为它制定程序。程序具有以下本质特征:

(1)程序是一种计划

程序规定了如何处理重大问题以及处理物流、资金流、信息流等的例行办法。也就是说,对处理过程包含哪些工作、涉及哪些部门和人员、行进的路线、各部门以及有关人员的责任,以及所需的校核、审批、记录、存储、报告等进行分析、研究和计划,从中找出最简捷、最有效和最便于实行的准确方案,要求人们严格遵守。

(2)程序是一种控制标准

程序通过文字说明、格式说明和流程图等方式,把一项业务的处理方法规定得一清二楚,既便于执行者遵守,也便于管理者进行检查和控制。

(3)程序是一种系统

一个复杂的管理程序,例如新产品开发、成本核算等,往往涉及多个职能部门、多个工作岗位、不同的管理者和专业人员,各种计划、记录、报告以及各种类型的管理活动,如调研、计划、设计、会审、校核、登账、核算等,因而应将其看作一种系统,用系统观点和系统分析方法来分析和设计程序。从系统的观点来看,一个管理系统的程序化水平,是这个系统有序程度的一种标志。

可见,对组织中的许多工作和活动利用程序进行控制,也就是通过管理及业务工作和活动的程序化、标准化,不仅有利于防止或减少偏差的发生,而且有利于统一协调、统一行动,从而保证组织目标的实现。

2. 程序控制的准则

实践经验表明,管理者在对程序进行计划和控制时,必须遵循以下准则:

(1)使程序精简到最低程度

对管理者来说,最重要的准则就是要限制所用程序的数量。程序控制有一些固有的缺点,例如增加文书工作的费用,压制人们的创造性,对改变了的情况不能及时做出反应等等,所有这些都是管理者在制定程序之前要反复考虑的。换句话说,管理者必须在可能得到的效益、必要的灵活性和增加的控制费用之间权衡得失和利弊。

(2) 确保程序的计划性

既然程序也是计划,那么程序的设计必须考虑到有助于实现整个组织的(而不是个别部门)目标和提高整个组织的效率。管理者必须向自己提出如下问题并做出满意的回答:A.程序是否已经计划好?B.如果建立某一程序是必要的,那么所设计的程序是否能收到预期的效果?是否有助于实现计划?比如,制造业企业辅助材料的发放程序必须起到监督间接材料的领用、控制辅助材料的消耗、加强成本核算、降低成本、提高企业经济效率的作用。

(3) 把程序看作一个系统

任何一个程序,无论是工资发放、材料采购、成本核算,还是新产品开发等程序,其本身都是包含着许多活动的、呈网络关系的系统。同时,从组织的整体角度来考虑,任何一个程序又都是一个更大的系统的组成部分或要素。我们可以将由许多程序组成的系统称为程序系统。将程序看作系统,就是要从整体的角度细微地分析和设计程序,务必使各种程序的重复、交叉和矛盾现象减少到最低限度。此外,将程序看作系统,还有助于管理者追求整体的最优化而不仅仅是局部的次优化。

(4) 使程序具有权威性

程序能否发挥应有的作用,一方面取决于它设计得是否合理;另一方面取决于它执行得是否严格。程序要求人们按既定的方式行事,但人们往往是想按照习惯的方式或是随意性的方式处理事情。这就给程序的实施带来不少阻力,因而也就对程序控制提出严格的要求,也就是要使程序具有权威性。具体地说,这就要求:

第一,程序的制定和发布要具有权威性。在国外一些企业中,设有专门的标准委员会,负责统一制定、协调和发布程序及其他管理标准和技术标准,并监督其实施。而且,一般是企业的最高主管亲自兼任标准委员会的主任。

第二,各级管理者特别是上层管理者要带头遵守程序。尤其是人事任命、费用开支和投资计划审批程序等,最容易在上层管理者那里受到破坏,上行下效,上级不遵守,下级自然也乱来。

第三,必须长期坚持对程序实施的检查和监督。这个要求有以下三个步骤:第一,把程序以手册或者其他文字形式分发给必须依此办事的人;第二,必须使员工懂得为什么这些程序的每一个步骤都是必要的以及设计这些程序要达到什么目的,并教会员工如何在程序的指导下工作;第三,通过内部审核等职能性活动,定期检查程序的实施情况,特别是要对因违反程序造成的事故和损失进行认真的追究和严肃的处理。

观察与思考　中国乳业标准的争论

关于牛奶标准高低的争论,最近再度引起社会关注。在近日举行的一个奶业论坛上,关于当前的乳品安全国家标准,两位业内人士针锋相对。广州市奶业协会会长王丁棉炮轰:中国乳品标准创全球最差标准,标准制定被大企业所左右。内蒙古奶协秘书长那达木德认为:当前我国乳业还处于初级阶段,制定乳品标准要从客观实际出发。

研讨会上,双方观点仅是零散表达。2011年6月21日,本报(《人民日报》)记者采访双方当事人,将其观点进一步充分展示给读者。

正方:内蒙古奶业协会秘书长那达木德:"执行更高标准,七成奶农将杀牛"

乳品安全,关系老百姓的健康,首先要理解、保护消费者的健康诉求。乳品安全国家标准的制定,要将老百姓的身体健康作为第一要义,这毋庸置疑。

要承认,目前我们的乳品安全国家标准的确不高。2010年新的乳品安全国家标准要求,每百克生乳的蛋白质含量为大于等于2.80克,而在该标准颁布前的要求是不低于2.95克。生鲜乳菌落总数以前允许每毫升50万个,现在是每毫升200万个。从这两项指标看,标准的确是降低了。不过这会不会对消费者的健康造成损害,卫生部等部门在制定标准时,肯定已经充分考虑了。大家都希望对乳品的质量高标准、严要求。但是,如果制定一个标准,大部分生产者都达不到,就有些脱离实际情况了。

目前我国奶牛养殖业的实际情况是:小规模散养比例较高,超过70%;100头以上规模,不到30%。小规模散养不是标准化养殖,经常是自家种什么,就给奶牛吃什么,蛋白质含量不稳定。据农业部调查,2007年和2008年夏季,北方一些省份生乳蛋白质含量低于2.95克/100克的比例分别达75%和90%;某乳品企业6月份西北、中南、东北等三个区收购生乳蛋白质含量低于2.95克/100克的比例分别达75.8%、33.8%和24.9%。小规模散养,往往就在房前屋后,卫生环境不是那么好,牛奶采集后保存条件有限,生鲜乳菌落总数更容易升高。还有一个现实,就是奶源还远不能满足乳业的加工需要,缺口高达40%~50%。这就造成收奶企业在奶源把关时,底气不足。

所以,无论蛋白质含量,还是生鲜乳菌落总数指标的设置,在保护消费者的安全的前提下,也要考虑我国乳业的发展现状。眼下当务之急,是扩大养殖的规模,特别是优质规模化养殖的比例,改变当前奶源的供求关系。提高标准,倒逼质量提升,这样的想法是不错,可是如果脱离了实际情况,就可能导致乳业重创。如果现在就要求按照乳业发达国家的标准来执行,那么占总量70%的散养户绝大部分都要倒奶、卖牛、杀牛。奶源供应将更紧张,可选的优质奶源更少。当无奶可供时,乳品企业只得关门,消费者只能依赖进口。且不论进口乳品能否满足国内的巨大需求,仅价格就不是每个老百姓都能承受的。而到时国外想怎么提价,我们也只能无奈地接受。虽然不能为了保护民族产业而损害消费者的健康,但是在不损害消费者健康的前提下,我们是不是可以接受循序渐进地提高质量呢?

最近,公众对乳品安全国家标准的质疑,是对国产乳品质量不信任的一次小爆发。提高乳品质量,重塑消费者的信心,养殖户、乳品企业、行业协会、政府,都责无旁贷。奶牛养殖业是乳品质量把关的源头。扩大规模化养殖的比例,是提高生乳质量的重要途径,有多种方式可以实现。比如成立奶业合作社,或者政府建立标准化的养殖小区,奶农把自家的牛放到养殖小区中,按照统一标准管理。有实力的乳品企业,也可以自建牧场与养殖场,建立自己的核心奶源地,让生乳质量更加可控。

总之,我们既要对消费者的健康负责,也要理性地尊重客观现实,要在两者当中找到合适的平衡点,加速提高乳品质量,尽快缩短与发达国家之间的差距。

反方:广州市奶业协会会长王丁棉:"维持现有标准,广大百姓不买账"

对于中国去年出台的新的乳品安全国家标准,业内有一种声音:这是一夜之间倒退了25年的标准,也是全世界最低最差的一个标准。内蒙古奶业协会秘书长那达木德说,这个标准是尊重国情现实以及保护中小奶农的利益,我觉得这两个说法都站不住脚。我们现有的条件难道就不能生产出高蛋白的牛奶?显然不是这样的。只要舍得给牛精饲料和优质牧草,不用三五天牛奶中的蛋白质含量就会得到提高。如果提高标准的同时提高收购价格,不达标的都不能卖,那一方面奶农不能不加大投入,另一方面有足够的成本,高标准养牛自然高标准产奶。

现在有一种很流行的观点:散养为主的格局,产不出高品质的奶。比如很多人认为散养卫生条件差,保障不了菌落总数达到高标准。可事实上,减少菌落总数,不是农民做不到,而是企业的设施跟不上。牛奶在刚离开乳房的一瞬间,其菌落总数其实非常低,每毫升不过3 000~5 000个,最多也不过1万至2万个,而之后能达到200万个,主要是在牛奶离开乳房进入加工环节这一时间段造成的。也就是说,造成细菌超标完全是收奶站等人为因素造成的。在从牛奶挤出送到收奶站之前,农民可以用冰块包住牛奶的容器,这土办法不难做到,效果也很好。

再看照顾中小奶农的利益的说法。其实新标准实施一年,奶农并没有从中得到很大实惠,反而间接地受害。按说国内的乳品需求增长很快,但是一些地方却出现了奶农倒奶、杀牛的情况。如果销路好,获利丰厚,奶农怎么可能轻易把牛杀掉,主动退出呢?低标准的乳品,国内消费者是不买账的。现在很多人都想尽一切办法买国外的乳制品。国内不惜高价买、出国大包小包带、冒着不辨真假的风险网上代购,充分显示了我们老百姓对国产乳品消费信心下降。消费者没有信心,奶农最终也卖不掉奶,或者说卖不上价。上周,还有奶农跟我反映,一斤原奶价格掉到1.2元,甚至还有8毛钱的,连饲料和人工成本都不够。亏都亏死了,还受什么益?降低标准,谁获利了?乳品企业。饲养成本降低,企业比较容易地收购低价奶源,有条件以更低价格占领市场。企业规模越大,受益就越大。

在新的乳品安全国家标准出台之前,专家在各地调研,提出提高标准的意见,基本没有被采纳,显然是有大企业在操作。

有些消费者可能不太清楚,我们常喝的液态纯牛奶,主要有超高温杀菌的常温奶和低温灭菌的巴氏鲜奶。我国市场以常温奶为主流,而发达国家则以巴氏奶为主。相比较而言,巴氏奶杀菌温度低,营养流失少,但保质期短,储运要求高,往往销售半径小。常温奶杀菌温度高,营养流失多,但保质期长,储运要求低,更容易远距离运输。新国标将菌落总数提升到每毫升200万个,如用这样的牛奶来做巴氏奶产品,不但风味、营养受到影响,还会由此引发出一些不确定的食品安全因素,用于超高温加工的常温奶倒是影响不大。在常温奶占据绝对主流的国家中,以常温奶对奶源的需求作为国家标准也就不难理解了。但是这不代表消费者没有消费优质奶的权利,只是现有条件下,难以实现罢了。

资料来源:2011年6月22日《人民日报》,作者:黄碧梅

从制定管理控制标准的角度,谈谈你对中国乳业标准问题的看法,即制定什么样的标准才能有助于我国乳业制品的长远发展。

参考文献

[1] C. I. 巴纳德. 经理人员的职能[M]. 孙耀君,等译. 北京:中国社会科学出版社,1997.

[2] L. L. 拜亚斯. 战略管理:规划与实施——概念和案例[M]. 王德中,等译. 北京:机械工业出版社,1988.

[3] W. H. 纽曼,小 C. E. 萨默. 管理过程:概念、行为和实践[M]. 李柱流,等译. 北京:中国社会科学出版社,1995.

[4] 彼得·F. 德鲁克. 管理:任务、责任、实践[M]. 孙耀君,译. 北京:中国社会科学出版社,1987.

[5] 彼得·德鲁克. 管理实践[M]. 帅鹏,等译. 北京:工人出版社,1989.

[6] 彼得·德鲁克. 卓有成效的管理者[M]. 许是祥,译. 北京:机械工业出版社,2005.

[7] 彼得·圣吉. 第五项修炼:学习型组织的艺术与实务[M]. 郭进隆,译. 上海:上海三联书店,2003.

[8] 查尔斯·E. 贝克. 管理沟通:理论与实践的交融[M]. 康青,等译. 北京:中国人民大学出版社,2003.

[9] 查尔斯·林德布洛姆. 决策过程[M]. 竺乾威,胡君芳,译. 上海:上海译文出版社,1988.

[10] 丹尼尔·A. 雷恩. 管理思想的演变[M]. 赵睿,等译. 北京:中国社会科学出版社,1997.

[11] 丹尼尔·A. 雷恩. 管理思想史[M]. 5版. 孙健敏,黄小勇,李原,译. 北京:中国人民大学出版社,2009.

[12] 道格拉斯·麦格雷戈. 企业的人性面[M]. 韩卉,译. 北京:中国人民大学出版社,2008.

[13] 德鲁克基金会. 未来的领导者[M]. 方海萍,等译. 北京:中国人民大学出版社,2006.

[14] 弗雷德·R. 戴维. 战略管理[M]. 6版. 李克宁,译. 北京:经济科学出版社,1998.

[15] 哈罗德·孔茨,海因茨·韦里克.管理学[M].10版.北京:经济科学出版社,1998.

[16] 哈罗德·孔茨,海因茨·韦里克.管理学[M].9版.郝国华,等译.北京:经济科学出版社,1993.

[17] 赫伯特·A.西蒙.管理决策新科学[M].李柱流,等译.北京:中国社会科学出版社,1982.

[18] 赫伯特·A.西蒙.管理行为[M].詹正茂,译.北京:机械工业出版社,2013.

[19] 赫伯特·西蒙.现代决策理论的基石:有限理性说[M].杨砾,徐立,译.北京:北京经济学院出版社,1989.

[20] 亨利·法约尔.工业管理与一般管理[M].周安华,等译.北京:中国社会科学出版社,1982.

[21] 凯瑟琳·巴特尔,等.管理学[M].5版.南京:南京大学出版社,2009.

[22] 里基·W.格里芬.管理学[M].刘伟,译.北京:中国市场出版社,2008.

[23] 迈克尔·波特.竞争优势[M].陈小悦,译.北京:华夏出版社,1997.

[24] 迈克尔·哈默,詹姆斯·钱皮.企业再造:企业革命的宣言书[M].王珊珊,等译.上海:上海译文出版社,2007.

[25] 桑德拉·黑贝尔斯,理查德·威沃尔二世.有效沟通[M].7版.李业昆,译.北京:华夏出版社,2005.

[26] 斯蒂芬·P.罗宾斯,大卫·A.德森佐.管理学原理[M].5版.毛蕴诗,主译.大连:东北财经大学出版社,2004.

[27] 斯蒂芬·P.罗宾斯,玛丽·库尔特.管理学[M].孙健敏,等译.北京:中国人民大学出版社,2004.

[28] 斯蒂芬·P.罗宾斯.管理学[M].北京:中国人民大学出版社,1997.

[29] 斯蒂芬·P.罗宾斯.直觉决策[J].企业管理,1999(11).

[30] 斯蒂芬·P.罗宾斯.组织行为学[M].孙健敏,李原,译.北京:中国人民大学出版社,2005.

[31] 威廉·拉扎克,大卫·桑德斯.戴明管理4日谈[M].周静,董建宁,译.北京:中国商业出版社,2003.

[32] 小艾尔弗雷德·D.钱德勒.看得见的手:美国企业的管理革命[M].重武,译.北京:商务印书馆,1987.

[33] 亚伯拉罕·马斯洛.动机与人格[M].许金声,等译.北京:中国人民大学出版社,2007.

[34] 詹姆斯·柯林斯,杰里·波拉斯.企业不败[M].刘国远,等译.北京:新华出版社,1996.

[35] 朱利叶斯·法斯特.体态与交际[M].孟小平,译.北京:北京语言学院出版社,1988.

[36] 蒂姆·欣德尔.管理大师及其思想精髓[M].于晓言,译.大连:东北财经大学出版社,2009.

[37] 诺斯古德·帕金森.官场病:帕金森定律[M].陈休征,译.北京:生活·读书·新知三联书店,1982.

[38] 亚当·斯密.国民财富的性质和原因的研究—上卷[M].郭大力,王亚南,译.北京:商务印书馆,1972.

[39] Collins J C, Porras J I. Building Your Company's Vision[J]. Harvard Business Review, 1996,74(5):65-77.

[40] Thill J V, Bovee C L. Excellence in Business Communication[M]. Prentice Hall, 1997.

[41] Drucker P F. The Executive in Action[M]. New York:Harper Business, 1996.

[42] Prahalad C K, Hamel C. The Core Competence of the Corporation[J]. Harward Business Review, 1990,70(3):79-93.

[43] 蔡艳鹏.海底捞的经营哲学[M].哈尔滨:北方文艺出版社,2017.

[44] 常健.现代领导科学[M].天津:天津大学出版社,2004.

[45] 陈传明,周小虎.管理学原理[M].2版.北京:机械工业出版社,2012.

[46] 陈春花.从理念到行为习惯:企业文化管理[M].北京:机械工业出版社,2016.

[47] 陈春花.论形成"中国式管理"的必要条件[J].管理学报,2010,7(01):7-10+16.

[48] 陈继祥.企业战略管理[M].北京:清华大学出版社,北京交通大学出版社,2010.

[49] 陈伟.腾讯人力资源管理[M].苏州:古吴轩出版社,2018.

[50] 陈鹏飞.关于管理学的100个故事[M].南京:南京大学出版社,2009.

[51] 崔卫国,刘学虎.管理学故事会[M].北京:中华工商联合出版社,2005.

[52] 丁煌.西方行政学说史[M].武汉:武汉大学出版社,1999.

[53] 方振邦,徐东华.管理思想史[M].北京:中国人民大学出版社,2011.

[54] 葛红光,刘晓鹰.管理学[M].长春:东北师范大学出版社,2011.

[55] 管理学教程编写委员会.管理学教程[M].天津:天津大学出版社,2009.

[56] 韩瑞.管理学原理:国际思考·本地行动·中国案例[M].北京:中国市场出版社,2013.

[57] 胡伟.管理学[M].北京:化学工业出版社,2009.

[58] 黄雁芳,宋克勤.管理学教程案例集[M].上海:上海财经大学出版社,2001.

[59] 焦叔斌.管理的12个问题:大道至简的管理学读本[M].北京:中国人民大学出版社,2009.

[60] 杰弗里·布拉克.战略管理概念的历史发展[J].管理评论,1980(5).

[61] 李品媛.管理学[M].大连:东北财经大学出版社,2005.

[62] 李声.广电传媒目标管理体系建设的路径探析与策略思考:以江苏省广播电视总台(集团)为例[J].现代传播(中国传媒大学学报),2013,35(10):98-103.

[63] 李嗣丞.决策决定成败[M].北京:金城出版社,2008.

[64] 林根祥.管理学基础[M].武汉:武汉理工大学出版社,2006.

[65] 刘爱华.经理人有效沟通技巧[M].北京:北京大学出版社,2008.

[66] 刘松.管理智慧168[M].北京:机械工业出版社,2005.

[67] 刘银花,姜法奎.领导科学[M].3版.大连:东北财经大学出版社,2011.

[68] 刘永中,金才兵.管理的故事[M].广州:南方日报出版社,2005.

[69] 龙吻.世界上最神奇的30个经典定律[M].北京:朝华出版社,2009.

[70] 苗莉.企业战略管理[M].北京:清华大学出版社,北京交通大学出版社,2010.

[71] 倪苏.电子商务企业内部控制研究:以苏宁易购为例[J].电子商务,2013(12):45-46.

[72] 芮明杰.管理学原理[M].上海:格致出版社,上海人民出版社,2008.

[73] 邵一明.战略管理[M].北京:中国人民大学出版社,2009.

[74] 孙耀君.西方管理学名著提要[M].南昌:江西人民出版社,2005.

[75] 马瑞民.新编战略管理咨询实务[M].北京:中信出版社,2008.

[76] 吴何.现代企业管理:激励、绩效与价值创造[M].北京:中国市场出版社,2010.

[77] 吴照云,等.管理学[M].5版.北京:中国社会科学出版社,2006.

[78] 席佳蓓,张美文,程艳新.管理学[M].南京:东南大学出版社,2013.

[79] 徐佳晶.狼性领导力和羊性领导力:中西方领导力对比和影响[J].中国商论,2021(17):140-142.

[80] 杨文士,焦叔斌,张雁,等.管理学[M].3版.北京:中国人民大学出版社,2009.
[81] 杨文士,焦叔斌,张雁,等.管理学原理[M].2版.北京:中国人民大学出版社,2004.
[82] 张莉.中国传统文化对现代企业文化的影响:以同仁堂为例[J].中国集体经济,2008(03):134-135.
[83] 张璐.波特五力模型理论研究与思考[J].品牌,2015(06):345.
[84] 张燕.管理学[M].南京:东南大学出版社,2008.
[85] 张作俭.有效管理沟通指南[M].北京:科学技术文献出版社,2004.
[86] 赵惠芳,李沛强.管理学[M].杭州:浙江大学出版社,2011.
[87] 周三多.管理学[M].2版.北京:高等教育出版社,2005.
[88] 周三多,邹统钎.战略管理思想史[M].上海:复旦大学出版社,2002.
[89] 周三多.管理学[M].3版.北京:高等教育出版社,2010.
[90] 周三多.战略管理新思维[M].南京:南京大学出版社,2002.
[91] 周锡冰.华为方法论:以奋斗者为本[M].北京:现代出版社,2018.